姚淦铭国学智慧系列

孟子智慧

姚淦铭 著

山东人民出版社·济南
国家一级出版社 全国百佳图书出版单位

图书在版编目（CIP）数据

孟子智慧 / 姚淦铭著. -- 济南 ：山东人民出版社，2013.7（2018.8重印）

ISBN 978-7-209-07208-3

Ⅰ.①孟… Ⅱ.①姚… Ⅲ.①儒家②《孟子》－研究 Ⅳ.①B222.55

中国版本图书馆CIP数据核字(2013)第083503号

责任编辑：常纪栋

封面设计：宋晓明

孟子智慧

姚淦铭　著

山东出版传媒股份有限公司

山东人民出版社出版发行

社　址：济南市英雄山路165号　　　邮　编：250002

网　址：http://www.sd-book.com.cn

发行部：(0531)82098027　82098028

新华书店经销

济南万方盛景印刷有限公司印装

规　格　16开（169 mm×239 mm）

印　张　25.25

字　数　400千字

版　次　2013年7月第1版

印　次　2018年8月第5次

ISBN 978-7-209-07208-3

定　价　39.00元

如有质量问题，请与印刷厂调换。电话（0531）88985701

前　言

孔子被誉为“至圣”，孟子被赞为“亚圣”，他们因前后二“圣”而联立在历史上。

孔子与孟子，又各以其姓，联缀为“孔孟”；孔子之学与孟子之学，又联称为“孔孟之道”。

《孟子》，是与《论语》并峙的又一高峰，是中国传统文化中又一经典杰作。

《孟子》，既位于《四书》内，又列于儒家的《十三经》里，和《论语》一样居处儒家文化的尊位。千百年来“孔孟之道”深渗至无数的学子、文人、官员、百姓乃至帝王的心灵，深刻影响了教育、文化、风俗、政治、社会、国家。其实不止中国本土如此，孔孟思想的足迹已经遍布世界。

《孟子》其智慧之所以被人赞誉，是因为足资启迪人心理念：其文激励人做一个大丈夫，具有浩然之气，挺立在人世！其言勉励人忍受最艰苦的磨炼，在“苦其心志，劳其筋骨，饿其体肤，行拂乱其所为”中去前行！其论雕塑人“富贵不能淫，贫贱不能移，威武不能屈”的伟岸人格！其诲如何去养心、养志、养性、养气、养生！其说如何具有“老吾老以及人之老，幼吾幼以及人之幼”的崇高理念！其述如何去搞政治、管理、经济、财政、教育等等！其如何看待历史汲取智慧、如何思辨更为睿智！如此等等，《孟子》是又一座真正的智库！

当然，俯瞰《孟子》接受史的发展长河，时有波澜、跌宕、回旋，又不乏画意、诗情、哲思。孟子与《孟子》入世之后，便开始了由战国至今的千百年的坎坷流程，尊孟、刺孟、非孟、疑孟、批孟，再尊孟、崇孟颂孟等等。其中曲曲折折，或平岸、或险滩、或峡谷、或峻岭，或潺缓、或湍急、或呼啸、或默然，然而千年又仅在弹指一挥间，翻开《孟子》，孟子却又赫然在眼前了！此真犹似“两岸猿声啼不住，轻舟已过万重山”的那种意象与化境了。

英国哲学家罗素说：“中国文明是世界上几大古国文明中唯一得以幸存和延续下来的文明。自从孔子时代以来，埃及、巴比伦、波斯、马其顿和罗马帝国的文明都相继消亡，但中国文明却通过持续不断的改良，得以维持了下来。中国文明也一直受到外来文化的影响，从早先的佛教影响，直到现代的西方科学的影响。但是，佛教并没有把中国人变成印度人，西方科学也没有把他们变成欧洲人。”（《罗素文集》，改革出版社）我想其中一个原因就是那些传承不已的中国文化，比如老子、孔子、孟子等等的最伟大的精神国宝已经变成了中国人的心灵、血脉的一部分，不断地在胸腔里跳动、在血管里流淌。

确实，《孟子》也罢，《老子》、《论语》、《大学》、《中庸》也罢，这些经典的人文智慧，还有无数的科技发明智慧，先哲与时贤们的智慧都一代代地传承、层积、结晶、再生在人类走向智慧的大路上。当面对浩浩中国文化、巍巍千年国学，国学大师梁启超在《论中国学术思想变迁之大势》中曾说：“吾当草此论之始，吾不得不三薰三沐，仰天百拜，谢其生我于此至美之国，而为此伟大国民之一分子也。”一位国学大师如此感慨，如此虔诚地要再三薰香、再三沐浴，要仰天百拜来感谢祖国至美的国学与文化，为自己能成为这一伟大祖国一民而荣幸，我想问，每个中国人都有这样的体悟、自豪感吗？

孟子则有之，曾无比深情地钦仰孔子：“自生民以来，未有盛于孔子也！”（《孟子·公孙丑上》3.2。按，指《孟子》第3篇即《公孙丑上》篇内的第2章，后文的体例仿此）孟子最终成为了孔学的传人。

孟子之后，西汉扬雄竭力推崇孟子。东汉的赵岐，则是开创“孟学”的大功臣，赞誉说：孟子“著书七篇，二百六十一章，三万四千六百八十五字。包罗天地，揆叙万类，仁义道德，性命祸福，粲然靡所不载。帝王公侯遵之，则可以致隆平，颂清庙；卿大夫士蹈之，则可以尊君父，主忠信；守志厉操者仪之，则可以崇高节，抗浮云。有风人之讬物，《二雅》之正言，可谓直而不倨，曲而不屈，命世亚圣之大才者也”。这里说得极透彻，并将其定格于“亚圣”尊位上。

唐代韩愈崇拜孟子，说：“故求观圣人之道，必定自孟子始。”他视孟子是孔子学说、道统的继承人！

宋代王安石最服膺孟子，推广与践行“尽心尽性”之说，并发挥“良知良能”、“先立乎其大”、“万物皆备于我”、“方今天下舍我其谁”的孟子的理念。

宋代、明代的许多大哲学家都崇拜孟子，于是有了宋明理学的光焰！

我想，生活在新时代的人们，尽管处于千载之下，然而若心乎千载之上，是能够与老子、孔子、孟子等大智大慧者沟通、默契的。因为彼等圣者，精神之真、学说之邃、智慧之富、人格之美，本身就有极强的召唤力量，便有投合相契的因缘。若能与这等人为师、为侣、为友，汲引其智慧之甘泉，而汩汩滋养一己心田，且不仅能以本土的丰厚国学经典之智立其根，又能融液外土优渥之慧润其柢，古今交会，中外融铸，踔厉风发，精进不已，那么必可望卓立人世、花果飘香了！

目 录

篇三　处世智慧：尚志·励志·立世·处事

篇四　正能量智慧：修炼·善养·浩然之气

篇五　政军智慧：政治·管理·军事·战争

篇八　育人智慧：教育·培育·育英·成才

篇九　历史智慧：史观·视野·文献·诠释

篇十　思辨智慧：知言·论辩·逻辑·辩证法

篇十一　境界智慧：成圣·深造·自得·资深

篇十二　孟子的千古之谜

篇一

孟子智慧的精蕴与价值

孟子：亚圣·孔孟·思孟

中国的儒家与儒学，数千年来风起云涌，蔚为壮观。其波澜壮阔的历史，涵深蕴精的思想，滋养着这一块广袤大地上的国家、社会、人心、文化、历史、政治、经济、哲学、教育等等。在这一巍峨的儒学丰碑上，首先镌刻着的是至圣孔子，第二位人物则选择了亚圣孟子。儒家里被尊为“圣人”的有好几位：譬如颜回被推为“复圣”，而唐玄宗时还被封为“亚圣”；曾子被称为“宗圣”；孔子的孙子子思被尊为“述圣”等。然而，历史最后选定的却是孟子“亚圣”！这是一种奇妙的选择与定格，当然此中自有内在的历史逻辑与深邃的理路。

孟子像

孟子（约前372—前289年），名轲，或说字子舆；邹（今山东邹县东南）人，战国时期的思想家、政治家、教育家。他受业于子思的门人，为子思的再传弟子。孟子先在邹地授徒讲学，此后历游齐、宋、鲁、滕、魏等国，曾任齐宣王客卿。因其主张不被用，孟子晚年退而与弟子万章、公孙丑等著书立说。在中国的文化长河里，最终孟子与孔子并称为“孔孟”，又与“至圣”孔子并举被为“亚圣”。“亚圣”之说最先见诸民间汉代赵岐之赞，最终被官方定格。

一、经典传记：司马迁《孟子列传》

司马迁极其精简地写下了孟子的传记——

孟轲，驺人也。受业子思之门人。道既通，游事齐宣王，宣王不能用。适梁，梁惠王不果所言，则见以为迂远而阔于事情。当是之时，秦用商君，富国强兵；楚、魏用吴起，战胜弱敌；齐威王、宣王用孙子、田忌之徒，而诸侯东面朝齐。天下方务于合从连衡，以攻伐为贤，而孟轲乃述唐、虞、三代之德，是以所如者不合。退而与万章之徒序《诗》、《书》，述仲尼之意，作《孟子》七篇。

尽管《孟子列传》只有这么137字，但是勾勒出孟子的一生轨迹，看似简单平淡，其实内里却有极不平凡的人生与事业。此篇传记，有几个主要内涵当关注：(1) 孟轲，是驺人，即邹人。(2) 孟子受业子思的门人，这是明确否定了所谓孟子是直接受业于子思的说法。(3) 苦心研习，终于贯通了儒家之道。(4) 游历多国，却不为统治者所用。(5) 比较当时的其他诸家之说与人物，指出孟子不被任用的原因，是其学说不合时宜。(6) 孟子的教育、研究与著作。这些话虽言简却意赅，具有点睛之作用。

二、亚圣巍巍：思孟·孔孟·道统

孟子或说为子思的弟子，或说是子思门人的弟子，今人基本认为是子思的再传弟子。不管怎么讲，两说都透露了孟子学说与子思学说紧密的血缘关系，因此后来有“思孟学派”之说。如果再往上追溯，那么孟子接脉于孔子，后来又有“孔孟之道”之说。孟子于孔子学说的承继脉络，便清晰地显示出来：

孔子——曾子——子思——弟子——孟子

这里可以看到孟子学说那种“嫡系”的血缘谱系，不仅如此，孟子则又将自己直接看做孔子的“私淑弟子”，此又直接地续脉孔子。司马迁说孟子“述仲尼之意”，既彰显了孟子的心志，又将“孔孟”并提了。

孟子将子思的学说继承并阐发，形成儒学一派，即“思孟学派”。《荀子·非十二子》评论先秦学术时，即以子思和孟轲并提，“子思唱（倡导）之，孟子和（应和）之”。（注：引文中括号内文字为本书作者的注释，后文体例同此）后世遂有称“思孟学派”之说。“思孟”均注重内心省察的修养方法，主张“性善”、“尽心养性”、“诚者，天之道也；思诚者，人之道也”等理念，对后世影响甚大。《中庸》、《孟子》就是代表这学派思想学说的主要著作。“子思”曾在历史上被人称为“述圣”，“述”是继续、延续的意思，即指其继续祖父孔子之圣。

再说“孔孟”并称，以及“亚圣”之赞的来源。西汉扬雄曾赞曰：“古者杨、墨塞路，孟子辞而辟之，廓如（澄清貌）也。后之塞路者有矣，窃自比于孟子。”（《法言·吾子》）是孟子立说，将已被杨子、墨子堵塞的孔学之路开辟出新途，从而空旷畅达。东汉赵岐已称孟子为“命世亚圣之大才”。“命世”之“大才”，即闻名于世的杰出人才，也谓能治国之卓越人才。再如东晋咸康年间，袁瓌、冯怀上疏云：“孔子恂恂，道化洙泗；孟轲皇皇，诲诱无卷。”（见《宋书·礼志》）这里也是“孔孟”并称，可见当时人们心理认同之一斑。唐代韩愈赞誉孟子，大力提倡道统说，在其《原道》有这样的道统梳理：

尧—舜—禹—汤—文王—武王—周公—孔子—孟轲

孟子在道统的地位就接续着孔子，这是何等重要与显赫！韩愈甚至说："孟子之功不在禹下！"

此后宋儒又用《孟子》配合《论语》，于是把"孔孟"之说法固定下来，"孔孟之道"日渐深入人心。"亚圣"作为官方尊称，先始于元文宗至顺元年（1330年），而定格于明代世宗嘉靖九年（1530年）。清代沿袭明制，仍尊称为"亚圣"。由此孟子的"亚圣"之称家喻户晓。

正如哲学家张岱年说："孟子是中国古代伟大的思想家、哲学家家、教育家。孟子的精神境界之崇高，在学术史上影响之深远，仅次于孔子。孟子继承并发挥了孔子'仁'的学说，对于中华民族精神文明的发展做出了巨大的贡献。"（《孟子家世序》）这里揭示得很明确，"仅次于孔子"，那么就是"亚圣"了。

张岱年还精要地剖视了孟子学说之某些特点与贡献。他说："孟子提出了比较完整的人格价值理论，强调了人的主体性。孟子所宣扬的主体精神包括两个方面，一是人格独立意识，二是社会责任心。孟子承认生命的价值，但提出'所欲有甚于生者'、'所恶有甚于死者'、'所欲有甚于生者'，即是人格的尊严；'所恶有甚于死者'，即是人格的屈辱。孟子赞扬禹稷的救世精神：'禹思天下有溺者，由己溺之也；稷思天下有饥者，由己饥之也'。这就是宣扬人应有高度的社会责任心。如果一个人只有人格独立意识而没有社会责任心，那也是不足取的。孟子将人格独立意识与社会责任心统一起来，这对于铸造中华民族的精神文明具有非常巨大的积极意义。"（同上文）当然孟子的学说还不仅止于此，其在哲学、政治、经济、文化、教育、军事、人生等诸多方面都对后人有深刻的影响。

若说孟子及其学说的境界，或如韩愈说的"醇乎醇者"的高度了！韩愈在《读荀》赞扬："孟氏，醇乎醇者也；荀与杨，大醇而小疵。""醇乎醇者也"即醇而又醇，醇中之醇，醇得没有瑕疵之醇；荀子与杨子，虽属于大醇，但还没有达到精醇，还有细小的不醇。这也就是"亚圣"的辉煌了！——当然，我想韩愈赞扬的总向度是对的，但是或许程度上说得过头了，有些绝对化了，当然也许这是当时为了"矫枉过正"的需要吧。

三、睿智批判的吸收·善意同情的理解

我接着想到这样的问题：今天，我们再去读千百年前的《孟子》，有时就会觉得其中时代之差别、理念之迥异，甚至有许多是陈腐的说教、不可接受的糟粕。这是很正常的情况，所以我们一定要批判地汲取精华，决绝地抛弃糟粕。不过话又得说回来，面对《孟子》也罢，《论语》、《老子》也罢，如此等等的古典经典，都还应当具有一种用善意的同情去解读的理念。

贺麟在《儒家思想的新开展》中曾说："在我们看来，只要能对儒家思想加以善意同情的理解，得其真精神与真意义所在，许多现代生活上、政治上、文化上的重要问题，均不难得到合理、合情、合时的解答。此所谓'言孔孟所未言，而默契孔孟所欲言之意；行孔孟之所未行，而吻合孔孟必为之事'（明吕新吾《呻吟语》）。须将儒家思想认做不断生长发展的有机体，而非呆板机械的死信条。如是我们可以相信，中国许多问题，必达到契合儒家精神的解决，方算得达到至中至正、最合理而无流弊的解决。如果无论政治、社会、文化、学术上各项问题的解决，都能契合儒家精神，都能代表中国人的真意思、真态度，同时又能善于吸收西洋文化的精华，从哲学、科学、宗教、道德、艺术、技术各方面加以发扬和改进，我们相信，儒家思想的前途是光明的，中国文化的前途也是光明的。"（原载《思想与时代》第1期，1941年8月，见《贺麟选集》）贺麟此说，转眼间七十多年一晃就过去了，然而话里所含有的见解，却至今还可以供咀嚼一番的。

回顾历史，孟子与《孟子》作为中国文化的象征之一，早已踏出国门。再看今朝，随着中国的振兴、繁荣与强大，孟子与《孟子》必定随着潮流之涌动，在全球的广阔道路上越走越通达！

宝典：《孟子》与现代灵魂之淬砺

《孟子》一书不仅谈国家、政治、经济、军事等，还深入地探索个人的修养、成才、砥砺志向、获取人生成功的智慧。《孟子》流传了千百世，虽然也产生过负面的影响，但是对人们的正面影响是极其深刻与巨大的，古往今来人们从中汲取了无数的智慧，就是对现代人来说，同样滋养了许多人才的奇葩。

一、读《孟子》：杨振宁一生受益

诺贝尔物理奖获得者杨振宁多次谈到，少年时候父亲让他读《孟子》，而使其一生受益。其父杨武之曾留学美国，后来为清华大学的数学教授，是数学家熊庆来和华罗庚的老师。杨武之在杨振宁小时候就发现他在数学方面很有天赋，但杨武之并没有提前教他数学方面的知识，而是请来了清华历史系的学生，在初中阶段暑假给他讲《孟子》。每天讲两个小时，以至中学时代杨振宁完全可以把《孟子》从头到尾地背出来，从而终生受益。

杨振宁曾于 1995 年在上海交通大学向五百多名学生谈治学经验时，说到这事："1933 年，我小学毕业，进入北平崇德中学。当时，有一件事情对我是很重要的。我父亲是教数学的，他发现我在数学方面有一些天才。1934 年夏天，父亲决定请一个人给我来补习，但他不是来补习我的数学，而是给我讲习《孟子》；第二年，又念了半个夏天，我可以把《孟子》从头到尾地背诵出来了。现在想起，这是我父亲做的一个非常重要的事情。一个父亲发现自己的孩子在某一方向有才能时，最容易发生的事情，是极力把自己的孩子朝这个方向推。但当时我的父亲却没有这样做。他却要我补《孟子》，使我学到了许多历史知识，是教科书上没有的。这对我有很大的意义。"（《现身说法诲莘莘学子，纵说中西启国人学思——杨振宁与上海大学生谈治学之道》，《文汇报》1995.7.22）这里不仅告诉人们，《孟子》对于人生的成长具有重要作用，还启发作为父亲，杨武之如何远见卓识地给子女补习人文的素养。

后来，杨振宁在其他场合又多次提到这件对他人生很重要的事情，说："回想起来，父亲当时如果教我解析几何和微积分，我一定学得很快，会使他十分高兴，可是他没有这样做。"杨振宁又曾说："读《孟子》使我终生受益。《孟子》里很多儒家哲学影响了我后来的人生观和为人处世的态度，对于社会结构、物理结构的认识也有很大的影响。这些远比父亲那个时候教我微积分要有用得多。"（2009 年 12 月《羊城晚报》）此话简短，但是却极其精要地点出了《孟子》一书对他人生的影响至少有五方面：一是读《孟子》能学到很多的儒家哲学；二是读《孟子》对人生观和为人处世起到积极的影响；三是读《孟子》有助于认识社会的结构；四是读《孟子》有助于他从事的专业的研究，即对物理结构的认识；五是读《孟子》是有用的，而且所带来的助益可以是终生的。

确实，从《孟子》里面可以学到许多人生的与其他方面的多元智慧。这又使我想起另外一位人物与儒家、孟子的关系。

二、梁启超：《孟子》之家教

由杨武之对杨振宁的《孟子》家教，我又联想起梁启超（1873—1929）用《孟子》教育自己的孩子励志成才之家事。梁启超有九个子女——梁思顺（女）、梁思成、梁思永、梁思忠、梁思庄（女）、梁思达、梁思懿（女）、梁思宁（女）、梁思礼，各有专长，个个成才。梁家还创造了"一门三院士"的美谈：梁思成，著名建筑学家、古典建筑研究的先驱者；梁思永，著名考古学家，中国野外考古的奠基人，考古界公认的中国近代考古学和近代考古教育的开拓者之一；梁思礼，著名的航天专家，中国航天事业的开拓者之一，我国导弹控制系统的带头人，“长征”二号运载火箭的副总设计师。

母教一人

梁启超于1916年1月曾有一封家书写给自己的长女梁思顺（1893—1966），其中就教导说：“处忧患最是人生幸事，能使人精神振奋，志气强立。两年来所境较安适，而不知不识之间德业已日退，在我犹然，况于汝辈。今复还我忧患生涯，而心境之愉快，视前此乃不啻天壤，此亦天之所以玉成汝辈也，使汝辈再处如前数年之境遇者，更阅数年，几何不变为纨绔子哉。此书可寄示汝两弟，且令宝存之。”（杜垒选编《际遇：梁启超家书》，北京出版社）“处忧患最是人生幸事，能使精神振奋，志气强立”，这就是一位有志者的理念。人生处于忧患之中，一般人认为倒霉，不幸运，于是诅咒、怨恨，而智慧者、有志者却视为幸事。这里就深涵着孟子的理念与智慧。

梁启超在家书里多次强调人格必须磨炼，“给孩子们以磨炼人格的机会”，其中也多次融进了孟子的智慧。1916年2月梁启超又有一信给梁思顺，其中再申述前意，谆谆告诫：“孟子言：‘生于忧患，死于安乐。’汝辈小小年纪，恰值此数年来无端度虚荣之岁月，真是此生一险运。吾今舍安乐而就忧患，非徒对于国家自践责任，抑亦导汝曹脱险也。吾家十数代清白寒素，此乃最足以自豪者，安而逐腥膻而丧吾所守耶？此次义举虽成，吾亦决不再仕宦，使汝等常长育于寒士之家庭，即授汝等以自立之道也。”（杜垒《际遇：梁启超家书》）

1927年11月2日—12月5日，梁启超在《致孩子们书》里嘱咐道：“我想你们这一辈青年，恐怕要有十来年——或者更长，要捱极艰难困苦的境遇，过此以往却不是无事业可做，但要看你对付得过这十几二十年风浪不能？你们现在就要有这种彻底觉悟，把自己的身体和精神十二分注意锻炼、修养，预备着将来广受孟子所谓‘苦其心志，劳其筋骨，饿其体肤，空乏其身，行拂乱其所为’者，我对于思成身子常常放心不下，就是为此。”（同上书）——这里又引用孟子的名言谆谆告嘱子女。我常想，《孟子》真的很像一棵参天古树，虽历千百年岁月，还坚挺在那里，依然花果满树，供人生路途上的人们于此挡雨遮阳歇息，采摘智之花、慧之果。这不仅是《孟子》，经典的《老子》、《论语》、《大学》、《中庸》、《孝经》等等，不都是如此？！

三、唐文治：办学育才与《孟子》之智

由杨振宁在上海交通大学讲《孟子》与自己成才的故事，我也自然联想到此校的校长唐文治。唐文治（1865—1954），字颖侯，号蔚芝，别号茹经，生于江苏太仓浏河，晚年定居无锡。他 14 岁读完五经，16 岁考上秀才，17 岁受业本乡理学家进士王紫翔，18 岁省试中举，21 岁入江阴南菁书院，受业于院长经学大师黄元同（以周）。因此唐文治于经学、理学有深厚的根底。28 岁中进士。唐文治先后在清朝的户部，总理各国事务衙门、商部、农工商部供职。在任职（1892—1906）期间，由户部主事而不断被提拔，最终居于农工商部侍郎并署理尚书的高位。他曾经两次以参赞身份出国，考察过英、法、比、美、日各国的政治、教育、经济，阅历深广，见识不凡。翁同和曾赞扬他，“学问、性情、品行无一不佳”。由于目击清政府腐败不堪，且工作中时时被掣（chè）肘，因此在母丧守制回到上海后，就洁身引退，不再出仕。他是现代杰出的教育家，曾以 14 年（1907—1920）时间，办成国内第一所工科大学，即交通大学。此后又以 30 年时间，创办无锡国学专修学校，培养一批国学人才。56 岁，他双目失明，依靠秘书的帮助，仍旧亲自授课。读书著作，数十年如一日，享年 90 岁。我们会发现，这位教育家的教育智慧其重要源头之一便是来自孔子、孟子的思想与智慧。

我常去上海交通大学，每次徘徊在徐家汇校园的草坪上都会想起这位作出贡献的校长，以及重视用孔孟之学说来培育人才的智慧。唐文治认为，“人才者，国家之命根也；学堂者，又人才之命根也”。“今后人才，将尽出自学校。学西方之长，应以中学囊括西学”。他还举出孟子的话，说：“七年之病，求三年之艾，苟为不蓄，众生不得。”当时要挽救国家，正是“蓄艾”的时候，就是储才救国的时候。

据说，往年上海交通大学大礼堂里曾挂有唐文治书写的一副对联：

好学近乎智，力行近乎仁，知耻近乎勇，虽愚必明，虽柔必强。

富贵不能淫，贫贱不能移，威武不能屈，所存者神，所过者化。

这副对联写得很好，上联用孔子的话，指出为学之道，此出自《中庸》；下联大家一看就知道是用《孟子》的话，指出为人之道。孟子说："富贵不能淫，贫贱不能移，威武不能屈，此之谓大丈夫。"（《滕文公下》6.2）孟子又曰："夫君子所过者化（经过哪里，哪里就被感化），所存者神（居住在哪里，哪里就有神奇的变化），上下与天地同流（这种造化之功可与天地齐同），岂曰小补（微小的补益）之哉？"（《尽心上》13.13）

另外在《无锡国学专修馆学规》（1920年）里，他又频频用孟子之学来申说《学规》。如用孟子的性善与孝来申说《学规》的第二条"孝弟"。此外还用孟子之说来申说第三条"辨义"、第五条"理学"、第七条"政治学"、第八条"主静"、第九条"维持人道"、第十条"挽救世风"。此《学规》一共十条，《孟子》之说占有七条，可见其重视程度。（《唐文治文选》，上海交通大学出版社）再看，唐文治还著有《孟子气节学题辞》（1938年）一文，值得一读：

人生有骨，乃能立身天地之间。气节者，气骨也。无骨，何以有节？然苟遇社会不良风俗，譬诸烘炉陶铸，不独易其心，并且销其骨，可惧孰甚！

老子曰："弱其志，强其骨。"夫志不可弱，而骨必求其强。强骨，侠骨也；弱骨，媚骨也。民多媚骨，执政者与谗谄面谀人居，国其殆哉！

孔子平生进以礼，退以义，得之不得，曰有命。鲁穆公欲与子思友不可得，亟问亟馈鼎肉，子思不悦，摽使者出诸大门之外。孟子继孔子、子思之精神，故有泰山岩岩之气节，而先以辞受取与为之标准。辞受取与者，廉耻为之骨也。可以取，可以无取，取伤廉。可以与，可以无与，与伤惠。推伊尹天民先觉，先以非道非义，一介不取与。吁，严矣哉！

世衰道微，羞恶心灭，苞苴请讬，昏夜营求，无所不至。夫乐正子从于子敖，孟子斥其罪曰："徒餔啜。"李斯将之秦，往见荀卿曰："诟莫大于卑贱，悲莫甚于困穷。"设此言对于孟子，必严辞训诫，而荀卿无一言正之。是以李斯营缘吕不韦，揣摩苟合，人第见其焚坑之酷，抑知其媚骨为害，遂致天下被其毒。然而后世更有饰为气节者，叫嚣隳突，意气纷呶。有识者曰：此脆骨也，訑訑之声音颜色，不久即折。吾悲夫近世人士之骨，非化即折，亟思有以救之。辑孟子气节学第九。

确实，孟子这位亚圣关于人格、气节、浩然之气的教诲，就这么默默地在一代人一代人那里流传着，似乎悄无声息，却在深层、在千百年的民族心里流淌着！这是又一份沉甸甸的精神遗产，对于现代人的灵魂亦然可以起到滋养、淬砺、升华的作用！

人生与孟子：才·志·气·欲·文

林语堂是孟子的知音，其成卓然名家大约与从小就爱读《孟子》也不无关系。林语堂对《孟子》的认识，或可再从另一种维度来体悟这本经典对于人生的成功有着何等重要的价值。

一、《孟子》：使顽夫廉，懦夫有志

林语堂在《孟子说才志气欲》一文里说："我是自小爱孟子的。孟子是儒家中的理想主义者，文字中有一种蓬勃葱郁之气，令人喜欢，令人感动。在儒家中我就是推崇孟子。"《孟子》一书原来如此审美，甚至可以如此感染少年的心灵！林语堂的深切体会，今天还是值得阅读一番的。

读《孟子》可以改变气质，有助于确立人生观。林语堂说："只有孟子能发挥性善之说，言孔子所未言，又能推广仁义之本意，说出仁义本于天性，使孔子的道理得到哲学上的根据，及政治上的条理。他又雄辩、又弘毅、又自信，又善讽喻、善幽默，是一种浩然大丈夫气象。我们读《孟子》，可使顽夫廉，懦夫有志。倘使从此下去，儒道岂不是很快乐平易的人生观吗？"

孟子具英俊之气，其教诲尤其适合青年人立志淬砺工夫，这是一种进补的良剂。林语堂还这样说："现代青年人，应该多读《孟子》，常读《孟子》；年年再读《孟子》一遍。(《万章》、《告子》、《尽心》诸篇最好。)孟子一身都是英俊之气，于青年人立志淬砺工夫，是一种补剂。孟子专言养志养气、志壹则动气，气壹则动志，是积极的。"

孟子是顶天立地大丈夫的榜样。孟子曰："圣人与我同类"、"人皆可以为尧舜"、"人无有不善"、"养其大体为大人"等等，林语堂赞扬说："这是何等动人的话？少时常听我父亲引《孟子》说：'虽存乎人者，岂无仁义之心哉。'——这句话不知如何，永远萦绕在我心上。这样的人生观，不是很好的吗？人无有不善，就其善而养之。人生社会有什么了不得的问题，何必谈什么玄虚？做人道理讲好了，还有什么可怕？循这条路走去，就可为顶天立地的大丈夫。(孔子只讲君子，孟子才提出大丈夫三字。)就使不能建立什么彪炳的事业来，至少也可以成为一个有操守气节的人。"

孟子看重志气。林语堂又说："孟子着重志气。要人养志气，养到富贵不能淫，贫贱不能移，威武不能屈的田地。这就叫人气，这就是'仁'。仁者人也，就是有人气的人。”“向来仁讲为静，智为动。实在大丈夫也有静时，如诸葛亮之卧龙冈，只是静中却有志在里头，并非沉寂，也非寂灭。”再如，孟子说：“天将降大任于斯人也，必先苦其心志，劳其筋骨，饿其体肤，空乏其身，行拂乱其所为。”林语堂说：“这里头专靠一志字。若无志字，劳其筋骨，饿其体肤，还不是每夜精疲力竭扒上床完事？”

孟子讲究“才”，人要“能尽其才”。孟子曰：“乃若其情，则可以为善矣，乃所谓善也。若夫为不善，非才之罪也。”林语堂说：“既然人无有不善，只能不失其本性，使吾固有之善，可以培养滋长。苟得其养，无物不长；苟失其养，无物不消。孟子言才，与性字同。”“古之教育，皆是养才，今之教育，皆是恶补。是旦旦而伐之一类，哪里还有雨露之养，时雨之化意义？”

孟子又具有对待欲望的智慧。孟子曰：“生亦我所欲，所欲有甚于生者。”林语堂说：“欲之涵义甚广，非限于犬马声色。宇宙万物生生不息，是宇宙万物各尽其才，各有其欲。宇宙无欲，则宇宙寂灭。人生的期望、愿望都是欲。人生没有期望、愿望，便已了无生趣，陷于死地，形存神亡。草木有草木之欲，才能欣欣向荣。人而无欲，也就完了。我看青年子弟，男男女女，无非一堆私人之欲望，各有所求：求学之进，求事之成，求父母健康，求出洋留学，求传子传孙，求成家立业，何一非欲？说欲有害，也不过如说钱财害人；钱财私欲，非能害人，在于你自己，非欲之罪也。”

林语堂说：“好了，算我孟子派中人罢了！”其实我想，梁启超不也是“孟子派中人”？他不是也希望自己的子女也成为“孟子派中人”？杨武之不也是“孟子派中人”？他不是希望杨振宁也成为“孟子派中人”？——不要误会的是，不是说“孟子派中人”就得像孟子那样去成为“亚圣”、也去走他那种“亚圣”式的人生道路，否也！这是学习他的精神与理念，而去走自己的人生成功之路！

二、读《孟子》：享受智慧与美

林语堂还特别赞赏孟子的文体，在《论孟子的文体》里写道：“‘喝！孟子’。这‘喝’字是佩服称赞的感叹词，是给孟子喝彩的语气。”“我想用‘喝！’以表示赞叹孟子的了不得，赞叹他的才气。才气与文字分不开，有才者必有其文，有其文者，必有其才。孟子的思想内容且不说，单说他的文字风格，就有一种磅礴之气。”

说到孟子的文体，林语堂说：“孟子能诡辩、善辩、好辩，并能就近取譬，这是大家所知道的。他的辩才无碍。这且不去管他，所要在他磅礴的文气。”

其一，孟子为文好重叠。若说文法，重叠可省去；若说文气，重叠是好的，并非赘瘤。有的“看来似乎重叠，而反复周徊三次言之，则感叹之情特别深厚”；有的成为“这一类动荡之文笔”；有的“都可以作一唱三叹念法”；有的就是“雄辩的才华文气”。

其二，这种精辟透彻的议论文，孟子常很泼辣，也管不到近乎鄙俗的字眼儿。譬如“逾东家墙而搂其处子，则得妻，不搂则不得妻，则将搂之乎？”——“搂”字似不便出于道学的口，学校作文，当认为不雅，应删去。但是删去，又失了那雄辩的力量。孟子嬉笑怒骂，皆成文章，斥杨墨为“无父无君”。齐人一妻一妾章“所求富贵利达者，其妻妾不羞也，而不相泣者几希矣”，都是这类嬉笑怒骂不大“得体”的文章。

其三，林语堂还说：孟子好辩，所以文中问辩反驳之语颇多。《论语》问答是片段的，到了《孟子》，便有近于现代文的对白。孟子与陈相的会话（见《孟子·滕文公上》5.4），就是一段很近自然的会话描写。诸子中难见这样完全逼近口语的问答。

我还必要补充说的是，孟子文章的才情智慧又是如此的充沛浩然，横溢无碍。譬如孟子创作的寓言与故事优美生动，流布世间，脍炙人口，如“揠苗助长”、“弈秋下棋”、“嗟来之食”、“鱼与熊掌不可得兼”、“齐人一妻一妾”，等等。又如流布世间的许多名言、警句、成语，人们习用却往往不知是从《孟子》那里酿造出来的。

最后，我又想起林语堂的另外一段话，在《论中外的国民性》里说：“《孟子》一书，我不主张初中就要念，却主张大学一年级的学生，人人非念不可。二年级、三年级、四年级每年自己重读一遍，总是好的。少年老成的老少年，翻翻一看，也可保存一点人气。”我想接着还要说的是，《孟子》确实是人生路途上的一本好书，特别对于青年人、中年人来说，远远超越了时下不知道多少所谓的“励志书”。这些五花八门的“励志书”，虽流行与时髦，却不一定能成为经典，然而经典者如《孟子》等，却能永远地流传与时尚！

话说毛泽东与《孟子》

毛泽东（1893—1976）早在启蒙时期，就与《论语》、《孟子》等儒家经典亲密接触了，这些对他一生产生了深刻的影响，一直到最后发动“文革”并猛烈地批判孔孟，其中留下的轨迹是足以好好研究的。当然这里限于篇幅，只能略加梳理。

一、回忆与趣事

毛泽东曾对斯诺说："我八岁那年开始在本地一个小学堂读书，一直读到十三岁。早晚我到地里干活。白天我读孔夫子的《论语》和'四书'。我的国文教员是主张严格对待学生的。"（毛泽东1936年在保安接见美国记者埃德加·斯诺的谈话）他又说过："我过去读过孔夫子的书，读了'四书'、'五经'，读了6年。背得，可是不懂。"（毛泽东1964年8月18日在北戴河的谈话，见《毛泽东读书笔记解析》）

流传着这样的童年故事，1903年夏天，在私塾里读书的毛泽东趁老师不在之时，与同伴一起到附近的池塘游泳去了。塾师发觉以后，曾恼怒地说："孺子不可教也！"他的惩罚方法就是要对对子，于是出上联："濯足。"没有想到毛泽东答出下联："修身。"这是十分贴切的对子，于是塾师免了处罚。

据说1957年11月，当初的私塾同学毛裕新到北京见毛泽东回忆起这童年趣事时，毛泽东十分高兴地说："对了，'濯足'对'修身'。这个'濯足'，就是洗脚。《孟子·离娄上》讲：'清斯濯缨，浊斯濯足矣。'《楚辞·渔父》中说：'渔父莞尔而笑，鼓枻而去，乃歌曰：'沧浪之水清兮，可以濯吾缨；沧浪之水浊兮，可以濯吾足。'那个'修身'就是修身养性，努力提高自己的品德修养。《礼记·大学》讲：'欲齐其家者，先修其身。'先生以'濯足'批评我们不该玩水。我们说这样可以'修身'，可以锻炼身体，又提高修养，先生当然不责怪我们，那我们没有办法了。"毛泽东幼年就用《孟子》里的词语来对对子了。

1920年4月，毛泽东由北京去上海途中，经过曲阜还游览了孔子的陵庙与故居，还说去了孟子的出生地。在同斯诺的一次谈话中说："我在曲阜停了一下，去看孔子的墓，我看到了孔子的弟子濯足的那条小溪和孔子幼年所住的小镇。在有历史意义的孔庙附近的一棵有名的树，相传是孔子栽种的，我也看到了。我还在孔子的一个著名弟子颜回住过的河边停留了一下，并且看到了孟子的出生地。"——我多次到过曲阜，也多次住在孔庙边的阙里宾舍，每当看到其厅堂里悬挂着解放后毛泽东参观孔林的照片，总会浮想联翩。

二、早期文稿与《孟子》的引用

有学者统计，毛泽东文章中的引文、成语和典故，大部分出自儒家经典。其中，他引用10条以上的古籍有以下10种：《左传》48条；《史记》42条；《孟子》26条；《论语》22条；《汉书》22条；《战国策》18条；《后汉书》18条；《礼记》14条；《尚书》13条；《诗经》10条。（黄丽镛《毛泽东读古书实录》，上海人民出版社）又有美国学者斯图尔特·施拉姆在其著作中指出："《体育研究》这篇文

章中共有20多处出自典籍的引文或注疏的文字，其中12条是儒家的经典。”（《毛泽东的思想》，田松年等译）

我曾查阅了《毛泽东早期文稿》（1912.6—1920.11）其中有关孟子的就有许多次，举例如：

1. 毛泽东《致友人信》（1915年7月）：“孟轲好辩，不得谓之佞。”——此见诸《孟子·滕文公下》。

2. 毛泽东《致萧子升信》（1915年9月6日）：“仆读《中庸》，曰博学之。朱子补《大学》，曰：即凡天下之物，莫不因其已知之理而益穷之，以至乎其极。表里精粗无不到，全体大用无不明矣。其上孔子之言，谓博学于文，孟子曰博学而详说，窃以为是天经地义，学者之所宜遵循。”——此不仅看到毛泽东早年对于《四书》之用心，且能融会贯通。《孟子·离娄下》：“博学而详说（详细阐述）之，将以反（返回）说约（说出要点）也。”

3. 毛泽东《致黎锦熙信》（1916年12月9日）：“昔者圣人之自卫其生也，鱼馁肉败不食，《乡党》一篇载之详矣。孟子曰：知命者不立夫岩之下。有身而不能自强，可以自强而故暴弃之，此食馁败而立岩墙也，可惜孰甚焉！”——此见诸《孟子·尽心上》：“是故知命者，不立乎岩墙之下。”

4. 毛泽东《体育之研究》（1917年4月）：“自有生民以来，智识有愚暗，无不知自卫其生者。是故西山之薇，饥极必食，井上之李，不容不咽。”——典故“井上之李”就出自《孟子·滕文公下》。战国陈仲子，因认为其兄为高官不义，便离家出走楚国。一次，三天没有吃饭，看见井边上有被虫子吃过的李子，忍不住就爬过去吃了。

5. 毛泽东《体育之研究》：“有恒矣，而不用心，亦难有效。走马观花，虽日日观，犹无观也。心在鸣（鸿）鹄，虽与俱学，勿若之矣。”——“鸿鹄”之典故，见诸《孟子·告子上》。

6. 毛泽东《致黎锦熙信》（1917年8月23日）：“圣人，既得大本者也；贤人，略得大本者也；愚人，不得大本者也。圣人通达天地，明贯过去现在未来，洞悉三界现象，如孔子之‘百世可知’，孟子之‘圣人复起，不易吾言’。孔孟对答弟子之问，曾不能难，愚者或震之为神奇，不知并无谬巧，惟在得一大本而已。执此以对付百纷，驾驭动静，举不能逃，而何谬巧哉？（惟宗教家见众人以为神奇，则自神奇之，如耶苏、摩哈默德、释迦牟尼。）——此可见《孟子·公孙丑上》：“圣人复起，必从吾言矣。”

7. 毛泽东《〈伦理学原理〉批注》（1917—1918）：“此举直觉论者之说。孟轲之义内，王守仁之心即理，似均为直觉论。”——《伦理学原理》，为德国哲学家、伦理学家泡尔生（1846—1908）的主要代表作《伦理学体系》的一部分。直觉论是西方伦理学中的一派观点，认为对于原始的道德范畴（如善、价值、义务等），无法用理性或经验观察证明它的存在，而只能通过心理体验、直觉意识到它。如王守仁认为“心即理”，“理论也者，心之条理也”。（《书渚阳卷》）这里孟子之文出自《孟子·告子上》，孟子反对告子关于“仁，内也，非外也；义，外也，非内也”的观点，认为“仁义礼智，非由外铄我也，我固有之也”。（《孟子·告子上》）

8. 毛泽东《〈伦理学原理〉批注》：“予思吾儒家之说，乃是以利己主义为基础，如‘天地之道造端乎夫妇’之言，‘先修身而后平天下’，‘先亲亲而后仁民爱物’可以见之。”——“先亲亲而后仁民爱物”，出自《孟子·尽心上》：“孟子曰：‘君子之于物也，爱之而弗仁；于民也，仁之弗亲，亲亲而仁民，仁民而爱物。’”

9. 毛泽东《〈伦理学原理〉批注》：“吾之意与孟子所论浩然之气及大丈夫两章之意，大略相同。”——“浩然之气”，见诸《孟子·公孙丑上》：“曰：我知言，我善养吾浩然之气。”“大丈夫”，见诸《孟子·滕文公下》：“富贵不能淫，贫贱不能移，威武不能屈，此之谓大丈夫。”

10. 毛泽东《〈伦理学原理〉批注》：“言不必信，行不必果，惟义所在。”——此见诸《孟子·离娄下》：“孟子曰：‘大人者，言不必信，行不必果，惟义所在。’”

11. 毛泽东《讲堂录》“修身”：“孟子尝言志矣，曰：志至也，气次也。持其志，毋暴其气。曰：夫天未欲平治天下也，如欲平治天下，当今之世，舍我其谁也。曰：乃所愿则学孔子也。曰：我亦欲正人心，定邪说，距跛行，以承三圣者。”——此见《孟子·公孙丑上、下》以及《孟子·滕文公下》三篇，这里的引文与原文略有出入。

12. 毛泽东《讲堂录》“修身”：“孟子所谓豪杰，近于圣贤，曰：陈良楚产也，悦周公、仲尼之道，北学于中国。北方之学者未能或之先也，乃所谓豪杰之士也。曰：待文王而后兴者凡民也。若夫豪杰之士，虽无文王犹兴之类是也。”——语见《孟子·滕文公上》、《孟子·尽心上》。“乃所谓豪杰之士也”一句，“乃”原文作“彼”。

13. 毛泽东《讲堂录》“修身”：“孟子曰：体有贵贱，有小大。养其小者为小人，养其大者为大人。一个之我，小我也；宇宙之我，大我也。一个之我，肉体之我也；宇宙之我，精神之我也。”

14. 毛泽东《讲堂录》：“《孟子》七篇言王政之要，莫先于田里树畜。”

15. 毛泽东《讲堂录》“国文”之《孟子》“经”：“睊睊胥谗”，睊睊，侧目貌。“流连荒亡”，“从流下而忘反，谓之流；从流上而忘反，谓之连；从兽无厌，谓之荒；乐酒无厌，谓之亡”。“苛”（笴），可也，苛矣富人。“招”，音昭，取非其招不往也。音韶，盖《徵招》、《角招》是也。音翘，好尽言以招人过，比国武子之所以见杀于齐也。“思戢用光”，思安集其人民，以光大其国家也。——这是当时毛泽东记录的课堂笔记，解释《孟子》中的词语与典故的。这里除了“好尽言”一条外，均见《孟子·梁惠王下》。

16. 毛泽东《讲堂录》“国文”之“经”：“干戈戚扬”，戚，斧。扬，钺也。“残贼”，“贼仁者谓之贼，责（贼）义者谓之残”。“镒”，二十两。“孟子对曰：‘取之而燕民悦，则取之。古之人有行之者，武王是也。取之而燕民不悦，则勿取。古之人有行之者，文王是也。’”“如水益深，如火益热，亦运而已矣。”“曾子曰：戒之戒之！出乎尔者，反乎尔者也。”“君子不以其所以养人者害人，二三子何患乎无君。”——以上七条，均见诸《孟子·梁惠王下》

17. 毛泽东《讲堂录》：“孟子曰：流水之为物也，不盈科不行；君子之志于道也，不成章不达。”——此见诸《孟子·尽心上》

18. 毛泽东《送纵宇一郎东行》（1918 年）：“名世于今五百年，诸公碌碌皆余子。”——纵宇一郎，是罗章龙在 1918 年拟去日本时所取的日本名字。新民学会在长沙聚餐，为他饯行，毛泽东写此书送别。后来罗到上海后因故未能成行。这首七古诗里，毛泽东化用了《孟子·公孙丑下》名言：“五百年必有王者兴，其间必有名世者。”

这些都是毛泽东早期学习与运用《孟子》的点滴，但是已经可以看到《孟子》对他的那些影响。

三、《毛泽东选集》里引用《孟子》

在后来的《毛泽东选集》里也多见其运用孟子的言语与智慧。这里也仅作举例，如：

毛泽东《湖南农民考察报告》（1927 年 3 月）：“菩萨是农民立起来的，到了一定时期农民会用自己的双手丢开这些菩萨，无须旁人过早地代庖丢菩萨。共产党对于这些东西的宣传政策应当是：‘引而不发，跃如也。’”——这里的“引而不发，跃如也”，就出自《孟子·尽心上》。

毛泽东《论反对日本帝国主义的策略》（1935 年 12 月）：“因此，只有统一战线的策略才是马克思列宁主义的策略。关门主义的策略则是孤家寡人的策略。关门主义‘为渊驱鱼，为丛驱雀’，把‘千千万万’和‘浩浩荡荡’都赶到敌人那一边去，只博得敌人的喝采。”——“为渊驱鱼，为丛驱雀”，就出自《孟子·离娄上》。毛泽东文内又说：“古人说：‘春秋无义战。’于今帝国主义则更加无义战，只有被压迫民族和被压迫阶级有义战。”——“春秋无义战”，出自《孟子·尽心下》。

毛泽东《反对日本进攻的方针、办法和前途》(1937年7月)：“如此广土众民的国家而说财政经济无办法，真是没有道理的话。”——“广土众民”，就出自《孟子·尽心上》。

毛泽东《整顿党的作风》(1942年2月)：“谁要是对别人的困难不管，别人要调他所属的干部不给，或以坏的送人，‘以邻为壑’，全不为别部、别地、别人想一想，这样的人就叫做本位主义者。”——此见诸《孟子·告子下》：“是故禹以四海为壑，今吾子以邻国为壑。”

毛泽东《学习与时局》(1944年4月)：“孟子说：‘心之官则思。’他对脑筋的作用下了正确的定义。凡事应该用脑筋好好想一想。”——孟子名言出自《孟子·告子上》。

当然，这还仅是明引《孟子》的文句，至于那种理念的影响也可寻觅。譬如孟子最强调“民为贵”，而毛泽东说：“人民，只有人民，才是创造世界历史的动力。”《愚公移山》(1945年6月)：“我们一定要坚持下去，一定要不断地工作，我们也会感动上帝的。这个上帝不是别人，就是全中国的人民大众。”毛泽东把人民看作了上帝。

毛泽东《在中国共产党全国宣传工作会议上的讲话》(1957年3月)：“以力服人是不行对。对付敌人可以这样，对付同志，对付朋友，绝不能用这个方法。”——此见于《孟子·公孙丑上》：“以力服人者，非心服也。”

然而，历史的进程往往是多变的，甚至有时变幻得不可思议。众所周知，“文革”时期，北大、清华两校的大批判组编选了《林彪与孔孟之道》的材料，1974年1月18日，毛泽东批示：“同意转发。”从此在全国迅速掀起了一场批林、批孔、批孟的高潮，于是孔子、孟子都被彻底掀翻在地，真是个“史无前例”了。这似乎让人们觉得前后反差得太不可令人思议了，其实也就应合了孟子所说的“彼一时也，此一时”的辩证法！时在变、势在变，事在变，人在变，一切都在变！“文革”结束，孔子、孟子又渐渐地站立、矗立起来，历史也就似乎在刹那间，什么又都飘忽而过了，然而却又是永不磨灭地沉积在历史的深层了。孔孟之学以及命运依然在历史的无穷的“变数”里，不可预测地前行着、延续着、演绎着！

《孟子》精蕴之俯瞰

《孟子》一书共有七篇，其篇名依次为《孟子·梁惠王》、《孟子·公孙丑》、《孟子·滕文公》、《孟子·离娄》、《孟子·万章》、《孟子·告子》、《孟子·尽心》。每一篇又分上、下，因此也说十四卷，或说十四篇。其内容、思想、智慧的精蕴，哲学家美籍华人陈荣捷（1901—1994）在其《中国哲学文献选编》也有介绍，亦然可以一读。

一、孔子与孟子生涯的比较

孟子以孔子为至圣，然而两个人的生涯竟然也极其相似。陈荣捷曾有过这样的比较：

1. 出生地——孔、孟都生于现在的山东省。——我顺着陈荣捷的向度再作思考，那么想到正因为地缘的关系，尤其是邹地与孔子的故乡曲阜是如此靠近，这在孟子那里播种下了一种近距离的亲近感与向往感。其实某一地方文化的成功者，对激励那一地方人们的影响往往是不可估量的。孟子自己说是孔子的“私淑者”，就反映出这种心灵的沟通！

2. 职业——孔、孟曾同样是以教书授徒为业。

3. 向往——孔、孟同样推崇传说中的圣王。

4. 时代背景——孟子所处的时代背景，与孔子也很相似，同样是政治斗争不断、道德混乱、思想冲突。

5. 使命感——孟子也具有和孔子类似的使命感，只是更重视辟“邪说”，为了此一目的，孟子不断地与学者争辩，与对手争议，特别是与墨

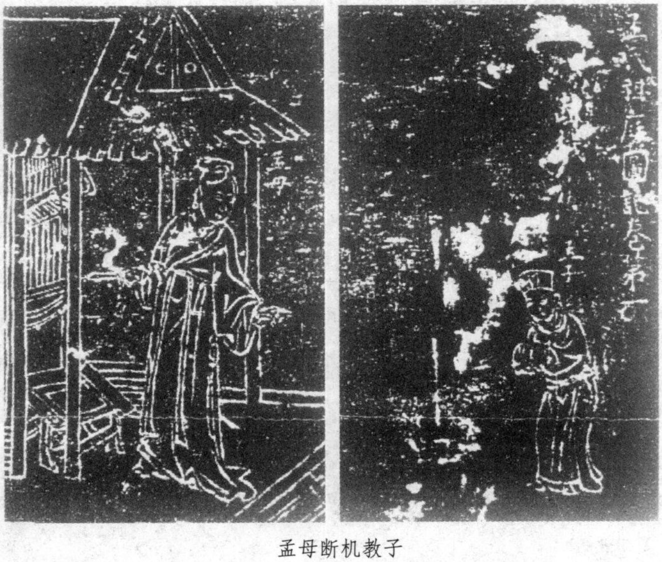

孟母断机教子

子及杨朱的从者。

6. 周游列国游说——孟子大约从公元前 354 年，或者更早开始，也如同孔子般周游列国，游说人君力行改革，前后花了约四十年时间。

7. 一度从政——孔子曾从政，孟子在齐国，也同孔子一般，一度从政（前 319—前 312 年）。

8. 孝子——孟子也是个孝子，在齐国为官时，曾因母丧悲戚，所以离朝在野三年。孟子在孝理论上的论说比孔子更为丰富。

9. 退居——最后，孟子与孔子一样近似，不得志而退居。

10. 圣人、功业、影响——除了陈荣捷说的，这里我还想补充说的是：他们同样成为历史上的圣人，是至圣与亚圣；他们同样是桃李芬芳，是大教育家；孔、孟同样是养生家，均长寿，且孟子比孔子更长寿；他们的影响同样绵延流长，而时代造成孔、孟或在浪尖、或在浪谷，也同样地或浮或沉。

二、简述：孟子学说的精蕴

《孟子》七篇，若从其最简要处说：(1)《梁惠王》要旨是“仁政”之说，主张以“仁义”治国。(2)《公孙丑》主要论说“不动心”、“浩然之气”等内容。(3)《滕文公》阐述政治思想，如井田制、社会分工等内容。(4)《离娄》论说三代之政治得失，以及治国、治家、修身之道等。(5)《万章》阐论古代尧、舜、禹禅让的历史情况等。(6)《告子》集中反映孟子人性善的思想等。(7)《尽心》论述“尽心”、“知性”、“知天”等理念，以及“民贵君轻”的仁政思想，还提出了儒家“道统”之说。

关于《孟子》的学说，陈荣捷又精要地概括了几端，加以评说。

1. 人性论的发展——陈荣捷分析，孔子与孟子之不同，首先在“儒家的中心思想，也就是人性问题上面，孟子却向前跨了一大步，此种新的理论连带地也波及他其他方面的思想。孔子的观念中最多只是蕴涵着：人性是善的，孟子却毅然宣称人性本善。而且，他还进而将其整个哲学体系奠基在此一纲领上，这也是前无古人的”。

2. 人性论上的哲学体系——陈荣捷还具体从五个方面，分析了孟子的这一体系：(1) 人对于善有“良知”，而且也有“良能”去实践它。(《孟子·尽心上》13.15。按数字表示为第 13 篇，第 15 章，本书引文同此条例)(2) 假使人能“尽其心”，他即可“事天”，并且“立命”。(《孟子·尽心上》13.1)(3) 罪恶非本有，而是出自人之自陷，不能抵御外来之不良影响。(《孟子·尽心上》13.1、《孟子·告子上》11.8)(4) 要恢复本性，必须黾（mǐn）勉竭力。(5) 学问之道无他，只是“求放心”而已（《孟子·告子上》11.8、11.11）。

孟子心性之说，在哲学史上影响深远，陈荣捷又概括为数端：(1) 孟子恢复本性的主张，成为了李翱哲学的基石。(2) 孟子的良知良能的理论，成为了王阳明理想主义哲学，及尔后两百年姚江学派的骨干理论。(3) 孟子的性善论的理论，对于近千年来的儒家运动，影响极为深远，尤其以对戴震为然。

3. 仁义——陈荣捷又指出：“既然人性本善，仁自然也就是天生的道德本质。但孟子坚决主张为仁要从家庭开始，他激烈抨击无别之兼爱，职是之故，他常讲仁、义相提并论。对他来说，仁在合同方面不可少，而义于别异层面则不可缺。在孟子思想里，义之概念达到前所未有的重要地位，他是首位将义提升至道德价值中之最高者。”这一揭示也很深刻。

4. 政治——陈荣捷说，在政治方面，孟子同样认为仁义当为指导的原则。但是孟子“竭力主张‘仁政’，事实上，他也是首位使用此一词语的人。孟子强烈地主张义利对立，并且想以‘王政’克服‘暴政’”。不过我认为，在“义利对立”的问题上，孟子并不是绝对的，而是有着更为深层的理念与智慧的，这在后文有较详细的解读。

5. 人民与革命——陈荣捷认为，“由于人的本性中蕴涵道德力量，所以每一个体都是圆满自足的，每一个人都可以成为圣人，每一个人也都是平等的。对孟子而言，政治当中最重要的因素是人民，他们有反抗的权利。孟子思想中，革命之理论不仅是种创新的主张，且使他成为中国历史上政治民主最强而有力的鼓吹者”。这一点尤其较孔子的理念鲜明凸现。

三、陈荣捷的《孟子》内容分类表

1. 仁政——《梁惠王上》1、5、7 章。《梁惠王下》5、7 章。《公孙丑上》5 章。《滕文公上》3 章。《离娄上》14 章。《万章上》5 章。

2. 平等——《告子上》7 章。《滕文公上》1 章。《离娄下》28、32 章。

3. 大人——《告子上》14、15 章。《离娄下》11、12 章。

4. 人伦——《滕文公上》4 章。《滕文公下》2、9 章。《离娄上》17、18、26 章。《离娄下》30 章。

5. 仁与义——《告子上》1、4、8、10、11、18、19 章。《梁惠王上》1 章。《公孙丑上》2 章。《离娄上》10、20、27 章。

6. 性、人与德性内在——《告子上》1—6 章。《公孙丑上》6 章。《离娄下》26 章。

7. 人民与革命——《梁惠王下》7、8 章。《离娄下》3 章。

8. 社会阶级——《滕文公上》3、4 章。

9. 不忍人之心——《梁惠王上》7 章。《公孙丑上》6 章。

10. 不动心——《公孙丑上》2 章。

11. 杨墨——《滕文公上》5 章。《滕文公下》9 章。《尽心上》26 章。

当然，这些还主要是从哲学的维度去梳理揭示的。其实，孟子还有丰富的人生、经济、管理、军事、教育、历史、美学、思辨，乃至文章学等方面的理念与智慧，这在本书后文也有不少的解读，可供大家阅读。亦然如陈荣捷所说："孟子思想固有其创新的成分，但是他未曾偏离孔子所奠定的大方向。我们在《孟子》里所见到的，仍是正统的儒家，他仍沿着理想主义的路线向前发展。"他最终发展成为儒家的又一位圣人！

《孟子》读法的有益建议

钱钟书之父钱基博（1887—1957）在《〈四书〉解题及其读法》里关于《孟子》的读法，说："读法一如《论语》，每次作一意求之，虚心涵泳，切己体察，久而久之，必自有会。"他又举出三方面，拟为读法，我觉得很有启发意义，今人在阅读或研究《论语》时也可借鉴之。

第一，明其立言

孟子曰："我知言。"（《公孙丑上》3.2）钱基博指出，然则读孟子之书，何可不知孟子之言！《孟子》一书，游文《六艺》之中，留意《诗》、《书》之际，敦教化，明人伦，此与《论语》同者也。然而有不同者：

1.《论语》气平，《孟子》气激。

2.《论语》辞约而意尽，《孟子》气盛而言宜。

3.《论语》之发语用"噫"，《孟子》发语用"恶"。

4.《论语》正言庄论，多法语之言；《孟子》比物托兴，熏巽与之辞。

5.《论语》短章多，长章少；《孟子》长章多，短章少。以上为修辞之不同。

6.《论语》只言性，而《孟子》直道性善。

7.《论语》只言仁，而《孟子》兼明仁义。

8.《论语》只言志，而《孟子》深论养气。以上为树义之不同也。

9. 孔子之称弟子以名，孟子之称弟子曰子。孔子弟子自称名，孟子弟子如万章、咸丘蒙有自称吾者。孔子弟子称孔子曰子，孟子弟子称孟子曰夫子。

10. 孔子弟子，问仁者七，问孝者三，问政者六；而孟子弟子所问皆不及此。以上为酬对之不同也。

11. 至于《孟子》衡政持论，详于法制，体国经野，具有规模；则与《论语》又有不同者！盖《论语》二十篇之所未有！徒以井田封建，所言殊于《周礼》，知于古未必有征；特《孟子》托古改制乌托邦尔！

第二，籀其性理

钱基博所谓的“籀其性理”，即要研究、籀演、籀绎孟子的性理之说。“籀(zhòu)”，指读书、讽诵；又通“抽”，即抽取、演绎、抽绎的意思。

1. 孟子道性善的方法

钱基博认为，孟子道性善的方法有两端：一是以“故”言性，一是以“情”证性。

(1) 以“故”言性。——孟子曰：“天下之言性也，则故而已矣！”(《离娄下》) 朱熹注：“性者，人物所得以生之理也。故者，其已然之迹，若所谓‘天下之故’者也。言事物之理，虽若无形而难知；然其发见之已然，则必有迹而易见。故天下之言性者，但言其故而理自明；犹所谓‘善言天者必有验于人’也。”此孟子以“故”言性之说也。“孺子入井”(《公孙丑上》3.6)、“敬兄敬乡人”(《告子上》11.6)，皆孟子之所谓“故”也。

(2) 以“情”证性。——孟子好以“恻隐”、“羞恶”、“辞让”、“是非”四端言性，皆“情”也；“情”之为言，“性之感”也。盖“生之谓性”，而“情”则性之发。“性”不可见，而“情”可见，故以“情”证性也。此孟子道性善之方法也。

2. 孟子道性善之界说

这里又有几个要点：(1) 孟子道性善，只限于人，而物非所论。人性不同于植物、动物、无生物，故要“明于庶物，察于人伦”。盖人之性善，而物之性不必皆善；人之性可率(遵循)，而物之性不必可率(遵循)。(2) 孟子说“存心”，所以继性之善也。譬如孟子说：“君子之所以异于人者，以其存心也。君子以仁存心，以礼存心。”(《离娄下》) (3) 孟子说“养气”，所以涵情之发也。“其为气也，至大至刚”，使不“配义与道”，人欲之横流，厥祸有酷于洪水。因此孟子说：“以直养而无害，则塞乎天地之间！”“其为气也，配义与道，无是，馁也。”钱基博说：“要之‘浩然之气’之为‘至大至刚’，此尽人之所同；而‘配义与道’之‘以直养’，则孟子之所独矣！余故特表而出之。”

第三，考其辨诸子

1. 孟子对诸子的众多辩驳

孟子好辨，而辩驳有明确姓名者，则有：(1) 为神农之言者许行（《滕文公上》)。(2) 有墨者夷之（《滕文公上》)、宋牼（《告子下》)。(3) 有为纵横之术者景春（《滕文公下》)。(4) 淳于髡（《离娄上》、《告子下》)。(5) 白圭（《告子下》)。

至于孟子辩驳而不指名道姓者，则涉及甚广，如据钱基博与陈澧（lǐ）《东塾读书记》之说，可分为几类：(1) 道家、墨家——孟子“距杨墨”（《滕文公下》)；杨朱，老子弟子，距杨朱，即距道家矣！(2) 兵家、纵横家、农家——“善战者服上刑，连诸侯者次之，辟草莱任土地者次之。”（《离娄上》）朱注以为“孙膑、吴起、苏秦、张仪、李悝（kuī）、商鞅之类”，则兵家、纵横家、农家皆距之矣！(3) 法家——“省刑罚”（《梁惠王上》)，可以距法家。(4) 名家——“生之谓性也，犹白之谓白欤？”（《告子上》)，可以距名家。(5) 阴阳家——“天时不如地利”（《公孙丑下》)，可以距阴阳家。(6) 杂家——“夫道一而已矣”，可以距杂家。(7) 小说家——“齐东野人之语，非君子之言”（《万章上》)，可以距小说家。(8) 孟子“距兵家为甚”——如《公孙丑上》“天时不如地利”章，《离娄上》“求也为季氏宰”章，《告子上》“鲁欲使慎子为将军”章，《尽心下》“不仁哉梁惠王”章、“春秋无义战”章、“尽信书不如无书”章、“有人曰我善为阵”章，皆距兵家言也！如此我们也可以看到孟子好辩的大体情况了。钱基博说：“乘间抵巇（xī，缝隙），辞气铿訇（hōng，大声）”，“一纵一横，论者莫当，此亦《论语》之所罕见！盖孔子以攻异端为害，而孟子以辟异端自人任；此孟子之所为不同于孔子”。在后文我还有专文论说孟子论辩之事的，可互见。

2. 一个有意趣的问题

为什么孟子一面力距（拒）杨墨，一方面“孟子之言仁义，盖即兼权杨墨之说”，何者？钱基博说：“义（義）”从我羊，谊取“善我”；非即“杨氏为我”之指乎？“仁”从人二，训为“人偶”；非即“墨子兼爱”之义乎？盖孟子之所以为“距杨墨”者，恶其“执一”也。“所恶执一者，为其贼道也，举一而废百也。”（《尽心上》）然则自孟子之言推之：徒“仁”而不制“义”，则舍己而以狗（同殉）人，人情之所难能也！徒“义”而不体“仁”，则背群而私利己，人道或几乎息矣。徒“义”而不体“仁”者，杨氏之“为我”也！徒“仁”而不制“义”者，墨子之“兼爱”也！为蔽不同，“执一”则钧！孟子“执中”，故交讥焉。特是孟子言仁义，而距杨墨者，谓其“充塞仁义”也！

3. 再一个有意趣的问题

钱基博又提出这样的问题：为什么孟子不辩驳老庄之学？然老庄绝仁弃义，而孟子不置一词者，何哉？钱基博解说：孟子不云乎，"仁也者人也，合而言之道也。"(《尽心下》）朱熹集注："外国本'人也'之下，有'义也者宜也。礼也者履也。智也者知也。信也者实也。'凡二十字。"今按如此，则理极分明。再说，王弼《老子注》曰："仁义礼知不能独用，必资道以用之。"此与孟子如出一吻。盖道德者，仁义礼之大全；而仁义者，道之一端。老庄之学，抱一而体玄，故以道为本；孔孟之教，明体而达用，故以仁义为言，而要其归曰"志于道"；此孔子之所以窃比老彭，而孟子之于老庄所为存而不论也欤？

我想，虽然这些论述还没有能更充分地概括《孟子》全书的更多丰富而深刻的内涵与智慧，但是老一代学者经过辛勤思考，融合了自己心得的不少见解，亦然值得后来者很好地借鉴。

篇二

心性智慧：人心·人性·性命·命运

孟子：心的学问与智慧

孟子于“人心”之“心”的研究很深入，且卓有发明，论者一般认为是孟子最先注重心的作用。虽然其论有不少唯心的东西，但是此中也自有许多的智慧。若能知其取舍，择其精华，那么可以丰富人们的心智之慧。

一、心：心之官则思

孔子说：“学而不思则罔，思而不学则殆。”（《论语·为政》）孔子又有“九思”名言：“君子有九思：视思明，听思聪，色思温，貌思恭，言思忠，事思敬，疑思问，忿思难，见得思义。”（《论语·季氏》）孔子重视“思”，这是孔子表述思维、思考、思索的一个概念。

孟子不仅继承之，且又弘扬发展之，提出了心之“思”的关键与作用。孟子说：“耳目之官不思，而蔽于物。物交物，则引之而已矣。心之官则思，思则得之，不思则不得也。此天之所与我者。”（《告子上》11.15）

这是说同为器官，然而耳目之类的器官是不会思考的，因此就会被外物蒙蔽。耳目器官之物与外物交接，那么是物与物的关系，若此就会被外物如声色等引诱而去。心，这器官却是能思考的，思考就会有所得，不思考就不能有所得。这是上天对我人类的赐予。

张君劢曾解读：“写下不知道如何去思这句话的孟子，意思是说人不知道如何分类，如何看出事物的比较价值，或看出是与非的区别。孟子所说的‘思’，就是理论方面的‘判断’和伦理方面的‘评价’。”（《儒家哲学之复兴》）通观《孟子》全书，我想孟子所说的思，既是逻辑的，又是义理的，还是哲学的。这种思考即由现象的、经验的感性认知上升至于逻辑思维，至于理性思维，又再至于哲学的深思，通过现象逐层深入，而终至于把握实质、把握认识对象的本质与规律。在后文论述孟子的政治、经济、历史、教育、思辨智慧里均能清晰地体悟到这一点。

关于“心”，今人称为心灵，古人又称为虚灵。心灵之虚之灵，那真是不可描状。如宋代张世南说：“心之虚灵，无有限量。如六合之外，思之则至，前乎千百世之已往，后乎千万世之未来，皆在目前。”（《游宦纪闻》）明李东阳《怛怛斋记》：“夫怛怛者，欲人不死其心，心不死则可以入道矣。夫心本虚灵，而理斯具，而事斯应。”孟子此言，给后人的影响十分深远。如清代王夫之《薑斋诗话》又说："如均一'心'字，有以虚灵知觉而言者，'心之官则思'之类是也。"这足见孟子之说对后世影响之一斑。当然今人知道是头脑在思考，而不是心在思考，但是孟子那时人们还不太知道人脑是管思考的，而认为只有心才是会思考的。因此看看汉字的结构就会豁然开朗："思""虑""想""念"等等字，均出现"心"；不仅如此，人的感情也被认为从心里生发出来，因此如"情""恨""恶""感""恩""恨""怒""怨"等等，均有"心"或"忄"，后者也是由"心"字变化为偏旁的。

孟子的"心之岌则思"，毛泽东曾在《学习和时局》(1944年）有过精辟的阐论。他说："孟子说：'心之岌则思。'他对脑筋的作用下了正确的定义。凡事应该用脑筋好好想一想。俗话说：'眉头一皱，计上心来。'就是说多想出智慧。要去掉我们党内浓厚的盲目性，必须提倡思索，学会分析事物的方法，养成分析的习惯。"他批评有些人，"不善于思索，不愿用脑筋多想苦想"；"列宁、斯大林经常劝人要善于思索，我们也要这样劝人。脑筋这个机器的作用，是专门思想的"。——要成功一番事业，不仅要坚韧不拔地苦干，还离不开多想、苦想、善于思索，且养成思索的习惯。

二、心：心之权与度

心之思的另一种重要作用，是为知觉、意识，还能在思考之后做出种种权度。孟子曾开导齐宣王，曰："权，然后知轻重；度，然后知长短。物皆然，心为甚，王请度之！"(《梁惠王上》1.7)"权"，是秤砣，用来称物之轻重。"度"，量长短。

"权度"有两种：一是具体的日常生活里的秤、尺之类，称其重量，度量长短。一是形而上的，即心的权衡是非、度量轻重、斟酌取舍。两者相较，心的权度更为重要，这是孟子向人们揭明的一则大智慧。

人们也许说，这谁不知道？然而并非这样简单！大国之君，如齐宣王这等人物，他可以不忍心见到牛去祭祀时的那种"觳（hú）觫（shù）"，即因恐惧而发抖的样子，而想到用羊去替换那牛。这是聪明，还是小聪明？再说一国之君对畜生是如此不忍心，对人民却又如此忍心，甚至见其于水深火热之中而不顾恤。这是聪明，还是愚蠢？张居正说："若人之一心，万理毕具；于凡应事接物之际，尤不可无权度以称量之，更有甚于物者。盖物无权度，不过一物之差而已。设使心无权度，则事到面前，茫然不知是非利害之所在，其颠倒错乱，有不可胜言者，岂但一物之失而已哉！"(《张居正讲评〈孟子〉》）确实如此，人生权度不错，才能行进有序，稳步成功。

再看历史与当代，无数的“聪明”人，却屡屡被自作“聪明”所耽误，其原因往往就是那颗本该可以“权度”外物的心灵不灵了。心被物欲、名利、地位、金钱、美色等等物化了，然而心灵一旦物化，也就成为一“物”了，那么这“心之官则思”就不思了，也不能“权，然后知轻重；度，然后知长短”了。用这颗物化之后的心之物再与外物交接，又成了物与物之交接，那么又返归于“不思，而蔽于物。物交物，则引之而已矣”！这是聪明，还是愚蠢？！

三、名例：心思与权度的启示

孟子有不少的例证可说明其观点的精辟，此再举出数例以深化对其智慧的认识。

1. 困惑：天爵·人爵

孟子曰：“有天爵者，有人爵者。仁义忠信，乐善不倦，此天爵也；公卿大夫，此人爵也。古之人修其天爵，而人爵从之。今之人修其天爵，以要人爵；既得人爵，而弃其天爵，则惑之甚者也，终亦必亡而已矣。”（《告子上》11.16）爵，本是古代的一种酒器，因其具有一定的品位与等级，后来成为君主国家所封的等级，因此有爵位、官爵诸说。

孟子提出有两种爵位：其一为“天爵”，天然的爵位，是上天赋予人在其他万物之中最尊最贵等级之爵位。而人之所以比万物为尊贵，是因为有仁、义、忠、信，乐善等好品质，而乐此不倦。其二为“人爵”，是社会上朝廷上的爵命爵位，如九命而为公、六命而为卿、三命而为大夫等。

孟子又说，古代的人们修养自己的天爵，而人爵也就随之得到了。如今人们修养自己的天爵，目的就是为求取人爵；已经得到了人爵，而抛弃了自己的天爵，那么迷惑得太厉害了，最终亦必亡失那爵位的。

面对人们注重外在的爵位、势位、权位，而不重视人内在的东西，孟子写下了如此精彩的一章。此中深刻揭示，面对爵位当用心而“思”、以心“权度”：“爵位”分两种，不可无视；孰重孰轻，孰贵孰贱，孰先孰后，不可不深思；得天爵者得人爵，失天爵者失人爵，或成二得，或为二失，得失自有相因之理，不可不熟虑之。心能如此“思”、如此“权度”，反求自身，那么人生路上必然心明眼亮，鹏程万里了。

2. 弗思：人人有贵于己者

孟子曰：“欲贵者，人之同心也。人人有贵于己者，弗思耳矣。人之所贵者，非良贵也。赵孟之所贵，赵孟能贱之。《诗》云：‘既醉以酒（酒已经醉了），既饱以德（德已经饱了）。’言饱乎仁义也，所以不愿人之膏粱之味也；令闻广誉施

于身，所以不愿人之文绣也。”（《告子上》11.17）

是的，人同此心，人人都想尊贵。但是人人都有尊贵的东西，却不去思考它。凡是他人给予的尊贵，并不是真正的尊贵。譬如春秋时期晋国执政正卿赵孟（名盾，字孟），他能给予你尊贵，如给你爵位，也能使你卑贱，剥夺你爵位。《诗经》这话的意思是，真正的饱是德行的饱足。这说的是，饱足在仁义上，所以就不羡慕他人的膏粱之味；好名声、大美誉能施加在自己身上，所以就不歆慕他人的锦绣的衣裳。——这就是“人人有贵于己者”，即内在的性分之尊贵。由此自贵，就不羡慕外在的贵了，也不会殉物忘我了，相反却能令闻昭宣，广誉四达，实大声弘，这不就是最好的“良贵”吗？然而孟子长感叹一声：可惜人们“弗思耳”！

3. 心思取向：大人小人·大体小体

《告子上》（11.15）记载了孟子与弟子公都子的一段对话，此很能启人心智。公都子曾问孟子：“钧（通‘均’，同样）是人也，或为大人，或为小人，何也？”同样是人，为什么有的成为被尊重的大人、大人物，有的却成为被鄙视的小人、小人物？

孟子果真是大智者，回答得很干脆到位，让人豁然开朗。孟子说：“从（随从）其大体为大人，从（随从）其小体为小人。”赵岐注：“大体，心思礼仪，小体纵恣情欲。”朱熹集注：“大体，心也；小体，耳目之类也。”这两者都是从心志的向度来解释，“从大体”是用心去思考重要的义理、大局的道理，“从小体”只是对于情欲、声色等物欲的追求。一种是逆物欲情欲之流而向上攀登，识得大体，立有大志，终至跻身于大人；一种是顺声色情欲之流而下，仅知小体，胸无大志，终究也沉湎于此不能超拔。如此则大人、小人判若迥异。

公都子还是不明其理，又继续追问：“钧是人也，或从其大体，或从其小体，何也？”同样是人，为什么有的会随从那大体，有的会随从那小体？确实人们都会发问，为什么都是人而心灵的向度会不同？

孟子进一步答疑，曰：这就是思与不思的关键。“先立乎其大者，则其小者不能夺也。此为大人而已矣。”先确立于心的大体，则那些小的就不能夺走了。此就成为大人了。这就要用心去思考，思考后就能作出明智选择。

孟子的智慧也许让人们看到，人之心是人之大体、本体，把握心灵、引导心灵、塑造心灵、畜养心灵，然后才能灵动地去思、灵活地去权、灵巧地去度。由此思、权、度，才能灵性焕发地生存着、生活着、生息着！

人心：四心·四端·四体

孟子不仅喜谈人心，且能深论人心，不仅说了“心之官则思”，还研究了人心的诸多方面。这里就略论孟子的人心之“四心”、“四端”、“四体”的内容与智慧。

一、孟子说“四心”

孟子有著名的“四心”说，即人具有恻隐之心、羞恶之心、恭敬之心、是非之心，其说又是深入人心。

1. 恻隐之心——孟子说：“恻隐之心，人皆有之”。“恻隐之心，仁也。”（《告子上》11.6）此指一种天赋的同情心，就是仁。“恻隐”词语，或属孟子首创。《说文》：“恻，痛也。”桂馥《说文义证》：“谓恻然心中痛也。”“恻”是心痛；“隐”若依赵岐解释，则“隐，痛也”。“恻隐”就是哀痛的意思，是同义复词。不过我想，其实“隐”就指内心之隐，即隐蔽在内的心灵。“恻隐”就是内心的哀痛、同情、怜悯。孟子说的“恻隐之心”，表述上也说成“不忍人之心”，即不忍伤害别人之心。

恻隐之心，这种同情心、仁爱之心，原本人人具有，但是许多人在人生的路途上、在竞争间却渐渐湮没、丧失、泯灭了此心，甚至变得无情、冷酷、残忍。其实，一个大写的人，不仅当保有恻隐之心，而且还要加以扩充弘扬。

有如吕坤《呻吟语·谈道》所说：“满腔子是恻隐之心，满六合（指天下）是运（运用）恻隐之心处。君子于六合飞潜动植（指一切动植物）、纤细毫末之物，见其得所（得到适宜的生存处所），则油然而喜。与自家得所一般（一样）；见其失所，则闵然（哀怜、怜悯的样子；闵、悯是古今字）而戚（忧愁、悲伤），与自家失所一般（一样）。‘位育’念头，如何一刻放得下。”这里又将孟子之说与《中庸》的“位育”智慧连接起来，《中庸》：“致中和，天地位焉，万物育焉。”朱熹注：“位者，安其所也。育者，遂其生也。”这就使万物各安其位，各得其所，尽成其生。如此，不就是恻隐之心、仁爱之心的最大化了？

2. 羞恶之心——孟子说：“羞恶之心，人皆有之”。“羞恶之心，义也。”（《孟子·告子上》）此指一种天生的羞耻憎恶之心，也就是义。

3. 恭敬之心——孟子说：“恭敬之心，人皆有之。”“恭敬之心，礼也。”（《孟子·告子上》）此指一种天生的谦虚恭己、敬肃谨慎之心，也就是礼。

4. 是非之心——孟子说：“是非之心，人皆有之。”“是非之心，智也。”（《孟子·告子上》）此指一种天生的辨别正确与错误之心，也就是智。

孟子说此“四心”，采用了排比、复叠的方法揭示出“四心”是人人皆有的，极显警世的力量。

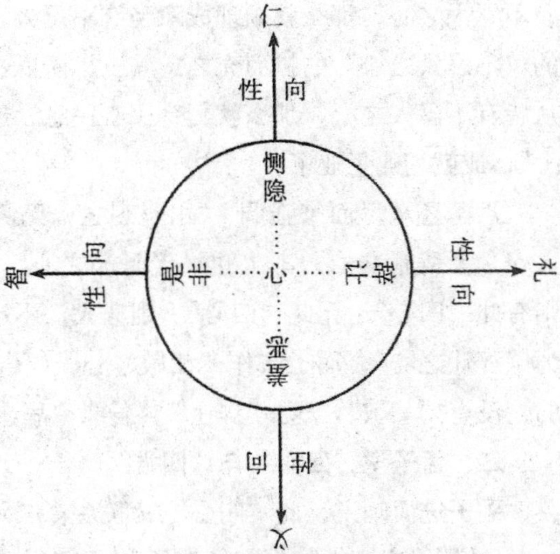

孟子的心性关系图解（陈青之《中国教育史》）

再说“不忍人心”。此“四心”中，孟子又特别强调“恻隐之心”，又称为“不忍人之心”（《公孙丑上》3.6）。“不忍人心”，就是不忍加害损伤别人之心，也是不忍看到别人蒙受灾难、危难、痛苦之心。孟子认为这是一种对他人的同情心、怜悯之心，为人生来就有的、天然的、纯粹的善心、善端。

孟子说：“人皆有不忍人之心。”（《公孙丑上》3.6）赵岐注：“言人人皆有不忍加恶于人之心。”人本具有此种善心。孟子特地举例子来说明：“所以谓人皆有不忍人之心者，今人乍见孺子将入于井，皆有怵（chù，恐也）惕（tì，惧也）恻隐之心。非所以内（同‘纳’，结也）交于孺子之父母也，非所以要（yāo，求也）誉于乡党朋友也，非恶（讨厌）其声而然也。”如今有人突然看到一个孩子将要掉到井里，都有“怵惕”即惊恐、“恻隐”即同情之心。这种人心的唤起与显示，并非是想借此来结交孩子的父母，并非是借此来获取在乡党朋友那里的名誉，并非是讨厌孩子的恐惧的哭叫声。其实是人心内在的作用的表露。

孟子的深刻还在于由此出发构成一条智慧之链：

不忍人之心 —— 不忍人之政 —— 治天下可运之掌

仁心 —— 仁政 —— 霸王之业

孟子说：“人皆有不忍人之心。先王有不忍人之心，斯有不忍人之政矣。以不忍人之心，行不忍人之政，治天下可运之掌上。”（《公孙丑上》3.6）这当然也就可以“事父母”，并“保四海”，成就霸业或王业了。这里的内在逻辑是：其一人人都有不忍人之心，因为先王也是人，当然也有不忍人之心。其二先王既有不忍人之心，那么就顺理成章当有不忍人之政了；这就不须外求，而在乎自己的“不忍人之心”的扩而充之。其三，能以不忍人之心，行不忍人之政，面对民众皆有不忍人之心，那么就契合民心民意，这样去治理天下，当然可以“运之掌上”，成就霸业王业了。

孟子还从反面来强调：“由是观之，无恻隐之心，非人也；无羞恶之心，非人也；无辞让之心，非人也；无是非之心，非人也。”（《公孙丑上》3.6）是人，则有此“四心”；无此“四心”，则非人。不过当注意的是，这里的“四心”之一为“辞让之心”，而上文作“恭敬之心”（《告子上》11.6）。然而此两者也是相通的，没有“恭敬”怎会“辞让”？若能“辞让”必能“恭敬”！其实都说的是礼。

二、孟子说“四心”与“四端”

孟子进而阐说，此“四心”又联系着仁义礼智四者，且是此四者的开端。

1.“恻隐之心，仁也”（《告子上》11.6）；“恻隐之心，仁之端也”（《公孙丑上》3.6）。——恻隐之心就是仁，是仁的开端。

2.“羞恶之心，义也”（《告子上》11.6）；“羞恶之心，义之端也”（《公孙丑上》3.6）。——羞恶之心就是义，是义的开端。

3.“恭敬之心，礼也”（《告子上》11.6）；“辞让之心，礼之端也”（《公孙丑上》3.6）。——恭敬之心就是礼，辞让之心是礼的开端。

4.“是非之心，智也”（《告子上》11.6）；“是非之心，智之端也”（《公孙丑上》3.6）。——是非之心就是智，是智的开端。

孟子再强调说：“仁义礼智，非由外铄（铄，授予）我也，我固有之也。”（《告子上》11.6）仁义礼智，不是外人授予我的，我本来就有的。

三、孟子说“四端”犹“四体”

人都有“四体”，即双手双腿，是天生的，是自然而然的；那么人有此“四心”、“四端”，也就像“四体”那样是天生的，是生来就有的。如孟子所说：“人之有是四端也，犹其有四体也。”（《公孙丑上》3.6）

然而，世人往往错误地认为自己或他人没能力来践行仁义礼智，因此孟子又说：“有是（此）四端而自谓不能者，自贼（危害）者也；谓其君不能者，贼（危害）其君者也。”（《公孙丑上》3.6）拥有了这“四端”，然而还自己认为不行的人，这就是自己危害了自己，认为他的君主不行的，这是危害了他的君主。

四、知皆扩充：四心·四端·功效

人虽天生有此“四心”、具此“四端”，但是仅止于此，是不够的。因为这仅仅是开端，就像刚生出来的嫩嫩的苗与芽，必须懂得继续培育，扩大充实它们。

如孟子所说："凡有四端于我者，知皆扩而充之矣，若火之始然（燃烧），泉之始达。苟（如果）能充之，足以保四海；苟（如果）不充之，不足以事父母。"(《公孙丑上》3.6) 意思是说，凡是在我自己则要保有此"四端"，并知道都要扩大而充实它们。如果真这样去做的话，它们就会像虽是刚燃烧的火苗，却终究不可扑灭；虽是刚流出的泉水，却终究会汇成江河。孟子再转而讲世事，如果能这样去扩充的话，那么足以保有天下四海；如果不能这样去扩充的话，那么就连父母也不足以侍奉。

五、求则得·舍则失

1. 弗思之弊

孟子说：仁义礼智，本是我固有的，非由外人授予我的，但是人们往往不懂得这种道理，是因为"弗思耳矣。"(《告子上》11.6) 孟子还说这些道理当从思考、思索而得之。

2. 求得舍失

孟子又说："故曰：'求则得之，舍则失之。'或相倍（一倍）蓰（五倍）而无算（指无数倍）者，不能尽其才（指质性）者也。《诗》曰：'天生蒸民，有物有则。民之秉（持）彝（常，指不变的法则），好是懿（美）德。'孔子曰：'为此诗者，其知道乎！故有物必有则，民之秉彝也，故好是懿德。"(《告子上》11.6)

这意思是，所以说："如果求取则会获得，如果舍弃则会失掉。"人与他人的比较，有相差一倍、五倍的，甚至无数倍的，这就是不能充分发挥人性的本质的缘故。《诗经》说，上天生育众民，有事物就有法则。民众秉持了那些不变的法则，于是喜爱美好的品德。孔子说，作此诗的人，他知晓道啊！所以有事物必有法则，民众秉持了那些不变的法则，于是喜爱美好的品德。

这些千年之前的古训，乍一看一读，似乎离开今人很远很远，其实细心抽绎，那么距离又很近很近。今人报道的贪官落马、企业家昧着良心的经商等等，其实他们本来也都是有"四心"、"四端"的，但是"弗思耳矣"，"舍则失之"。今人无数忏悔之泪、后悔之根，不再次印证孟子所说所论吗？！

说心十则：孟子之谆谆再教诲

孟子好论"心"，"心"字在《孟子》一书里竟然出现了 120 次之多。除了谈

"四心"之外，此书还有许多丰富的内容。这里再概说其心论十则。

一、说良心

中国人好说"良心"，比如"天地良心"、"良心喂狗吃了"等等，而"良心"此词原来最早就出现在《孟子》那里。"良心"，本指天然的合乎道德的善良之心。如朱熹集注："良心者，本然之善心，即所谓仁义之心也。"不过后来"良心"多指内心对是非、善恶的正确认识，还就指好心。

《告子上》(11.8) 载，孟子曰："虽存乎人者，岂无仁义之心哉？其所以放其良心者，亦犹斧斤之于木也，旦旦而伐之，可以为美乎？"即使在某些人身上，难道会没有"良心"，即仁义之心吗？那些人之所以放失了"良心"，就因为像用刀斧来对付树木，天天砍伐它，这还可以保持树木的茂美吗？

人们还常说"良心发现"，此也与《孟子》有关。《告子上》(11.8)："其日夜之所息，平旦之气，其好恶与人相近也者几希。"朱熹集注："言人之良心虽已放失，然其日夜之间犹必有所生长，故平旦未与物接，其气清明之际，良心犹必有所发见（现）者。"后来有了"良心发现"之成语，比如《镜花缘》《廿载繁华梦》等都已出现。再如在人们熟悉的鲁迅《朝花夕拾·滕野先生》里就曾说："每当夜间疲倦，正想偷懒时，仰面在灯光中瞥见他黑瘦的面貌，似乎正要说出抑扬顿挫的话来，便使我忽又良心发现，而且增加勇气了。"每次读来都会使得读者也有一种"良心发现"的感触。

二、说恒心

"恒心"，孟子指恒常存有的善良之心，也指操守。《梁惠王上》(1.7)："苟无恒心，放辟邪侈，无不为已。"赵岐注："恒心，人所常有善心也。"人一旦丧失了这种"恒心"，那么就失去了对于心灵的控制，从而在行为上就会肆意为非作歹，邪恶不正。

孟子重视"恒"、"恒心"之智，是因为保持恒久不变的善良之心志、意志、定力很重要，然而这又与他对孔子的继承是有关的。又如《论语·述而》："子曰：善人，吾不得而见之矣；得见有恒者，斯可矣。亡而为有，虚而为盈，约而为泰，难乎有恒矣。"这意思是说，善人，我是不能见到了，能见到有恒心的人，就可以了。原本没有却假装为有，原本空虚却假装为充足，原本穷困却假装为富有，这样的人难以有恒心保持操守。"恒"已被看做了儒家的一种道德品质。

再如《论语·子路》载，子曰："南人有言曰：'人而无恒，不可以作巫医。'善夫！"这意思是说，南方人有句话说：人如果没有恒心，那么连巫医都做不了。这话说得好！又记载："'不恒其德，或承之羞。'子曰：'不占而已矣。'"这是说，《易经·恒卦》：不能恒久地保持德行，那么就有可能受到来自他人的羞辱。孔子说，这话讲的是没有恒心的人不必去占卜罢了。

“恒心”后来也指持久的心志。如鲁迅说：“做一件事，无论大小，倘无恒心，是很不好的。”（鲁迅《书信集·致陈烟桥》）我想起，朱熹曾说：“曾子虽鲁钝难晓，只是他不肯放过，直是捱得到透彻了方止。”（《朱子全书》卷九）这就是一种“恒心”。

三、说赤子之心

《离娄下》（8.12）载，孟子曰：“大人者，不失其赤子之心者也。”赤子之心，是初生婴儿之心。此心还没有被世俗所污染，没有被物欲所玷污，具有纯洁、本真、美好的天性。然而人随着踏入社会，在人生路途上坎坷沉浮，往往就被外物诱导，真性日漓，赤子之心也渐失去。

大人，不只是具有盛德大业，难能可贵的是不失掉赤子之心。这是因为大人品德高卓，修养深厚，经由了精纯的涵养，从而不被私欲蒙蔽，不为外物引诱，终究能纯一无伪，不失赤子之心。

在孟子之前，老子已经热情地赞扬“赤子”，“含德之厚，比于赤子”（《老子》55章）。此可参见笔者《老子百姓读本》的解读。中国古代文化很有意思，后来人们把百姓、人民称为“赤子”，也说明只有人民才是德行最深厚的。不过又称村翁野老有赤子之心，因为比较起来他们的心灵较少被滚滚红尘玷污。如清代和邦额《夜谭随录·某倅》：“世儒眼大如豆，又乌知村翁野老固多不失其赤子之心也！”后来王国维又将“赤子之心”转用为美学理念，指艺术创造里的真纯无伪的感情。《人间词话》：“词人者，不失其赤子之心者也。”如此才能够不为利欲的环境所干扰，保持性情和感情之真纯。

四、说人心仁

人心与仁义礼智的理念。(1)“存心”，以仁与礼存心。孟子曰：“君子所以异于人者，以其存心也，君子以仁存心，以礼存心。”（《离娄下》8.28）孟子曰：“仁，人心也；义，人路也。舍其路而弗由，放其心而不知求，哀哉！”（《告子上》11.11）仁，就是人心；义，就是人的路。舍弃那正路而不走，丢失了仁心而不知寻求回来。这难道还不悲哀吗？(2)“根心”，以四端根于心。《尽心上》(13.21)：“君子所性，仁、义、礼、智根于心。”这里也是说的这意思。再如《论语·雍也》：“回（颜回）也，其心三月不违仁。”此可以与孟子之说互相沟通。

五、说恶心

《公孙丑上》(3.2)载，孟子曰：“诐辞知其所蔽，淫辞知其所陷，邪辞知其所离，遁辞知其所穷。生于其心，害于其政；发于其政，害于其事。圣人复起，必从吾言矣。”此内容详析可参见本书篇十的《知言四辞·以意逆志·知人论世》。

孟子认为诐辞、淫辞、邪辞、遁辞，都是有危害性的言论，它们会危害政事的，然而都是由其内心生发出来的。由表及里，那么均因其“生于其心”之“心”，且此决不会是善心，而必是恶心，有此恶心才会出此恶言！

六、说推恶恶之心

“推恶（wù，厌恶）恶（è，恶劣）之心”，是推广其厌恶那恶劣之心的情况；换句话说，就是对于“恶”不仅厌恶，而且其心又将此厌恶的范围与程度再推广开去。在孟子看来，“恶恶心”是对的，但是“推恶恶心”也有些过了分了。

《公孙丑上》(3.9) 载，孟子评说伯夷的性格最突出的一点是“清”，且是“清”到了极点。上至选择君王，“非其君不事”；下至于选择朋友，“非其友不友”。他不与恶人同朝，也不与恶人说话。站立在恶人之朝，与恶人交谈，他觉得就好像穿了朝衣、戴了朝冠而坐于烂泥炭灰上。他厌恶恶劣已经到这样的程度了。伯夷还“推恶恶心”更至于这样的地步，即不要说恶劣人，他是坚决不会接近的，就算与乡下普通人并立，只要对方帽子戴得不正，这样稍微的一点失礼，他也会将其看做不好的人，必然立即离他而去，好像会玷污自己似的。因此即使诸侯好言好语来招他，也不会接受，也不屑去接受。

“推恶恶之心”，固然是清高，但是有些却过分了，因此孟子也并不赞成，认为他太狭隘了，失去了中正之道，君子是不仿效的。后文篇十一《圣人比较论》可互见。

七、说失其本心

孟子有“本心”之说，并告诫人们不要“失其本心”。“本心”，指人的本来之心、本然之心、天然之心。孟子认为人心本是善的，“本心”就是天良、良心。《孟子·告子上》里用鲜明的对比揭示持有本心与失去本心的反差之大：

“一箪食，一豆羹，得之则生（能活下去），弗得则死。嘑尔（吆喝、呵呼）而与（施舍）之，行道（过路）之人弗受；蹴尔（用脚践踏）而与之，乞人（乞丐）不屑也。（姚按，因为这人还持有本心，不失其礼仪之心、羞耻之心，懂得自我的尊重与礼仪，不肯接受侮辱性之施舍）万钟（然而面对俸禄丰厚）则不辨礼义而受之。万钟（喻身外之物）于我何加焉（到底增益了什么呢）？为宫室之美、妻妾之奉、所识穷乏者（那些认识的困穷贫乏者）得我与（施舍）？”

“乡（先前、从前）为身死（宁可去身死）而不受（不去接受），今为（为了）宫室之美为之（接受了）；乡为身死而不受，今为妻妾之奉（侍奉）为之；

乡为身死而不受，今为所识穷乏者（那些认识的贫穷困乏的人）得我（感激我）而为之，是（这些做法）亦不可以已乎（不是也应该停止了吗）？此之谓失其本心。”（《告子上》11.10）这些做法，已经是丧失了人的本心了。记起《后汉书·王符传》：“虽有明察之资，仁义之志，一旦富贵，则背亲捐旧，丧其本心。”古往今来，人要不丧其本心，不欺其本心，着实不容易啊！

八、说求其放心

上则讲“失其本心”，这一则是讲要把失掉的本心寻求回来，这就是“求其放心”。先说“放心”，“放”就是放逸、丢失、抛弃的意思。“心”，这里指人的善心、良心。“放心”就是丢失的善心、良心，也说为放纵之心。孟子说“求其放心”，就是要寻求那颗已被丢失的善心、良心。孟子曰：“人有鸡犬放，则知求之；有放心而不知求。”（《告子上》11.11）日常生活里经常看到有人丢失了鸡犬，还知道去寻求回来，然而世间往往有人丢失了良心，却不知道去寻找回来。这话一针见血，把人心的这一种缺陷揭露出来了，事实就是这样的！

九、说陷溺其心

孟子曰：“富岁（丰收年），子弟多赖（子弟会多贪懒，或说多有凭藉）；凶岁（灾荒年），子弟多暴（会多凶暴），非天（上天）之降（降生出）才（资质、才质）尔（这样）殊（不同）也，其所以陷溺其心者然也。”（《告子上》11.7）为什么这样不同？是因为环境而使得他们的心变坏的。这心也就像其人陷入于井里、沉溺在水里一样，不能自全，不能自拔一样了。因此人要时刻警惕环境对人心的陷溺。

十、说无为心害

孟子还说无为心害，即人心不能让其他的危害来损害它。孟子曰：“饥者甘食，渴者甘饮，是未得饮食之正也，饥渴害之也。岂惟口腹有饥渴之害？人心亦皆有害。人能无以饥渴之害为心害，则不及人不为忧矣。”（《尽心上》13.27）这是从饮食对人的伤害说起的：饥者吃什么食物都会感到甘美，渴者用什么饮料都会感到美味，这却没能品尝到饮食的真正的味道，造成的原因是饥渴带来的伤害。难道只有口与腹有饥渴之害？人心亦然都有遭受损害的。人能够不用像饥渴这样的危害来损害己心，那么虽有不及人家的地方，也不会为之忧愁了。人们要警惕那种心害。

譬如从古至今，人心就是特别喜欢与他人攀比，比财富、地位、家庭、工作、住房、子女、车子等等，而且往往喜欢向上攀比，比来比去，结果心里不平衡，从而让自己的心受到伤害。这不就像孟子说的那样伤害了自己的心？其实这也就是一种心的陷溺。

当然还可以列出孟子的“孝心”来阐说，他是个大孝子，特别重视孝心。“孝”字在《孟子》一书出现了28次之多。孟子曰：“孝子之至，莫大乎尊亲。”（《万章上》）孟子曰：“不孝有三，无后为大。”（《离娄上》）如此等等，我已在《孝经智慧》一书里有《孟子论孝与智慧》专文论说，可供参阅，此不再赘言。

读此十则，若再重温古训，又有一番触发。古有曰：“哀莫大于心死。”人之悲哀没有比心死更大了！一旦心死了、死了心、死心了，呜呼，那么还有希望吗？又《尚书·周官》：“作德，心逸日休；作伪，心劳日拙。”《大学》：“富润屋，德润身，心广体胖，故君子必诚其意。”这些教诲是可以和孟子心灵的学问、智慧的声音共同引导人心的向度的！

心性之智：尽心·知性·知天·事天

孔子不太谈性，而至于孟子则大谈其性，大谈心性，内容丰富，智慧深刻。

一、子贡喟叹：不可得而闻

孔子的弟子子贡曾感慨地说：“夫子之文章，可得而闻也；夫子之言性与天道，不可得而闻也。”（《论语·公冶长》）

当然，孔子不是不谈“性”，比如就有名言流传：“性相近，习相远。”（《论语·阳货》）他认为人的本性都是相近的，“习”而渐渐相远。不过孔子谈“性”的内容确实很少。有意思的是，孟子以继承并振兴儒学为己任，谈“性”的内容一下子增多了不少。

二、孟子：性·人性论

《说文》：“性，人之阳气性善者也。从心，生声。”这是人的阳气里的属于善良的本性。今天所说的男性、女性、性别等涵义，那是“性”后来才有的意义。

1. 说人性：何谓人性

人性指什么？孟子认为人之“性”就是人生来就含有的纯洁的善良的本性，人“性”里就蕴藏着仁、义、礼、智等道德意识的萌芽与开端。这种“性”又有别于那些感官的本能，比如口对于味、耳对于声、目对于色等的感知。

2. 人性：天地之间人之最贵

天地之间，万物万有，但是人为最贵，一切均不可与人相匹等，人之所以与其他动物迥然不同，就因为有人之“性”。人们皆知，人为万物之灵，然而却又很少知晓人与动物相比较竟然却是“几希”。“几”，本指微的意思，故用指苗头、预兆等。“几希”，指甚微、极少。赵岐解释：“几希，无几也。”

3. 几希：庶民·君子·圣人

孟子揭橥曰：“人之所以异于禽兽者几希，庶民去之，君子存之。舜明于庶物，察于人伦，由仁义行，非行仁义也。”（《离娄下》8.19）在孟子此言的短短37字里面，含有深刻的思想与智慧，要点有几端。

其一，人之所以异于禽兽的地方其实是很微小的一点点，就在于那点儿“道心”罢了，再说得清楚一些，那就是人应具有的“善心”，也即“良心”。如朱熹集注：“人、物之生，同得天地之气以为形。”确实自相同的地方观之，那么禽兽是动物，人也是动物；均在觅食物以生存，寻空间以存身；均在寻找配对，以繁殖而延续。曾国藩在辛亥（1851年）七月的日记里曾经这样写道：“坐右为联以自箴云：‘不为圣贤，便为禽兽；莫问收获，但问耕耘。’”在《毛泽东早期文稿》里，毛泽东也引用了这句话，可见对此言的重视。其实只要我们想一想，古往今来，人世熙熙攘攘，来来往往，常有被别人唾骂为“畜生”、“衣冠禽兽”，甚至“连禽兽都不如”的行尸走肉者。这难道不使人猛然醒悟吗？

那么人有别于禽兽的“几希”，究竟在哪里？朱熹集注：“其不同者，独人于其间得形气之正，而能有以全其性，为少异耳。”因此，人之所以成为人，那就得发挥、充实、扩大那人性里的善的东西，在孟子看来就是仁义了。

其二，可惜的是普通的“庶民”连这些微小的差别也把它丢去了，只有君子把它保存着。孟子感慨而发的意思是，人性里面的那点儿“几希”的虚灵，若操守则存，若抛舍则亡。然而一般人往往为外界的物欲所侵夺，结果丧失了；若丧失殆尽，那就和禽兽无区别了。当然君子能保存，因为能反观内省，尽性践行，努力去保存着。

其三，至于说到君子之性，我又联想起孟子曰：“广土众民，君子欲之（君子也想得到它们），所乐不存焉（但君子的快乐不在这些方面）。中天下而立（能在天下的中央而得位而立），定四海（安定天下）之民，君子乐之（虽然君子会感到快乐），所性不存焉（但是君子的本性却不在这里）。君子所性（那本性），虽大行（即使心志理想极大推行）不加焉（君子本性也不会因此增加），虽穷居（即使困窘隐居）不损焉（君子本性也不会因此损减），分定故也（是因为本分确定不移的缘故）。君子所性（那本性），仁义礼智根于心（根植在内心）。其生色（生发出来的气色、神色）也，睟（suì）然（清和温和、润泽和蔼的样子）见于面（显现在脸面上），盎（丰满、充满）于背（盎然地充溢在身上，‘背’此借指身），施于（延展至于）四体（四肢），四体不言而喻（四肢不必聆听此人的言语就会自觉地行动了）。”（《尽心上》13.21）此一章文字，行文优美、内蕴深刻、富有哲理，将君子的本性及其由此而定的本分揭明，也殷殷告诫君子当如此“知性”，且安于此本分！

其四，说圣人之性。此又在君子之上的圣人，如舜又不一样，不仅保存着那“几希”，且能明辨于庶物，就能得万物之道理；深察于人伦，就能得伦理之常情。此为真知，从而在行动上也从内心生发出来。于是舜“由仁义行”，即遵从心性里的仁与义来践行；而“非行仁义也”，并不是把仁义当做美好的，然后才勉强地、强行去践行、推行。如此“由仁义行”，则能尽物之性，立人准则，对于“几希”之理就没有亏欠了。

这里孟子解释出三个层次：一是庶民，于“道心”失去了；二是君子，于“道心”则“存之”；三是圣人舜，于“道心”则“由仁义行”。

三、孟子：继承与发扬

读孟子此言，人们会马上联想到《尚书·虞书·大禹谟》：“人心惟危，道心惟微。惟精惟一，允执厥中。”蔡沈集传：“心者，人之知觉，主于中而应于外者也。指其发于形气者而言，则谓之人心；指其发于义理者而言，则谓之道心。”又说“人心易私而难公，故危”。“道心”，说得再明白一点就是天理、义理。宋儒认为道心就是天理，人心就是人欲。天理是精微的，人欲是危险的。当然这也只是宋代儒者的看法。

孟子所说的“几希”正与此相承接，“几希”即在“道心”甚微。如张居正曾说：“孟子所言‘几希’，即《虞书》上说‘人心惟危，道心惟微’的意思。盖‘几希’不存，即入于禽兽，何危如之？‘几希’之介，间不容发，何微如之？若择之惟精，守之惟一，则‘几希’之理，自能常存矣。此圣学之渊源，而孟子独得其传者也。读者宜究心焉。”他又说：“舜惟由仁义行，故能尽物之性，立人之极，而于几希之理毫无亏欠，此所以绍帝尧精一之统，而开万世心学之传也。岂特如君子之能存而已哉？”（《张居正讲评〈孟子〉》）孟子在中国哲学传统“心学”里具有重要的开创地位。《孟子》共有七篇，几乎每一篇里都出现了有关于人心、人性、仁义之类的内容。又有论者说《孟子·告子》一篇言心性仁义之辩，《孟子·尽心》一篇言尽心知性之学；若按此说，那么《孟子》全书七分之二的内容又偏重在论述这内容了。此可见孟子对心性之学的极端重视。

二、心性之智：心·性·天

孟子说心、说性，还说天，而且在内里还有一个逻辑系统贯穿起来，形成一种比较完整的理念与智慧。

1. 尽心·知性·知天

《尽心上》(13.1)："尽其心者，知其性也，知其性，则知天矣。"孟子揭示出这样的逻辑进程：

尽心——知性——知天。

此文句简短，然而不易理解。先看赵岐注："性有仁义礼智之端，心以制之，惟心为正。人能尽极其心，以思行善，则可谓知其性矣；知其性，则知天道之贵善者也。"再看朱熹集注："心者，人之神明，所以具众理而应万事者也。性则心之所具之理，而天又理之所从以出者也。人有是心，莫非全体。然不穷理，则有所蔽而无以尽乎此心之量。故能极其心之全体而无不尽者，必其能穷其理而无不知者也。既知其理，则其所从出亦不外是矣。以《大学》之序言之，知性则'格物'之谓，尽心则'知至'之谓也。"

这也许还是不能使人明白，此再略阐述以明之。先说人之"心"，孟子曰："万物皆备于我矣。"(《尽心上》13.4)万物的道理都具备在我身上，其实又就是具备在那颗心里。这显然是孟子的主观唯心主义体现，然而要认识孟子的理念，可以由此逻辑去推演，便可明了其一连串的意思。

再说，"心"尽管是如此具备众理，然而近似大地隐蔽地拥有千万富矿，虽拥有了富矿还全然不知道，或虽有所知而有所发掘了，但或不能全部开发出来。"尽其心"，即将那颗人心所具有的隐蔽着的道理、人性的优长之"富矿"完全地、竭尽地研究、了解、揭明、开发出来，这便是尽其心量了。如此"尽其心"，那么当然也就达到了"知其性"，因为"性"其实就是人心之所应具之理。然而若不能穷尽人心所具之理，则有所蒙蔽，就没有可能来尽此心量了。因此如果此"心"的道理能尽知，而至于"知其性"，那么人的"心"与"性"既无所遮蔽，于是对外面的世界、世事、世人所具有的理，也就能识见，如此就能进而知晓天道了。因为孟子还有一个理念，即万事万物之理，是出自天的，人能知晓了万事万物之理，那不就是知道天、天理了吗？！

由此可知，孟子认为人与天之间是可以沟通的，是有通道的，是可以统一的；那便是由"尽心"而至于"知性"，再由"知性"而至于"知天"。这意思是，一身之内的心，虽不过方寸之间，但是其人心是具有道理的，这也就是性了。

我们也由孟子说的"知性"联想起《中庸》所说的"尽性"。"知性"是知道其人性，“尽性”则是进一步由“知”而“行”，再由“行”而至于“尽”了。“行”就是践行、发挥、光大的意思了。《中庸》又曰：“唯天下至诚，为能尽其性；能尽其性，则能尽人之性；能尽人之性，则能尽物之性；能尽物之性，则可以赞天地之化育；可以赞天地之化育，则可以与天地参矣。《孟子》与《中庸》可以贯通。”

2. 存心·养性·事天

《尽心上》(13.1) 又有曰：“存其心，养其性，所以事天也。”这里揭示出又一逻辑之链条：

存心——养性——事天。

朱熹集注：“存，谓操而不舍。养，谓顺而不害。事，则奉承而不违也。”张居正也有个解释：“君子之学，以致知为入门，尤必以践履为实地。心固尽矣，犹恐出入之无常，则操而存之，使一动一静，常在于方寸（按，指心）之中，而不夺于外诱之私。性固知矣，犹恐作为之或害，则顺而养之，使事事物物，常遵其自然之则，而不涉于矫揉之失。君子存养之功，交致其密如此，这是为何？盖心为天君，性由天命，是皆天之所付于我者，若放逸其心，戕贼其性，这就是慢天亵天，而非所以事之矣。今吾能操存此心，是所以奉吾之天君，而不敢违越。顺养此性，是所以保吾之天命，而不敢失坠，就如上帝临汝，日在左右的一般，岂非所以事天乎。能事天，则意诚心正，而所以履其事者有全功矣。”此或可助读之。

这里孟子之说，有几点值得重视：

其一，人还必须具有“存心养性”的修养途径，此为“心性”的“存养”之法。保存、操守着那颗人的善心，也即良心，而不放逸，丧失它；顺养、培养那人性，灵性，而不去损伤，戕害它；这样才能顺事天，从而天人之间能真正合一了。这“存养”之说对后来人们常说的“修心养性”的修养论有很大的启发与影响。

其二，孟子这里又宏扬了“天人合一”的理念。《孟子·尽心上》：“夫君子所过者化，所存者神，上下与天地同流。”这是孟子天人合德的理念。这里孟子又揭示出“天——心——性——人”，天与人的合一是通过人的“心”、“性”，以及经由“尽心——知性——知天——事天”来实现的。《程颢语录》有评：“孟子曰：尽其心，知其性。心即性也，在他天为命，在人为性，论其所主为心，其实只是一个道。苟能通之以道，又岂有限量，天下更无性外之物，若云有限，除是性外有物是得。”

其三，孟子又从“存养”再继续谈“修身”，曰：“殀（夭折）寿（长寿）不贰，修身以俟，所以立命。”（《尽心上》13.1）这是说，人之寿命或短或长，不去疑虑而改变态度，而是只管自我修身以待、有备静候那命运的到来，这就是用来“立命”的方法。这样使得“天人合一”的理念得到了更为完整的链接序列：

尽心——知性——知天——存心——养性——事天——修身——立命。

这里的意思再简说之：尽了那心，就知道那性。知道了性，就知道了天。保存那善心，护养那性，以此来事奉天。那么无论是对于短命或是长寿，引申出去无论是祸害还是福分等都没有疑惑了，而是修身以等待命运，这是用来确立正常命运观的方法。当然这里又有孟子养生的方法与智慧，可参见本书篇四《话说孟子的养生长寿秘诀》一文。至于立命之“命”的智慧，下文再展开。

人性之辩：善·恶·无善无不善

中国人都熟悉一句话：“人之初，性本善。”因为编在古代传统的启蒙读本《三字经》里，且置于篇首，所以流传既广且久。然而若追问：人性到底是善的，还是恶的？为什么世上好人不少，恶人也不少？为什么有的本是善人会变成恶人，而有的恶人也会变成好人？这些都是很复杂的问题，比如孟子说人性是善的，就招来古往今来许多人地置疑、怀疑与反驳。

一、人性：孟子道性善

孟子认为人性是善的，《滕文公上》(5.1)：“滕文公为世子，将之楚，过宋而见孟子。孟子道性善，言必称尧舜。”孟子强调性善，每言必定称扬尧舜。尧舜之所以能成为圣人，在孟子看来是他们将自己人性中之善、仁、义，扩而充之，且造其极。

告子则反对孟子的人性善之说，认为“性无善无不善”。(《告子上》11.6）孟子与告子之间曾发生过反复的辩论，这里略加评说。告子是战国时人，生卒年月不详，名不害（依东汉赵岐说），或说可能曾受教于孟子。

《告子上》(11.1）载，告子曰：“性（人的本性）犹杞柳也，义（仁义、道义）犹桮棬也；以人性为仁义（以为人性就是仁义），犹以杞柳为桮棬。”杞（qǐ）柳，也称为红皮柳，是一种落叶乔木，枝条细长柔韧，可编制桮棬等器物。桮（bēi），同“杯”。棬（quān），是用曲木编成且上漆的杯、盘、盂、盆等。——告子不同意孟子的“性善”之说，不同意人性本善，不赞同把仁义看做是人本性中固有的东西。他辩驳说：人的本性就像杞柳，这是天然生成的，然而人的仁义却是后来造就的，就像那矫揉造作、人工编制出来的杯盘一样。因此人性善之说，不能成立。

道性善图

孟子进行驳论，曰：“子（你）能顺杞柳之性而以为桮棬乎？将戕（qiāng，残杀、杀害，此指毁坏）贼（毁害）杞柳而后以为桮棬也？如将戕贼杞柳而以为桮棬，则亦将戕贼人以为仁义与？率天下之人而祸仁义者，必子之言夫！”（《告子上》11.1）——孟子马上反诘。其一，你告子是顺着杞柳之本性来编制杯盘的呢，还是毁坏了杞柳之本性后编制成杯、杯盘的呢？孟子提出了这样的反问，并已推知对方必定选择后者。因为不将杞柳“戕贼”，即不进行斩伐、砍削、弯曲等加工，是不能制成器物的。然而人性之善，是人所固有的，不是通过“戕贼”它而造就的，因此两者是不能这样类比的。这是类比不当的错误。其二，孟子再逼问，如果将毁坏了杞柳本性后编制成杯盘，那么不也就是将要毁坏人的本性来造就仁义吗？这又是错误的！

最后，孟子指出，率领天下之人而来祸害仁义的，必定是你这样的言论！因为如你告子所言，认为仁义出于后天人为的，不是本来就具有的，那么给天下说性的人带来不良的影响。他们认为既然是外加到人性上去的，还要它干什么呢？这不就对仁义造成极大的祸害了吗？这是更大的错误。

二、人性：湍水·善·不善

孟子与告子又有辩驳。告子曰：“性犹湍水也，决诸东方则东流，决诸西方则西流。人性之无分于善不善也，犹水之无分于东西也。”(《告子上》11.2）——人性犹如湍急旋转的水流，有决口在东就东流，决口在西就西流。人性本来无分别于善与不善，犹如水之本来无分于东西。告子用水来比拟人性原本无善、不善的，后来由于导向不同才有了区别。

孟子曰：“水信（确实）无分于东西，无分于上下（向上、或下流动）乎？人性之善也，犹水之就下（向下流动）也。人无有不善，水无有不下。今夫水，搏（拍击）而跃之，可使过（高过）颡（sāng，人的额头）；激（阻激）而行之，可使在山（使得流向山上）。是岂水之性哉？其势则然也（使之这样的）。人之可使为不善，其性亦犹是也（本性的改变也是这样的）。”——孟子进行反驳，抓住人无有不善就像水向下流动的本性一样，而之所以水流会出现各种情况，是由于各种形势导致的。在孟子看来性本善，若顺之而无不善，若反之而后为恶。用杞柳论性，则提示对人性的戕贼之害；用湍水论性，则揭明对人性的搏激之害。这些害都危害在不顺其性，而失去了天命的本然了。

三、人性：犬之性·牛之性

《告子上》(11.3）还记载了他俩的又一次辩驳。告子曰：“生之谓性。”天生的称为本性。于是孟子反问，曰：“生之谓性也，犹白之谓白与？”天生的称为本性，那就好像白色的就称为白色吗？告子回答，曰：“然。”

孟子再反诘：“白羽之白也，犹白雪之白；白雪之白，犹白玉之白与？”白羽毛的白，就如同白雪的白；白雪的白，就如同白玉的白吗？告子曰：“然。”是这样的。

孟子就顺着这样的逻辑推理，再继续推理，最后说：“然则犬之性，犹牛之性；牛之性，犹人之性与？”既然如此，犬、牛、人都有性，好像上面说的都是白一样，那么照你告子认同的逻辑来类推，不就得出犬性就等同于牛性，牛性就等同于人性了吗？这是归谬推理，至于如此荒谬，那么大概告子也就无言以对了吧？当然或许口服，却心不服呢。

四、再辩驳：仁内义外

《告子上》(11.4）还记载了孟子、告子之间的一次辩驳。告子曰：“食色，性也。仁，内也，非外也；义，外也，非内也。”饮食男女，是人的本性。仁，是内在也，不是外在的。义，是外在的，不是内在的。

孟子反问，曰：“何以谓仁内义外也？”为什么说仁是内在的、义是外在的呢？告子回答，曰：“彼长而我长之，非有长于我也；犹彼白而我白之，从其白于外也，故谓之外也。”彼比我年长而我就以之为尊长，并不是原先就有“彼比我年长”的想法。这就像彼是白色的而我就以之为白，是随从其外面的白而来的，所以义是外在的。

孟子再反驳，曰："异于白马之白也，无以异于白人之白也；不识长马之长也，无以异于长人之长与？且谓长者义乎？长之者义乎？"白马的白与白人的白，没有差异。不知道对老马的尊爱与对长者的尊重是无差异的吗？再说认为是长者有义，还是尊重长者的人有义呢？

告子辩答，曰："吾弟则爱之，秦人之弟则不爱也，是以我为悦者也，故谓之内。长楚人之长，亦长吾之长，是以长为悦者也，故谓之外也。"我的弟弟则爱他，秦人之弟弟则不爱他，这是因为取决于我喜欢谁，所以说仁爱是内在的。尊重楚人的长者，也尊重我的长者，这是因为取决于对方的长者，所以说义是外在的。

孟子再反诘，曰："耆（嗜，嗜好，下同）秦人之炙，无以异于耆吾炙。夫物则亦有然者也，然则耆炙亦有外与？"嗜好秦国人的炙肉，与嗜好自己的炙肉没有差异。其他事物也有这样的情况，既然如此那么嗜好炙肉也是由外在的原因引起的吗？在告子看来，仁是内在的，而义是由外在而引发的，因此是外在的。孟子则认为仁是内在的，义也是内在的，有为义之心在内，然后才有义举之行于外。再说义主于敬，而敬即是由内心生发的；敬在我心而不在外，那么义在内非在外，不是很明确吗？

从《孟子》一书来看，似乎这几次辩论，最后均以孟子的话结束，而告子没有再回答。这是告子的无言以对、哑口无言，还是思考进一步的辩驳，不得而知。但是，似乎孟子是胜出者。双方一而再、再而三的辩驳也说明，告子或许并未服输，更没有心服，或许准备着再进行辩论，不过《孟子》没有再记载而已。

其实人性是善、是恶，是无善无不善等，数千年来一直在辩论着，这在下文再着叙谈。

二、告子：性无善不善

告子指出："生之谓性。"（《告子上》11.3）"食色，性也。"（《告子上》11.4）"人性之无分于善不善也。"（《告子上》11.2）性，在告子看来就是本能或欲望。这些理念影响极其深远。张载《正蒙·乾称下》："饮食男女，皆性也。"焦循《雕菰集·性善解一》："性善之说，儒者每以精深言之，非也。性无他，食色而已。饮食男女，人与物同之。"因此说到底，孟子与告子的辩论，从以后的历史来看很难说谁是胜负高下。

再说，后来宋代王安石《原性》里指出，情是可善可恶的，而"性"则是无善无恶的，性不可言善恶。明代王守仁《传习录上》也认为性是无善无恶的。清代龚自珍在《阐告子》里赞同告子之说的性无善恶论，认为"善恶皆后起者"。

康有为《万木草堂口说》里也认为："性者生之质也，未有善恶。"他们都站到告子这一边上去了。

三、人性恶：荀子的对立

孟子认为人性是善的，荀子提出与孟子对立的观点，人性是恶的。荀子著有《性恶篇》："人之性恶，其善者伪也。"这是说，人的本性是恶的，那性善是后来人为的性。这里的"伪"，不是指伪装、虚伪，而是指人为的意思。他批评孟子视人性为善，"是不及知人之性，而不察乎人之性伪之分者也"。他主张论性必先明"性伪之分"，即"不可学，不可事而在人者，谓之性；可学而能，可事而成之在人者，谓之伪"。

为什么人之性恶？荀子说："今人之性，生而有好利焉，顺是故争夺生而辞让亡焉；生而有疾恶焉，顺是故残贼生而忠信亡焉；生而有耳目之欲，有好声色焉，顺是故淫乱生而礼仪文理亡焉。然则从人之性，顺人之情，必出于争夺，合于犯分乱理而归于暴。故必将有师法之化，礼义之道，然后出于辞让，合于文理，而归于治。用此观之，然则人之性恶明矣，其善者伪也。"这是说人生下来有如此多的欲望，顺着欲望发展下去，那么各种罪恶就涌现出来了，这不就是人性是恶的吗？

荀子激烈地批判孟子。荀子说："孟子曰：'人之学者，其性善。'曰：是不然！是不及知人之性，而不察乎人之性伪之分者也。"荀子指出孟子一方面说人性是善的，一方面要以先王礼仪来教化，这不是自相矛盾了吗？荀子强调"其善者伪也"，即注重后天的努力、教育、环境等在形成人的道德观念过程中的作用。

其实在中国历史上性之善恶之辩，还不只此三说。比如还有"性有善恶论"，指人性里有善有恶，据说宓子贱、漆雕开、公孙尼子之徒、世硕、董仲舒等都是这样的主张。扬雄还有"人之性也，善恶混"之说，被称为"性善恶混论"等等，此不细说。

汉代以后因为正统儒家一般都尊德性而贬情欲，"性恶论"的影响不及孟子的"性善论"大。然而，唐代李翱"性善情恶"之说、宋代程朱理学的所谓"气质之性"等，实际上都吸收了荀子的观点。如清代戴震说："荀子之所谓仁义，即宋儒之所谓理，荀子之所谓性，即宋儒之所谓气质。"(《孟子字义疏证·绪言》)

四、今人的解释

关于"性善"之说，今人也有纷解。譬如徐复观于孟子"性善论"有评："性善的观念，在孟子以前，尤其是到了孔子，实际上已经成立了。但'性善'两个字，尚不能明白说出，便依然不能避免观念中的朦胧，乃至于夹杂。孟子简单将‘性善’两字说出，把它从观念中的朦胧夹杂中澄汰出来，以树立理论上的确切地位，这又是人文精神向前的一大伸展；并且就当时一般人来看，这完全是一个新的创说；便不能不引起许多争论。”（《中国古代人文精神之成长》，见《中国人的生命精神》）

关于“性善说”出现的背景，徐复观说：“人类文化的发展，是要求从自然状态中，从野蛮状态中脱离出来，以建立人文，或文明的人类生活社会。这一要求，在中国首先表现而为‘人禽之辨’，即是人开始认识到自己不同于其他的动物。有了这种意识，人与自然，文明与野蛮，才有一个清楚的境界线，因而人之所以为人的特性，及由此特征而来的努力方向，才能因观念上的明朗而确定。中国文化中的此一发展的阶段，至孟子而完全成熟，这是性善说的真正背景。因此不先了解这一点，所以两千多年来，对孟子的性善说，便似乎没有人真正能完全了解它。”

关于“性善说”出现的历史意义，徐复观说：“性善说成立后，然后才能真正谈人格的尊严，才能从根本上建立人与人相互间的信赖，才能对人类前途树立真正的信心。所以中国古代的人文精神，至孟子而始发展完成。此后环绕这一问题所发生的争论，只不过是在各个时代精神中所发生的曲折，及由各学人工夫的到达点所作的补充、修正；没有能改变这一条发展的基线。”我认为虽然此说还可以说得更圆通一点，比如“中国古代的人文精神，至孟子而始发展完成”，或许未必会被人们认可，但是其中的一些观点也是值得肯定的。

四、世界眼光：经典的论述

黑格尔曾说：“人们以为，当他们说人本性是善的这句话时，他们就说出了一种很伟大的思想；但是他们忘记了，当人们说人本性是恶的这句话时，是说出了一种更伟大得多的思想。”这句话很深刻，值得让人们咀嚼一番。

恩格斯在《路德维希·费尔巴哈和德国古典哲学的终结》中对黑格尔的这一思想给予了深刻的阐释：“在善恶对立的研究上，他（费尔巴哈）同黑格尔比起来也是很肤浅的。”“在黑格尔那里，恶是历史发展的动力借以表现出来的形式。这里有双重的意思，一方面，每一种新的进步都必然表现为对某一神圣事物的亵渎，表现为对陈旧的、日渐衰亡的、但为习惯所崇奉的秩序的叛逆，另一方面，自从阶级对立产生以来，正是人的恶劣的情欲——贪欲和权势欲造成了历史发展的杠杆，关于这方面，例如封建制度的和资产阶级的历史就是一个独一无二的持续不断的证明。但是，费尔巴哈就没有想到要研究道德上的恶所起的历史作用。”

在《家庭、私有制和国家的起源》里，恩格斯对由野蛮时代走向文明时代的论述里，又说：“卑劣的贪欲是文明时代从它存在的第一日起直至今日的动力；财富、财富，第三还是财富，——不是社会的财富，而是这个微不足道的单个的个人的财富，这就是文明时代唯一的、具有决定意义的目的。如果说在这个社会内部，科学曾经日益发展，艺术高度繁荣的时期一再出现，那也不过是因为在积累财富方面的现代一切成就不这样就不可能获得罢了。”（《马克思恩格斯选集》第四卷）这些话可以引发人们更深的思考。

略举这些论说，让我们可以将善与恶的讨论置于更为广阔的视野里。人性的善与恶的讨论，在一个开放的维度里是更可以让一代代人研究讨论的！

孟子：命·天命·性命·知命

孟子说心、说性，还由心性至于说命。若说命，则人又有生命、性命、天命、立命、正命、命运等等之谓。诸如此类，有何内容？如何联系贯通？如何确立应有的命运观？且听孟子之说解及其智慧。

一、命·天命

1. 天与命

孟子曰：“莫之为而为者，天也；莫之致而至者，命也。”（《万章上》9.6）这意思是说，没有对此事去作为，竟然就这样做成了，这就是“天”、“天意”了。没有使它来到，却来到了，这就是“命”、“命运”了。再换言之，凡是事情有待于人的谋划、经营、施行，最后成功的，这就是人为。凡是尽心竭力去作为，然而冥冥之中、种种不可预测的情况发生，而自己做不了主，掌控不了走向与结果，这就是所谓的“命”了。

“天”被看做是理之自然，“命”被看做是人所得之禀受。“天命”，一般就指非人力所能改变的客观必然性。今天流行的俗语里还有“听天由命”，就是此种理念的反映。夏商周三代的宗教天命观是把“天命”看做天神上帝的旨意和命令。西周、春秋之际，出现了疑天思潮，对天命观提出否定。孔、孟的天命观，不同于宗教的天命观，但还相信有一种非人力所能改变的超自然力量。譬如孔子曰：“四十而不惑，五十而知天命。”（《论语·为政》）子曰：“小人不知天命而不畏也。”（《论语·季氏》）《中庸》：“天命之谓性。”唐孔颖达疏：“天本无体，亦无言语之命，但人感自然而生，有贤愚吉凶，若天之付命遣使之然，故云天命。”程颢说：“言天之自然者，谓之天道。言天之付与万物者，谓之天命。”（《遗书》）孟子亦然把知天与命，作为人生的要事。

2. 有命：孟子对万章的答疑

《万章上》(9.8) 载，万章问曰："或谓孔子于卫（卫国）主（住宿其家，下同）痈疽（人名，宦官），于齐（齐国）主侍人（宦官）瘠环（人名），有诸乎？"有人说，孔子在卫国时候住在卫灵公所宠幸的宦官痈疽家里，在齐国住在宦官瘠环家里，有这样的事情吗？当时人们认为与宦官交往是羞耻的事。

孟子答疑，讲了几层意思。其一，"否，不然也；好事者为之也。"孟子断然否定，指出这是喜好搬弄是非的人捏造出来的。他指明事实，是孔子"于卫主颜雠由（卫国的贤臣）"。其二，当时还有插曲："弥子（卫国的宠幸之臣）之妻与子路之妻，兄弟（此指是两姐妹）也。弥子谓子路曰：'孔子主我（住宿我家），卫卿可得也（就可得到卫国的卿相的位子而推行其道）。'子路以告。孔子曰：'有命。'"位之得失，非人力所能为，由命来决定吧！其三，孟子再评论。"孔子进以礼，退以义，得之（得到官位）不得（不能得到官位）曰'有命'。而主痈疽与侍人瘠环，是无义（丧失了道义）无命（不知有命）也。"其四，再举出例证来说明，譬如即使在人生危急存亡之际，孔子住宿照样选择贤臣之家。当初，"孔子不悦（指不得志）于鲁卫，遭宋（国）桓司马（司马桓魋，宋国大夫）将要（路上拦截）而杀之，微服而过（改换服装悄悄通过）宋。是时孔子当阨（è，困厄、灾难），主司城（司城的官员）贞子（人名，宋之贤臣），为陈侯周（陈怀公之子）臣（后来贞子又做了陈侯周的臣子）。吾闻（听说）观近臣（观察在朝廷的臣子），以其所为主（看他接待怎样的人住宿）；观远臣（观察远方前来的臣子），以其所主（看他选择怎样的人家留住）。若孔子主痈疽与侍人瘠环，何以为孔子？"

这里孟子特别提到："孔子进以礼，退以义，得之不得，曰有命。"（《万章上》9.8）孔子、孟子说的命，就是指不以人的意志为转移的客观必然性，也就是冥冥中起支配作用的必然性。

3. 求得舍失·得之有命

孔子并不就是一个宿命论者，其说命既含有神秘之说，又有理性化的客观必然性的内涵。再如《论语·宪问》："子曰：道之将行也与，命也；道之将废也与，命也。公伯寮其如命何！"道或将行，或将废，都由命来决定，公伯寮此人又怎能奈何那命呢！

如孟子也有曰："求则得之，舍则失之，是求有益于得也，求在我者也。求之有道，得之有命，是求无益于得也，求在外者也。"（《尽心上》13.3）这意思有两层：一是，寻求就能获得它，舍弃就会失掉它，这种寻求是有益于获得的，这是因为要寻求的就存在于自我。譬如美好的心志、德行、品性等，是人所应当求得的，是求了就有得有益的，且是可以主动地去求得的。张居正解说："盖仁义礼智，皆吾性分中的道理，自天赋之，则为降衷之良，自我具之，则为懿德之好，于我之自有者而自求之，足乎已，无待于外。此所以随求而随得也。求之有益于得，人其何惮而不求也哉？"二是，寻求那东西是要有一定方法的，获得它是要靠命运的，这样的寻求是无益于得到的，因为所寻求的在自我之外。譬如去求取身外的富贵、利达、功名等等，那么能否得到，此既在天命不在人事，又在他人而不在自我了，且得到了也还是身外之物。张居正又解说："此所以难求而未必得也。求之无益于得，人亦何劳于必求也哉？大抵外慕重者，则内视必轻。战国之士，虽有垄断（即龙断，指网罗市利，见《孟子》4.10）乞墦（fán，坟墓，乞墦指在墓地乞讨酒食，见《孟子》8.33 所述）之事，且不为耻，宁知有道德之可求，义命之当安乎？欲维世风，培士气者，必陶之以教化，使人皆厉无求之节而后可。"（《张居正讲评〈孟子〉》）张居正的引申解读也可悟读一番。

孔子又特别强调君子必须"知命"，曰："不知命，无以为君子也。"（《论语·尧曰》）孔子是榜样，孟子则继承之，且又光大之。虽然"命"是如此，然而可贵的是，自己照样一丝不苟地进礼退义地生存着，努力着！

二、性命：性与命

世人都知道有"性命"，但是此中深刻的道理未必知晓。孟子曰："口之于（对于）味也，目之于色也，耳之于声也，鼻之于臭（xiù，气味）也，四肢之于安佚（安逸）也，性也（是天性），有命焉（由命运来安排），君子不谓性也。仁之于父子也，义之于君臣也，礼之于宾主也，知（智慧）之于贤者也，圣人之于天道也，命也，有性焉，君子不谓命也。"（《尽心下》14.24）

这一章的内容与理念很深刻，有几层意蕴可读析。

其一，人一生下来就禀受了天性。如人的器官与形体的天性是，口对于滋味、目对于形色，耳对于音声，鼻对于气味，四肢对于安逸，各有司职，也各有嗜好。这是人的自然之性，只要是人就无不具有这些器官、形体，而只要有这些器官、形体的也无不同此嗜欲。这些可以称为"性"。

其二，再进层解读，此中那还有一个"命"的问题，即性中有命、命存于性中。人又不可能只凭自己的意志、欲望、愿景，心里想得到什么滋味、形色、音声、气味、安逸等就能得到，又如人想得到富与贵，做大官、发大财等等，虽然这样想了，可能也付出了奋斗，却始终不能获得，或者已经获得了随即又失去了。这就不全决定于你的欲望、学力、智力、经历、奋斗了，这里还有一个"命"、"命运"的问题。因此君子又不强调天性，如若一味强调天性，便会导致人们嗜欲而易溺、恣肆而自陷，因此有时也撇开“性”不谈。

其三，再反过来说，命中有性，性存于命。仁对于父子，义对于君臣也，礼对于宾主，智慧对于贤者，圣人对于天道，这些都很重要，然而能否得到固然是与命有关系的，又还与其人之性有关系，因此君子也不只是强调命，而是要尽性之分内事去成德，有时候也就不谈命。这就像人们说的“只讲耕耘，不问收获”，就是这个道理。再如人们经常说“性格决定命运”，虽不一定全对，但其中有一点可肯定，即成功之人的品性之“性”，对于决定命运是很重要的因素！我们还经常说成功往往赐予那些坚忍不拔的人，这也是“性”对于“命”的重要作用！

张居正评说：“世之人谁不知有性命，但君子之言性命，偏与众人相反。众人言性，则于情欲一边，皆认之为本体，而务求必得。众人言命，则于道理一边，皆归之于气数，而不肯用功。若君子则异是焉。”“以上二节之意，虽相反而实相成，盖人惟能安命而后能立命，能忍性而后能尽性，此克己复礼，寡欲养心，为圣学相传之至要与。”这里点醒了孟子对于孔子之儒学精粹的又一传承。

我想，如果没有把此章或另外文章读懂读通的，有时往往会批评孟子之论，或说不知所云，或谓逻辑混乱，或曰漏洞百出。然而若细细审视，则其不仅巧妙，且充满辩证思想，深刻精警，且教诲谆谆。只要看今人的话，“勤苦奋斗了不一定成功”，这就是有了那“性”，然而没那个“命”；“不勤苦奋斗肯定不能成功”，这又说了没有那个“性”，那就肯定没有那个“命”！

如果再与孟子之论天、人、心、性、命诸说一起联络起来，那么可以比较清晰地看到孟子关于心、性、命的内容、脉络、逻辑与智慧。

天：天——天命——顺天——事天

人：人——心——性——命

心：心——尽心——知性——知天

性：性——知性——忍性——尽性

命：命——知命——安命——立命

这里再从下往上一层层说：(1) 人生之与“命”，唯有能“知命”，而后能“安命”，最后能“立命”。(2) 人生之与“性”，唯有能“知性”，而后能“忍性”，最后能“尽性”。(3) 人生之与“心”，唯有能“尽心”，而后能“知性”，最后能“知天”。(4) 人生具有心、性、命之学问，不可不知，不可不学。(5) 孟子又有“知天”之说，曰：“尽其心者，知其性也，知其性，则知天矣。”(6) 孟子还有

"事天"之说，曰："存其心，养其性，所以事天也。"(7) 孟子还有"顺天"之说，曰："顺天者存，逆天者亡。"(《孟子·离娄上》7.7) 若能如此"知天"、"顺天"、"事天"，那就臻于"天人合一"的那种瑰丽境界了！

再说：命运·正命·非正命

关于命运的问题，孟子还有智慧值得解读，可助处世开悟，能资世人慧觉。

一、正命·顺受其正

孟子又曰："莫非命也，顺受其正。是故知命者，不立乎岩（指高而险）墙之下。尽其道而死者，正命也。桎（zhì，套在犯人脚上的刑具）梏（gù，木制的手铐）死者，非正命也。"(《尽心上》13.2)

这里说了几层意思：一是，没有什么不是由命运安排的，顺从其命，那么接受的是正常的命运。确实，人生的得失、顺逆、吉凶、祸福、否泰等等，有许多是自己不能掌控的。人们往往就诉诸命运了，认为还有个一定之数，在冥冥中主宰着，此就是"莫非命也"。因此人生之智慧，一方面在自我则尽力而为，一方面又能平静地顺受不期而遇的灾难等，这就是"正命"。二是，再说知道命运的人，是不会站立在岩墙的下面的。是的，既然已经"知命"，便不会去蹈危轻举，履险妄动，就像不会站立在墙基很薄的高而险的墙下，避免自己给自己带来危险。三是，能竭尽心力，为践行其道而死，这是属于"正命"，即正常的命运。相反，遭受罪刑而死的，就不属于非正常的命运，这就是"非正命"。

关于这种"正命"的命运的理念，后人不乏评论。如陈荣捷《中国哲学文献选编》里有编者评述：中国古代关于天命的理论有五种：(1) 命定论。此认为天命是固定不变的。(2) 道德的决定论。此理论主张天是赏善罚恶的，所以人经由自己的道德行为，可以决定自己的赏罚。(3) 非命论。此由墨家所提出。(4) 自然主义的命定论。此理论认为命并不是由人格神意义的天所操纵，而是由自然所决定，它的运作纯是自发的。(5) 儒者"俟（sì，等待）命"论。此认为人当竭尽己力，孳孳为善，我们无能为力的，只有委诸命运。此说承认总有些我们无能为力的事，但这不构成我们可以倦于行善的理由。这种主张无疑的是种道德主义与人文主义，一般受过教育的中国人，其信念往往也就是儒家这种理论。

孟子就是这样的"俟命"主张，不过我认为其实这里标示出"俟命"，意指等待命运，不如改为"正命"更为醒目，内涵更为丰富深刻。至此，我又记起哲学家程石泉在解读孟子关于性命之理念，说："命"是"莫之致而至者"，虽非某一个人的能力所能避免的，虽不在某一个人能力控制之下，但个人的意愿极希望其不致发生的，而某项事件竟然发生了。该项事件的发生可能极不合乎情理，但又无可奈何；又该项事件的发生可能是意外的遭遇，但又在意料之中。所以在这种情况之下，孟子主张"顺受其正"。所谓"顺受其正"者，就是一个人在那种情况之下，要"尽其道"——尽力完成"天道"所指示的当行之事。求正命而死——其死或者出于寿终正寝，或者杀身成仁，舍生取义。孟子的这种态度不能称为是"宿命主义者"。孔子、孟子所主张的是在这不可预测而又非人力所能控制的情况之下，一个人要"尽道"(行其所当行)、要"成仁取义"，以求"正命"而死。所谓"命"者，乃天之所命，背叛"天命"以求苟全，或栖身囹圄，皆非正道。如谓孔子、孟子所言的是"宿命主义"，则那个"宿命主义"可说是"以身殉道主义"，不是消极退婴的"自了汉主义"。(程石泉《中国哲学综论》)我想从这里也可以再思孟子的智慧的。

二、命运与道义

孟子在论述命运的时候，还有一章非常著名，因为其中揭示出深刻的生命、命运与道义的比较与权衡的智慧，此不可不读。我在原文里加上按语，以资助读，便于理解。

《告子上》(11.10)载文——

孟子曰："鱼，我所欲也，熊掌亦我所欲也；二者不可得兼，舍鱼而取熊掌者也。生亦我所欲也，义亦我所欲也；二者不可得兼，舍生而取义者也。(姚按，在美味的'两欲'之间要做出抉择，那么当然选取熊掌，因为熊掌味美胜过鱼。类推之，在生命与道义的'两欲'之间要做出抉择，那么当然选择道义而舍去生命。)

生亦我所欲，所欲有甚于生者，故不为苟得也。死亦我所恶，所恶有甚于死者，故患有所不辟也。(姚按，再进一步指出为什么要这样抉择的原因，在孟子看来，道义之重要胜过生命。人欲固然都是好生恶死的，但是当人之欲面对道义的欲求超过了好生恶死，那么就会不求苟生，不避蹈死了。)

如使人之所欲莫甚于生，则凡可以得生者，何不用也？使人之所恶莫甚于死者，则凡可以辟患者，何不为也？由是则生而有不用也，由是则可以辟患而有不为也。是故所欲有甚于生者，所恶有甚于死者。非独贤者有是心也，人皆有之，贤者能勿丧耳。(姚按，孟子再退一步讲，假使人欲里没有什么能超过活命的，那么凡是只要可以活命的方法与手段，还有什么不可以用的呢？假使人欲里没有什么能超过厌恶死亡的，那么凡是可以逃避祸害的，还有什么方法与手段不可以用的呢？然而人世的实际情况是，虽由此可以生存，但还是“有不用也”，有人就不用这种理念与方法活着！虽由此可以避开祸患，但还是“有不为也”，有人就不按照这种理念与方法去做！——这就说明，人世间的人欲有超越只求苟且活命、厌恶死亡的。不仅贤者有这样的心，人人都有这样的心，只是贤者没有丧失罢了。）

臧仓阻驾

一箪（dān，盛饭的圆形竹器）食，一豆（盛食物的器皿，形似高脚盘）羹（带汤的食物），得之则生，弗得则死。嘑（hū，吆喝招呼）尔而与之，行道之人弗受；蹴（cù，用脚践踏）尔而与之，乞人不屑也。（姚按，孟子再将道理向深里阐发。面对一筐饭，一碗羹，得之能活命，不得就饿死，虽如此性命攸关，但若是不讲礼义、轻蔑鄙视地施予，那么连行路的饿人都不会接受，连乞丐都不屑一顾的。）万钟则不辨礼义而受之，万钟于我何加焉？为宫室之美、妻妾之奉、所识穷乏者得我与？（姚按，孟子揭出人们的反差、矛盾，真似当头棒喝！有的人面对万钟俸禄，却不辨别是否符合道义就接受了，这是糊涂、愚蠢！人们当深思：万钟俸禄能添加给我什么呢？是为了宫室之富丽华美、是为了妻妾之奉养？是为了我所认识的困穷贫乏者得到我的施予？到头来才会知道这些都是身外之物，若不尊道义而获取，那么得之也易，失之也速。）

乡（xiàng，从前，过去）为（因为、为了）身死而不受，今为宫室之美为之；乡为身死而不受，今为妻妾之奉为之；乡为身死而不受，今为所识穷乏者得我而为之，是亦不可以已（止，停止）乎？此之谓失其本心。（姚按，先前是面对生死，却宁死不接受；眼前是面对利禄，却不辨道义全接受。利禄远远轻于生死，然而不知轻重，不辨是非，不明道义，不能权度，这不是一种人生的怪诞与悲哀吗？究其原因，就是那一颗心被私欲、物欲、贪欲禁锢、蔽塞、污染了！良心之丧失，便使人的抉择前后截然不同，岂不令人感慨万分！）

孟子这番话虽然是在遥远的千百年之前说的，但是其后无数的事例都应合了这里的事例，也一次次验证了其中的有关道理。一些人在腥风血雨的战争年代，面对敌人的枪炮屠刀，可以宁死不屈，但是在和平的时代一旦面对利禄、金钱、地位、美女等常会变节堕落。今天无数的腐败案例都能看到，当那颗纯洁的心放失了、沦丧了，那么他也就陷溺于泥坑之中不能自拔了。

三、笑谈孟子的“算命”

古人有云：死生有命，富贵在天。确实，命运往往非人所能预知，但是孟子真的很厉害，这里笑谈他的一次“算命”，居然准确无误，令他的弟子都啧啧称奇。

《尽心下》（14.29）载，一位姓盆成、名括的人，在齐国做官。孟子曰：“死矣盆成括！”盆成括将要死了！结果“盆成括见杀”，真的被杀了。孟子的门人问曰：“夫子何以知其将见杀？”您先生凭什么推知盆成括将要被杀死？孟子回答，曰：“其为人也小有才，未闻君子之大道也，则足以杀其躯而已矣。”

孟子为什么“算命”如此准？因为他吃准盆成括只是小有其才，没有听说过君子的大道理，于是种种逻辑走向，决定他最后必死无疑。张居正有个解说可一读：孟子于盆成括之死，“非揣以适（恰好）然之数，乃断以必然之理也。夫人不贵有才，而贵闻道；道苟得闻，必善用其才，以此济事，而亦以此保身。今括（盆成括）之为人，儇（xuān，轻佻）巧捷给（jí，口齿伶俐），不过小有才耳，于君子仁义忠信之大道，茫然其无闻也。既未闻道，而使之一旦进用，处必争之地，乘得志之时，则其势必至于恃才妄作，启衅招尤，适足以取杀身之祸而已矣”。孟子“所以预知其败者为此故也，岂有他术哉。是可见人之有才，本不足为害，惟不求合于道，而专用其才，则大者乱国，小者杀身，反不若朴拙无能之为愈也。取才者尚其审诸”。（《张居正讲评〈孟子〉》）此中道理可以深思。

李贽《四书评·孟子卷七》：“此老好相法。为人而小有才者危矣，然则‘君子之大道’不可不闻也。”这里，我自然又想起杨修与曹操之间的故事，杨修亦然儇巧捷给，且好卖弄其才，结果被害死。杨修不就是活脱脱的盆成括的“拷贝”？这不就是孟子说的只有小才，不闻大道的结果？

联想起当年孔子也是“此老好相法”，对子路的命运的推测，居然也是一次如此准确的“算命”。孔子曾预测：“若由（子路）也，不得其死然。”（《论语·先进》）不幸是，孔子的预言最后被证实，子路在卫国的内乱里被杀！（见笔者《论语智慧》、《孔子的智慧生活》）在这方面莫非孟子与孔子在“算命”上又接轨了吧？

篇三

处世智慧：尚志·励志·立世·处事

人格·理想·历史·当代

读《孟子》往往想见到凸现而出的孟子卓尔不凡的人格、气概，也被他的气派、气势所激励。这也许就是为什么《孟子》在历史上为人们所推崇的又一个重要的原因吧。人生当立志、励志，这是一个永恒的话题，那么《孟子》就是回答这样话题的一部理想的经典！

一、圣人与我同类

1. 圣人与我同类

孟子说："故凡同类者，举（全、都）相似也，何独至于人而疑之？圣人与我同类者。"（《告子上》11.7）这是说，所以，凡是同类的，全是相似的，为什么偏偏说到人而怀疑这一点呢？圣人与我们是同类的。孟子也平视圣人，而不仅是仰视向慕。

2. 人皆可以为尧舜

《孟子》有个记载，非常有趣味。齐王觉得孟子与当时一般的谋臣策士很不同，孟子没有那些人士的卑琐无奇，却突兀以圣人之徒、王者的辅佐而自居，气派与名气很大。因此齐王曾暗暗派人，偷偷窥测孟子平时的情况到底是怎样的，与他人有何不同。

《离娄下》（8.32）载，齐国一个叫储子的人，曾任齐相，曰："王使人瞯（jiàn，窥视）夫子，果有以异于人乎？"孟子曰："何以异于人哉？尧、舜与人同耳。"哪有什么与别人不同的地方呢？尧、舜与人都是同样的人啊！

《告子下》（12.2）载，曹交曾问孟子："人皆可以为尧舜，有诸？"孟子曰："然。"如此，"人皆可以为尧舜"深入人心，激励人们奋发有为。毛泽东在《七律二首·送瘟神》就说："春风杨柳万千条，六亿神州尽舜尧。"这里就运用了《孟子》的这一典故，喻指中国神州六亿人都成为了舜尧般的人物了。

3. 有为者亦若是

孟子还曾引用过颜渊这样的话，颜渊曰："舜何人也？予何人也？有为者亦若是！"（《滕文公上》5.1）颜渊的意思说，舜是什么人？我是什么人？我能立志有为，也就会和舜一样。这里颜渊说的话，也正应合了孟子心里的理了，也成为了孟子激励自己的警句。

在现实生活里常见到这样的情况：看到别人的功绩、名声、事业、胜利、成功，往往自叹不如，而自卑、自贱、自贬、自怨、自损、自退。这绝不是自谦的美德，而是在把自己盲目地否定。然而这样否定了自我，那么最后会将自己的一生都否定了，再也没有超拔、出头之日了。读孟子的话，或许可以拨正人们的思维向度，给我们启迪：原来我和最杰出的圣人本都是一样的！孟子的这些教导，或者可以给这样的“患者”来疗伤治病，也可给奋进的人再增动力！人确实要有志气的，他是人，我也是人，他能，我也能，只不过没有像他人那样确立宏大志向，又坚毅地向既定目标前行罢了！

圣人诞生地

二、高尚人格·豪迈气概

1. 人格与穷达

人生有穷有达，如何处世处事？孟子揭示出法则与智慧。《尽心上》(13.9)：“故士穷不失义，达不离道。穷不失义，故士得已（能保持自己的操守）焉；达不离道，故民不失望焉。古之人，得志，泽（恩泽）加于民；不得志，修身见于世。穷则独善其身，达则兼善天下。”此等名言已经为人们所熟知。孟子的意思是，无论困穷，还是通达，均要能做到两个“不失”：一是“不失已”，不丧失自我而沦落；一是“不失望”，不让民众对自己失望。这是何等的崇高！

2. 说大人则藐之

且再看孟子的气派与气概，曰：“说大人则藐之，勿视其巍巍然。”(《尽心下》14.34)“大人”便是那些王公、诸侯、权贵等。这是说，一介布衣，或职卑位低者，面对“大人”去进谏、诤言、劝说，不要畏缩地卑视自己，而要藐视那些高高在上者，不要把大人的那些巍巍然的气象看在眼里，然后才可以无所畏惧、意志舒展地一吐己论。这在《孟子》一书里就能看到他对高高在上的人物进行的严厉指责。

3．乡原：严厉贬斥之

孔子对乡原痛恨，孟子亦然贬斥。乡原，就是在外面虽博得乡人的好感，而实际上却是同乎流俗、合乎污世、言行不符的欺世盗名之人。孔子曰："不得中道而与之，必也狂狷乎！狂者进取，狷者有所不为也。"孔子又曰："过（路过、经过）我门而不入我室，我不憾（不感到遗憾）焉者，其惟乡原乎！乡原，德之贼也。"（《尽心下》14.37）乡原，是贼害道德之人。

孟子则说：乡原既指责有进取心的"狂者"，又指责有所不为的"獧（狷）者"，而"阉然媚于世也者，是乡原也"。以迎合别人的意趣来作出讨好的样子，谄媚于世人，这就是乡原。这是一种没有远大志向、正确原则，而八面玲珑、四方讨好、献媚邀宠之人。这种人也被称为好好先生、老好人。

孟子曰："非之无举也（要非难乡原，却举不出事例来），刺之无刺也（要指责乡原，却没有可指责的地方）；同乎流俗，合乎污世；居之似忠信，行之似廉洁；众皆悦之（众人都喜欢他），自以为是，而不可与入尧舜之道，故曰德之贼也。"（《尽心下》14.37）乡原这种人，是不能与他们一起进入尧舜之道的，因为胸无大志，汩没于尘世，且病根深锢，执迷不悟。不仅如此，乡原还会似是而非地"乱德"，因此孔子厌恶之，孟子也厌恶之。

三、孟子人格的生动记载

孟子人格的自立、自尊、自重，在《公孙丑下》（4.2）记载了这样一件事情，就像一出短剧，具有生动有趣味的情节。其剧情一幕幕地展开，即使在千年之后读观，照样栩栩如生。

第一幕：孟子拒绝齐王召见

孟子将（原来打算）朝（去朝见）王（齐宣王），王使人来曰："寡人如（指应当）就见（前来见你）者也，有（偶然有了）寒疾，不可以风（吹风）。朝（明天早晨），将视朝（临朝听政），不识可使寡人得见乎？"（孟子）对曰："不幸而有疾，不能造朝。"—— 明眼人一看就知道，齐宣王高高在上，对孟子并无诚意，故推托有病不能吹风，而不能前来探望孟子，而明日上朝时再见孟子。孟子则毫不客气地回敬他，推托自己也有疾病，不能上朝。这就是针锋相对，针尖对麦芒一般。

第二幕：孟子出吊于东郭氏

明日，出吊于东郭氏。公孙丑曰："昔者辞以病，今日吊，或者不可乎？"曰："昔者疾，今日愈，如之何不吊？"——有意思的是，第二天孟子出门去吊唁东郭氏。他的弟子公孙丑劝说，昨天您还推脱有病，今日却去吊唁，也许不可以吧？孟子说，昨天有病，今日痊愈了，为什么不可去吊唁呢？孟子的这种做法表明了极其自重、自我的态度以及岸然的、独立的人格。其实也暗示他人，自己并无大病，可以上朝，但偏不去；这是因为你齐宣王先没有诚意，不尊重我孟子。

第三幕：齐王派人及医生来问疾

王使人问疾，医来。孟仲子对曰："昔者有王命，有采薪之忧，不能造朝。今病小愈，趋造于朝，我不识能至否乎？"使数人要于路，曰："请必无归，而造于朝！"——喜剧性的一幕发生了，齐宣王却派人来探问孟子，并有医生同来疗疾。孟子的弟子孟仲子只得应付说：昨天有齐王的命令，但因为得了小病，不能上朝。今天稍微好了点，已经上朝去了，但是我不知道能到达否？这位弟子很会随机应变，便为老师说了善意的"谎话"，这是为了不得罪齐王。接下来为了圆自己的"谎言"，急忙派出数人在路途上拦住孟子，请求孟子务必不要回住所，而直奔上朝。

第四幕：孟子留宿齐大夫家

（孟子）不得已而之（到）景丑（齐国大夫）氏宿焉。——孟子本来采用这种做法是要警醒感悟齐王，但是弟子也不了解自己的意图，眼下既不能上朝，也不能回家，因此迫不得已来到景丑氏家里留宿。

第五幕：孟子与景丑的辩论

首先一辩，景子曰："内则父子，外则君臣，人之大伦也。父子主恩，君臣主敬。丑（景丑）见王之敬子也，未见所以敬王也。"——在家内则有父子关系，在外面则有君臣关系，这是人的最大伦理关系。父子间以慈爱为主，君臣间以敬重为主。我景丑只见到齐王敬重您，却未见您怎样来敬重齐王。

孟子回答说：唉！这是什么话啊！齐国人没有以仁义向齐王进言的，难道他们以为仁义不美好吗？他们的心里是这样想的：这个齐王哪里足以与他来谈谈仁义呢，那么就没有比这种情况的不敬重更大的了。而我呢，如果不是尧舜之道，就不敢面陈于齐王之前，所以说齐人中没有一个人能像我那样敬重齐王的。孟子讲话、说理就是这样理直气壮，有深刻道理，还具自高而下的气势。虽然这样，但是景丑并不认同孟子之说。

因此两人再有辩论，景子说：不，不是说的这个。礼经说，父有召唤，答应"唯"就走，不说"诺"；国君命召，即刻就行，不再等待驾好车。你孟子本来就要朝见齐王，一听闻齐王之召命，却反而不去了，这与礼节好像不相符合吧？

孟子则反驳与反问："难道你说的是这个吗？"于是他洋洋洒洒地又说出了一番大道理。此且分层来说：

一层，首先引用曾子说：晋楚之富有，没法赶得上。然而他们凭借的是富有，我凭借的却是我的仁；他们凭借的是爵位，我凭借的却是我的义。吾心里还有什么欠缺的呢？孟子又说，难道曾子的话没有道义而乱说的吗？这里或许自有另一番道理。

二层，接着孟子阐明了其中的道理。

1. 天下有三"达尊"，即普天下人所共同尊贵的事物。孟子说："天下有达尊三：爵（爵位）一，齿（年龄）一，德（道德）一。朝廷莫如爵，乡党（乡里）莫如齿，辅世长民莫如德。恶得（哪能）有其一，以慢（怠慢）其二哉？"

2."故将（将想成为）大有为（大有作为）之君，必有所不召之臣（必定有他不能召见的大臣）。欲有谋（商谋）焉，则就之（前去请教那大臣）。其尊德乐道，不如是，不足与有为也。故汤之于伊尹，学焉（先向伊尹学习）而后臣之，故不劳而霸。"

3."今天下（各大国）地丑（类，类同）德齐（不相上下），莫能相尚（上，指超过）。无他（没有别的原因），好臣其所教（是只喜好那些听他话的为臣子），而不好臣其所受教（而不喜好那些教导他的为臣子）。汤之于伊尹，桓公之于管仲，则不敢召（召唤像这样的臣子）。管仲且犹不可召，而况不为管仲者乎（而更何况连管仲都不愿意做的人呢）？"

此"短剧"到这里就落幕了，然而留给后人丰富的思考！

我想到最为紧要的一点是，孟子的这种人格是出自内心长久修炼的结果。记起孟子曾说，作为人君的人格之美，当能对人恭敬，又能财用节俭。孟子曰："恭者不侮（欺侮）人，俭者不夺（侵夺）人。侮夺人之君（君主），惟恐不顺（他人不顺从）焉，恶得（怎么能）为恭俭？恭俭岂可以声音笑貌为哉？"（《离娄上》7.16）孟子一针见血地指出，君主只是在外表的声音笑貌之间做出那种恭敬、节俭的样子来，这能行吗？欺侮他人，是因为内心之骄狂；侵夺他人，是因为内心之奢侈；内在之骄心、侈心不除，再是外表上的做作，那也是虚伪的了！这必须有待于内心真诚的修炼！既然如此，那么亦然可推知，孟子的那种卓越人格正是他长期修炼出来的结果！当然，孟子的这种人格与此前的子思有着明显的直接传承脉络。孟子之后，这种人格在数千年的中国文化里也得到了不断的传承。

至此，耳畔又响起了孟子激越的声音。孟子曰："从其大体为大人，从其小体为小人！”此真是一针见血之警句！孟子又曰：“先立乎其大者，则其小者不能夺也。此为大人而已矣！”（《告子上》11.15）此是何等振聋发聩！其忠告之声穿越千年时空，至今犹足可警醒心灵！

奋斗壮歌：天将降大任于斯人

众所周知，贝多芬有《命运交响曲》，其旋律鼓舞了无数的人从中得到激励，奋发上进，杰出有为。孟子的“故天将降大任于斯人也”的那段铮铮之言，则早已成为一首命运奋斗的壮歌；在中国的漫长历史进途上也不知多少人为之慰藉，为之感动，为之鼓舞，为之激励，为之奋发，为之进取！

一、人生之命运之壮歌

《告子下》（12.15）载，孟子曰——

舜发于畎亩之中，傅说（yuè）举于版筑（打筑泥版墙）之间，胶鬲举于鱼盐之中，管夷吾举于士（狱官之长），孙叔敖举于海，百里奚举于市。故天将降大任于斯人也，必先苦其心志，劳其筋骨，饿其体肤，空（穷尽）乏（绝）其身，行拂（背戾）乱其所为，所以动心忍性，曾（同‘增’）益其所不能。人恒过，然后能改；困于心，衡（横塞、阻堵）于虑，而后作；征于色，发于声，而后喻。入则无法家拂（bì，辅佐）士，出则无敌国外患者，国恒亡。然后知生于忧患而死于安乐也。

孟子这段名言警句，因其深刻的人生体认与非凡的智慧，千百年来被广为传诵着，鼓舞着一代代来者从中汲取无穷的力量，从而奋斗不已，走向成功。孟子智慧也早已越出了国界，成为世界智库里的一颗明珠，对不同国度的一代代来者也都有启迪作用。德国莱因哈德·梅依曾说：“海德格尔的中国同事援引《孟子》的名言‘天之降大任于斯人也，必先苦其心志，劳其筋骨’，来宽慰反复无常的政治加之于海德格尔身上的痛苦。”（《海德格尔与东亚思想》张志强译，中国社会科学出版社）我想，孟子的这些话是会对大哲学家海德格尔有宽慰痛苦的作用的。

二、典型：六位历史人物诠释

孟子列举六位人物的事例，选择得十分典型精当：（1）舜，是从农夫发迹、由农田里兴起的，而后却成为了天子、圣人。(2) 傅说，隐居在傅险，为版筑工，后来辅佐商高宗武丁，成就中兴之业。(3) 胶鬲，做生意，贩卖鱼盐，后来辅佐周文王，成为贤相。(4) 管夷吾（管仲），曾为囚犯、狱官，齐桓公举用为相。(5) 孙叔敖，隐居在海滨，楚庄王举用为令尹。(6) 百里奚，原混迹于市井，秦穆公举用为相。

此六人中有一位是天子舜，有两位是辅佐成就王业的傅说、胶鬲，有三位是辅佐成就霸业的管仲、孙叔敖、百里奚。此六人最初的身份虽各异，然而同为贱人，同样经受过贫困、卑贱、忧患、悲戚，最终都成就了一番大事业。

这里还要点醒的是，孟子颂扬"圣人"，又推崇"天吏"。"天吏"是指奉持天命来治民治世之人。《公孙丑上》(3.5)："无敌于天下者，天吏也。"赵岐注："天吏者，天使也。为政当为天所使，诛伐无道，故谓之天吏也。""天吏"虽然已先见诸《尚书·胤征》"天吏逸德，烈于猛火"，然而这是指天子的官吏。孔传："天王之吏为过恶之德，其伤害天下甚于火之害玉。"不过"天吏"到了孟子那里，他又创新锻造的新理念，则将"天吏"演变为上天委派下来的承担大使命的人。后来唐代皮日休《手箴》："身高道端，毫直国史，敬之戒之，俟为天吏。"宋陈师道《理究》："贤而在下，谓之天民；贤而在上，谓之天吏。孟子所谓天之降大任者也。"——我们熟知"天之降大任于斯人也"之语，却未必深知其底里内涵。原来"天吏"是如此崇高、庄严、气派、威势，然而其面临的又是何等的任重、道远、艰巨、坎坷！在孟子看来此六人便是这样的"天将降大任于斯人"的"天吏"了。

三、结晶：人生的智慧与哲学

由这些历史人物的命运与事迹，孟子再抽绎、结晶出精光四射的人生哲学：

1. 心与身的交相磨难与历练。——凡是"天将降大任于斯人也"，必定要让此人经受极其艰苦甚至严酷的磨难，否则担当不了大任。一是内在的心灵磨难，"必先苦其心志"，先从心思、灵魂、精神上折磨他。一"苦"字意味深长，是心的痛苦、志的压抑、灵的困惑、魂的迷茫、情的忧愁。二是外在的肉身磨难，"劳其筋骨，饿其体肤，空乏其身，行拂乱其所为"。"筋骨"使其遭受劳累，"体肤"使其忍受饥饿，"其身"使其穷乏而不得安然居养，"所为"之"行"使其被拂乱而不能如意顺利。

2. 付出虽多，收获却丰。——经由了诸多的由内而外，由外而内的交相磨难，最后收获的是"所以动心忍性，曾益其所不能"。在苦难里，人们会反思、深思、沉思，思索渗透至心灵的深处，参悟贯穿于事物的内里。这是一种使心灵震动、灵魂洗涤、情性坚忍、境界提升的过程。在这等磨难的历练、阅历之中，于人事、物理、人情、世故、事业等方面，闻见日广，智慧日进，才能日增，力量日强。这样成就了的卓越俊伟、经验富足、智慧充裕、才德兼备，是必定能担当大任的。记起张载《西铭》曰：“贫贱忧戚，庸玉汝于成。”说的也就是这个意思！

3. 再说人改正过错的修炼情况。——“人恒过，然后能改”，人情大抵都是这样的，常会先犯过错，然后能改正。惟其能改正，也就会惩前毖后，吃一堑长一智。“困于心，衡于虑，而后作”，内心困窘，思虑阻塞，然后才能振作奋发。惟其在行不通、办不成时，能振作感发，精神意气就会被激发出来。“征于色，发于声，而后喻”，此句一般解释是，表现在脸色上，宣发在言语间，然后被人了解。不过此句还有另外的解读，张居正之说可参考：“事未有不始于微而成于著者，中人之资，少有昏昧，便不能烛于几微。到那事理暴著掩护不得的时节，验于人之色，发于人之声，群讥众讪，都堪不得了。然后反听内照，豁然警悟而通晓，聪明智慧，都从那障蔽中磨砻出来，而昏昧之失，亦庶几其能改矣。”他又说：“夫困心衡虑而作，则虽柔必强，征色发声而喻，则虽愚必明，其与圣贤之动心忍性，增益不能者，其机一也。可见人不患其有过，而患其不能改。以成汤之圣，不称其无过，而称改过，以宣王之贤，不美其阙，而称补阙，欲为圣贤者，毋自弃焉。”（《张居正讲评〈孟子〉》）

4. 再由人情说到国家。——“入则无法家拂士，出则无敌国外患者，国恒亡”。在国内没有守法度的大臣、辅佐国君的士人，在国外没有敌对国和外患的忧患，那么国家常被灭亡。

5. 辩证的智慧结晶。——最后，孟子揭出一大智慧：“然后知生于忧患而死于安乐也。”此彻底校正了人们的理念，人们常厌恶忧患，认为死于忧患，但孟子反拨为“生于忧患“；人又常喜好安乐，以为生于安乐，但孟子也反拨为“死于安乐”。孟子在此章里抽绎出来的人生、政治、管理的哲学，若能深味，可得益良多！

说到这里，我又想起当许多人猛烈地批判孟子的唯心主义时，也有许多学者还在坚持揭示孟子的深刻理念与智慧。有一次，我读到哲学家程石泉（1909—2005）说的一段话，被他的见识所触动。他说：若孟子者，可谓善于运用其“心官”之全体大用者也！能引人向上超乎物欲、感觉、知觉，层层向上晋升。由“理义之辨”，而入“内圣外王”之心理境界。随时随地准备献身、准备担当、准备“以身殉道”。像孟子这一种清明的“自我意识”，在现代西方哲学家中可以说一个也找不到。在西方始于笛卡儿便怀疑“自我”的存在，他的自我存在的意识，只从他发现他有“认识”的能力那一面，勉强地加以承认。英国的经验学派如陆克、休谟等人只从“生物生理的”、“生物社会的”的立场去找“人性”，找不到人性，只找到了“一张白纸”。他们把自我的存在，当做是在时间之流中连续不断的“观念”或者“印象”的总和而已。人与生而具的、潜在的“道德人性”根本不在他们考虑之中。至于“存在主义”中对于“本体的自传学”有兴趣的哲学家如海德格尔（M.Heidegger）那些人又把“我性”分为在现世的“杂染之本我”（如 Pasein）和“超越的真我”。不管是在“杂染之本我”之中或者在“超越的真我”之中，“道德自我”不占重要地位，因之不能作为人的理想目标。这一班西方怀疑主义者，陈义太高了！他们要等候上帝来救他们，让他们过着不负道德责任的、不食人间烟火的、自由自在的“亡命之徒”的生活！作为一个中国人，孟子是脚踏实地地要发挥那生而具有的“道德人性”，来光辉那“道德自我”至乎其极。做到了大丈夫，还要企求入乎圣贤之域：“所过者化，所存者神，上下与天地同流。”孟子对于“神我”的实现提出了如下的条件：“何谓善？何谓信？曰：可欲之谓善，有诸己之谓信，充实之谓美，充实而有光辉之谓大，大而化之之谓圣，圣而不可知之之谓神。（《尽心下》）诚哉斯言也！由善性的“自我”走向圣性的“神我”，不可能一蹴而跻，必要循序渐进。（程石泉著、俞懿娴编《中国哲学综论》，上海古籍出版社）——此段话在中西文化对比的视域里开掘得很有见地，值得体味其中的滋味。

三、触发与遐思

这里也想起了刘少奇（1898—1969）谈修养时引用了孟子、孔子等古人的名言，譬如在《论共产党员的修养》就有这样的段落：

孔子说：“吾十有五而志于学，三十而立，四十而不惑，五十而知天命，六十而耳顺，七十而从心所欲，不逾矩。”这个封建思想家在这里所说的是他自己修养的过程，他并不承认自己是天生的“圣人”。

另一位封建思想家孟子也说过，在历史上担当“大任”起过作用的人物，都经过一个艰苦的锻炼过程，这就是：“必先苦其心志，劳其筋骨，饿其体肤，空乏其身，行拂乱其所为，所以动心忍性，增益其所不能。”共产党员是要担负历史上空前未有的改造世界的‘大任’的，所以更必须注意在革命斗争中的锻炼和修养。

刘少奇还说过：“《孟子》上有这样一句话：‘人皆可以为尧舜’，我看这句话说得不错。每个共产党员，都应该脚踏实地，实事求是，努力锻炼，认真修养，尽可能地逐步地提高自己的思想品质，不应该望到马克思列宁主义创始人那样伟大的革命家的思想与品质，认为高不可攀，就自暴自弃，畏葸不前。如果这样，那就会变成‘政治上的庸人’，不可雕的‘朽木’。”（同上书）他还引用孟子之言“富贵不能淫、贫贱不能移、威武不能屈”来描述“革命坚定性和革命气节”。

我又想起，刘少奇一生的种种坎坷以及“文革”时诬陷他的“累累罪行”，他最后于1969年11月12日晨在开封含冤逝世。他被化名为“刘卫黄”，以平民无业的身份在当地火化与存放骨灰盒。一直到1980年5月13号，刘少奇的骨灰才由中央有关领导以及王光美等家属运回北京，并于5月15日，在人民大会堂举行追悼会，或被称为迟到11年的刘少奇国家葬礼。5月19日，刘少奇的骨灰最后撒在我国领海线12海里以外的公海上。

如果起孟子于地下，聆听到这样的现代人的“故事”，不知道又会有何种感想与评论了。

灾患催生：德·慧·术·知·达

孟子的“天将降大任于斯人也”的教导，成为了慰藉与激励心志的奋斗壮歌，他又有一段话，其智慧也成为人们的座右铭。

一、德慧术知·恒存乎疢疾

《尽心上》（13.18）载，孟子曰：“人之有德慧术知者，恒存乎疢疾。独孤臣孽子，其操心也危，其虑也深，故达。”

此中“德慧术知”，赵岐注：“德行、知慧、道术、才智。”朱熹集注：“德之慧”，“术之知”。朱熹说成了德性之聪慧、术知之智巧。此两说均通。“疢”（chèn），疢病，本指热病，此指灾患。依朱熹集注：“疢疾，犹灾患也。”张居正解读也依朱注，并解说：“故凡聪明内含，而德性中有警敏之识，可以烛事理于未然，这叫做德慧。技能外运，而才术中有机智之巧，可以善事理之当然，这叫做术智。人之有此德慧术知者，非优游安逸者能然也。多因遭罹患难，有以激发其善心，涉阅忧虞（忧患），有以顿挫其逸志，故德慧以困衡（困于心，衡于虑）而生，术智由磨炼而出，大率从疢疾中来耳。”此就是本章的旨意。

此则可以与上一则通观互明。人之具有德行、智慧、道术、识见，常常是因为生存在灾难忧患之中。正因为多历经患难，遭遇苦痛，便往往会痛在心上，记在心头。若痛心入骨，至于痛定思痛，引发自己深刻的反思，或痛识前非，或痛悔前非、或痛改前非，改正故习之谬，能自我警省，具警敏之识，从而就会将人之德、慧、术、知大大激发出来。

二、达：操心也危·其虑也深

孟子又举出一个典型例子深化此说。独有那些孤立的臣子，即指被疏远之臣，虽想要表达自己的忠诚，但因为是孤臣，而缺少机会。再有那孽子，即非嫡妻生的儿子，虽要表达自己的孝心，但因为是孽子，而缺少场合。他们所处的地位，使其操持的是一颗警惕的危惧之心，深具忧虑忧患，所以能通达事理、人情世故。

人皆向往安乐，但是往往会在安乐中消磨意志；人皆厌恶困穷，殊不知这却往往是成就德、慧、术、知的好所在。人的磨难往往不仅在肉体上，而且更为重要的是在精神上、内心世界的思虑上，就会生发出疑惑、疑问、拷问，求索、求解、求通，其结果则往往让人把思维转向深层，而终于豁然开朗，明白一切。因此，困苦、灾难、忧患、险阻，这里的一个个“疢疾”可以让人磨炼、精进、奋发，让苦难的生存酿造出人生的德、慧、术、知、达。

此亦如张居正解读：“此等之人，其操心则朝乾夕惕，一念不敢以自安，其虑患则左隄（堤）右防，一事不敢以少忽。惟是经过这等样危苦，所以战兢之中，精明焕发，人情自尔其周知。惩艾之久，险阻备尝，世故自尔其习熟，此所以事理无不达，而德慧术知，所由成也，疢疾之有益于人如此。处忧患者，岂可失意于变故之临，而不思其为进德之地也哉。”这两种人因处于孤立、忧患、抑郁的生存状态，却反向地获得了生命智慧与境界的提升，其中的道理是值得反思的。

如果再将孟子的此章与上一章的旨意贯通，那么共同指明了一大智慧：人生要担当大任，有一番大作为，必定要经过一个艰苦的磨炼历程，甚至艰苦到无法忍受的境地。在这一历程中，长期交互着两种磨难与考验，一是接受心灵的磨炼，二是接受肉体的折磨。磨难是一种付出，接下来就有收获，那便是获得了德、慧、术、知、达，便能真正成为“天将降大任于斯人”的这个“人”了！这就是真正大写的“人”了！

三、联想·遥想·遐想

1. 诗圣杜甫的典型

我先想起了杜甫（712—770），因为前不久笔者曾去了河南巩县、偃师，这里便是杜甫的出生之地，又是他的归葬之处，踏上这块土地，心潮也为之掀动。公元770年的冬天，杜甫最后就死在长沙到岳阳的一条破船上。直至公元813年，才由他的孙子杜嗣业“收拾乞丐”，把停留在岳阳的灵柩归葬故里，他的遗体居然漂落在外43年。然而，一代诗圣杜甫，却永不泯灭，垂之千载而不朽！

诸位可以想一想，杜甫被尊称为“诗圣”，他的诗歌被赞誉为“诗史”，不就是在特别深重的“疢疾”里铸就的？清代叶燮《原诗》里描述了杜甫高耸的纪念碑式的巍巍之胜境：“杜甫之诗，包源流，综正变。自甫以前，如汉魏之浑朴古雅，六朝之藻丽秾纤、澹远韶秀，甫诗无一不备。然出于甫，皆甫之诗，无一字句为前人之诗也。自甫以后，在唐如韩愈、李贺之奇奡（ào，通‘傲’），刘禹锡、杜牧之雄杰，刘长卿之流利，温庭筠、李商隐之轻艳，以至宋、金、元、明之诗家，称巨擘者，无虑数十百人，各自炫奇翻异，而甫无一不为之开先。”虽然不免有许多拔高，但基本上是符合实际情况的。试想杜甫在诗艺上要达到如此神妙的成就，他经历了多少别人想象不到的艰辛困苦的磨炼！这不就是艰难玉成的吗？

然而又如清代郑燮所说：杜甫“《哀江头》、《哀王孙》，伤亡国也；《新婚别》、《无家别》、《垂老别》、前后《出塞》诸篇，悲戍役也……其题如此，其诗又不痛心入骨者乎？”（《范县署中寄舍弟墨第五书》）我想再接着说：为什么杜甫会痛心入骨？是因为他的生活的艰难困苦，是和痛苦、痛心相伴的；他的一生的漂泊险难，是与血、泪相渗的；他的坎坷的命运是与国家的离乱时世相随的。正因为杜甫有这样的深广的“疢疾”，从而使一颗伟大的诗心不断得到滋养涵濡，加之他坚忍不拔地思考、酝酿、创作，如此融汇一炉，才一步步地走向“诗圣”的巅峰的。这不就是“恒存乎疢疾”，而终于“人之有德慧术知者”？

2.相因相应的种种告诫

孟子的那种人生历练的智慧，确实鼓舞了一代代的有为者，后人也总结出许多与之相因相应的教诲。

中国古谚：“自古雄才多磨难，从来纨绔少伟男。”处于逆境与困境就是磨难，不要在此境地毁灭，而要借此境地脱胎换骨，由体肤、筋骨、智商、情商、心志，功夫深深地磨砻，从而点地升天。因此不怕屡战屡败，只怕屡败不战，若能屡败屡战，则必至百战不殆！人生绝不可与庸俗随波逐流，越往下流，而不能自已，终至庸碌；相反逆水而上，搏风击浪，则可抵达上游。

《曾国藩家书》有些东西真堪看重，比如咸丰八年（1858）4月9日《致沅弟》，曾氏说：“精神愈用而愈出，不可因身体素弱过于保惜；智慧愈苦而愈明，不可因境遇偶拂遽尔摧沮。”——越是处于逆境，越是须奋发砥砺，然后让精神愈加充沛，智慧愈加聪明，前途转为光明。

咸丰十年（1860）2月24日《谕纪泽》：“心常用则活，不用则窒；常用则细，不用则粗。”——我想能在困境里用心思考、反思、前瞻，其心思能够更加灵活，更加精细、更加深刻。

同治六年（1867）2月28日《致沅弟》信：“此时须将劾官相之案、圣眷之隆替、言路之弹劾一概不管。袁了凡所谓从前种种譬如昨日死，从后种种譬如今日生，另起炉灶，重开世界，安知此两番之大败，非天之磨炼英雄，使弟大有长进乎？谚云吃一堑长一智，吾生平长进全在受挫受辱之时，务须咬牙厉志，蓄其气而长其智，切不可苶然（疲劳的样子；苶 nié，疲劳）自馁。”——这话说得真好，面对困难坎坷要咬紧牙关，从受挫里取其经验，从受辱里获其教训，养得一段豪气，蓄得一股浩气！要把失败当作成就自己功业的一种必须的磨炼、必待的进阶，如此而已！要学会把过去的失败抛弃、死去，“从前种种譬如昨日死”；然而一新自我，重新站立起来，坚毅前行，“从后种种譬如今日生”！其实这也是曾国藩自己修身立业的过程与体会。有意思的是，以上曾国藩的话语，在《毛泽东早期文稿》里都能看到，青年毛泽东曾受其影响！

3. 鲁迅之言·牛顿之诗

人生之路是艰难的，成功之路是更加艰难的，若要有出路，那就不得不磨难。鲁迅曾说：“什么是路？就是从没有路的地方践踏出来的，只有从荆棘的地方开辟出来的。”（鲁迅《生命的路》）这里内涵着人生的哲理，有形的道路上固然充满有形的荆棘，但是无形的人生之路上同样充满着无形的荆棘，因此要直面荆棘，在披荆斩棘里前行。再延伸思维，那么如要建立一番大事业的，要攀登高峰绝壁者，一路上所遇到的更是连绵的丛生的荆棘！此可以孟子的教诲互证！

牛顿

关于人生磨难与荆棘的话题，还可以一读少年牛顿写作的那首标题为《三顶冠冕》的诗：

世俗的冠冕啊，我鄙视它如同脚下的尘土，

它是沉重的，而最佳也只是一场空；
可是现在我愉快地欢迎一顶荆棘冠冕，
尽管刺得人痛，但味道主要的是甜；
我看见光荣之冠在我的面前呈现，
它充满着幸福，永恒无边。

这首少年时代的诗作，或许正表明了日后这位天才早已确立的人生向度与高度。他鄙视地拒绝“世俗的冠冕”，愉快地欢迎“荆棘冠冕”，向往着幸福的“光荣之冠”。这位科学巨人，确实一生下来就面对人生的“荆棘”。他是在其父死后不久出生的一个瘦弱的、先天不足的、苍白的畸形儿。甚至他的接生妇也没有料到他会活下来，说：“唉，这么一个小不点儿，我简直可以把他塞进一只杯子里去！”然而，牛顿正是在科学的进程里“愉快地欢迎一顶荆棘冠冕”，品尝“尽管刺得人痛”后面的真味道，那就是酿出来的“是甜”，最终获得了“光荣之冠”，而永垂不朽！

4. 那些奇妙的动物

我又由人物至于那些动物，发现孟子的话对动物而言也可观照。我联想起曾读到过的一篇短文《动物的超感能力》，很有趣味。此文常使我想起孟子的一句话：“人之所以异于禽兽者几希。”（《离娄下》8.19）有意思的是，动物也有一种在大自然选择的巨大压力下，就好像人们经历了所说的“疢疾”那样，能够逐渐进化出超乎寻常的本领来。比如动物进化出来的超常的“感知能力”：其一，触觉方面说，一些动物如老鼠，其触须的触觉敏感程度令人惊异，它们甚至可以感知到空气轻微的流动。鲸类甚至拥有一套更为高级的感知“工具”，叫“劳伦氏壶腹”的电敏细胞。这种细胞通过小管与皮肤表面相连，可感知到水中其他鱼类在肌肉收缩时发出的电脉冲。其二，听觉方面说，鲸类在海水里利用超低频声音联系远在几百千米之外的同伴。海豚、蝙蝠等能发出一系列的“咔嗒”声，然后通过倾听返回来的回声来感知周围的环境。其三，视觉方面说，鸟类是脊椎动物中视力最优秀的动物。它们能够看见四种波长的光，被称为四色视力，而大多数人类的视网膜只能分辨出三种波长的光。其四，嗅觉和味觉方面说，大多数脊椎动物的鼻犁骨器官在嘴里，必须张开嘴与空气接触才能感知气味，所以当一条蛇伸出舌头时，它很有可能是为了将它的鼻犁骨器官与外界接触，以便感知空气中的气味。（《中国剪报》2012.1.18 文）物竞天择，适者生存，不适者淘汰，因此类似“恒存乎疢疾”那样，逼迫动物必须将自己的生存能力不断地进化，再进化！我再想起孟子的一句话 ：“人之所以异于禽兽者几希。”孟子说得真是妙绝！

篇末又要再回到孟子的“天将降大任于斯人也”这句最重要的话。为什么有的人经得起磨难，有的人经受不起？为什么有的人只能经得起一个时段的磨难，有的人却能经得起长时间的磨难？这句话就指出人必须有一种高尚的使命感，有使命感的人就会知道什么叫任重道远，就会永远获得源头的力量，这样才会坚韧不拔地走向目标！

志气尚志 ：孟子的精彩对话录

人生于世，如何立足于人世，如何才能有一块立足之地，并能进而卓立、特立、久立？由以上孟子的奋斗壮歌之赞，至于灾患催生之说，再品析孟子有关“尚志”“志气”之隽永的对话录，其中又有智慧值得人们体会与汲取。

一、尚志 ：孟子的精彩对话录

王子垫是战国时齐王之子，名垫，曾经问孟子 ：“士何事？”士应当以何事为事，即从事于什么事情最为紧要。

孟子回答说 ：“尚志。”崇尚心志、立志、志节，使得志向高尚为最要。

王子垫为什么要那样发问？孟子为什么会这样回答？“士”到底是什么样的人？在商、西周、春秋时期，士是最低级的贵族阶层，比如为卿大夫的家臣等，有的食田，有的有俸禄，也有参加农业生产的 ；春秋末以后就成为了读书人、知识阶层的通称了。这就明白了，王子垫之所以要发问，是因为如果身为上层的公卿大夫，那么他们的事情就是搞好政事，如果是下面的农工商贾，那么就各从其营生之事。然而作为“士”均有别于此两者，既没有官职，也不去干那些具体的生产经营之事，那么该做什么事呢？孟子回答的是，他们也有事，崇尚志向就是应当作为之事。

王子垫又追问曰 ：“何谓尚志？”

孟子再答，曰 ：“仁义而已矣。杀一无罪，非仁也 ；非其有而取之，非义也。居（居住）恶（wū，何）在？仁是也 ；路恶（何）在？义是也。居仁由义，大人之事备矣。”（《尽心上》13.33）

在孟子看来，所谓士人的“尚志”，那就是遵行仁义。如果杀一个无罪之人，那就是不仁 ；不是应该有的而获取它，就是不义。士人应居处何地？在仁那里！

因为仁是善的集成，包涵万善，是天下最广阔的居所。士人应走哪条路？在义那里！因为义就是裁制众理的，非义无行，这是天下最正的道路。如张居正说："居仁由义如此，是虽未得居大人之位也，而大人经纶天下之业，不过此仁此义而已。""此论士者，不必达视其所施，惟穷视其所养可也。昔孔子当谓隐居以求志，行义以达道，意正与此互相发也。"

我想如今就现代人生来说，其智慧的借鉴或许可以做出新的读解。人生在世，或是人而无志，或是人各有志，或是人能尚志。这里其实有这样一种逻辑：无志——有志——尚志。"无志"者，毋庸多论，然而人虽"有志"，也未必就能"尚志"。"有志"、"尚志"是不一样的，"尚志"不仅是有志，而且使其具有高尚之志。比如"有志"于出人头地、升官发财、功名富贵等，这还不能算真正的"尚志"。真正的"尚志"是，穷则独善其身，达则兼济天下，为瑰丽的事业而奋斗，高尚而不可屈，坚定而不可移，卓然以伟大人格为榜样，毅然以坚忍不拔精神去践行。我想这是今天人们读《孟子》可以吸纳的智慧。

二、连接：隐居求志·行义达道

由孟子之说可以向上链接孔子的智慧。孔子有"志学"之说，"吾十有五而志于学"，孟子亦然如此，一生志学。孔子有"志古"之说，"好古，敏以求之者也"；孟子同样如此，好古精研。孔子有"志士"之说："志士仁人，无求生以害仁，有杀身以成仁。"（《论语·灵卫公》）孟子亦然有曰："志士不忘在沟壑。"（《万章下》10.7）孔子有"志道"之说，"士志于道，而耻恶衣恶食者，未足与议也"。孟子有曰："君子之志于道也，不成章（指不完成此阶段）不达（就不进到下一阶段）。"（《尽心上》13.24）

另外，孔子说："仁者安仁，智者利仁。"（《论语·里仁》）他又说："仁者不忧。"（《论语·宪问》）他还说："仁者乐山"，"仁者静"，"仁者寿"。（《论语·雍也》）仁，为天下之广居。"安仁"，安守于仁；"利仁"，因有利而去实行仁。如此孔子、孟子都将仁作为安身立命之地，从而精神宁静，心境高远，能坦然对待富贵利禄的得失，能恬然安于贫困低贱，然而无往而不安，无适而不然。

再看孔子说义，有曰："君子义以为上。"（《论语·阳货》）他又说："君子义以为质。"（《论语·卫灵公》）他还说："不义而富且贵，于我如浮云。"（《论语·述而》）孔子。孟子把义看做是天下的正路大道。

孔子曾有说："隐居以求其志，行义以达其道。"（《论语·季氏》）士人在隐居时，当求志向卓然坚挺，而不苟且；一旦被用于世，那么就要推行仁义，畅达那大道。这种理念与孟子的主张，沟通起来了，且可互相发明。

三、志气的对话：志壹动气·气壹动志

《公孙丑上》(3.2) 孟子曾与弟子公孙丑有一段著名的对话。

公孙丑问曰："夫子加齐之卿相，得行道焉，虽由此霸王，不异矣。如此，则动心否乎？"——公孙丑问孟子，如果夫子您能担任齐国之卿相，得以推行自己的治道，那么即使由此而成就霸业或王业，也不会感到奇异了。(这是因为孟子在前面说过，齐国正处于极其有利的时势，只要能推行仁政，就会事半功倍地达到成功) 如此，您会动心吗？即如果您因此而居有高位、当此大任，面对纷繁的国事、天下事、烦心事，矛盾错综、关系复杂，如此等等，您内心是否会或疑惑、或惊恐、或激动、或烦恼等，从而动其心呢？

孟子回答："否，我四十不动心。"——我四十岁起就不动心了。张居正评："这'不动心'三字，是孟子生平学问得力处，而其大本大原，即从知言养气中来，盖善学孔子而有得者也。""不动心"正是孟子具有浩然之气的本与原。

(公孙丑) 曰："若是，则夫子过 (超过) 孟贲远矣。"孟贲 (bēn)，古代勇士，卫国人，或说齐国人，传说力气特别大，能生拔牛角。公孙丑认为孟子能担当如此重任，而有如此大的力量来掌控全局，居然能够不动心，这种力量是远远超过了孟贲的那种勇力了。

(孟子) 曰："是 (这、此) 不难，告子先我不动心。"——告子，战国时人，名不详，当时辩士，或说可能曾受教于孟子。孟子认为告子虽对道还未能达到真识的地步，但是他还不到四十岁，却已经先于我孟子做到不动心了。

(公孙丑) 曰："不动心有道 (方法) 乎？

(孟子) 曰："有。北宫黝 (yǒu，此人为勇士，已不可考) 之养勇 (培养勇气) 也，不肤挠 (不畏惧肌肤被刺而退缩)，不目逃 (不畏惧眼睛被刺而逃避)，思以一豪挫于人 (思虑计较得甚至受挫于人的一点儿)，若挞之于市朝 (就像在市朝受到他人的鞭挞一样，而不能容忍此耻辱)。不受 (不肯受辱) 于褐 (毛布) 宽博 (宽大的衣服，此指卑贱人)，亦不受 (不肯受辱) 于万乘之君。视刺 (刺杀) 万乘之君，若刺 (刺杀) 褐夫。无严诸侯 (对诸侯不畏惧)，恶声至 (受到恶言恶语)，必反之 (必定反击)。孟施舍 (古人名，不可考) 之所养勇也，曰：'视不胜犹胜也 (把不能胜利看做能胜利一样)。量敌 (估量敌人的强弱) 而后进 (进兵)，虑胜 (考虑能胜利) 而后会 (交战)，是畏三军 (这是畏惧强敌之众) 者也。舍 (我孟施舍) 岂能为必胜哉 (怎么能一定战胜呢)？能无惧而已矣 (只是能够无所畏惧罢了)。'孟施舍 (的养勇) 似 (好像) 曾子，北宫黝 (的养勇) 似 (好像) 子夏。夫二子之勇，未知其孰贤，然而孟施舍守约 (守持简约，简易

可行）也。昔者曾子谓子襄（曾子的弟子）曰：‘子好勇乎？吾尝闻大勇于夫子矣：自反（反省、反躬自问）而不缩（不正直；‘缩’，直），虽褐宽博（指卑贱者），吾不惴焉（我也不去恐吓他）；自反而缩，虽千万人，吾往（我敢于前往去抗拒）矣。’孟施舍之守气（守持一身之气，虽比北宫黝略强），又不如曾子之守约（守持简约，即反身循理）也。”

孟子、公孙丑的对话还在继续着，并引入了深层，即北宫黝、孟施舍的“不动心”公孙丑已经搞明白了，但又有一个问题，要请其师解答——

（公孙丑）曰：“敢问夫子之不动心与告子之不动心，可得闻与？”

（孟子曰：）“告子曰：‘不得于言（如果不能理解那些言语里的道理），勿求于心（不必反求其理于内心，如此‘心’可以不为‘言’而动，也就是告子的“不动心”的一方面）；不得于心（处事不能安顿于心，当力制其心），勿求于气（不必求助于意气，去刻意修为，如此‘心’也不为‘气’动，这也就是告子的“不动心”的另一方面）。’不得于心，勿求于气，可（这是孟子对告子的肯定）；不得于言，勿求于心，不可（这是孟子对告子的否定）。夫志，气之帅（主帅）也；气，体之充（充满在体内）也。夫志至焉（志到达哪里，或说志至要、第一），气次焉（气跟随至那里，或说次之、其次）。故曰：‘持（把持着）其志，无暴（不要乱动）其气。’”——这里出现孟子名言，深入人心。

公孙丑再追问，因在他觉得其师所说的是一个“悖论”，孟子再耐心对答——

（公孙丑曰：）“既曰‘志至焉，气次焉’，又曰‘持其志，无暴其气’者，何也？”既然志的重要远胜过气，那么为什么又说不要损害气呢？这不是有矛盾吗？

（孟子）曰：“志壹则动气，气壹则动志也。今夫蹶者趋者，是气也，而反动其心。”这是说，心志专一，那么整个机体都会被它调动起来，听凭其使用，气就动起来了。这种情况是常态的，是普遍的。当然，气专一，则也会反过来触动心志，使得心志动荡。这种情况是非常态的，是特殊的。关于后者，孟子还举出一个例子，假使如今有跌倒的、奔跑的，都是因为匆忙之间，其气失去了平衡，反过来扰动了心志而造成的。孟子与公孙丑的对话还在继续，后面还有“我善养吾浩然之气”等内容，另篇再说。

当解读到这里时，若总括其智慧，那么有几端：一是，人不仅要立志，且要立高尚之志，这便是“尚志”。二是，我们常说的“志气”，里面是有“志”与“气”的两个方面的内涵的，有区别，又有联系。人既当敬守其志，又要致养其气，内外本末要交相培养。三是，“志壹则动气”、“气壹则动志”的主次与变动关系的智慧值得记取，做人做事，能得如此睿智，则会生气勃勃，意气风发。四是，志要养，此为“养志”，譬如立志、明志、励志、持志等，都是要养的。气也要养，此为“养气”，所以孟子有“吾善养我浩然之气”之说，在下一篇再作详论。

听言观眸：孟子的识人之智

人活在世上，既要认识自己，也要认识别人。老子说：“知人者智，自知者明。”然而要做到“二知”之“明智”，也绝非易事。孟子关于认识人，有许多智慧，如知人论世、以意逆志等，后文有详释，这里先选择孟子的杰出智慧，从聆听他人的话、观察他人的眼睛去观察、认识这个人。

一、识人：听言观眸

孟子曰：“存乎人者，莫良于眸子。眸子不能掩其恶。胸中正，则眸子瞭（明澈）焉；胸中不正，则眸子眊（mào，昏暗）焉。听其言也，观其眸子，人焉廋（sōu，隐藏、隐匿）哉？”（《离娄上》7.15）

如何认识、观察一个人，孟子在此章揭示出三则智慧：

一是，观其眸。孟子讲得好，观察一个人的最佳方法，没有比观察眼睛更好的了。眼睛不能掩盖其人内心的正与邪。内心正直，那么眼睛就明澈；内心不正直，那么眼睛就会昏暗。孟子还说，听其人之言，观察其人之眼睛，人的邪恶与正直哪里还可以藏匿呢？

我们都会在现实生活里找到很多的例证：幼儿园里儿童的眼光是澄澈黝黑的、豆蔻年华姑娘的眼睛是洁净如月的、小偷的眼神是邪而不正的、凶手的眼睛是凶光毕露的、失意者的眼光是朦胧飘忽的、睿智者的眼睛是明亮深邃的，如此等等，均可体会孟子之言。

二是，听其言。这还不是表层的聆听，而是要知其言，即孟子提出的“知言”的智慧。听其言，要真能知晓是哪种话：真心话、违心话、胡言、狂言、乱语、妙语、实话、谎话、大话、假话、骗话、空话、粗话、脏话、屁话等等，还有孟子说的诐辞、淫辞、邪恶、遁辞等（见后文详论）。这就是要能读出他人心里的话来，如古人说的“言为心声”！

三是，联缀“听其言”、“观其眸”的辨析。这是把两者结合联络起来，形成一个识人的系统回路：眼睛是心灵的窗户，言语是心灵的声音；眼睛、言语虽然各异，但是均为心之反映则同。眼睛与言语是人的表层，心灵是人的深层；由解析眼睛心灵窗户的表层，可以抵达深层人心之内室；由解析言语心灵声音的表层，可以渗透深层的心志的内存。因此“听其言也”、“观其眸子”，是互补、互应、互彰、互证地从两个角度汇合到同一个地方、达到同一个目的，即聚焦于对人心的认识；而认识了人心，才是真正认识这个人！于是形成这样的系统网络：

表层认知	言·言语 （心灵声音）	眸·眼睛 （心灵窗户）
深层认知	心	
真知确知	人	

这里也想起张居正的解读：“观人之法不必远求，即一身之中，其最善而可观者，莫如眸子。盖人之善恶生于心，心之精神见于目，意念一起，即形于瞻视之间，故惟眸子之在人，不能掩其心之恶也。如其胸中所存光明正大，无所隐伏，则其神翕聚，而见之眸子者，必然清朗莹彻，了然而精明焉；若是胸中所存偏私邪曲，有所迷惑，则其神涣散，而见之眸子者，必然恍忽蒙昧，眊然而昏暗焉。心之邪正不同，而目之昏明即异，是眸子不能掩其善，亦不能掩其恶也。即此一端，岂不足以观人耶！”

张居正还有会心之处，因此又说：“世之观人，固有于言语之间，察人心术者，然言犹可以伪为，而惟眸子不能掩其恶，则观人者，岂可徒信其言而已乎？故必听其言语，以考其心之声；又观其眸子，以察其心之神。其言既善，而眸子又极其清明，则其为光明正大之人可知也。其言虽善，而眸子不免于昏眊，则其为回互隐伏之人，未可知也。合二者而观之，则不出乎容貌辞气之间，而君子小人之情状已可以得其概矣。人即欲掩匿真情，以逃吾之洞察，恐能掩于言，而不能掩于眸子，亦安得而终匿哉？”这些解读，很有见地。

二、识人法：孟子的传承

孟子识人的方法与智慧是对儒家智慧的又一传承，譬如可追溯至于孔子、曾子等。《论语·为政》记载察人之法，孔子有说：“视其所以（与什么人在一起），观其所由（走什么路），察其所安（心安在哪里）。人焉廋哉？人焉廋哉？”如孔子此法与孟子之说相比较，其中就有联系，甚至“人焉廋哉”一语，就直接引用了孔子的原话。

张居正又有感想，说：《孟子》(7.15)“此一章当与《论语》‘视其所以’一章参看。然孔子之观人，推及心曲之微，方定善恶；而孟子之观人，欲于辞色之间，即考其邪正，何详略之不同如此？盖人之制行，或能饰于一时，而不能掩于平日，故虚心而察，品流乃定。人之存心，或能匿于所勉，而不能不露于所忽，故卒然而验，臧否自明。有观人之责者，兼而用之可也”。此或也可知孟子观人之智，既有继承，又有了拓展。

再如曾子曰：“目者，心之浮也。”(《大戴礼·曾子立事篇》)眼睛是心意、心志的浮现，即是内心的外现。孟子之智于此说不正是很吻合吗？

当然孟子之法也好，孔子之法也好，不能死扣着去运用，而是要辩证地灵活地看待。如果认为只要从一个人的眼睛里、言语里就能全部考察出一个人的好坏来，那恐怕未必吧！如果照此办理，那么上级领导要考察、提拔干部，只要听他的言语、看他的眼睛就行了？未必！这还需要考察他的历史、行事等等，因此孟子自己就又说过其他的知人论世，以及其他方面的考察，此要用心体察之，本书在他处也有涉及，可会观共察之。

三、孟子影响：观人法的文化现象

曾子的“目者，心之浮也”、孟子的“听其言、观其眸子”等，对后世影响巨大与深远，后来居然发展出“视瞻观人法”文化。学者邵祖平(1898—1969)《观人学》里评论曾、孟之说，曰：“此视瞻观人之始。”不过，我想还可以再追溯至孔子那里的。

同时，邵祖平又指出：“然《左氏传》(《左传·成公十六年》)载，单襄公见晋厉公视远(看得远)步高(步子高)，谓晋(晋国)将有乱；(又《左传·昭公十一年》载)周单子会于戚(在戚地与诸侯会见)，视下(视线朝下)言徐(说话徐缓)。晋(晋国)叔向论(论定)其将死，则曾(子)、孟(子)之前，固(本来)有以视瞻观人吉凶矣。”若照此说，那么孟子智慧不仅吸纳于孔子、曾子等儒家，还将历史上的智慧汇合而成。

《观人学》又说：“晋阮籍(魏晋文学家)能为(作出)青(眼)白眼，礼法之士(遵守礼法的人士，因遭受他的白眼)至欲仇杀之；宋(南朝宋)刘裕(开国之君)视瞻非常(不寻常)，桓玄妻知其将兴；隋末李密(曾为瓦岗军主帅、封魏国公等)自儿时即顾(回头看)眄(miàn，斜着看；顾眄，顾盼之意)异常，(隋)炀帝不敢令其宿卫(担任寝宫的护卫)；宋王安石视物如射(利箭射靶那样)，敢当天下(担当大任)；蔡京(宋代，曾居相位，又被称为‘六贼’之首)目精(双目精光)过人，视日不瞬(直视太阳不眨眼)，陈瓘(guàn，宋代官员，有《了斋集》）知其必为巨奸。此皆寻常见于史传者，足征视瞻观人之效矣。”——这里举出一系列人们熟悉的历史人物，以例证明视瞻观人法是有效验的。

关于视瞻观人法，《观人法》又细分为七类：

1. 视远。此如上文之例，晋厉公“视远步高”。

2. 视下。此如上文之例，周单子“视下言徐”。

3. 倾视。此如《曲礼》曰：“凡视，上于面（视线高于面部）则敖（通‘傲’，傲慢），下于带（视线低于衣服腰带）则忧，倾（视线倾斜）则奸。”又吕东莱云：“视流（流转不定）则容侧（面容倾侧），必有不正之心存乎胸中矣。”

4. 雌视。《唐子》：“雄声（雄性、男性声音）而雌视（雌性、女性看人的神态）者，虚伪人也。”（按：雌视。即《吕览》所谓“烟视”，妇人之视态也。）

5. 偷视。人之显过（明显的过失）。见《人谱类记·定命篇》中。

6. 邪视。人之显过。见《人谱类记·定命篇》中。

7. 视非礼。人之显过。见《人谱类记·定命篇》中。

《观人学》有概括说：“紃（xún，同‘循’，循序）察各目（指上面七条目），视远者心有异志，必取祸；视下者守气已尽，自然致死；丈夫（男子）而妇人视者，其性虚伪；而偷视、邪视、倾视、视非礼者，决非秉礼之徒，或怀作慝（tè，邪恶、恶念）之心者也。至于溥遍（普遍）观察，具必然之数（规律）者；视瞻非常，目精烂然（有光芒）者，必为豪杰；视瞻凝重者，目精了然者，必为贤良；视瞻闪（闪烁）忍（压抑），目精灼（灼灼逼人）然者，必为小人；视瞻蒿（hāo）乱（像蒿草一样散乱）者，目精瞠（tǎng）然（瞠目而视的样子）者，必为庸夫。要亦不易之理也。”

《观人学》还载有视瞻君子小人之法，取自《檀几丛书》里的清代学者宋瑾《古观人法》：“视瞻尊严，气静神凝，望之俨（yǎn）然（庄重的样子）可畏，即之（接近他）蔼然可亲者，是上位之君子也。视瞻平正，神气冲和（冲淡平和），殷然（恳切的样子）如有虑（忧虑），抑然（压抑的样子）如不胜，挺然（挺拔的样子）汙（wū）淖（nào，泥潭）之中，淡然世俗之外者，在下位之君子也。眼光闪烁，气宇深沈，太和（和悦）之泽（神色）少舒（很少舒展），肃杀之机（气机）时（时常）露者，在上位之小人也。视瞻不常（正常），神气散乱，远之无可观型（仪态），近之无可矜式（效法），在下位之小人也。”

今天看来，这些“视瞻观人法”其中确实有不少是陈腐的、甚至腐朽的内容，因此也要有孟子之智慧，即其所谓的“尽信书，不如无书”，尽信之则为蠢者。然而，其中也有可以借鉴的地方，因为古今人心有其共通的地方，而人之内心与言语、眸子的表露情况，古今也有其相类似的方面。如此说来，那么智慧者也就可以从里面批判吸收之，从而生发出新的智慧来！

孟子交友之道的智慧

交友之道，是古代伦理的重要一道，在今天乃至将来都是人际交往的重要一维。《论语》里记载有许多精彩的论说，孟子继之又有丰富睿智的阐述。

一、交友：友德·不挟

《万章下》（10.3）记载，弟子万章曾问曰："敢问友。"请问怎样交友？什么是交友的原则？孟子则详尽地做出了解答，其中的主要内容与智慧，有数端可注意：

1. 交友：友其德，不可以有挟

孟子曰："不挟（xié）长，不挟贵，不挟兄弟而友。友也者，友其德也，不可以有挟也。"

（1）孟子指出交友的"三不挟"。——所谓"挟"，指夹持、挟制，这里是依仗、仗恃的意思，也就是不依仗挟持那些自以为可以傲人的东西。"不挟长"，是自己虽是年长者，然而面对年少者去交友，不可挟持自己的年长而凌驾于年少者。"不挟贵"，是自己虽是尊贵者，然而面对低贱者去交友，不可挟持自己的尊贵而凌驾于低贱者。"不挟兄弟而友"，自己虽有很多的兄弟，然而面对寡弱者去交友，不可挟持自己的兄弟之盛多而凌驾于寡弱者。

（2）孟子指出交友的"友也者，友其德也"。——交友的正道是因其品德、道义、学问而结交为友，是要以自己的德去结交友人的德，以友人的德来辅助自己的德。交友的目的就是从对方那里得到借鉴帮助，有所汲取，有所匡正，从而助成自己与友人的进步，成就自我与他人的德业。如曾子曰："君子以文会友，以友辅仁。"（《论语·颜渊》）既然如此，当然"不可以有挟也"，而应该虚怀、谦下、戒骄、去矜，平等相待相处。试想，处处从自己的长处、优势出发，居高临下地傲视他人，如此去交友交游，他人愿意与你结交，或真心交往吗？这是绝不可能有真朋友、长久的朋友的！

孔子因"温良恭俭让"，而使得他的朋友遍天下；"有朋自远方来，不亦乐乎"，这真实地抒写了因交友而带来的人生的快乐。孔子又赞扬晏子，"晏平仲善与人交，久而敬之"，这是又一个善于交友的典范！（详见笔者《论语智慧》之书）孔子也罢、晏子也罢，他们都是巅峰式的人物，无论智慧、身份、声誉都是佼佼者、赫赫者，不是一般人所能比拟的，竟然达到如此的境界。其中的智慧都体现了孟子所说的“友也者，友其德也”，也都告诫人们“不可以有挟也”。这些榜样所具有的力量与智慧是不竭不尽的！

二、反思历史智慧

孟子为了说清楚交友的这一理念与智慧，特地举出不少的例证，且逐一进层展开。

1. 大夫孟献子交友之范例

孟子说：“孟献子，百乘之家（卿大夫统治的地方，也即采地，称为家）也，有友五人焉：乐正裘、牧仲，其三人则予忘之矣。献子之与此五人者友也，无献子之家者也。此五人者，亦有献子之家，则不与之友矣。”孟献子，即鲁国的大夫仲孙蔑，拥有一百辆车马，位势显赫，当时他有五个友人。其中一个是乐正裘，一个是牧仲，其余三人，则孟子忘记名字了。孟献子与此五人交友，没有自己是大夫的想法，而是以道义去交友。反过来说，如果这五人心里有了孟献子是位大夫的想法，那么也不会与他交友了。正因为在孟献子一方不挟恃己贵，友其五人之德；而五人也不把孟献子的显贵放在眼里心里，同样友其人之德，因此他们的交友得到世人的赞扬。确实，要做到交友的“三不挟”，固然不容易，然而此中又以“不挟贵”的交友为最难，孟献子做到了，孟子赞扬了他。

2. 小国国君交友之范例

孟子又进层说：“非惟百乘之家为然也，虽小国之君亦有之。费惠公曰：‘吾于子思，则师之矣；吾于颜般，则友之矣；王顺、长息则事我者也。’”不仅只是拥有百辆车马的大夫能这样，虽即小国国君也有这样的情况。比如春秋时期的小国费国，国君惠公说：我对于子思，则看作老师；对于颜般（《汉书·古今人表》作颜敢），则看做朋友；对于王顺（《汉书·古今人表》作王慎）、长息（曾子有弟子公明高，公明高弟子为长息）那样的人，则看做服侍我的人。这是“不挟贵”而友的又一维度的智慧，即也有区分的，

3. 大国国君交友之范例

孟子再进层解说：“非惟小国之君为然也，虽大国之君亦有之。晋平公之于亥唐也，入云则入，坐云则坐，食云则食。虽疏食菜羹，未尝不饱，盖不敢不饱也。然终于此而已矣。弗与共天位也，弗与治天职也，弗与食天禄也，士之尊贤者也，非王公之尊贤也。”不仅只是小国国君这样，虽即大国国君亦有这样交友的。晋平公（姓姬名彪）对待隐居在国内陋巷的贤人亥唐就是这样的。晋平公因向慕而去见亥唐，亥唐说进来吧，晋平公则进入；亥唐说坐吧，晋平公则坐；亥唐说吃吧，

晋平公则吃，虽是粗糙饭食与蔬菜之羹，遵从贤者之命，晋平公也从来没有不吃饱，因为不敢不吃饱。然而也仅仅终止于此罢了。不与他共有官位，不与他同治政事，不与他同享受爵禄，这只是士人尊重贤人的做法，而不是王公尊重贤人的做法。

4. 天子交友之典范

再作进层解说，孟子曰："舜尚（上）见（拜见）帝，帝馆（住宿）甥（指女婿，尧曾将二女嫁给舜）于贰室（指副宫），亦飨舜，迭（交替、轮流）为宾主，是天子而友匹夫（普通的平民）也。用（以）下敬上，谓之贵贵；用（以）上敬下，谓之尊贤。贵贵、尊贤，其义一也。"舜曾拜谒尧帝，尧帝将这位女婿安排住副宫，且亦宴请舜，舜也不时请舜过来，两人轮流或作宾或作主。这是天子与平民交友的例证。孟子还告诉万章：以下敬上，称为贵重贵人；以上敬下，称为尊重贤人。贵重贵人、尊重贤人，其道义是一样的。

关于此章，张居正有个评论也可一读："孟子此章，因论朋友，遂及于君臣。盖君、臣、朋友，皆以义合者也，义合则从，不合则去，故定交甚难，而全交为尤难。止于定交而已，如献子于五人，惠公于颜般，平公于亥唐。能不挟者，皆可以得友，必欲心孚意契，终始相敬。以全其交，则必如尧之于舜，元首股肱，赓歌喜起于一堂，而后可以言泰交之盛，此则非有任贤勿贰之心者不能，不但不挟其贵而已。"——交友在于"义合"，"定交"难，"全交"更难，"不挟"可以交友，而"泰交"则不仅止于"不挟贵"了。此解读扩充了内涵，且颇有深度。

三、与优秀者交友：乡·国·天下

关于交友，孟子还谓万章曰："一乡之善士，斯友一乡之善士；一国之善士，斯友一国之善士；天下之善士，斯友天下之善士。"（《万章下》10.8）"善"，这里指优秀的意思。这是说，作为一乡的优秀人物，那么会与一乡的优秀人物交友；作为一国的优秀人物，那么会与一国的优秀人物交友；作为天下的优秀人物，那么就会与天下的优秀人物交友。

尧

孟子指出只有自己先"善"，先成为"善士"，即优秀人物，才能结交其他的优秀人物。这里又显示了“善士”的层级，由乡提升至于国之层级，由国提升至于天下之层级。人欲交善友而获益，必定先当从自己做起，自我精进于至善之路而不懈，在我则善之愈广，那么所结交的善士则愈卓越，愈广泛，受益愈多！

四、尚友古人：取友于历史人物

孟子又提升一层级，对万章教导说：“以友天下之善士为未足，又尚论古之人。颂其诗，读其书，不知其人可乎？是以论其世也。是尚友也。”（《万章下》10.8）

这里要说孟子智慧两端：其一，孟子认为，“以友天下之善士为未足”。这就是，一个人即使能与当代的最高层次的天下“善士”交朋友，那还是不够。虽然能做到这一点已经是非常了不起了，已经最广泛地汲取了“天下之善士”之善，然而孟子认为还未尽善尽美。因为这还仅仅局限于当下的时空，然而作为杰出者还得打破眼下的时空局限，把视野拓展，进入历史的更广阔的时间与空间中去。

其二，孟子提出要穿越时空，更广泛地与古人交友。孟子主张“又尚论古人”，“是尚友也”。“尚论”，就是上论，也就是向上追论。“尚论古人”，就是向上追论古人。“尚友”，向上与古人为友，就是追溯历史与古人交友。

如果善于与优秀的历史人物做“忘年交”，与古代无数的圣者、贤者、善者相知相交，那么交友的层次会提升到更高的层面，其自我取资的范围更广阔，自己所获的收益更优渥。因为古代的优秀人物在各个时代累积了丰厚的德行、宏富的道义，无以计量的智慧。这就不仅要“颂其诗，读其书”，还要“知其人”，“论其世”。这一“知人论世”的智慧，此可再参见后文深论。

孟子将交友的问题，说得如此深刻，层次如此分明，并作出递进式的引领，由等而下之，渐进于等而上之，再进至于至高处，把人们的眼界、心胸、智慧一层一层地提升，最后伫立在最高端，真是眼前一览众山小，胸中豪情澎湃激荡！回眸孟子，他就是这样说的，也就是这样做的。他不就是身居千载之下，而心乎千载之上？他言必称尧舜，又以孔子的继承人自命，不就是一种最诚挚的“尚论”、“尚友”的行动吗？！

孟子论耻与顾炎武《廉耻》

儒家重视“耻”与“耻育”的问题，孔子倡导在前，孟子继承弘扬在后。孟子论耻的文字表面上似并不多，但意蕴十分丰富，给后人留下了许多智慧。后来明清之际顾炎武有感于孔子、孟子等论耻的主题，撰写了名文《廉耻》篇，廉耻的问题也更加深入人心。

一、孟子论耻

孔子论耻特别强调“行己有耻”（《论语·子路》），主张“道之以德，齐之以礼，有耻且格”（《论语·为政》）等等，笔者《论语智慧》已有详论可参见。《大戴礼记·曾子制言上》：“君子不贵兴道之士，而贵有耻之士也。”“夫有耻之士，富而不以道则耻之，贫而不以道则耻之。”《中庸》：“知耻近乎勇。”《礼记·杂记下》：“君子有五耻：居其位无其言，君子耻之；有其言无其行，君子耻之；既得之而又失之，君子耻之；地有余而民不足，君子耻之；众寡均而倍焉，君子耻之。”如此等等，此足见儒家重视“耻”，且是一种传统的接续与弘扬。

孟子论耻，则又有新的发展。最为警策之言，是孟子曰：“人不可以无耻，无耻之耻，无耻矣。”（《尽心上》13.6）人不可以没有羞耻，不知道羞耻的那种羞耻，就真是没有羞耻了。（或另一种解释：人不可以不知羞耻，从不知道羞耻到知道羞耻，那就可以避免羞耻了！）

羞耻之心，人当有之，这就是指道德、礼仪等方面的耻辱感。知道羞耻的人，他会知道是非之分、好坏之别、善恶之辨，真伪之析、优劣之异。然而一旦“无耻”了，丧失了羞耻之心，那么为非作歹不以为耻、巧取豪夺不以为耻、贪污腐化不以为耻、伤风败俗不以为耻、伪劣假冒不为耻，如此等等，那就是“恬不知耻”。如果人已如此“无耻”，却居然就以“无耻”自待、自处、自赏，那么人们也就以“无耻之徒”来鄙视他、憎恨他、厌恶他。人若到了“无耻”的这等可耻的地步，对“耻”完全冷漠、麻木了，已经没有耻辱感，这种“耻”那真是太“无耻”了！这就是“无耻之耻，无耻矣”的意思了。因此人不可以“无耻”，若能知道“无耻”是“可耻”的，内有愧疚之心，外有改过之行，那么就不会蒙受耻辱。如此可见，因其有羞耻之心，从而无有羞耻蒙受；因其没有羞耻之心，便会蒙受耻辱！

孟子又曰：“耻之于人大矣，为机变之巧者，无所用耻焉。不耻不若人，何若人有？”（《尽心上》13.7）羞耻之心对于人来说是关系重大的。有羞耻之心才是人，一旦没有了羞耻之心那就似禽兽一般了。那些“为机变之巧者”，即玩弄机巧诈变、阴暗奸险之人，压根儿就用不着有羞耻之心，因为已经没有地方用得上羞耻心了。他们干无耻的事情，却不认为不如别人而可耻，既然如此，那么又如何能赶得上别人呢？

孟子又曰：“故声闻过情，君子耻之。”（《离娄下》8.18）这是说，所以声望和名誉超过了实际情况的，君子以为可耻。因为名不符实，是徒有虚名，虽或能掩饰一时，然而终究必会露底，君子耻之不是很正确的吗？

孟子又曰：“位卑而言高，罪也；立乎人之本朝，而道不行，耻也。”（《万章下》10.5）地位低下而议论朝政，是有罪的，因为越职侵权了，此为出位之罪。身立在朝廷上做官，而其道不能推行，是可耻的，因为他怠事渎职了，此为尸位素餐之耻。

二、读思：顾炎武《廉耻》名文

孟子的这些名言警句对后人的教育与启迪很大，顾炎武的名文《廉耻》其中就有进一步的解读。

顾炎武（1613—1682）之论耻，说：“士而不先言耻，则为无本之人。”（《与友人论学书》）他已经把“耻”看成做人的一个根本、立足之本了。顾炎武又说：“士大夫之无耻，是谓国耻。”韦政通评说：“一般人不知耻，不过是单纯的品德上的问题，为害尚小。知识分子如果无耻，尤其是当权的知识分子无耻，则其害甚大，往往足以误国误民。历史上其例甚多。顾亭林曾说：‘士大夫之无耻，是谓国耻。’真是痛心之言。”（《中国哲学辞典》）这可以在历史上找到无数的例证。

顾炎武

顾炎武有论耻名文《廉耻》篇，见诸《日知录》，将孔子与孟子的理念再加诠释与拓展。此传世名文，影响极其深远，也值得为今人介绍解读。其原文如下——

《五代史·冯道传论》：“礼义廉耻，国之四维（纲维、法度）；四维不张，国乃灭亡。善乎！管生（管仲）之能言也。礼义，治人之大法；廉耻，立人之大节。盖不廉则无所不取，不耻则无所不为。人而如此，则祸败乱亡亦无所不至。况为大臣，而无所不取，无所不为，则天下其有不乱，国家其有不亡者乎？”

然而四者之中，耻尤为要。故夫子（孔子）之论士，曰“行己有耻”；孟子曰“人不可以无耻，无耻之耻，无耻矣”，又曰“耻之于人大矣，为机变之巧者，无所用耻焉”。所以然者，人之不廉而至于悖礼犯义，其原皆生于无耻也，故士大夫之无耻，是谓国耻。

吾观三代以下，世道衰，弃礼义，捐（抛弃）廉耻，非一朝一夕之故。然而松柏后凋于岁寒，鸡鸣不已于风雨，彼昏之日，固未尝无独醒之人也。

顷读《颜氏家训》，有云："齐朝一士夫尝谓吾曰：'我有一儿，年已十七，颇晓书疏，教其鲜卑语及弹琵琶，稍欲通解。以此伏事公卿，无不宠爱。'吾时（当时）而俯（低头）而不答。异哉（令人诧异啊），此人之教子也！若由此业自致卿相（如果由这样的职业，即使能当上公卿宰相），亦不愿汝曹为之（我也不愿意让你们儿辈去干这事的）。嗟乎，（颜）之推不得已而仕于乱世，犹为此言，尚有《小宛》诗人之意。彼（指那位齐朝的士夫）阉（yān）然（曲意奉承的样子）媚（献媚）于世者，能无愧哉？"

罗仲素曰："教化者，朝廷之先务；廉耻者，士人之美节；风俗者，天下之大事。朝廷有教化，则士人有廉耻；士人有廉耻，则天下有风俗。"

古人治军之道，未有不本于廉耻者。《吴子》曰："凡制国治军，必教之以礼，励之以义，使有耻也。夫人有耻，在大足以战，在小足以守矣。"《尉缭子》言："国必有慈孝廉耻之俗，则可以死易生。"而太公对武王："将（将领）有三胜：一曰礼将（指遵守军中礼仪之将领），二曰力将（遇险阻必亲自出力之将领），三曰止欲将（亲身抑制欲望之将领）。"故礼者所以班（次，位次）朝（整肃朝班）治军，而《兔罝》之武夫皆本于文王后妃之化，岂有淫（过分）刍荛（割草采薪），窃牛马，而为暴于百姓者哉。

《后汉书》："张奂为安定属国都尉，羌豪帅感奂（张奂）恩德，上马二十匹，先零酋长又遗（wèi，赠送）金鐻（jù，古乐器）八枚。奂（张奂）并受之，而召主簿于诸羌前，以酒酹（lèi，把酒浇在地上表示祭奠）地曰：'使马如羊，不以入厩；使金如粟，不以入怀。'悉以金、马还之。羌性贪而贵吏清，前有八都尉，率（一概）好财货，为所患苦，及奂（张奂）正身洁己，威化大行。"呜呼，自古以来，边事之败，有不始于贪求者哉？吾于辽东之事有感。

杜子美诗："安得廉颇将，三军同晏（平静、安定）眠。"（一本作"廉耻将"，诗人之意未必及此）然吾观《唐书》言，王佖（bì）为武灵节度使。先是，吐蕃欲成乌兰桥，每于河壖先贮材木，皆为节帅遣人潜载之，委于河流，终莫能成。蕃人知佖（王佖）贪而无谋，先厚遗之，然后并役成桥，乃筑月城守之。自是朔方御寇不暇，至今为患，由佖（王佖）之黩货（指贪财）也。故贪夫为帅，而边城晚开。得此意者，郢书燕说，或可以治国乎？

此名文，文字深奥，用典颇多，不易普及，因此我再稍作解读，或许可以让人汲取更多的智慧。

第一段，顾炎武文一开头，引用《五代史·冯道传论》之文。管仲曾说：礼义廉耻，是国家之四个纲维，四纲维不张，国家就灭亡。管仲之言讲得真好！礼义，是治人的大法；廉耻，是立人的大节。人不廉洁则会无所不取，不知耻则会无所不为。如果人们是这样，那么祸败乱亡也就无所不至；何况作为大臣，而去无所不取，无所不为，那么天下还有不乱、国家还有不亡的吗？这里提到的冯道(882—954)，是五代之人，曾居五朝（后唐、后晋、契丹、后汉、后周）相位。他曾组织在国子监内校定《九经》，并雕版印行，这便是“五代监本”，官府大规模校刻书籍开始于此。

第二段，顾炎武又进一步揭出，礼义廉耻四者之中，耻最为关键。接着列举孔子与孟子注重于“耻”的语录。再揭出社会中，人们之所以不廉洁，甚至于悖反礼仪、违犯道义，寻找其中的根本原因都是从无耻里生发出来的！如果无耻则不能算是人，如果士大夫，这些社会的精英与为政者而无耻，那么这就是国耻了！“故士大夫之无耻，是谓国耻”，这是何等震撼人心的话语！这不仅是顾炎武个人，也是历朝社会与民众的激愤而又诚挚的呼告吧！

关于“廉易而耻难”的解读，清代黄汝成《日知录集释》里引有一注释也值得一读，阎氏曰：“今人动称廉耻，其实廉易而耻难。如公孙弘布被脱粟，不可谓不廉，而曲学阿世，何无耻也！冯道刻苦俭约，不可谓不廉，而更事四姓十君，何无耻之甚也！盖廉乃立身之一节，而耻乃根心之大德，故廉尚可矫，而耻不容伪。”公孙弘（前200—前121），西汉人，曾任过丞相，生活节俭，俸禄皆施予故人宾客，家无余财。但还是被人评其为“曲学阿世”，此指歪曲学术思想，或学些歪门邪道的东西，以迎合世俗之喜好。这是“何其无耻”！再如，冯道刻苦俭约，不可谓不廉，但是五朝为相，“更（变更、交替）事（侍奉）四姓十君”。这是“何无耻之甚也”！这些历史上的能廉而不知耻的人物，说明“廉易而耻难”。不过，我想还有更甚者，那就是连廉都没有了，世上少廉无耻的人尤为可悲，然而无论历史上，还是现实生活里均有不少这样的人！

第三段，顾炎武指出，世道衰微，世俗混浊，“弃礼义”“捐廉耻”，是积久难纠，积重难返，但总还会有“独醒之人”的。这就是像《论语·子罕篇》所说：“岁寒然后知松柏之后雕（凋）也”，也像《诗经·郑风·风雨》所说：“风雨如晦，鸡鸣不已。”

第四段，顾炎武又举出北齐颜之推的例子。颜之推（531—约590后），因著《颜氏家训》而名垂千秋。他一生经历乱世，从北方来看，如北齐代东魏，北周代西魏、北周灭北齐，隋代北周等世变。从南方来看，经历了梁、陈政权的更替，发生过侯景之乱、西魏陷江陵、隋朝灭陈等大事。颜之推身处乱世，曾不得已而出仕于梁、北齐、北周、隋等。《颜氏家训》所载齐朝一个士大夫教育子女，学些小技艺去献媚取宠，这就是一种“无耻”之举。因此顾炎武感叹地说：颜之推不得已而仕于乱世，尚且还有此等言论。再说《诗经·小雅·小宛》那诗，是写遭乱畏祸时，兄弟互相告戒之意。然而作为齐朝的士夫却阉然媚于世者，能无愧哉？孟子又有说：“阉然媚于世也者，是乡原也。”（《尽心下》14.37）顾炎武在《与人书》也自云：“某虽学问浅陋，而胸中磊磊，绝无阉然媚世之习。”

第五段，顾炎武又再引用罗仲素之警言来点醒之。罗从彦（1072—1135），字仲素，北宋末学者，其师是杨时。杨时又是程颐、程颢的弟子，杨时传至罗从彦，罗从彦后来又传至李侗，李侗再传至于朱熹。我想，罗仲素的这段话，顾炎武运用得很恰当。天下风俗之所以不洁不净，不纯不厚，是因为天下人不知道廉耻，尤其可畏的竟然是恬不知耻，如此也可悟社会的教化、舆论的导向是何等重要与必要！

第六段，从这段至结尾，顾炎武又专门转向治军之维度来论说“廉耻”问题，因为军队对于国家是太重要了。古人治军之道，没有不重视廉耻问题的，如《吴子》、《尉缭子》以及传诵的姜太公对武王之教诲（此出自《六韬·励军》）等是如此。再如，礼是用来分置位次整肃朝纲的，治军则应该像《兔罝》所说的不能贪婪地对老百姓掠夺施暴。

第七段，顾炎武又举出一个例子，再来申足旨意。后汉边将在张奂之前的有八个都尉，一律贪财而受贿，但是张奂却拒贿，将全部金、马归还，因为正身洁己，所以威望大振，感化大行。

第八段，用杜甫诗句来解说，又举出唐代节度使王佖因“黩货”，即贪污财物，结果造成边患之史实，说明“贪夫为帅”，军队不能治理。又点明士大夫无耻，那么怎能治国呢？最后用了“郢书燕说”之典故来作为典型，此出自《韩非子·外储说左上》。“郢书”，郢国有人在写给燕国之相的书信上误写了“举烛”两字，而燕相读了书信后很高兴，这就是“燕说（悦）”，因为他认为“举烛者，尚明也；尚明也者，举贤而任之”，最后推荐人才，燕国大治。后来喻指曲解原意，以讹传讹。然而似是顾炎武的自谦之言了，但实质上是希望世人千万不要把他的这一番话看轻了。

记起顾炎武曾说：“君子之为学也，非利己而已也，有明道淑人之心，有拨乱反正之事。”（《与潘次耕》）顾炎武是这样说的，也是这样做的。他一生浩然正气，参加复社、立志为经世致用之学、起兵抗清、被告密入狱、获释后仍拒绝为清廷修“明史”、晚年定居华阴，还有“老年犹自望河清”的诗句，表示抗清之志不衰。这也成了他倡导的“天下兴亡匹夫有责”的写照了！

写到这里心潮还在起伏，尚不能自已，耳畔又响起激越的声音。梁启超曾写过一篇《知耻学会叙》（《饮冰室合集》文集之二）专门论说了“耻”，其中疾声呼告：“《春秋》曰：‘蒙大辱以生者，毋宁死。’（《春秋繁露·竹林篇》）痛乎哉！以吾中国四万万戴天履地含生负气之众、轩辕之胤、仲尼之徒、尧舜文王之民，乃伈伈（xǐn，恐惧的样子）俔俔（xiàn，怯懦的样子），忍尤攘垢，靦然为臣为妾、为奴为隶、为牛为马于他族，以偷余命而保残喘也。《记》曰：‘哀莫大于心死。’心死者，诟之而不闻，曳之而不动，唾之而不怒，役之而不惭，刲（kuī，刺、割）之而不痛，縻（束缚）之而不觉。此其术也，自老氏言之，谓之至道（姚按，梁启超此说并不正确、未必公允），而自孔子、孟子言之，谓之无耻。”梁启超还历数当时社会的朝廷之无耻、官之无耻、士之无耻、商之无耻、兵之无耻、民之无耻等。最后他说：“愿吾侪（chái，同辈、同类人）自耻其耻，无责人之耻。贤者耻大，不贤耻小，人人耻其耻而天下平。自讳其耻，时曰无耻。自诵其耻，时曰知耻。启超请诵耻以倡于天下。呜呼，圣教不明，民贼不息，太平之治不进，大同之象不成，斯则启超之耻也！”——今日读来，还能想见当时的种种无耻以及方方面面的无数的无耻之徒！喜看今朝，中国人民早已雄赳赳地挺立在世界上了，梁启超那时代的民族屈辱的种种可耻早已荡涤而除了！然而，世界上、社会上却还有好多无耻、可耻的事情不断出现，或屡屡发生在身边，或频频见诸媒体报道，因此孟子的耻育理念与智慧依旧如此需要古为今用、传播弘扬，而那些先行者的呼告声也当常常重温之、永志之！

说廉耻：商业巨子之智慧

荣德生（1875—1952），是荣毅仁之父，是一位商业巨子，极重儒家之道，被世人尊称为“商而儒者也”。他常将孔子、孟子的理念用在经商、家教、办学、公益等方面，获得巨大的成功，且事业与家庭两兴旺。

我曾参观过无锡荣家旧居荣巷，在住房的二楼就有一间是安排钱穆住的，当初钱穆在荣家创办的江南大学任教，荣德生经常与钱穆交谈于此，大约彼此都会获益良多。今日无锡的梅园，曾是荣家私人花园，后来捐献给国家，我也常流连于此，特别是这里有豁然洞，即荣家子弟在此读书、修养的所在。我常想，荣德生及其家族事业的成功，其中获得一处优渥源泉的汩汩滋养与灌溉，那便是儒学。孔子与孟子的那种理念与智慧，使得他们受益良多。

荣德生曾说："孝、悌、忠、信、礼、义、廉、耻，八者之中，耻为最要。天下惟无耻之人，不可以理谕（明白），不可以情劝。孟子曰：'不耻不若人，何若人有？'（《尽心上》13.7）言不以不若人为耻，则终身不若人矣。《诗》有之曰：'人而无耻，胡不遄（chuǎn，快、迅速）死。'其深恶痛绝又如此。盖惟无耻之人，习为不孝、不悌、不忠、不信、无礼、无义、不廉之事，绝不知耻。如其知耻，犹可改行，无耻则永堕泥犁，而不复起，此之谓不自爱。聚多数不自爱之人，诩诩焉（说大话、夸耀的样子）言爱国，语将谁欺！故欲爱国，先自爱；欲自爱，先知耻。知耻则不孝、不悌、不忠、不信、无礼、无义、不廉之事，俱不屑为。"（《荣德生文集》，上海古籍出版社，下面引文均出自此书）

荣德生论"耻"有不少内容，以自己体悟、阅历，对孟子儒家之说颇有心得，今人读来依然亲有味，且可借鉴之，这里略加引述。

一、论耻

耻之义寓于字体。"耻"字，又作"恥"，荣德生先分析字的结构与字义：耻是会意字，从耳、从心；一曰耻生于心，其动机在耳，耳闻过失，心即自愧；一曰凡人心惭，则耳热面赤。两说皆可通，于此知古人造字之妙。耻意全在虚处，只一心字，一耳字，描摹已尽。舍此二字，将何从形容耶！

耻之性根于天良。荣德生引孟子曰："耻之于人大矣。"朱子注："耻者，人所固有之善性也。耻之则入于圣贤，不耻则近于禽兽，故所系为甚大。"此言人受于天之性，本有知耻之良能，不学而能者也。由知耻而穷其量，凡可耻之一言一动，能禁绝之，则入于圣贤不难矣。由无耻而穷其量，凡天下可耻之事，均愿为之，则去于禽兽不远矣。以是知人禽之界，即在有耻、无耻之分，故曰系于人者甚大。（同上书）

二、无耻之各种原因

有因习惯而亡其耻者。荣德生说：凡人耳闻目见可耻之事，如淫戏、淫画之类，初见初闻，必羞忿以为不可。及至到处所闻皆是，到处所见皆是，则恬（满不在乎）不为怪，而不觉其可耻。其所以成此习惯者，恶俗害之也。是故今人之时尚，直为造成无耻之恶俗。

有因习染而亡其耻者。荣德生说：人当游学之年，势不能杜门不出。有小人为之媒孽，先之以酒食征逐，继之以狭斜冶游，扑朔迷离，不知羞耻为何物。往时循谨之士，一变而为佻（轻佻、轻浮）薄，此少年斲性之场，方自谓入时而不稍悟。是故朋辈之盲从，正为无耻之导线。

有因俗学而亡其耻者。荣德生说：男女避嫌，我国四千年来相传之礼教，下至野夫村妇，莫不知之。古昔圣人之教泽，入人深也。近有一种新流行之学说，谓男女社交须公开，无庸（不用）避嫌。不知公开云者，原取磊落光明之义。若男女混杂，戏谑不禁，虽祇（zhǐ，仅、只）脱略形迹，而旁人侧目，阴议其非。此其不知远嫌，正所以犯嫌者，学说误之也。

有因便利而亡其耻者。荣德生说：男女之防闲，在昔习为拘谨，见闻虽隘，而行止无亏。近自商场广阔，各种游玩栖息之所，引人入胜。有游戏场以便约会，有番菜（西餐的旧称）馆以便夜饮，有大旅社以便栖止，风流放诞，脱尽牢笼，知耻二字，遂不值通人一笑，是故便利之所在，直（只是）为无耻之陷阱。

有因穷迫而亡其耻者。荣德生说：渴死不饮盗泉，饿死不食嗟来之食者，此惟有志之士则然。至于失业无依之人，平时既不立志，悠悠忽忽，生行索然，一旦穷途，为贼为娼而不知耻，此非一朝一夕之故。其至此之由，多因不务正业，沾染嗜好，而总误于平时不立志。是故无志之人，必以无耻为归壑。

有耻已亡而未尽亡者。荣德生说：尝（曾）见在洋场御人力车者，貌癯（瘦）而色白，敝（坏、破旧）絮半臂，尚是丝织品，不类（类似）役夫。谛（仔细）视之，则以袂（袖子）蒙面，曳（拖、拉）车而去，若恐有熟人认识者，此其羞耻之心未尽亡也。然若与之钱，劝其改业，则消耗尽而困如故。是故虽有一隙之明，不足为无耻之转柁（船舵）。（同上书）

三、有耻之各种效力

有耻则志向自高。荣德生说：日与庸俗人为群，不自振拔，求展其高掌远跖之能，此随波逐流者，所以不克（能）出人头地也。惟能耸身一想，耻居人下，如鹤之翔乎天半，不与鸡同群，如鸿之游乎广漠，不与鹜（鸭子）争食。有此奋迅，然后能自远于流俗。

这里的“高掌远跖”，原出张衡《西京赋》：“缀以二华，巨灵赑屃，高掌远跖，以流河曲。”“巨灵”，指伟大的黄河之神。“赑屃（bì xì）”，此指用伟力。“掌”，手掌；“跖（zhí）”，脚掌。古代神话传说，“二华”即太华山、少华山，原本二山为一山，黄河流过这里，要弯曲而流。河神用手掌从山的上面分擘开来，用脚踹裂下面，中间一分为二，黄河从中间流过。“高掌远跖”，后比喻开拓、开辟的意思。如茅盾《子夜》：“外国的企业家果然有高掌远跖的气魄和铁一样的手腕。”

有耻则德修渐进。荣德生说：严师督责，可暂（短暂）而不可常；良友箴规，能劝而不能强。药石之言，入于无耻者之耳，不以为爱己，反以为谤己矣。惟能自提其觉悟之诚，见得人为我耻，我犹不自耻，我将何以为人？有此愧厉，然后能渐进于德修。

有耻则愆尤可改。荣德生说：公庭对簿，惧而承招，非不懔从也。法网森严，犯之无赦，非不惕服也。然而刑驱势迫，革其面不能革其心。惟直见得我有不是之处，上无以对祖先，可耻也；下无以示子孙，可耻也。我不自耻，人将耻于我为群。有此决心，然后能改过而迁善。

有耻则功业可图。荣德生说：苏秦耻为妻嫂所轻，而发愤读书，卒以相赵。张仪耻为楚人所笞（鞭笞），而干时挟策，卒以相秦。此能雪一己之耻也。秦穆公不忘拜赐之耻，而卒以胜晋。越王勾践不忘会稽之耻，而卒以沼吴。此且能雪一国之耻也。知耻近乎勇，即此可证。故必因惭思奋，然后能建业以成名。

有耻则嗜欲可澹。荣德生说：仕宦中可耻可憎之境，不知凡几，孟子比之以墦间乞人。曾子曰：胁肩谄笑，病于夏畦，其可耻孰甚。乃入其中而不悟者，利令智昏也。一回思夫昂藏七尺，天生清白之躯，儒素一门。家有诗书之泽，何若效侯门之鹰犬，仆仆依人，作儿孙之牛马，孳孳为利，来日之追可及。平淡之气犹存，故必以膴（wǔ，美厚）仕（指高官厚禄）为可耻，然后能清心而寡欲。

有耻则名节克全。荣德生说：死难之臣，屣万钟而藐之者，耻为降虏，污史氏之笔也。死节之妇，血白刃而甘之者，耻为贼获，玷士夫之门也。惟其所重在耻，宁以一死表其心，然后能完名而全节。

荣德生还论说过“廉”。他认为廉之训为敛，廉之反为贪，廉之实为让，廉之助反俭。他还辨析过“廉之真伪”，有五种情况：(1) 有似廉而求大欲者，(2) 有假廉负盛名而卒为大奸者，(3) 有假廉结民心而覆人宗社者，(4) 有居官廉而惠及三党朋友者，(5) 有居官廉而不为子孙治产者，(6) 有廉让天下而正欲为天下得人者。

荣德生还解说“廉与耻相因之理”：人未有贪而能廉者，即未有贪而知耻者，是知贪之为害，廉与耻两失也。人未有不俭而能廉者，即未有不俭而能远耻者，是知奢之为害，廉与耻又两失也。盖贪则取数多，取数多则来历不尽分明，所以廉与耻两失也。奢则消耗甚，消耗甚则取偿不免苟且，所以廉与耻又两失也。是故贪者，廉之贼也，即无耻之使也。俭者，廉之宗也，即有耻之主也。廉与耻相因而实相济，合言之，即知足不辱之说也。不廉与无耻，亦相因而相成，合言之，即贪人败类之说也。

此外，荣德生还讲到“商之廉耻”说：“商欲兴廉，当知商人虽以营利为职志，然不可天良汩没，操纵居奇。商人原以售品为要图，然不可劣货混充，託名失实。其尤甚者，窃主东之牌号，私自营业，一遭失败，嫁祸脱身，此不廉之甚，而其居心尤在无耻。人惟无耻，所以称贱，不独商人为然。而商人近利，利令智昏，最易无耻。每见卖空买空，虚业盛而实业衰，入货出货，私囊盈而股东亏，此皆无耻之积习。须知商业自有道德，当尊重其人格，勿自处于贱也。”

如今离开荣德生那时已经有半个世纪了，科技之威力已经将人们的生活、环境等变幻得非前人所能想象出来的。然而，世界各地的媒体却依旧纷纷不断地报道着那些层出不穷的无耻之人、无耻之事、无耻之举，无耻之行，甚至也远远胜过了前人的那些无耻之举与无耻之徒。——如果起前人于地下，目睹这一切，不知又会说出些什么感想来了。如果孟子翩然来临，那么必定会说出一番惊世骇俗的话来的吧！

篇四

正能量智慧：修炼·善养·浩然之气

大丈夫：顶天立地的人格与气象

孔子最推崇君子式的人物，孟子继承之并又竭力倡导“大丈夫”之说，这在中华民族的历史上影响巨大且深远。其实在孟子之前以及其后，儒家、道家都有推崇大丈夫之赞誉。如老子说：“是以大丈夫处其厚，不居其薄；处其实，不居其华。”《韩非子·解老》：“所谓大丈夫者，谓其智之大也。”又如《文子·精诚》：“夫所谓大丈夫者，内强而外明，内强如天地，外明如日月，天地无不覆载，日月无不照明。”再如《淮南子·原道训》：“大丈夫恬然无思，澹然无虑；以天为盖，以地为舆，四时为马，阴阳为御，乘云陵霄，与造化者俱。纵志舒节，以驰大区；可以步而步，可以骤而骤。”虽然各家于“大丈夫”的具体内涵各有偏重，或指圣人，或指大智者，或指出世超人等，但是其指向杰出人格这一向度却是同一的。那么孟子的大丈夫说给人们留下什么智慧与启示呢？

一、大丈夫：孟子的尚志与胸襟

《滕文公下》(6.2）载，战国纵横家景春曾问，曰：“公孙衍、张仪（此两人皆战国著名纵横家）岂不诚（难道不确实是）大丈夫哉？一怒而诸侯惧，安居而天下熄（太平)。”这代表当时一般人认可的大丈夫，孟子却严肃地加以驳正：“是焉得为大丈夫乎！”孟子举出例子，他们两人在诸侯面前就像妇人一样谨慎地顺从，“以顺为正者，妾妇之道也”，哪里算得上是个大丈夫！

真正的大丈夫，孟子揭示曰：“居天下之广居，立天下之正位，行天下之大道。得志与民由之，不得志独行其道。富贵不能淫，贫贱不能移，威武不能屈，此之谓大丈夫。”(《滕文公下》6.2）此“大丈夫”的内涵很丰富：

1. 大丈夫的“居”、“立”、“行”

孟子说，大丈夫居住在天下最广阔的住所，那就是“仁”，这是何等的阔大！大丈夫站立在天下最正的位子上，那就是“礼”，这是何等的高卓！大丈夫行走在天下最通达的大道上，那就是“义”，这是何等的凛然！试想与世上的那些斤斤于华屋、汲汲于臣位、匆匆于利途者相比，难道这不就是大丈夫的巍巍形象？

2. 大丈夫的“得志”与“不得志”

大丈夫若能“得志”，即实现自己的志愿理想，那么“与民由之”，即与民众一起行走那样的道路。大丈夫如果“不得志”，不能实现自己的志愿理想，那么就立志“独行其道”，而毫不后悔，不失己志。

3. 大丈夫的“三不能”

大丈夫“富贵不能淫”，虽财富位贵，但不能使他迷惑。大丈夫“贫贱不能移”，虽贫穷卑贱，但不能使他改变志向。大丈夫“威武不能屈”，虽面对威势强武，但不能使他屈服。孟子说，能够具备这些，就可以称之为“大丈夫”。

其实这句话流传了千百年，中国人也都熟悉，但是《野叟曝言》有句话说得好：“‘富贵不淫’这四个字，原来如此难的！”真堪一言中的！进层再说，如“贫贱不移”、“威武不屈”这些四个字，难道不也“原来如此难的”吗？看看历史，再看看当下，就拿第一条来说，当下媒体不知报道了多少个基层至高层官员的“富贵而淫”、“富贵即淫”的丑闻！历史距离孟子时代已经又前进了千百年了，科技已经发展到可以让人飞向太空，但是人心、人的道德、人格又进步了多少呢？

二、大丈夫：巍然无畏屹立

孟子又曰：“说大人则藐之，勿视其巍巍然。堂高数仞（八尺为一仞），榱（cuī，椽子）题（tí，指屋檐的前端，即出檐）数尺，我得志弗为也；食前方丈，侍妾数百人，我得志弗为也。般乐（pán lè，游乐、玩乐）饮酒，驱骋田猎，后车千乘，我得志弗为也。在彼者皆我所不为也，在我者皆古之制也，吾何畏彼哉？”（《尽心下》14.34）这是理解孟子所说的“大丈夫”的又一切入处。

1. 大丈夫：藐视权贵之气概

大丈夫在“说大人”，也即在向王公大人们进言的时候，要藐视他们，勿要把他们的高高在上的样子放在眼里。然而当时一些游说之士，则在王公大人面前视己大卑，畏而惧之，理为势屈，言不尽意。

2. 大丈夫：得志“三弗为”

一“弗为”，那些个什么殿堂高达数仞，屋檐伸出数尺，我若得志，决不会这样做！二“弗为”，那些个什么馔食摆列在前，有方一丈之广，侍妾有数百之众，我若得志，决不会这样做！三“弗为”，那些个什么游玩饮酒，驰骋车马打猎，后车跟随着千乘之多，我若得志，决不会这样做！孟子于那些个侈靡之事、奢纵之欲、荒亡之乐，均不屑一顾，此真堪为浩然正气的大丈夫！

3. 大丈夫：分道扬镳而不畏

孟子又说，在彼者之所作所为，都是我不屑所作所为的；在我者的所作所为，都是符合古代圣贤之法制的。我为什么要畏惧彼者呢？彼者与我者，道不同；我者与彼者，不相谋；彼此分道扬镳，我不仅不畏，且藐视之，鄙视之。

张居正有评：“是时战国游士，意气非不盛，谈吐非不高，然其心只知有诸侯之尊，而多方欲中其欲，曲意以希其宠，所以到底止成就得顺从之妾妇，而孟子独能以道德自重，义命自安，其宜为狂澜之砥柱也。”（《张居正讲评〈孟子〉》）不识小丈夫，焉知大丈夫！此可见一为坚挺的大丈夫，一为顺从之妾妇；一为中流砥柱，一为狂澜翻滚；孰大孰细、孰轻孰重、孰优孰劣、孰尊孰鄙，岂非一目了然？！

三、小丈夫：孟子给予的教育

《公孙丑下》（4.12）还记载了孟子给尹士的教育，终于使他认识到自己却原来是个“小人”，是庸俗、短见、心胸狭窄的“小丈夫”。汉代王符《潜夫论·交际》就有这样的比较：“孟轲辞禄万钟，小夫贪于升食。”孟子曾辞去齐国的卿位回乡，齐王托时子传话，要用万钟之禄供养孟子及其门徒，然而被拒绝了。这就是两者的区别。

话说当初孟子离开齐国，齐人尹士对他人说：“不识（认识）王（齐王）之不可以为（成为）汤武（商汤王、周武王），则是不明（明智）也；识其不可，然（然而）且（还是）至（齐国），则是干（求取）泽（恩泽、好处）也。千里而见王（齐王），不遇（不相投合）故去（离开）。三宿（停留三夜）而后出昼（昼邑，地名），是何濡滞也（为什么滞留迟缓）？士（我尹士）则兹（于此）不悦。”高子（孟子弟子，也是齐国人）以告（以此番话转告给孟子）。

孟子说：“夫尹士恶知予（哪里了解我）哉？千里而见王，是予所欲（此是我自愿的）也；不遇（投合）故去（离开），岂予所欲（难道是我愿意的）哉？予不得已也。予三宿而出昼，于予心犹以为速（我心里还觉得太快了一点）。王庶几（或许）改之。王如改诸（改变看法），则必反予（召我返回）。夫出昼（走出昼邑）而王不予追（不追寻我）也，予然后（我这以后才）浩然（像水之流，不可停止）有归志。予虽然（这样），岂舍（难道肯舍去）王哉？王由足用（还是足够可以）为善。王如用予，则岂徒齐民安，天下之民举安。王庶几（或许会）改之！予日望之（日日期望他）！予岂若是小丈夫然哉？谏于其君而不受（不被接受）则怒，悻（xìn）悻然（怨恨恼怒的样子）见于其面（显现在脸上）。去（既然已经离去）则穷日之力（穷尽一身之力地赶路）而后宿（然后夜宿）哉？”

孟子的这番话，尹士听到后，曰：“士诚小人也！”——孟子的大丈夫襟怀，从大局出发的视野，以及对自己行为逻辑的一一剖析，无不显示出博大、真诚、睿智，完全与尹士的臆测相反，也终于感动并教育了尹士。当终于认识自己面对着的是一个真正的大丈夫时，尹士自己觉得渺小了！他忽然醒悟自责，我尹士实在是个小人啊!

这里又想起孟子对貉稽的教育。此人姓貉名稽，是位出仕之人。貉稽曰：“稽（我貉稽）大（很）不理（顺）于口（他人之口）。”此即人家说了我很多不好的话。孟子曰：“无伤（没有关系）也。士憎（憎恶）兹多口（这许多毁谤）。《诗》云：‘忧心悄悄（忧患的样子），愠（怒）于（被）群小。’孔子也。‘肆（发语词）不殄（灭绝）厥（那些）愠，亦不陨（坠）厥问（声闻）。’文王也。”（《尽心下》14.19）孟子举出孔子、文王的例子。他们也时常遭遇到小人的各种谗言、诋毁与讪谤，然而孔子是不在乎外界的诋毁，而仅担心世道的不行；文王则不去灭除他人的讪谤，而我行我素地修为。他们懂得人的声誉名望的显扬，固然要有赖于他人之口，然而必泰然处之，毁誉由人，修为在我，因此不对外尤人，而知反求诸己。其实孟子也就是如此修为成大丈夫的!

孟子大丈夫之说在后代的影响是深远的。蔡元培《中国伦理学史》说：“孔子以君子代表实行道德之人格，孟子则又别以大丈夫代表之。其所谓大丈夫者，以浩然之气为本，严取与出处之界，仰不愧于天，俯不怍于人，不为外界非道非义之势力所左右，即遇困厄，亦且引以为磨炼身心之药石，而不以挫其志。盖应时势之需要，而论及义勇之价值及效用者也。”此评语很深刻。确实，孟子的“大丈夫”论说在历史上曾对我们民族起过重要的激励作用，若再联系孟子的“天将降大任于斯人也”、“我善养吾浩然之气”那些经典名言与智慧，更可以真切体味一番的。

孟子：我善养吾浩然之气

巍巍哉，泰山！岩岩哉，泰山气象！宋儒曾有评，孟子有泰山岩岩之气象。泰山者，哲人之喻；岱岳者，文化高峰之譬；岩岩者，高大矗立之拟。孟子及其在儒学史上的位势一如泰山之气象！确实如此，诵读《孟子》之书既久，孟子的那种顶天立地、屹立不屈的大丈夫的形象就会从书里走出来，并走进人们的心中!

一、我善养吾浩然之气

孟子说：“我善养吾浩然之气。”（《公孙丑上》3.2）孟子曾自道自己一生有两个得力的地方，这便是一处，另一处便是“我知言”，能识别各种言论。我想，正是因为孟子一生讲究养气，且善养浩然之气，因此才具有如此气质、气度、气派、气象！不仅如此，孟子的这一句话还不知道激励了多少中国人砥砺奋发，自强不息，卓立人世。

二、浩然之气之谜

那么，孟子修养“浩然之气”的智慧又是怎样的呢？孟子说的“浩然之气”指什么呢？

先说“浩”字的意思，是指水势盛大；“浩然”就是指水势盛大的样子。如《说文》：“浩，浇也。从水，告声。《虞书》曰：‘洪水浩浩。’”不过段玉裁《说文注》里“浇”作“沆”，《说文》：“沆，莽沆，大水也。”《说文》为了显明其意，还特地隐括地运用了《尧典》：“汤汤洪水方割，荡荡怀山襄陵，浩浩滔天。”试想，汤汤洪水、荡荡巨浪、浩浩波涛，铺天盖地，无际无涯奔袭而来，包围了山岭，湮没了丘陵。这可以对“浩然”的那种弥漫六合、横无际涯、滔滔不绝、浩浩荡荡的气象与气势有个形象化的了解了。

既然浩然之水如此，那么孟子说的“浩然之气”不也就是这样的气象与气势？不就是这样充斥在天地之间的、亦然浩浩汤汤地流行着充盈着！而“浩然之气”之内在涵义，便是正大刚直之气，是盛大流行之气。朱熹集注：“盖天地之正气，而人得以生者，其体段本如是也。惟其自反而缩，则得其所养，而又无所作为以害之，则其本体不亏而充塞无间矣。”浩然之气，便是充塞无间的正大至刚之气。

关于孟子所说的“浩然之气”，张居正有个解释，可以一读：“浩然之气，虽是难言，然求之赋予之初，验之扩充之后，则其体段亦有可见者。盖这气在人，不是狭小柔弱的。自其舍弘而言，则浑浑融融，太和之内，无物不容，而非形骸所能限量，何如其至大乎。自其强毅而言，则凛凛烈烈，奋激之下，百折不回，而非物欲所能屈挠，何如其至刚乎。这等样刚大，乃人有生之初，所得于天地之正气，其体段本自如此，但人不能善养之耳。”这里描写“浩然之气”，是一种诗性的礼赞。

冯友兰曾说：《孟子》中的“论浩然之气”，“它不是讲道德教条，而是概括地讲一种精神境界。它不仅概括地讲一种精神境界，而且比较详细地阐述了达到这种境界的方法”。(《三松堂全集》8 卷)

再如，宋代葛立方《韵语阳秋》里曾描述书法创作时的浩然之气，说：“吾先君子岂以书自名哉？特以其至大至刚之气发于胸中，而应之以手，故不见其有刻画妩媚之态，而端乎章甫，若有不可犯之色。”这些论说或许能让我们在再进一步理解“浩然之气”时，有一定的助读作用。

三、浩然之气·夜气·平旦之气

孟子既说浩然之气，还关注到“夜气”与“平旦之气”。《孟子·告子上》(11.8) 载：

其日夜（由日至夜）之所息（生长、增殖），平旦（平明，清晨）之气，其好恶与人相近也者几希（无几，一点点，很少），则其旦昼之所为，有梏（gù，拘禁，束缚）亡之矣。梏之反覆，则其夜气不足以存；夜气不足以存，则其违禽兽不远矣。人见其禽兽也，而以为未尝有才焉者，是岂人之情也哉？

这是说，一个人的良心尽管有所放失了，然而善端不会被终泯，当离开了白天的纷纷扰扰，到了夜里宁静时，其良心必定也会有所滋生，“夜气”也就指晚上静思所产生的良知善念。由此积累，再到天明时接触了清爽的晨气，良心善念之萌发会使得他的好恶的念头与他人相近了。然而一旦在白天的作为里又有不善，便又会将这良心渐渐束缚消亡。这样反复进行，那么夜气不足以存储；夜气不足以存储，那么他就离开禽兽不远了。人们见到他就如同禽兽一样了，而认为从来就没有良好的才资，这难道是人的本来情状况吗？

仁义的良心需要培养，“夜气”很重要，如王国维说：“今人睡醒，目未见恶色，耳未闻恶声，恍然独坐，当是时，精神洒落如冰释，所谓‘夜气’也。扩而充之，则自无不善。”（《孟子之学说》）是的，在寂静无扰的夜里不见恶色，不闻恶声，凝神反思，使其正气生长蓄息，再接续“平旦之气”而恢复清明。人在清晨，神气清明，善念呈露，平旦之气，尽人所同，但是如果今夜所生长蓄息的正气，到了明日白天又在物欲的奔波里全被消磨掉，平旦之气也不再能恢复清明，那么一日复一日，最后就在这样的桎梏里正气灭亡了。这样的人就被认为是禽兽一样的了！当然关于“夜气”、“平旦之气”、“血气”与“浩然之气”的区别，北宋二程又有论说，此不赘述了。

四、养气：苟得其养，无物不长

孟子针对这种情况指出：“故苟得其养，无物不长；苟失其养，无物不消。”(11.8) 如果能得到培养，那么没有什么东西不会生长；如果失去培养，那么没有什么东西不会消亡的。这就是要养气、养正气、养浩然之气。

孟子还将存于内在的仁义之心，用齐国的牛山为比喻，如既天天砍伐，又牛羊放牧，岂能茂盛？如果能畜养生息，那么山木就会重新兴旺起来。人的良心虽或放失，但只要有“几希”之善，得到生息机会，有意培养，亦然会成功。

孟子又曰："孔子曰：'操（守持）则存，舍（舍弃）则亡；出入无时（没有定时），莫知其乡（方向）。'惟心之谓与（大概说的就是心吧）？"这里强调了存气、养气的功夫在于坚持，在于时时处处事事都能用心去涵养，用力践行。

张君劢曾说："孟子一生自处于广居正位，上溯之于尧、舜、禹、汤，下征之于当代，乃有见大人则藐之之气概。此孟子所以为仪型万世之人物也。"（《义理学十讲纲要》）此评亦有见地！我想，这里面的重要原因之一，就是因为孟子内心始终有那浩然之气在迴荡不已，因此底气十足，豪气沛然，英气飒爽！

善养浩然之气的方法论

孟子曾自评其特长之一，是"我善养吾浩然之气"，而且还具体介绍了其中的方法论。怎样去践行由养气——善于养——气之充——浩然之气？孟子有专门诠释，至今读来饶有深意。

孟子"养气"的话题曾引发了公孙丑的极大兴趣与连续的追问，于是有了下面一段著名的对话录，后来梁启超还有一个很好的评语（夏晓虹辑《〈饮冰室合集〉》集外文），我放在括号内可助读。

《公孙丑上》（3.2）有载——

公孙丑曰："敢问夫子恶乎长（擅长在哪里）？"

孟子曰："我知言（识别言论），我善养吾浩然之气。"[梁启超：此自道得力之处。]

公孙丑曰："敢问何谓浩然之气？"

孟子答曰："难言也。[梁启超：其体难言也。佛说真如体（姚按，佛教语，指永恒存在的实体、实性，亦即宇宙万有的

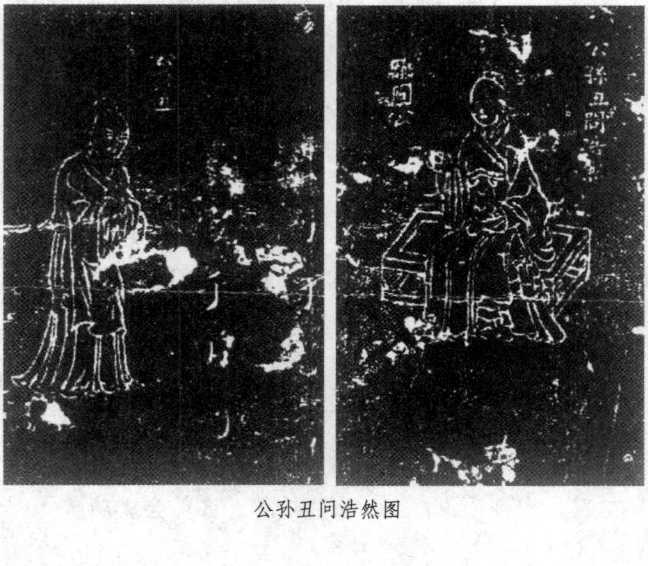

公孙丑问浩然图

本体；与实相、法界等同义)，离言说相，离文字相也。]

又曰："其为气也，至大至刚，以直养而无害，则塞于天地之间。[梁启超：此言其相也。]其为气也，配义与道；无是，馁也。[梁启超：此言其用也。]是集义所生者，非义袭而取之也。行有不慊于心，则馁矣。我故曰，告子未尝知义，以其外之也。必有事焉而勿正，心勿忘，勿助长也。无若宋人然：宋人有闵其苗之不长而揠之者，芒芒然归，谓其人曰：'今日病矣，予助苗长矣！'其子趋而往视之，苗则槁矣。天下之不助苗长者寡矣。以为无益而舍之者，不耘苗者也；助之长者，揠苗者也。非徒无益，而又害之。"[梁启超：此言养之之法。]

这是孟子自己概括出来的一段经典的养气方法论。其中的立论很精辟，这里略加分析。

一、浩然之气：难言也

孟子说，这是很难用言语把它表述出来的。朱熹集注："难言者，盖其心所独得，而无形声之验，有未易以言语形容者。故程子曰：'观此一言，则孟子之实有是气可知矣。'"

我想，孟子是一个极善言辞，能辩擅论之人，尚且还有"难言"之感，是因为这里面的奥妙确实很难表达，而要靠体会与体验，要靠心悟与湛思，以及听者还得要有一定的实践经验积累，否则诠释起来真有点像对牛弹琴一样。这就像一个极高明的武术家、音乐家、科学家等很难把一种高妙的道理以及境界传达给对方，特别是向没有经验的人去讲解，更是不知从何说起了。想一想，当初爱因斯坦相对论发表的时候，据说没有几个人能读懂，不就是这样的例子？不过孟子还是一层层地进行解释，也见其为人师表的循循诱导。

二、浩然之气：以直养而无害

孟子先解说："其为气也，至大至刚，以直养而无害，则塞于天地之间。"其一，浩然正气，是至大的，至大则不可限量；是至刚的，至刚则不可屈挠。其二，如果以正直去养气，而不去危害它，那么浩然之气可以扩充、弥漫至于天地间。这是分析其相。

以直养，便能培养出一股直气。古人很重视"直气"，如杜甫《别李义》诗："先朝纳谏诤，直气横乾坤。"文天祥《发高邮》诗："不能裂肝脑，直气摩斗牛。""直"，是古代的道德规范，是直道，即正派、正直、耿直、刚直，而无私曲、邪辟、险恶。《尚书·皋陶谟》就将"直而温"列为"九德"之一。孔子把"直"看做内心所具有的道德意识，并强调"直"之德行，曾说："人之生也直，罔之生也幸而免。"(《论语·雍也》)他又说："古之愚也直，今之愚也诈而已矣。”（《论语·阳货》）孔子又说：“斯民也，三代之所以直道而行也。”（《论语·卫灵公》）孔子还说：“举直错诸枉，则民服；举枉错诸直，则民不服。”（《论语·为政》）孔子还说有三种益友，其一便是“友直”（《论语·季氏》）。孟子传承之，并提出“直养”之说，深层的意思，是从人内心本来存有的正直作为养气的逻辑起点。另外告诫人们，一定要培养其气而不要伤害之，决不能一边培养一边在伤害，那么就像一面是栽培树木成长，一面却时时在砍伐它。这如何能成功？

再说“以直养而无害”，也有解释“直”是顺其自然的意思，如张居正说：“诚能顺其自然以直养之，而不使有一毫作为之害，则刚大之本体无亏，而磅礴之真机自运。上际乎天，下蟠乎地，盈天地之间，无非此气之充塞矣。夫以天地之大，而此气充满于其间，其浩然为何如哉？盖吾身之气，本与天地之气相为流通，故养而无害，则塞乎天地。若一为私意所累，便觉得狭小柔弱，充拓不去了。”此种描述也颇有诗意，可帮助深入体会浩然之气的那种情状。

三、浩然之气：配义与道

孟子说，其气要配合义和道。义，是人心的裁制。道，是天理之自然。这是由上面说的内在的直养，而至于外边的行事处世要配合义与道去培养。此“直内方外”养气，便是行正道，按照道义去做。《周易·坤》：“君子敬以直内，义以方外。”君子内心正直，外边行事处世要方正合乎道义。冯友兰又有说：“此所谓义，大概包括吾人性中所有善‘端’，是在内本有，故曰‘告子未尝知义，以其外之也’。此诸善‘端’皆倾向于取消人我界限。即将此逐渐推广，亦勿急躁求速，亦无停止不进。”（《孟子哲学》，《三松堂全集》11卷）

孟子还从反面强调，如果“无是”，即没有去“配义与道”，那么这股气不仅不会充塞于天地之间，而就会气馁。“馁”，本指饥饿、食物腐败的意思，这里指气之萎缩、减弱，就像人体的饥饿乏力、气不再充盈的样子了。确实如此，行为若不遵循道义，只有鲁莽的匹夫之勇，那么邪不压正，中气虚弱，到最后如何会不气馁？

四、浩然之气：是集义所生者

孟子说，浩然之气是从积聚道义、聚集正义开始，在所思所为、所砥所砺里生成出来的。“集义”是一个过程，是不断聚集、汇集、结集、集合那义的过程，无论大事、小事，要事事注重那道义之累积。“集义”过程中不断滋养出许些正气，由少至多，由多而至扩充，而至于充沛，至于一定的阶段，便会自然而然地生成、并最终汇集成为浩然沛然之正气。如冯友兰又有说：“‘集义’既久，则行

无‘不慊于心’，而‘塞乎天地之间’之精神状态，可得到矣。”（同上）

五、浩然之气：非义袭而取之也

孟子此说，纠正了一种极易产生的错误理念。浩然之气并不是由行一事，偶然符合道义，而“义袭而取之”。“袭”字很传神，那是侵袭、偷袭、突击行为，此指不由正道，而掩取于外的意思。如果平时没有“集义”之功夫，那么浩然之气是不能凭一时一事符合道义之“袭”而获取的。关于“袭而取”，如清代唐甄《潜书·宗孟》言：“守隅而不能偏，具体而不能充，虽有前言往行，遵而行之，皆为袭取，终非我有。”

六、浩然之气：行有不慊于心则馁矣

孟子再从反面警告世人，如果不经过长期“集义”之功夫，只是一时一事偶合道义，那么行为必定会有亏欠，心中会“不慊”，“慊（qiè）”是满足、快意的意思。如果行为“不慊于心”，即对自己的行为，内心感到不满意、有愧疚、有亏心的地方，那么其气就不会振作，而是萎缩气馁，哪会有浩然之气？

七、浩然之气：集义所得非外求

孟子接着对公孙丑所说：“我故曰，告子未尝知义，以其外之也。”我因此说，告子不曾懂得义，因为他把义看做是外在的心外之物了。义本是心中自有之理，由内在的心之“义”而去行义，那么浩然之气，也自然而然生成。然而告子是从心外取得义，再来强制自己“不动心”，这就是他的浅陋的地方。

八、浩然之气：警惕“三勿”

孟子说：“必有事焉，而勿正，心勿忘，勿助长也。”（《公孙丑上》3.2）孟子提出了善养浩然之气，必定要从事、用功于“集义”，同时要警惕“三勿”。

一是“勿正”。首先必定要去从事这养气，不要停止下来。“勿正”大抵有三种解释：一是停止的意思，如《毛诗终风序笺》：“正，犹止也。”我这里取此义来解读。二是预期的效果。如朱熹集释：“正，预期也。”“此言养气者必以集义为事，而勿预期其效。”三是指特定的目的，王夫之《孟子稗疏》：“正者，徵也，的也，指物以为徵准使必然。”此即说，勿要先设定预期的效果、谋利的目标。

二是“心勿忘”。心里始终勿要忘记养气之“配义与道”、“集义所生”，应该在内心时时不忘记，时刻去培养内在的浩然之气。

三是“勿助长”。培养浩然之气是不可如揠苗助长式的，此不仅无益，反而有害于养气。孟子最后用一个宋人“揠苗助长”的故事，形象而深刻地阐述了这个主旨。“揠苗助长”的故事流传千年而深入人心，但是它原本是用来解释“我善养吾浩然之气”这一要论的，也许早就不被后人知晓了。

九、选读二则：经典的评述

先看梁启超在《读〈孟子〉记》里有一个很好的总评价，可以一读。梁氏说：“此章在全书中号称难读，吾欲以《易·象传》‘天行健，君子以自强不息’之义释之。‘浩然’者，人性中阳刚发扬之法也。人类之所以能向上恒恃此，缺焉则馁，馁则无复自信力，而堕落随之矣。此气本人性所同具，曷为或强或弱，或有或无？则有以害之者。害之奈何？为其所不为，欲其所不欲，日受良心之责备，则虽欲不馁焉不得也。气之为物，易衰而易竭者也。馁而再振，其难倍蓰（xǐ，五倍；泛指几倍）焉。养之之法，惟在自强。自强则能制伏小体，不为物引，（老子曰：‘自胜之谓强。’）而不慊于心之行可免矣。集义者常以道义自律，所以增长其自强力也。而其所以能‘直养’者尤在“不息”。‘必有事焉而勿忘’，‘不息’之义也。非常常提綮抖擞，则神明必有时而衰惰；衰惰则不强而馁矣。（此自觉与自强之关系也。）然则曷为戒‘助长’？‘其进锐者其退速。’（《尽心上》）助长之结果，必至息也。”浩然之气，乃人性之阳刚之气，其发扬之、广大之、提振之，依靠的是道义自律，是自强不息，是不懈的努力。梁启超的话也可以进一步启发人们的思考与实践。

再看明代吕坤之评论，其《呻吟语·圣贤》曰：“浩然之气，孔子非无，但用底妙耳。孟子一生受用全是这两字。我尝云孟子是浩然之气，孔子是浑然之气。浑然是浩然底归宿，浩然是浑然底作用，惜也孟子未能到浑然耳。”此条也有味，可深味之。此中将孔孟进行了比较，确实孟子的浩然之气是喷薄横溢的，但是与孔子浑然之气相比，那么孔子则是无过无不及的更为高妙的修炼境界了！

最后再要点醒的是，孟子一身浩然之气，原来不是空谈的，而是真有其一套可操作的修炼方法的！后人也可以从这里汲取无穷的智慧，并按照确立的愿景去干一番浩然正气的事业！

从孟子说到文天祥与《正气歌》

孟子所说的浩然之气，在历史上真不知道给多少人灌注了这种生命的磅礴大气、正气、英气，有的也因此而永垂不朽。文天祥即如此，汲取孟子的“我善养吾浩然之气”的真髓，正气凛然地活着，又浩气凛然地就义。文天祥成为了千载的典范，他撰写的《正气歌》也成了激励浩然之气的不朽名篇。

文天祥（1236—1283），字履善，一字宋瑞，号文山，吉州庐陵（今江西吉安）人。理宗宝祐四年（1256）举进士第一，为状元。

宋德祐元年（1275），元兵长驱东下，文天祥于家乡起兵抗元。次年，临安被围，文天祥任右丞相兼枢密使，奉命往敌营议和，因坚决抗争被拘至镇江。后得以脱逃，转战于江西、福建、广东等地，兵败被俘，坚贞不屈，就义于大都（今北京）。他能诗词，多有表现爱国精神之作，笔触有力，感情强烈，表现了作者威武不屈的英勇气概，震撼人心。有《文山先生全集》。

文天祥于祥兴元年（1278）被元军俘虏，次年十月被押解至元代都城燕京，途中曾绝食八日不死。在元都三年，屡经威逼利诱，始终坚贞不屈。此诗《正气歌》便作于狱中，为世传诵。文天祥至元十九年（1283）被杀害。这里读读文天祥的《正气歌》，可以看到一个善养“浩然之气”的光辉的历史典范。

正气歌

余囚北庭（此指燕京，汉代时指匈奴所居之地，今北京），坐一土室。室广八尺，深可（大约）四寻（八尺为一寻）。单扉（fēi，单扇门）低小，白间（指窗）短窄，汙（wū）下（污秽低下）而幽暗。当此夏日，诸气萃然（聚集的样子）：雨潦（下雨形成的地上积水）四集，浮动床几，时（此、这，下同）则为水气。涂泥半朝（cháo，潮，潮湿；或说宫室，也就是房子），蒸沤（久泡水而发出的臭恶之气味）历澜（水气蒸腾的样子，或说杂乱不堪），时则为土气。乍（刚，初）晴暴热，风道四塞，时则为日气。檐阴薪爨（cuàn，烧柴做饭），助长炎虐（炎热之暴虐），时则为火气。仓腐（仓中腐烂的粮食）寄顿（寄放、储存），陈陈（仓库粮食陈陈相因的霉烂气味）逼人，时则为米气。骈肩（肩靠肩）杂遝（tǎ，杂乱拥聚），腥臊（指囚徒身上的酸臭气味）汗垢，时则为人气。或圊溷（qīng hùn，厕所）、或毁尸（毁坏的尸体）、或腐鼠，恶气杂出，时则为秽（污秽）气。叠（叠加）是数气，当之者鲜（xiǎn，少）不为厉（指疾病）。而予以孱（chán，虚弱）弱，俯仰（此指起居生活）其间，于兹（此、今）二年（1729—1281）矣。（幸而无恙，）是殆（这大概）有养致然（使造成这样的）。然尔亦安知所养何哉？孟子曰：“我善养吾浩然之气。”

文天祥

彼气有七，吾气有一，以一敌七，吾何患焉！况浩然者，乃天地之正气也。作《正气歌》一首。

天地有正气，杂然（杂多、纷繁的样子）赋（给予）流形（各种物体）。下则为河岳，上则为日星。于人曰浩然（正气），沛（充沛洋溢）乎塞苍冥（天空）。皇路（国运）当清夷（清平），含和吐（显露）明庭（指含蓄和谐正气者被用而朝廷光明，或说正气和谐地表露在政事修明的朝廷里）。时穷（国运危难）节乃见（气节才能显现），一一垂（流传）丹青（绘画，古代帝王常将有功之臣的肖像和事迹命画工画出来）。

在齐太史简，在晋董狐笔。在秦张良椎，在汉苏武节；为严将军头，为嵇侍中血，为张睢阳齿，为颜常山舌；或为辽东帽，清操厉冰雪；或为《出师表》，鬼神泣壮烈；或为渡江楫，慷慨吞胡羯；或为击贼笏，逆竖头破裂。是气势磅礴，凛烈万古存。当其贯日月，生死安足论！地维赖以立，天柱赖以尊。三纲实系命，道义为之根。

嗟予遘（遭遇）阳九（指厄运、变乱），隶（自我谦称，指地位卑贱之官吏）也实不力（不尽力）。楚囚（指俘虏，典故见《左传·成公九年》）缨（帽的带子，此用为动词）其冠，传车（驿车，官方用于交通站的车辆）送穷（荒远）北。鼎镬（huò，锅；此指用鼎镬将人烹煮的酷刑）甘如饴（yí，糖浆），求之不可得。阴房阒（qù，寂静，幽暗）鬼火，春院閟（bì，闭门）天黑。牛骥同一皁（zào，马槽），鸡栖凤凰食（喻指凤凰栖居生活在鸡窝里，此均比喻）。一朝蒙雾露（蒙受雾露风寒，指感冒生病），分（fèn，此指身份、地位使然，或说为料、估量的意思）作沟中瘠（沟壑里的尸骨）。如此再（两次）寒暑，百沴（lì，恶气）自辟易（退避）。嗟哉沮洳场（卑下潮湿的地方），为我安乐国。岂有他谬巧（智谋诈术），阴阳（寒与热）不能贼（加害）！顾此耿耿（指忠心）在，仰视浮云白（兴亡成败就如白云一般飘忽不定，或说对富贵不屑一顾，视若浮云）。悠悠（忧思的样子）我心忧，苍天曷（何）有极（尽头）！哲人日已远，典刑（榜样、典范）在夙昔（或说往昔，或说为一夕，指时间短，极言其近）。风檐（临风居廊檐下）展书读。古道（古人的美德）照颜色（照耀在自己的面前）。

文天祥的《正气歌》成为经典名作，是用诗的形式和形象的语言来讲浩然之气的。此分为两部分，先是序言，其后是正文。

先说《正气歌》之序。文天祥简略叙说了自己被囚禁的恶劣的居处情状，其中汇聚了极其恶浊的“七气”：如“水气”、“土气”、“日气”、“火气”、“米气”、“人气”、“秽气”。整日闷蒸熏染在如此污秽的“七气”里，就算一个最强健的人恐怕也忍受不了，也会非疾即病的。然而奇迹发生了，一个孱弱的文天祥，竟然长达二年之时日里安然无恙地挺过来了。此中的秘密即“有养致然”，而进层的秘诀便是遵从孟子之教导“我善养吾浩然之气”，有了浩然之气之“一气”，就能抵御那“七气”。

其次说《正气歌》正文第一段。天地之间盈满正气，它赋予万物以不同形态。

再次说《正气歌》正文第二段。这里文天祥列举出中国古代的忠烈人物的榜样，表彰忠义之士的崇高行为，并着重申述正气的威力。这些正气人物是：(1) 春秋时期齐国的太史。(2) 春秋时期晋国的太史董狐。(3) 秦时的张良。(4) 汉代的苏武。(5) 东汉的严颜。(6) 晋代的嵇绍。(7) 唐代的张巡。(8) 唐代的颜杲卿。(9) 三国管宁。(10) 三国诸葛亮。(11) 晋代祖狄。(12) 唐代段秀实。读读这些被文天祥、也被人们一世世推崇、敬仰的历史人物的事迹，不仅为他们的正气所感动，而且也会被感染，心胸里也会滋生出一股浩气、正气来！这些历史人物的事迹，我在下文再作具体的解读。

文天祥又接着说：此浩然正气磅礴充塞，凛然不灭而万古长存。当那浩然正气直贯日月时，个人的生死还有什么值得考虑呢！地有赖于正气确立，天有赖于正气而尊严。三纲实是系命于正气，道义是正气的根本。这里所说的“地维”，古代人认为地是方的，四角为地维。“天柱”，古人传说天有八山为柱。“三纲”，指封建社会里的君为臣纲、父为子纲、夫为妻纲。

最后说《正气歌》正文第三段。文天祥再从古人先哲那里返回到现实里的牢房中的自我。首先说自己兵败被俘虏，然而已下决心，准备以身殉国。接着说，在牢房中条件如此艰难，但是自己正是依赖着一身正气与各种疾病作斗争，居然安然无恙，顽强地活了下来。最后表白，虽然世事难料，但是忠诚不变，哲人先贤树立的典范如在眼前，鼓励自己坚持下去。

冯友兰曾有评：“宋朝的宰相文天祥作了一首《正气歌》。这是用诗的形式和形象的语言讲‘浩然之气’的。”其中列举了众多的人物，“这些人不是用语言讲‘浩然之气’，而是用行为讲‘浩然之气’。他们都写了一篇‘浩然之气’的赞歌，可是，不是用墨汁写的，而是用鲜血写的。当然文天祥的《正气歌》也不仅是用墨汁写的，而且是用鲜血写的。无论如何‘浩然正气’这四个字到现在还是一个常用的词汇，这是中国文化中的一个词汇。懂得了这个词汇，才可以懂得中国文化和中华民族的精神”。(《孟轲——儒家思想向唯心主义的发展》）我想“浩然之气”，不仅是中国文化中的一个词汇，而且是一面高扬的中国文化精神的旗帜！

远追孟子的“我善养吾浩然之气”之名言，再直面文天祥的《正气歌》之“彼气有七，吾气有一，以一敌七，吾有何患焉”，真如醍醐灌顶！由古及今，由彼至此，今人现实生活里种种恶劣之“气”实在是太多太多了！然而，不管叠加起来的是多少的恶浊诸气，若真能具有浩然正气，那么凭借此一气，就同样也能御敌众气。“况浩然者乃天下之正气也”，当然也就会因此顺理成章地邪不压正了！

我心中又回响起文天祥的声音：“辛苦遭逢（遭遇朝廷提拔）起一经（依靠精通经籍而被起用做官），干戈（指1275年，他起兵抗敌）寥落（荒凉冷落）四周星（指从彼至今已四年时间）；山河破碎风飘絮，身世浮沈雨打萍（指国家与个人遭遇已经难以挽救）。惶恐滩头（地名，在江西万安，为赣江险滩之一）说惶恐，零丁洋（地名，在广东中山南）里叹零丁；人生自古谁无死，留取丹心照汗青（指史册）。”这首《过零丁洋》诗与名言“人生自古谁无死，留取丹心照汗青”，流芳百世，不知道激励了多少人，坚毅地以浩然之气执着地前行！

点击历史人物：浩然正气·凛然气节

孟子所说的浩然之气在中华历史上一直鼓舞着后来者，而具有这种浩然之气的人物在中华历史上真可谓群星闪烁。这里就将文天祥赞颂的人物略作介绍，以窥一斑。

一、春秋时期齐国的太史

文天祥赞“在齐太史简”。这说的是春秋时期齐国的太史们的史事。《左传·襄公二十五年》记载．齐国大夫崔杼（？—前576）把国君庄公杀了，太史就在史册上记录“崔杼弑其君”。崔杼大怒，把太史杀了。太史的两个弟弟继续这样写，崔杼又都把他们杀了。太史的另一个弟弟又再次书写，崔杼没有办法，只好让他写在竹简上。有意思的是，还有一个史官南史氏听说太史们一个个为之死去，他便坚毅地执简前往，准备冒死书写，途中才得知已经书写了，才返回。——千载之下，读来依然如此感动人！为了记录信史，史官们不怕杀头，前赴后继如此，真是浩然正气所具有的那种不屈不挠的力量！不仅永远为历史学家尊为榜样，且为民族的正气的典型！

是的，一代代历史学者，真能敢于冒着生命危险为后人记载下真实的历史吗？敢于不为别人而依照自己的良心为历史说真话吗？事实告诉人们：难！很难！太难了！然而，这又是何等发人深省的一件要事！

二、春秋时期晋国史官董狐

文天祥赞“在晋董狐笔”。春秋时期晋国史官董狐，也称为史狐，据《左传·宣公二年》载，晋灵公被赵穿杀死，晋大夫赵盾回国后没有惩处其族姪赵穿。太史董狐认为在这件事上有不可推卸的责任，因此就在史册上记载：“赵盾弑其君。”孔子还曾称赞这赵盾是“良史”的“书法不隐”的笔法。——我不禁想起朱自清《论老实话》：“直说遭怨，直言遭忌，就如刺了别人的心——小之被人骂为‘臭嘴’，大之可以杀身。所以不折不扣的‘直言极谏’之臣，到底是寥寥可数的。”于是更觉得这些史官、谏臣的不简单，一身浩然正气，大义凛然，不可侵犯。今天的人们当然也期盼历史工作者也能为子孙后代多留下一些信史，不要因为不敢直说、直言，而写出不可相信的历史来。

三、秦汉之张良

文天祥赞“在秦张良椎”。《史记·留侯世家》载，张良（？—前186）的祖父与父亲都做过韩国的丞相。韩国被秦灭掉后，他决心要替韩国报仇。当秦始皇出巡博浪沙（今河南新乡县南）时，张良找到一个大力士，持一百二十斤的大椎，进行伏击。后来张良辅佐刘邦建立汉朝，封留侯。

四、汉代之苏武

文天祥赞“在汉苏武节”。《汉书·李广苏建传》载，汉武帝时，苏武（？—前60）出使匈奴，匈奴人逼迫他投降，还将他流放到北海边（今西伯利亚贝加尔湖）牧羊，曾掘野鼠及草果为食。然而他决不投降，牧羊十九年，始终手里执持汉朝给他的符节。后来匈奴与汉朝和亲，他被遣归。卒年八十余。

五、后汉三国之严颜

文天祥赞“为严将军头”。《三国志·蜀志·张飞传》载，东汉末严颜为刘璋手下的部将，镇守巴郡。张飞攻打巴郡，俘虏了严颜，要他投降。严颜回答说；“我州但有断头将军，无降将军也！”张飞发怒，令左右砍其头，然而严颜面色不变。张飞见其正气浩然，威武不屈，就释放了他。

六、晋代之嵇绍

文天祥赞“为嵇侍中血”。晋代嵇绍（253—304），为嵇康之子，在晋惠帝那里做侍中之官。《晋书·嵇绍传》载，晋惠帝永兴元年（304），皇室内閧，惠帝的侍卫都被打垮了，嵇绍为了保卫惠帝而被杀死，血溅到惠帝的衣裳上。事后，有人要洗去惠帝衣服上的血，惠帝说："此嵇侍中血，勿洗！"此后"嵇侍中血"四字流传于史册。

七、唐代之张巡

文天祥赞"为张睢阳齿"。张睢阳，即唐朝的张巡。《旧唐书·张巡传》载，张巡（709—757）为睢阳（今河南商丘）太守，安禄山叛乱，睢阳被叛将尹子奇围攻。张巡每次上阵督战，必定大声呼喊，眦裂血流连牙齿都咬碎了。后来城破被俘，拒不投降，敌将问他："闻君每战，皆目裂，嚼齿皆碎，何至此耶？"张巡回答说："吾欲气吞逆贼，但力不遂耳。"敌将视其齿，存者不过三数。韩愈撰有《张中丞传后序》，亦然成为名篇，百世传颂。

八、唐代之颜杲卿

文天祥赞"为颜常山舌"。唐朝的颜杲卿（692—756），曾任常山（治所在今河北正定）太守，又称颜常山，他的从弟即是颜真卿。《新唐书·颜杲卿传》载：安禄山叛乱时，他起兵讨伐，后城破被俘，当面大骂安禄山负恩叛国，被钩断舌头，仍不屈而被杀死。

九、东汉之管宁

文天祥赞"或为辽东帽，清操厉冰雪"。东汉末年的管宁（158—241）有高节，是在野的名士，三国时避乱于辽东（今辽宁省东南部），一再拒绝朝廷的征召。他"常著皂（zào）帽，布襦袴（kù）"，戴一顶黑色帽子，安贫讲学，奉守清廉操守，凛然犹如冰雪，拒绝征聘。曾与友人华歆同席读书，门外有乘高车者经过，华歆废书出视，他即与之割席分座，说："子非吾友也！"后世因以"割席"作为朋友绝交的典故。

十、三国之诸葛亮

文天祥赞"或为《出师表》，鬼神泣壮烈"。诸葛亮（181—234）出师伐魏之前，上表给蜀后主刘禅，表明自己为统一事业奋斗到底的决心。表文中有"鞠躬尽瘁，死而后已"的名言。诸葛亮一生的壮烈精神连鬼神也会被感动得流泪。

十一、东晋的祖逖

文天祥赞"或为渡江楫，慷慨吞胡羯"。东晋爱国志士祖逖（266—321），为豫州刺史时率兵北伐，渡长江时敲着船桨发誓平定北中国，后来果然收复了黄河以南失地。楫，船桨。胡羯（jié），古代对北中国西北方诸民族的称呼。

十二、唐代的段秀实

文天祥赞"或为击贼笏，逆竖头破裂"。唐德宗时，朱泚（cí）据长安叛唐谋反，召当时的司农卿段秀实议事。段秀实（719—783）便以朝笏猛击朱泚的头，并唾面大骂：“狂贼，吾恨不斩汝万段，岂从汝反耶？”遂被害。笏，是古代大臣朝见时所持的手板。逆竖，是叛乱的贼子，此指朱泚。

这里的事迹多维度地展示了身具正气的各类人物：有不屈服于当政者的威压而真实记录历史的史官，如齐太史简、董狐；有尽忠于其主，而以身相许的张良、诸葛亮、嵇绍、严颜等；有不反叛国家，爱国至深的苏武、祖逖；有反对与抵制叛逆作乱的张巡、颜杲卿、段秀实等；有不谄媚王侯，人格自尊的管宁。当然这些也都是典型，历史上同类型的还有许许多多的人物，此也可以触类而知。

这些人物确实感动了历史上的一代代人，我们的民族也层出不穷地涌现出无数的志士仁人，为了正义的事业，为了追求真理，为了国家与人民的福祉，视死如归而等同鸿毛，大义凛然而威武不屈，其浩然之气回荡于天地之间！此又响起文天祥《自赞》黄钟大吕之言：“孔曰成仁，孟曰取义，惟其义尽，所以仁至。读圣贤书，所学何事，而今而后，庶几无愧。”文天祥所列出的这一正气人物谱，千载之下照样闪烁着灼灼的光芒！

气节：浩然之气与民族精神

中华民族有“气节”之说，中国人特重气节。气节，是指志气、节操。这也与孟子密切相关，尤其与孟子的“浩然之气”说关系更为紧密，究其“气节”之名所出，就本诸“浩然之气”之学说；此后又因文天祥的《正气歌》等的传扬而深入人心。

当然“气节”之理念，若溯其起源又应在孟子之先。譬如，孔子之论就极其重视节操，言“岁寒，然后知松柏之后凋也”、“志士仁人，无求生以害仁，有杀身以成仁”等均是。再如孔子之弟子，如曾子曰：“可以托六尺之孤，可以寄百里之命，临大节而不可夺也。君子人与，君子人也。”子张曰：“士见危致命，见得思义。”

再如在《礼记·儒行篇》也多见：如“儒有可亲而不可劫也，可近而不可迫也，可杀而不可辱也”。再如“儒有委之以货财，淹之以乐好，见利不亏其义；劫之以众，沮之以兵，见死不更其守”等。

张君劢在《儒家哲学之复兴》里说：“其尤为吾民族精神所在者，曰气节。此气节之名，来源甚远。但就字面言之，与孟子所谓‘浩然之气’，与文文山（文天祥）之‘正气歌’，自有密切的关系。”

关于“气节”的内涵，张君劢也有解读：“气节之为物，背后有一种确乎不拔之信心，非单纯理智所能解释者也”；“其所以确然自信，曾经过慎思明辨工夫，以求夫一是之归，其含有理智成分，不可得而否认者也”；至于信仰，则“一人在心安理得之心理状态下，以身殉其所信，粉身碎骨亦所不辞，自足以对天地鬼神而无愧”。因此，“气节之本质，非理智，亦理智；非德性，亦德性；非信仰，亦信仰。依现代哲学心理学之名词言之，谓为非此单纯之三者所能尽，实兼三者而另成一种理性的信心可也”。

他又细析“气节”所含成分，有三方面之说，也可一读。

1. 理性——气节背后所假定者，为人格之尊严，为理性之辨别。孔子曰：“三军可夺帅也，匹夫不可夺志也。”此即抱定自己正确坚定之意志，而不应受外界威力强暴名利之摇撼的意思。孟子则又进一步指出了抉择是非的标准，如“富贵不能淫，贫贱不能移，威武不能屈”的原则。到后代便有了所谓“不事二姓”、“不事异族”、“饿死事小，死节为大”等等名节大防。

2. 信心——人们如果处于一种特殊环境，“但（只、仅）能有一不能有二之日，如苏武之看羊十九年，如文文山之传车穷北。或屈膝胡虏，或效忠汉室，此时只有一条路。所以选择之者，唯有本乎平日自信为道义之所在以行之，以为唯有如是，吾心乃安。此种信心，与西方宗教上信仰之本质相去不远矣”。

3. 殉道精神——人们如果“处此非甲即乙，或非活即死之日，必先将自己各方面比较研究，求得一心安理得之境，置生死于度外，或以积极态度出之。如孟子排杨墨，则为理论上确乎不拔之信心之表现。或如顾亭林、黄梨洲、王夫之不屈膝异族，文文山之‘鼎镬甘如饴’，然后心中泰然，不必有所畏怯，或且视死如归，以身殉之。墨子之行十日夜以救宋，耶稣门徒在其初期受尽罗马皇帝之桎梏，亦为同一精神坚忍不拔之表现。其终也，残暴不仁者，终归消灭而后已。此人类历史之经过如此，可以深信不疑者矣”。再看孟子自言“天下有道，以道殉身。天下无道，以身殉道”，这后面的“八字之中，何其自信之深，自任之重，自己牺牲之壮烈”！（张君劢《儒家哲学之复兴》）

张君劢还简略地梳理了“气节”说在孔孟之后的历史状况。例析了秦代、汉代、自三国迄唐、唐代，宋明两代、清代等的帝王、政治、民族、民德、士人、学术、学风、儒学的状况。最后他指出：“统观以上各代言之，大概学术思想昌明之日，亦即有骨气、有节义之人才出现之日，如战国，如两汉，如宋明，是矣。战国风气由于前代之蕴蓄，两汉由于时主之崇尚，宋明则讲学者之争思想自由实为大因。有学术思想自由，自有气节表现。然亦惟赖有气节，而后思想自由

人格尊严，乃能争取得来。此二者互为依附，吾人所当深念者也。”（同上书）

此种评说也让我联想起不久前再游无锡东林书院的情景。这里曾经为北宋杨时（1044—1130）讲学之处，这位龟山先生曾求学于程颐，还留有“程门立雪”的故事，脍炙人口。后来明代万历年间，顾宪成重修此书院，与顾允成、高攀龙、钱一本、叶茂才、薛敷教、史孟麟等在此讲学。他们反对空谈，议论朝政，品评人物，朝士遥相呼应。后来东林党，遭到阉党迫害，书院也在天启五年（1626）被拆毁，崇祯时又重修。今日在闹市区东门附近的几经重修的东林书院，厅堂庭院悄然静穆，但是依庸堂里那些有关“庸德之行”、“庸言之谨”的文字，以及顾宪成的名联“风声，雨声，读书声，声声入耳；家事，国事，天下事，事事关心”，还有矗立在书院里的高高的石牌楼，仿佛依旧裹挟着历史的风涛声势，向一代代来者宣扬、渲染着儒家学者的那种气度、气节、气派！

大哉居养：移气·养体·气质·仪容

俗话说，人活一口气。然而不同人的身上往往会显出、透出、露出、溢出许多不同的气息。譬如常说的有：神气、小气、大气、暮气、朝气、傻气、灵气，呆气、痴气、霸气、傲气、豪气、英气、娇气、秀气、虎气、猴气、晦气、酸气，土气、洋气、匪气、匠气、书生气、江湖气、酒肉气等等，汉语表述之丰富，真令人叹绝！人们的这些气、气息、气味、气质、气宇、气度、气韵、气概、气势、气节、气量、气派、气魄、气势等等，是怎样酿成的呢？这里就来解读孟子的“移气养体”之妙论，或许可以使得现代人在日常生活、养生、健身方面有所警悟，从而通过“养气”，使得生命之质量更加高卓，生命之长度更加延长。

一、仪容气度：孟子触发与感慨

孟子有一次遇到齐宣王之子，望见其人仪容气度非凡，心中有所触动，感悟了其中的道道，并对弟子做出了一番教导，且影响深远。《尽心上》（13.36）是这样描述的——

孟子自范（齐国之城邑，齐王之子所封地，今山东梁山县西北范城）之（往、到）齐，望见齐王之子，喟（kuì）然（叹息的样子）叹曰：“居（谓所处之位）移气，养（奉养，供养）移体，大哉居乎！夫非尽人之子与？”

孟子曰：“王子宫室、车马、衣服多与人同，而王子若彼者，其居使之然也；况居天下之广居者乎？鲁君之宋，呼于垤（dié）泽之门（宋国的东南城门）。守者曰：'此非吾君也，何其声之似我君也？'此无他，居相似也。"

这一章是说，孟子从范邑到齐国都城去，曾遇到了齐王的儿子，望见他仪容气度与他人大异，于是喟然长叹（对弟子）说："地位可以改变人的气度，供养可以改变人的体质。所处环境对于人的影响真大啊！难道不都是为人之子吗？"孟子又说：王子的住宅、车马、衣服多半与别人相同，而王子却有这样的仪容，这就是他所处的环境使他这样的；更何况是居仁之地的人呢？鲁国国君到宋国去，当暮夜之时，城门已经关闭，于是在宋国的垤泽城门下呼喊。守门人说："此人不是我们的国君，为何他的声音就似同我们国君的声音呢？"这没有其他的原因，只是因为环境与地位相似的缘故。

这里揭示一则人生智慧：人之所居足以移易人之气，人之所养足以移易人之体。如朱熹集注："言人之居处所系甚大，王子亦人子耳，特（只是）以所居不同，故所养不同，而其气体有异也。"他们均指出所居、所养对人之气之体的作用。确实生下来都是"人"，均为"人子"，但因齐王之子后来成为了"王子"，由此所居所养不同，而成就了不同的气与体。此揭出后天的环境、居处、供养对于人的塑造有着何等重大的意义！

细想也确实如此，人之气与体，本来差不多的，都是人嘛，但是因所居所养不同，而大相径庭。再往深里说，王子日常生活里所住宫室、所用车马、所穿衣服，虽与一般人有贵贱、美丑之分，但大多与人相差不甚远，然而就凭借这点物质上的区别，在气度上又能与一般人造成多少差异呢？王子的气度不凡，关键的还是在于他的高高的地位、显赫的势位，因其所居极尊，所养极厚，所以自然而然地形成了与一般人不同的气度。再如，宋国与鲁国都是千乘之国，二君也都是诸侯之尊，地位所居相似，平素所养相同，所以声气也相似，怪不得守门人听到这样的叫开门声音，会心生疑惑了。

然而孟子智慧的更高妙处，还在于又指出，王子也就是凭借势位之尊，而移易了自我的气象，但也不过如此而已。况且每个人也不可能都去做王子，然而每个人却都可以改变气质，养成高贵的气度、不凡的气宇。那就是选择所居所养，居其广居，涵养德性，便能焕然一新，气度非凡！

如张居正说："人之气体本同，而居养各异，惟其居处在尊贵之地，则神气为所移易，而精采自觉其发扬，惟其奉养有丰厚之资，则形体为所移易，而容貌自觉其充盛。夫气体由于居养如此，居之所系，岂不甚大矣哉。彼王子者，其气宇虽与人异，而禀气于父母，犹夫人也。其形体虽与人异，而受形于父母，犹夫人也。本其有生之初，都只是人子而已。岂其在齐民之中，另是父母所生，而自为一类乎？”张居正又说：“夫以王子所居，但只是势分之尊，犹能移人气象如此，况仁也者，统括四端，包涵万善，乃天下之广居也。使君子居之，其气象不尤异乎？吾知以之宅心，则心逸日休，而浩然之气，自充塞于两间（指天、地之间），以之居身，则身安德滋，而睟（suì）然（清和温润样子）之光，自宣著于四体，岂但如王子，仅气体而异乎人哉？”此说可以体会之。

总之，孟子指出人性本相同，但是因居处有别，所养不同，而差别迥异：譬如居下者卑、居上者尊，居卑者势小气弱、居尊者势大气盛；然而居利者又不及居义者，居尊者也不及居仁者之大之广之贵。在孟子看来，若能居广居，即居仁由义，能居于仁与义，且用仁义来自养，那么所居既高，所养必厚。如此则仁义根植在心，盎然内优，气质必变，胸中得正，眸子必明，四体舒发，威仪气度愈加可观。

二、巧妙解读：孟子的含蓄与深邃

孟子向弟子解读齐王子的气度容仪，其实很含蓄，且含蓄不尽，这用心是在教育弟子如何做人的大道理。

其实还不仅在于此，这也使得我们联想到一个重要的问题，孟子那些大气、气度、气派，从哪里来的？不就是因为他所说的：“其居使之然也。”那么孟子居在何处？答曰：他居处在“天下之广居”，这就是“仁”之所在处！他就是一位“居天下之广居者”，因此他自己就是这样“居移气，养移体”的。怪不得他一身浩然正气，有贫贱不能移、威武不能屈、富贵不能淫的气概。他敢于糠秕（bǐ）历史上的春秋之霸战国之雄，针锋相对地面斥王公大人，当仁不让地批判墨子与杨子学说，原来如此！

孟子的含蓄可再作联系解读，譬如当孟子见到梁惠王的儿子梁襄王后，出来告诉人说：“望之不似人君，就之而不见所畏焉。”（《梁惠王上》1.6）这是说无论远望还是与他接近，均无俨然之威仪也。有威而可畏谓之威，有仪可像而谓之文，但这位君王既无容仪，也无威仪。然也是一国之君，亦然所居既尊，所养既厚，为什么气象如此糟糕？其实问题不就出在他心居于何处，心之所养为何物的问题上？

呜呼，大哉居乎！——人生之择居，其意义太重大、太紧要了！如若追溯，那么孟子的这种理念与智慧也渊源于孔子，也与颜回等先儒接续。孔子说：“里仁为美。择不处仁，焉得知？”（《论语·里仁》）孔子是这样，颜回也是如此，孔子赞扬说："贤哉，回（颜回）也！一箪食，一瓢饮，在陋巷，人不堪其忧，回也不改其乐。贤哉，回也！"（《论语·雍也》）这就是孔颜乐处，这不就如孟子所说的"居天下之广居"矣！其实，孟子自身就还有一种切实深刻的体会，其"孟母三迁"不就是择居的成功范例？再说孟子自己不就是选择了居处儒家之大道，步趋孔子圣人，而最后终成亚圣，这不是选择了做一个"居天下之广居者"的成功？

孟子这一章对后人影响也颇大，并结晶出"移气养体"、"居移气，养移体"等名言流颂千古。人们用指改变气质和保养身体；也指地位改变气度，供养改变体质；也指人随着地位待遇的变化而变化。后代的文学作品中也常见运用，如《醒世恒言·卖油郎独占花魁》："此时朱重居移气，养移体，仪容魁岸，非复幼时面目，秦公哪里认得他是儿子。"再如《冷眼观》第十二回："任凭他发了横财，居移气，养移体，总会在微细之中露出马脚来。"《雪岩外传》第五回："实对先生讲，此人本与我契好，但目下移气养体，大非昔比了。"——今天，尽管时代已经发生了翻天覆地的变化，但是人们若要改变仪容、气质、风度，依然可以从孟子那里得到有益的启迪与教诲！

话说孟子的养生长寿秘诀

从孟子的"移气养体"、"大哉居乎"的智慧，我又联想到了孟子的长寿。试看孔子（前551—前479）73岁，已属于当时的长寿者，然而孟子更高寿，较多人认为达84岁。他有何长寿秘诀？此略作探索。

一、孟子长寿：形而上层面之要诀

1.重择居与贵择养

孟子长寿一诀，是与其心志的向度有关的。孟子的高尚情操，使得他心志凝聚不散，大有益于长寿。养生与长寿，必定要"重择居"与"贵择养"，既不能忽视形而下的居处，更紧要的是重视高层次的、形而上的居处，那是用于安顿其志向、精神、心灵的居处。孟子更看重的就是后者，要择"仁"而居，由"义"而处，此为"居天下之广居"！确实，他倡导"居天下之广居"（《滕文公下》6.2），自己实行了。他提倡"立天下之正位"（《滕文公下》6.2），自己践行了。他号召"行天下之大道"，自己履行了。他呼吁做"富贵不能淫，贫贱不能移，威武不能屈"的"大丈夫"（6.2），自己已经做到了！我想，这就是他能长寿的主要原因之一吧！

2. 养心莫善于寡欲

孟子曰："养心莫善于寡欲。其为人也寡欲，虽有不存焉者，寡矣。其为人也多欲，虽有存焉者，寡矣。"（《尽心下》14.35）养生必定要重视养心，养心没有比减少嗜欲更好的了。如果做人本心既明，不蔽物欲，心清欲寡，即使善性有些丧失，也一定是丧失得很少的。如果其为人嗜欲多，即使有些善心保存，也是保存得很少的。人心往往为嗜欲所累、为欲念所昏，一旦为外物所牵引，身心放纵，以至物化，则岂能养生！养心而能清心寡欲，使得神完气固，当然可以保身长寿了。

3. 自得其乐之"嚣嚣"要诀

孟子养生又一要诀，是自得其乐的"嚣嚣"之法。孟子曾对宋勾践说，如果从事游说，那么"人知之，亦嚣嚣；人不知，亦嚣嚣"。（《尽心上》13.9）"嚣嚣"，是自己拥有的一种快乐，不去向外求诸他人，这就是自得其乐，无所欲求。孟子的意思是，人家能知你，亦自得其乐；人家不能知你，亦然自得其乐。人家知你，是一种"得"，但是不放在心里，而自得其乐；人家不能知你，是一种"失"，但是也不往心里去，而亦然其乐自得。如此得与失、穷与通均不记挂；能得失不计，穷通不较，随其所往，皆能顺适，那么这种快乐，真是常乐自得了。

当宋勾践再追问：怎样才能"嚣嚣"呢？孟子回答："尊德乐义，则可以嚣嚣矣。"首先要在心之深层自得其乐，就是心中得其乐。能"尊德"是一种乐德，是心之一"乐"；"乐义"，是心之又一"乐"；由此内心之两"乐"，就可以面对外界的纷扰、毁誉、得失、穷通、顺逆，而一笑了之，其乐常在了。当然还有父母兄弟之间的人伦之乐、"仰不愧于天、俯不亏于人"之乐、"得天下之英才而教之"（《尽心上》13.20）之乐，后文还有解读。确实，孟子的这种随寓而乐，自得其乐，处世常乐，乐此不疲，自然有利于养生与长寿，也成了孟子长寿的又一原因。

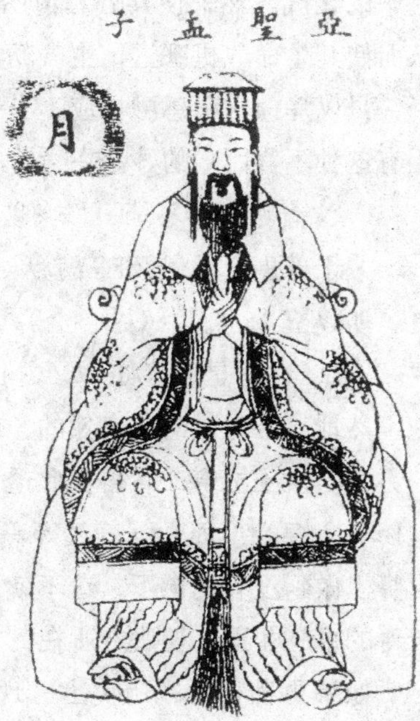

亚圣孟子

4. 反身而诚，乐莫大焉

再往深层说，孟子的乐观，是一种莫大的乐观，这是他长寿的极其重要的因素。孟子曰：“万物皆备于我矣！反身而诚，乐莫大焉。强恕而行，求仁莫近焉。”（《尽心上》13.4）这是说，万物的道理都具备于我了！反身自问，自己真诚无伪，快乐没有能比此更大的了！努力去推行忠恕之道，求仁的途径没有比此更近了。

记得程石泉曾说：是故孟子在中国是一位最乐观之哲学家，但他不是一位肤浅的乐观主义者。他的乐观是根据于他的自信心。譬如曰：“如欲平治天下，当今之世，舍我其谁也？”（《公孙丑下》4.13）程氏又说：孟子之乐观由于其志气大，孟子之乐观由于其善养其气。（程石泉著，俞懿娴编《中国哲学综论》）我想，孟子既有此外在的“嚣嚣”自乐之法，又有其深层的内心的最大的快乐，“乐莫大焉”，这不就是他能得如此长寿的大秘诀？！

5. 善养浩然之气

孟子长寿又一诀，是他不仅寡欲以养心，又集义以养气，善养浩然之气，使他延长了生命的长度。他不仅是讲说阐发，而且还有具体理论与操作方法，譬如集义以养气，再如能以中和养气，又如不使夜气几希，梏梏于旦昼的攻取，等等。只要赏读他文章里洋溢着的气势，就可想见其心胸中浩然之气回荡的情景。胸中的正气凛然，使其心志清明而不乱，精神完固而不损；既然邪气不能得逞，从而使其生命气机旺盛，生气勃勃。我又记起王阳明说“盖其元气充周，血脉条畅，是以痒疴呼吸感触神应，有不言而喻之妙。”（《传习录》孟子善养浩然之气，正有这种不言而喻的妙处在焉。）

6. 立命：殀寿不贰·修身以俟

关于养生，孟子又曰：“殀（夭折）寿（长寿）不贰，修身以俟（sì，等待）之，所以立命也。”（《尽心上》13.1）或不幸短命而殀，或尽享天年而寿，对此要“不贰”，即是始终如一，内心不被搅动而骚乱迷惑；自己只管修身，而洒脱地坦然地等待寿命的或自然的、或偶然的、或必然的结果，这就是用来确立命运的方法。孟子把寿命看得如此透彻，但义不作被动等待，而是主动、能动、坚定地修身、存心、养性、养气等等。然则即使不幸而早亡，也能顺受命运的安排，自身已做到没有遗憾了。这不就是立命、养生的最佳方法？这不也就是孟子养生长寿的卓越智慧、秘诀之所在？

如果再稍稍检视历史上、现实生活里那些长寿者的材料，几乎都和孟子这几大要诀有一定的例证关系。比如心灵的修养、气息的修炼、长处快乐等都在长寿之人那里体现出来。当然或是自觉的，也有不自觉而暗合了其中的道理的。那些长寿之乡的普通人，也许并不知道这一套，但是居心在无争无扰的恬淡之处，养气在无污无染的生态环境里，享得长寿，比比皆有。此中的道理不也就相通了吗？

三、孟子长寿：操作层面之要诀

如果相对地从具体操作层面上看，孟子长寿还有要诀。首先我想孟子是懂医道的，其名言“犹七年之病求三年之艾也”，即此信息的透露。此当为其长寿的一个重要原因。再说孟子养生长寿智慧之另一方面，便是非常重视生命的珍爱与护养，主张对身体要能“兼所爱”与“兼所养”。

1. 养身：岂爱身不若桐梓

孟子曰：“拱（两手所围）把（一手所握）之桐（树）梓（树），人苟（如果）欲生之，皆知所以养之者。至于身，而不知所以养之者，岂爱身不若桐梓哉？弗思甚也！”（《告子上》11.13）人们对身外之物，如桐树、梓树，都知道培植、灌溉，使之长成为美材，而于自身却往往不知道去护养，难道爱惜自身，反而不及那桐梓树木，真是太不会思考了！试想这样的糊涂人在四周比比皆是。

2. 人之于身：兼所爱·兼所养

孟子曰：“人之于身也，兼所爱。兼所爱，则兼所养也。无尺寸之肤不爱焉，则无尺寸之肤不养也。”（《告子上》11.14）人无不希望长寿，欲长寿那么人的一身四肢百骸、五脏六腑都要遍加爱护，这就是“兼所爱”。由此“兼所爱”进层则要“兼所养”，那就是要对身上的各部位遍加护养。此两句说得何等紧要、何等到位！人真能做到这两诀，必是养生的高境界了：

兼所爱——无尺寸之肤不爱焉；

兼所养——无尺寸之肤不养也。

其实人人都想长寿，对身体也想爱，也想养，但是往往仅停留在意愿或口头上，而不能真正付诸实际行动去爱，去养。譬如虽希望长寿，却暴饮、酗酒、抽烟、声色犬马，甚至吸毒，就像天天用利斧砍伐自己的生命之树，怎能延年益寿？再看孟子的养生之道已经不仅是贯彻到实际行动，而且已经细化到“无尺寸之肤”不爱不养，落实到极致的境地了！

我眼前又浮现出曾子一幕。曾子有病，召来门下的弟子，说：“启（拆开被子来看）予（我）足！启予手！《诗》云：‘战战兢兢，如临深渊，如履薄冰。’

而今而后，吾知免（灾祸）夫！小子！”（《论语·泰伯》8.3）曾子临终时让弟子看看自己的手与足的完好而无损毁，并教育他们身体发肤都受之父母，当全力爱护，不敢损伤，这是一种孝。自己平时就是像《诗经》上所说的那样小心谨慎地保护。曾子不就是孟子所说的“无尺寸之肤不爱焉，无尺寸之肤不养也”的一个典型榜样？如此也足见孟子的理念与智慧从曾子、子思等一脉传承而来的印记。

2. 关键：在于自我之取向

孟子又曰：“所以考其善不善者，岂有他哉？于己取之而已矣。”（《告子上》11.14）是的，养生、长寿关键还在于自我！张居正解读也有味：“人固以养身为贵，尤以善养为难。”“然同一爱养，有养得其道而为善的，又有养失其道而为不善的，所以稽考其养之善与不善，岂待求之于外，而有他术哉！只是于自己身上，反而求之，审其何者为重而在所当急，何者为轻而在所当缓，养其所当重则善，养其所当轻则不善，善与不善，特（仅）近取于吾身而自得其理矣。使非反之于己而审其轻重之伦（类别），有不失其养之宜者哉？”（《张居正讲评〈孟子〉》）人假使不能反求自身，去审察孰重孰轻、孰急孰缓，那么就必定会失去合适、适宜的所爱所养的地方。

3. 辨别：养生的贵贱与小大

孟子又曰：“体有贵贱，有小大。无以小害大，无以贱害贵。养其小者为小人，养其大者为大人。”（《告子上》11.14）这意思是说，人体部位有贵贱之分，有小大之别。譬如心志为贵为大，口腹就为贱为小；为贵为大是因为居统摄地位，为贱为小是因为处被管辖之部位。养生养身，决不要以小害大，以贱害贵。如果养其小者，那么就成为小人；如果养其大者，那么就成为大人。

养生如果只是注重口腹的营养、身体的运动等这些小者，而轻忽精神的调适、心志的平和等这些大者，那么或许可说前者是养生的“小人”，相反重视后者的爱养，那就是养生的“大人”了。

孟子又举例，曰：“今有场师（治理园圃的人），舍（舍弃）其梧（梧桐树，为美材）槚（jià，梓树，为美材），养其樲（èr，酸枣，非美材）棘（荆棘，非美材），则为贱（低劣）场师焉。养其一指（手指）而失（丧失）其肩背，而不知（不明白）也，则为狼疾人（指极其糊涂之人。赵岐注，读为狼藉）也。饮食之人，则人贱之矣，为其养小以失大也。饮食之人无有失也，则口腹岂适为尺寸之肤哉？”（《告子上》11.14）

这里孟子忠告人们，只要反思一下养樲棘、养手指的弊病，就会醒悟人之养生当先养其贵且大者。只图吃吃喝喝的“饮食之人”，之所以被人们认为低贱，就是因为养小而失大。“饮食之人”讲究吃吃喝喝，其实这上面也没有错，然而吃吃喝喝难道就是为了让口腹填饱、享受、满足吗？不！吃喝是为了活着，而活着可以干一番事业。这与那些活着是为了吃喝，吃喝之外还是为了吃喝者相比，孰贵孰贱，真是不言而喻了！这又是何等严肃的分辨！

最后要说的是，唐寿星孙思邈在《千金要方》与《千金翼方》中有《养性序》、《养性禁忌》。其云：“夫养性者，欲所习以成性，性自为善，不习无不利也。性既自善，内外百病皆悉不生，祸乱灾害亦无由作，此养性之大道也。善养性者，则治未病之病，是其义也。”只要善于保养善性，“虽绝药饵，足以遐年”。孟子不就是由善养性养气而能长寿的？！是的，孟子也吃也喝，然而他不是善养其口腹之小者，而是能通过养其口腹，而导致善养其心志之大者。因此，孟子平时“居移气，养移体”、“大哉居乎”，既有形而上的智慧，也有具体操作的方法。如此可见孟子的养生、长寿智慧，是将形而上理念与具体操作方法相结合，水乳交融在一起的。善学善悟者，当深加属意焉！

篇五

政军智慧：政治·管理·军事·战争

政道：有道·无道·王道·霸道

孟子继承了孔子的为政之道，且又在自己所处的历史时段上做出了新的思考与阐发，故其论政道，内蕴精深，妙义纷披。

一、无下无道：孔子以为木铎

《论语·八佾》："天下之无道也久矣。"孔子曾认为自己面对的是一个"无道"已久的人世，有道丧失，政道昏暗，秩序混乱。

孔子说："天下有道，则礼乐征伐（制作礼乐与出兵征伐）自天子出；天下无道，则礼乐征伐自诸侯出。自诸侯出，盖（大概）十世（代）希（稀，很少）不失（丧失君位）矣；自大夫出，五世希不失矣；陪臣（卿大夫的家臣）执（执掌）国命（国家命脉、政权），三世希不失矣。天下有道，则政不在大夫。天下有道，则庶人不议。"（《论语·季氏》）

孔子还论及处"无道"之世的人生之道："笃信好学，守死善道。危邦不入，乱邦不居。天下有道则见，无道则隐。邦有道，贫且贱焉，耻也；邦无道，富且贵焉，耻也。"（《论语·泰伯》）

世人对孔子的评价，则如《论语·八佾》所载："天下之无道也久矣，天将以夫子为木铎。"在当今"无道"之际，上天将以孔子为木铎。古代发布政教法令的时候，手摇着木舌铜铃，召集大家来聆听。上天就将孔子作为这样行教布教的振铎之人，是教诲与拯救世人的导师！

二、面对无道：孟子为又一木铎

孟子对自己当下的时代也做出了思考与分析，亦然认定同样是"无道"。

1. 大小·德贤·判辨

如何辨别有道或无道？孟子说："天下有道，小德役大德，小贤役大贤。天下无道，小役大，弱役强。"（《离娄上》7.7）"役"，此指被人役使、替他人服务。天下有道时，小德受到大德的役使，小贤受到大贤的役使。此为尚德的有道之世，小德与小贤受到大德与大贤的役使，是敬畏其德与贤，而不是害怕其位与势。如果反过来是无道，那么力小的受到力大的役使，势弱的受到势强的役使。这就不是一个尚德的世道，而是尚力的世道了。

2. 顺天者存·逆天者亡

孟子又说："斯二者天也，顺天者存，逆天者亡。"（《离娄上》7.7）"斯"，此、这。“二者”即上面说的两种情况。“天也”，指天之时、天之理，指一种自然的必然的理与势。这里的意思是：其一，不管是尚德之有道，还是尚力之无道，所推崇的虽不同，但均是由那种天时、天理所造成的。其二，既然这样，那么就睿智地“顺天者存，逆天者亡”，顺应这种情况的就能生存，悖逆这种情况的只有灭亡。人活在历史延续下来的当下，既不能脱离现实的世道，也不能不懂得历史的规律，因此于“存亡”之明智，便是“顺天者存，逆天者亡”。

振铎：道人徇路

3. 王道：孟子仁政之道

尽管要接受现实而面对当下之世，但是孟子指出却又可以行王道来平治天下。王道是儒家提出的一种以仁义治天下的政治主张。《史记·十二诸侯年表》：“孔子明王道，七十余君，莫能用。”孟子指出：“尧舜之道，不以仁政，不能平治天下。”（《离娄上》7.1）此凸现王道是极其关键的。孟子又曰：要“使民养生丧死无憾也。养生丧死无憾，王道之始也”。（《梁惠王上》1.3）甚至一座“明堂”的建筑也有关于王道，如孟子对齐宣王曰：“夫明堂者，王者之堂也。王欲行王政，则勿毁之矣。”（《梁惠王下》2.5）“王政”，即“王道”，也就是孟子说的“仁政”。

4. 霸道：孟子坚决反对

霸道是指君主凭借武力、刑法、权势等进行统治，与“王道”相对。有意思的是，孔子并没有绝对排斥霸道，譬如他曾对辅佐齐桓公实现霸业的管仲有这样的赞誉：“民到于今受其赐。微（若无）管仲，吾其被发左衽矣。”（《论语·宪问》）

孟子则矫枉过正，说：“五霸者，三王之罪人也。”（《告子下》12.7）即使是孔子称赞过的管仲，孟子他还认为“管仲以其君霸”，“不足为与”。（《公孙丑上》3.1）

孟子虽然没有直接使用“霸道”一词，但是论述的内容颇丰富。譬如孟子曰：“以力（武力）假（假借）仁者霸，霸必有大国（大国是能称霸的必要条件）；以德行仁者王（称王），王不待大（称王不必有待于必要条件是大国）。汤（商汤王）以七十里，文王（周文王）以百里。以力服人者，非心服也，力不赡也（只是心不服的人力量不够起来反抗）；以德服人者，中心悦而诚服也。如七十子之服孔子也。”（《公孙丑上》3.3）这一揭示，含义深邃！

张居正有评论：“古今论治道有二端：一是霸道，一是王道。欲知王霸之异道，亦观其心术而已。若恃其土地甲兵之力，而假托于救世安民之事，其事虽公，其心实私，这等的叫霸。”“若以大公至正之德，而行其救世安民之仁，心皆实心，政皆实政，这等的叫王。”“按此章论王霸之辩，只在诚伪之间，同一施仁也，而以力假之则霸，以德行之则王；同一服人也，而以力服之则霸，以德服之则王。其事功纯驳，感人之浅深，不可同日而语。此论王道者，所以必本之诚意也。”此评论可体察一番。

5. 道二：仁与不仁

孟子曰：“欲为君，尽君道；欲为臣，尽臣道：二者皆法尧舜而已矣。不以舜之所以事尧事君，不敬其君者也；不以尧之所以治民治民，贼其民者也。孔子曰：‘道二，仁与不仁而已矣。’暴其民甚，则身弑国亡；不甚，则身危国削。名之曰‘幽’、‘厉’，虽孝子慈孙，百世不能改也。《诗》云‘殷鉴不远，在夏后之世。’此之谓也。”（《离娄上》7.2）这里孟子指出有“君道”、“臣道”，尧与舜就是正面的榜样，死后加上恶谥“幽”（如周幽王；《逸周书·谥法解》：壅遏不通曰幽，动祭乱常曰幽）与“厉”（如周厉王，《逸周书·谥法解》：杀戮无辜曰厉）者就是反面的典型。《诗经》说，殷朝的鉴戒并不远，就在夏桀之世。那么纣当以桀为鉴，今则当以幽、厉为鉴。鉴幽、厉之不仁，才能效法尧、舜之仁。其实再清楚明白地说，那么就是孔子概括的，“道”有二种：一是仁，一是不仁而已。

6. 有道无道：殉身·殉道·殉人

孟子又曰：“天下有道，以道殉身；天下无道，以身殉道。未闻以道殉乎人者也。”（《尽心上》13.42）“殉”，指用死亡去随从那事物。比如“殉国”就是为国家的利益而牺牲；“殉难”指为国家或正义的事业遇难牺牲；“殉职”指在职人员为公务而牺牲。“殉情”指因恋爱受到阻碍而自杀。

孟子的意思是：其一，如果天下是有道的太平时代，那么就“以道殉身”，即将道为己身所运用，并得到发扬光大。其二，如果天下是无道的混乱时代，那么“以身殉道”，可以为道而献出自身。其三，从来没有听说过，用道来做出牺牲，即歪曲、诋毁道而来迁就迎合人们的。这又使人想起志于道者的那种不舍的坚毅，如孔子所说："朝闻道，夕死可矣。"（《论语·里仁》）君子处世，即是身不离道，道不离身。

篇末，我又记起孔子被称誉之"木铎"，历史或可追溯至夏，据传有"胥老摇铃"，也即"遒人徇路"之典故。《尚书·胤征》："每岁孟春，遒人以木铎徇于路。"遒（qiú）人，是古代帝王派出去了解民情的使臣。木铎，是金属所制铃，里面是木制的铃舌，木舌振动铃而发出声响。《三国志·蜀志·郤正传》："故曚冒瞽说，时有攸献，譬遒人之有采于市间，游童之吟咏乎疆畔，庶以增广福祥，输力规谏。"孔子则不仅被视为"木铎"，还被后人称赞为"天铎"，指上天宣明教化的权柄，也喻指接替上天宣布教化的警世之言。如章学诚《文史通义》："圣如孔子，言为天铎。"孔子如此，孟子也是如此。孟子说"天将降大任于斯人也"，又说"舍我其谁"。孟子就是步趋孔子的布行政教的振铎之人，是"天将以夫子为木铎"的又一"天铎"者！

得道：得天下·得其民·得其心

为什么有的得了天下？为什么有的失了天下？为什么有的得而复失？这里到底有何原因、有何深层的必然的因果关系？孟子再做出睿智的探索，并且为他所处的时代指出了方向，且成为经典的智慧深远地影响了中国的王朝。

一、历史反思：桀纣失天下

孟子曾深刻反思：历史上为什么桀失去了天下？纣也失去了天下？

桀，夏代最后一个国君，荒淫无度，作倾宫、瑶台，立玉门，为虐政。曾在有仍，或作有娀（sōng，今山东济宁东南）会合诸侯，有缗（mín）氏反叛，随即攻灭之。后商汤打败夏朝军队，桀出奔南巢（今安徽巢湖西南）而死，夏朝灭亡。

纣，商代最后一个国君，沉迷酒色，奢侈荒淫，重征赋税，统治暴虐。他曾杀死九侯（鬼侯）、鄂侯，囚禁周文王，杀害强谏的比干与梅伯，又囚禁箕子。出征东夷，损耗大量人力物力。周武王联合西南各族向商进攻，牧野（今河南淇县南）之战，因"前徒倒戈"，他兵败自焚，商代也就灭亡了。

孟子总结说："桀、纣之失天下也，失其民也；失其民者，失其心也。"（《离娄上》7.9）此成为一个因果链：

失天下——失其民——失其心。

天下之“失”的秘密便在此了，“失其民”便成了“独夫”、“民贼”，也便演变为亡国之君了。孟子又做出了一个极其形象而深刻的比喻：“故为渊驱鱼者，獭（水獭）也；为丛驱爵（雀）者，鹯（zhān，猛禽）也；为汤、武驱民者，桀与纣也。”（《离娄上》7.9）为深渊驱赶来鱼的是水獭，为树丛驱赶来雀的是鹯，为商汤、周武王驱赶来民的是桀与纣。桀与纣丧失民心、丧失民众，就像这样驱赶走他们的民众，且是驱赶到自己的对立面商汤、周武王那里。此失彼得，怪不得要失天下了，孟子将其祸根发掘得多深，多形象！

二、诸道：从历史逻辑里抽绎

孟子从夏桀、商纣这些反面的历史事实推演，又从当初商汤、周文王武王之所以能得天下的正面的历史事实抽绎。孟子发现了其中均有规律，均有“道”，且构成一个系列，那便是“得天下之道”、“得其民之道”、“得民心之道”。

孟子说：“得天下有道：得其民，斯得天下矣。得其民有道：得其心，斯得民矣。得其心有道：所欲与之聚之，所恶勿施，尔矣。”（《离娄上》7.9）

得天下——得其民——得其心——得仁政。

孟子最后又具体揭出“得其心有道”的内容，即“所欲与之聚之，所恶勿施，尔矣（如此罢了）”。民众所欲望的，要给予他们，要为他们聚集；民众所厌恶的，要勿施予，要不强加给他们。这是想民众之想，念民众之念，顺民众之心，将民众的衣食住行、饥寒饱暖、生老病死、孤独鳏寡等生活问题，尽心尽力办好。只有给民众好处、实惠、利益，才能取得民众真正的欢心喜爱，获得人心的归附。这就否定了另一种驾驭之道，即用愚民、诓民、逼民、损民、虐民去奴役民众。君主以百姓心为自己之心，百姓也以君主之心为自己心，如此心连心，便能天下莫能胜之了。其实一句话，那就是孟子所主张的推行“仁政”。

因此孟子又说：“民之归仁也，犹水之就下，兽之走圹（旷野、野外）也。”“今天下之君有好仁者，则诸侯皆为之驱矣。虽欲无王，不可得已”。（《离娄上》7.9）这是说，民众归趋仁，就像水向下流、就像兽往旷野里奔去那样！如今天下的君主若有好仁的，那么诸侯们都为他驱赶来民众了，这就像当初“为汤、武驱民者，桀与纣也”！这时候你不想称王，也不可能了！——孟子说得如此洒脱，底气十足，又正如他说的“天下可运于掌”了！”（《梁惠王上》1.7）

三、两道：逸道使民·生道杀民

孟子还指出："以佚道使民，虽劳不怨；以生道杀民，虽死不怨杀者。"（《尽心上》13.12）"佚道"是指逸民之道，使民众安逸、安居、乐业、获得幸福之道，用这样的道去役使民众，那么他们虽劳累而不会有怨恨。"生道"是指生民之道，使民众生存、存活之道，也即保民之道。"以生道"去杀人，那么即使死了也不怨恨杀他的人。这是孟子揭示的又一种管理哲学与艺术。

举例如中国人最为熟悉的、视为智慧化身的诸葛亮，其治民的智慧就是这样的。晋代陈寿《诸葛亮传》曾说："（魏明帝）青龙二年（234年）春，亮（诸葛亮）帅众出武功，分兵屯田，为久驻之基。其秋病卒，黎庶（民众）追思，以为口实（指常议论、谈说的内容）。至今梁、益之民咨述亮者，言犹在耳，虽《甘棠》之咏召公，郑人之歌子产，无以远譬也。孟轲有云：'以逸道使民，虽劳不怨；以生道杀人，虽死不忿。'信矣！论者或怪亮文彩不艳，而过于丁宁周至。臣愚以为咎繇（即皋陶，传说中舜时掌刑之岌）大贤也，周公圣人也，考之《尚书》，咎繇之谟略而雅，周公之诰烦而悉。何则？咎繇与舜、禹共谈，周公与群下矢誓（发誓）故也。亮所与言，尽众人凡士，故其文指不得及远也。然其身教遗言，皆经事综物，公诚之心，形于文墨，足以知其人之意理，而有补于当世。"——诸葛亮虽然劳民、役民，且有许多人为之战死、累死，但是民众劳而无怨，死而不恨，且还歌其功颂其德，其中就是因为他符合了孟子所说的"以佚道使民"，"以生道杀民"。陈寿说民众代代传诵、追思、钦慕诸葛亮，绝不低于那远古民众用《甘棠》来歌咏的周朝杰出的开国重臣召公、春秋时期民众歌颂的郑国卓越政治家子产。诸葛亮的这一例证即于今世来说，也是不乏补益的。

顺便一说，古代常用"甘棠遗爱"来称颂官吏的政绩，这就与召公、子产有关。相传周武王时，召伯巡行南国，广布仁政，决讼词于甘棠树之下，深为民众传诵。召公逝世，民众怀念他，不伐甘棠树，并作《甘棠》诗歌咏他，此即《诗经·召南·甘棠》。又传说子产执政时，曾进行许多有利于农业生产、有利于民众的政治改革。子产死，孔子闻之，出涕曰："古之遗爱也。"后来也有了"甘棠之爱"、"甘棠之惠"之语。

三．求艾：孟子救世之良策

从历史回到战国，从诸道返至现实，各国之纷争，君王都在图谋富国强兵，但却又均在虐害生灵，于是孟子开出药方，来根治世病。孟子说："今之欲王者，犹七年之病求三年之艾也。苟为不畜，终身不得。苟不志于仁，终身忧辱，以陷于死亡。《诗》云：'其何能淑，载胥及溺。'此之谓也。"（《离娄上》7.9）

孟子这里用艾灸治病来譬喻其理。艾，又称为“萧”、“冰台”、“艾蒿”等，草名，茎与叶均可作中药，叶片晒干制成艾绒，可用于灸疗。艾绒，是指捣干艾叶而成的绒状物，可用来灸病。艾炷（zhù），是指揉艾制成锥形的颗粒，用以灸疗。艾灸，就是中医的针灸疗法之一，用艾炷薰灸穴位以治病。

孟子说，如今想称王得天下的人，就像患了七年的痼疾，沉痼则难于痊愈，必定要寻找那三年的陈艾，干久干透益善，这才有大疗效。假使如今还不去蓄积那干艾，且一日一日拖延着，那么就终身不能获得。

孟子又巧妙地由“艾”之喻体，转至于“仁”之本体，如果君主不有志于仁，那么终身遭忧受辱，以至于陷溺于死亡。《诗经·大雅·桑柔》中说，那怎能办得好事情，只有接连落水淹没罢了。说的就是这一回事。

艾

孟子面对战国之乱世疾呼，追求那仁、仁政吧！世上缺乏仁政而沉疴至重，赶快求艾来医治吧，赶紧蓄积那干艾吧，不可再延误了！

剖视孟子“仁政”说之智慧

孟子继承发扬了孔子“仁”的思想，并发展成更为完整体系的“仁政”学说。“仁政”，是孟子平治天下的核心理念，也是他四处奔走宣扬的主题。孟子说：“今有仁心仁闻，而民不被（不能享受）其泽，不可法于后世者，不行先王之道也。”（《离娄上》7.1）这是孟子揭示出他认为的没有推行“仁政”的时代弊病。

一、仁者：人也·人心也

“仁”有什么涵义？孔子说：仁者，“爱人”。（《论语·颜渊》）这是一个核心的理念，孔子又对“仁”的涵义做出了许多创新式的拓展。《论语》全书“仁”字出现了一百多次，后来“仁”也成为中国政治学与哲学里的一个关键性的问题（此可参见笔者的《论语智慧》）。

孟子步趋孔子之说，继续大力宣扬“仁”：“仁也者，人也。合而言之，道也。”（《尽心下》14.16）此章言极简括，而意极深邃。仁就是人，人和仁结合起来，那就是道。孟子又说：“仁，人心也。”（《告子上》11.11）《中庸》也有说：“仁者人也，亲亲为人。”孟子又说：“恻隐之心，仁也。”（《告子上》11.6）

孟子的主旨是说，“仁”就是有关于人的问题，是有关于人心、人的善心的根本问题。人只有具备了这些才算是人，如果没有那善心，也便丧失了人心，那也就不能算是个人！因此如何将“人”与“仁”两者结合、综合、弥合、密合起来？比如怎样使得人具有仁、仁心、善心，这不就是“道”、“人道”的大问题、大道理了吗？

二、仁政：涵义辨析

儒家提倡的仁政，是指君主宽厚待民，施予恩惠，获得民心。孔子已有了仁政的思想，并把仁作为施政的标准，且揭出了一些道德原则，但没有具体的论述。孟子则弘扬之，不仅明确提出了“仁政”之说，且进行了较为深广的阐述。

首先，揭示仁政所具有的重要性、必要性、关键性。孟子曾极言之，即使如尧舜那样的圣人再有能耐，也必有赖于推行仁政，才能成功地平治天下。尧舜成功的核心秘诀便是行仁政。这也就是“先王之道”，而尧舜就是榜样。

其次，揭示仁政推行的可能性及其内在逻辑性。在孟子看来人性本是善的，人都有一种“恻隐之心”、“不忍人之心”。孟子指出，统治者与管理者如果能将其推而广之，扩而大之，那么治理国家，“斯有不忍人之政”，这也就是一种“仁政”。“仁政”也就是仁义之心推己及人的一种结果，仁义的道德原则是施政的根据，而人心之中的善良就是最深层的依据。这也就是孟子所说：“以不忍人之心，行不忍人之政，治天下可运之掌上。”（《公孙丑上》3.6）

三、仁与不仁：或可得·或决不可得

孟子曰：“三代之得天下也以仁，其失天下也以不仁。国之所以废兴存亡者亦然。天子不仁，不保四海；诸侯不仁，不保社稷；卿大夫不仁，不保宗庙；士庶人不仁，不保四体。今恶死亡而乐不仁，是犹恶醉而强酒。”（《离娄上》7.3）

孟子喜言历史，好揭示规律。夏商周之三代于天下或得或失，就说明仁与不仁是关键问题。孟子还延展系列的链接：天下·天子——国·社稷·诸侯——卿大夫·宗庙——士庶人·四体。其中或保或不保，或得或失，关键就在于“仁”与“不仁”之间的选择。最后孟子还用一个归谬的例子来点醒，即虽厌恶醉酒，却还在逞强喝酒，这不是适得其反吗？如今厌恶死亡丧失，却还在乐于不仁而不知道返回，就是这样的荒谬之事！

孟子又有名言：“不仁而得国者，有之矣；不仁而得天下者，未之有也。”

(《尽心下》14.13）孟子再拨正人们的理念，认为不仁者就不能得国。然而事实又并非如此，古往今来就有不少是“不仁”却得国的。这又怎样来解释？这是因为适逢当政者昏庸，彼则凭自己的私智之奸巧，加上各种有利因素的凑合，而偶尔成功。譬如窃国大盗袁世凯不就是？“不仁而得天下者，未之有也”，我想其实孟子的话还可以再圆通地解读，不仁的人或可以得国，也或能偶尔取天下，譬如秦始皇不是吗？然而，这永远是短命的！秦始皇虽得了天下，但是“不仁”而施行暴政，结果仅历两世十五年就被灭亡了。袁世凯用尽种种卑劣手段好不容易登上了皇位，但没有多少天就下台了！——孟子给人深刻的启示，历史给人更为刻骨铭心的启迪！

四、仁政：蓝图构想

既然得国、得天下必须要推行仁政，那么仁政又是怎样的呢？怎样来践行仁政呢？

(《梁惠王上》1.5）里，孟子劝说梁惠王施行种种仁政，若再综合他处的论述，那么可以简要地梳理出施行“仁政”的纲要。我撮其要或有十三端：

(1）要“正经界”，实行井田制。(2）“制民之产”，使有“恒产”，能维持生计；“乐岁终身饱，凶年免于死亡”。(3）农业方面，要“不违农时”、“深耕易耨”。(4）“取于民有制”。(5）税收要“薄税敛”。(6）推行“养老”制度。(7）刑法要“省刑罚”。(8）不“陷溺其民”。(9）“与民同乐”。(10）要社会“通功易事”。(11）教育要“谨庠序之教，申之以孝悌之义”，“修其孝悌忠信”。(12）军事方面，行“仁政”之王去征伐不仁政者，则“仁者无敌”；甚至“可使制梃以挞秦楚之坚甲利兵矣”。(13）最后功效与结果，如孟子指出：“行仁政而王，莫之能御也。”(《公孙丑上》)

政治学家萧公权（1897—1981）也曾说：仁政必有具体之设施。孟子所言，似可以教（民）、养（民）二大端概括之。而其养民之论，尤深切详明，为先秦所仅见。七篇之中，孟子所注重者为裕民生、薄赋税、止战争、正经界诸事。此外孟子又有“与民同乐”之主张。其对齐宣王雪宫之问，谓“乐民之乐者，民亦乐其乐；忧民之忧者，民亦忧其忧。乐以天下，忧以天下”。(《梁惠王下》2.4）陈义尤为精当高远，实孔子之所未发。盖美食安居，人所共悦。必强人主以土阶茅茨，既反人情，必不能用。若君上能行推恩之术，则举国腾欢，可臻仁政之极致。孟子之重视民生如此，故于当时君臣不能尽养民之责者讥诋至严，毫不宽假。如讥梁惠王则曰“率兽食人”，对邹穆公则曰“上慢残下”，斥善战者则曰当“服上刑”，论致富强之徒则毁之为古之“民贼”。《尚书》有“民为邦本”之语，孟子殆最能阐发其旨。然而，萧公权又说：孟子本不忍人之心，欲矫当时虐政之弊，故于民生之涂炭，再三致意而发为“保民”之论。此殆深受时代之影响，非孟子立意求改仲尼之道也。抑又有进者，孟子虽以受历史环境之刺激，主张制产裕民，然并不与时代风尚相妥协，而遂接受其功利主义。（萧公权《中国政治思想史》）

这一解读也值得参考，点出孟子在建构仁政时关于民生、养民、保民内容的阐论，是深入的、切要的、细致的、明白的，不厌反复详申的，确实是先秦论者里所鲜见的。不过我再想，其实孟子言孔子之所未言、想孔子之未想，这是面对当下历史现实不得不做出的答卷，这也是孟子发展孔子儒家学说的一种来自历史的推动力，时势这般使得孟子不得不如此，自任重任如许也使得孟子不得不行。至于仁政里的一些具体内涵则可参见后文的再论说。

三、仁政：树立典范

孟子不仅阐明仁政，且为人们推出了仁政的典范。他既树立尧舜仁政之道之典范，又推崇周代“文王发政施仁”的榜样。

孟子确实极善于从历史汲取政治智慧，比如说起仁政里的“养老”制度，那么文王与纣王就成为了正反的历史借鉴。历史上文王兴起为西伯，在治理岐时能使得许多仁人、有德望者来归附，而商纣王恰恰相反行无道，而罢弃那些仁德之人。

孟子曾描述了伯夷、姜太公均躲避商纣王，而投奔周文王，是因为“闻西伯善养老者”。（《离娄上》7.13、《尽心上》13.20）。孟子还说：“二老者，天下之大老（具有最大声望的老人）也，而归之，是天下之父归之也。天下之父归之，其子焉往？诸侯有行文王之政者，七年之内，必为政于天下矣。”（《离娄上》7.13）这里还揭示出诸侯有行文王之政者，那么周期率是“七年”，“必为政于天下矣”！在《离娄上》（7.7）孟子又揭示出周期率：“师文王，大国五年，小国七年，必为政于天下矣。”当然，孟子的这种理想的周期率是否正确，那是另一个可以讨论的问题了。

为了让榜样更加贴近后人，便于效法，孟子还较具体详细地描述了文王的养老制度。《尽心上》（13.22）有载：种桑养蚕，则“老者足以衣帛矣”；饲鸡养彘，则“老者足以无失肉矣”；百亩耕作，则“足以无饥矣”。“所谓西伯善养老者，制其田里，教之树畜，导其妻子，使养其老”。“文王之民，无冻馁之老者，此之谓也。”因善于养老，而仁人归附，也因此而民心归附，如此施行仁政，便最后获得了成功。

然而时下的君王只知道忧愁民心之不归附，而却不知道担忧仁政的不施行，孟子就为他们树立了一个典范。孟子深知榜样的召唤力是巨大的。如孟子对曹交，这位曹国的国君之弟，说："子（你）服（穿衣服）尧之服，诵尧之言，行尧之行，是尧而已矣。子服桀（夏桀）之服，诵桀之言，行桀之行，是而已矣。"（《告子下》12.2）孟子树立的文王典型，不就是在起这样的引导作用吗？其实孟子自己不就是心目里把孔子、文王等圣人作为榜样，而生发出无限的动力与智慧来的吗？！

民贵君轻·放桀伐纣·诛一夫纣

孟子主张推行仁政，对世俗的理念进行了激烈的反拨。他提出的"民贵君轻"、"放桀伐纣"、"诛一夫纣"等政治理念在当时是具有颠覆性的、石破天惊之语，于后世也震波不已。

一、民贵君轻：孟子的发明之功

1. 重组序列：民—社稷—君

《尽心下》(14.14) 载，孟子曰："民为贵，社稷次之，君为轻。故得乎丘民（众民）而为天子，得乎天子为诸侯，得乎诸侯为大夫。诸侯危社稷，则变置。牺牲既成，粢盛既絜，祭祀以时，然而旱干水溢，则变置社稷。"孟子在这里揭示了三者的序列，显现渐降的差等。孔子虽然也重视民之重要与关键，但是没有明确地排列出这样序列，而《周礼》所见的序列也与孟子的序列正好相反。在孟子之前人们的理念里均是君为最尊，社稷其次，而民众的地位则又等而下之了。孟子这种颠覆性的序列不仅丰富了且又使得儒家的政治学说向前迈进一大步。

"民为贵"，此便是以得民心为最贵。得民心者得天下，这话这道理不知道验证了古今中外多少的历史事实。这也应合了《尚书·五子之歌》所说："民惟邦本，本固邦宁。"然而统治者往往把民众看做"贱民"、"草民"，就是不懂得民虽无可尊之势，却有可畏之形，具可骇之力，潜可决之机。

"社稷次之"，孟子认为国家政权这是第二位的。"社稷"，本指古代帝王、诸侯所祭祀的土神和谷神。"社"指土神，"稷"指谷神。古代君主都祭社稷，后来就指国家的代称。如今北京还留有社稷坛古迹，就在中山公园内，是旧时帝王祭祀土神和谷神的地方。

"君为轻"，孟子认为处于末位的是君主，三者中最轻。因为没有民，哪有君；没有社稷，哪有君。若不得民心，焉能为君？不得社稷，焉能为君？孟子的

"民贵君轻"，在当时具有极强的震撼力量。

萧公权又曾评说："养民既为政治之第一义，孟子乃更进一步而发为民贵之论。按当孟子之世，魏齐争霸，秦势方兴。国强君威，专制之萌芽已茁。商鞅、申不害之徒方致位卿相，大扇重令尊君之说。一时风气实趋向于贵君而贱民。"所以孟子乃力排众议，以此言来正告天下。而夫君长之得位由于丘民，诸侯社稷均可变置，一国之中永存而不得动摇者惟有人民而已。再说"是孟子不仅以人民为政治之目的，亦且以之为主体。此其为说固非六国时代一般人士所能喻，即孔子亦未尝雅言以明之也。盖孔子民可使由，不可使知之说略含轻民之意，而其君子行仁由近及远之理想复倾向于视君民一体。孟子始暗示君民之对立，而大明民主君仆、民体国用之旨"。(《中国政治思想史》)

梁启超说："孟子言民为贵，民事不可缓。故全书所言仁政，所言王政，所言不忍人之政，皆以为民也。泰西诸国今日之政治殆庶几近之。"(《读〈孟子〉界说》不过也有学者指出，孟子的那种"民贵"理念与后来人们所说的民权是有区别的，不可混为一谈。如萧公权指出："孟子民贵之说，与近代之民权有别，未可混同。简言之，民权思想必含民享、民有、民治之三观念。故人民不只为政治之目的、国家的主体，必须具有自动参预国政之权利。以此衡之，则孟子贵民，不过由民享以达于民有。民治之原则与制度皆为其所未闻。故在孟子思想中民意仅能作被动之表现，治权专操于'劳心'之阶级。暴君必等天吏而后可诛，则人民除取不亲上死长之消极抵抗以外，并无以革命倾暴政之权利。凡此诸端，皆由时代环境所限制。吾人若一考欧洲至十六七世纪犹大倡诛戮暴君之论，至18世纪以后民治之理论与制度始进展流行，则于公元前四世纪'贵民轻君'之孟子，可无间然矣。"(《中国政治思想史》) 此说也可供人们进一步思考。

2."得乎"层级：丘民—天子—诸侯—大夫

孟子又说：如果能得到"丘民"(本指田野里的小民，泛指民众)的心，那么可以"为天子"；如果得到天子的心，那么就能做诸侯；如果得到诸侯的心，那么就能做大夫。(《尽心下》14.14)——此显示"得乎"的层级，最高层级便是作为统驭天下的天子必须"得乎丘民"。这也就是要得民心，才能做天子。这再次说明了为什么"民之贵"的道理。

3.民意之贵·贵在民心

民为贵，还贵在民意上，而民意即是民心的取向与流露，因此必须重视民意。孟子说："得天下有道：得其民，斯得天下矣；得其民有道：得其心，斯得民矣；得其心有道：所欲与之聚之，所恶勿施尔也。"(《离娄上》7.9) 民心之向背之重要于此可见了。孟子卓识之论还在于指出如何得民心之要诀：民“所欲”者要能“与之聚之”，给予他们，聚集给他们；民“所恶”者就要“勿施尔也”，不施加给他们。

孟子又曾说：“左右皆曰贤，未可也；诸大夫皆曰贤，未可也；国人皆曰贤，然后察之；见贤焉，然后用之。左右皆曰不可，勿听；诸大夫皆曰不可，勿听；国人皆曰不可，然后察之；见不可焉，然后去之。左右皆曰可杀，勿听；诸大夫皆曰可杀，勿听；国人皆曰可杀，然后察之；见可杀焉，然后杀之。故曰，国人杀之也。如此，然后可以为民父母。”（《梁惠王上》2.7）这里充分揭明，君王面对三种意见：一是君王左右人的意见，一是诸大夫的意见，一是国人的意见，然而此三种意见里面最重要、最关键的是国人的意见，这就是民意，也就是民心之心声。这段文字用了排比、复迭的修辞手法，气势浩荡，振聋发聩！

二、革命：放桀伐纣·诛一夫纣

孟子讲政治，还讲革命。“革命”一词来源可以追溯到数千年之前，《周易》里已经出现了。《周易·革》：“天地革而四时成。汤武革命，顺乎天而应乎人。”“革命”，本指实施变革而应天命。因此后来又有“革命反正”说，指变革天命，使之恢复正常。孟子深刻地继承了这些思想，在《孟子》里多见其阐述宣扬。

1．君轻·问责·撤位

孟子不仅指出过“君轻”，还提出了对君王问责制的严峻问题。君王做错了事情，也应该向他问责、追究责任，甚至撤掉其位。《梁惠王下》（2.6）记载：孟子巧妙地设计了一套问题，一层层引得对方齐宣王的回答进入自己预设的套路里：比如朋友不尽责，则应与之绝交；士师不尽责，则应罢免他。然后逼迫已进入此套路的齐宣王来回答：如果君王不尽责，则该如何？这时候齐宣王不能反己自责，而是“王顾左右而言他”。齐宣王避开正面回答，而回头左顾右视而言其他，用搪塞来回避自己的过错，遮蔽自己的羞愧。

萧公权曾评论说：以上一则“此暗示君主有职，同于百官，失职者当去也”。孟子又曾说君也仅是百官中的“一位”，“示君臣同类之义，与专制时代君臣悬绝之观念不同”。（《中国政治思想史》）在战国这一君专政暴的时代，孟子却要颠覆这一君专之秩序，掀翻这种政暴的局面，虽然实际上行不通，但是那种理念与胆略却赢得一代代人的赞慕。

2．革命：放桀伐纣·诛一夫纣

孟子还曾进一层犀利地揭示，对君王不仅要问责、撤换，且于暴君可杀。《梁惠王下》（2.8）就有这样的一段孟子回答齐宣王的精彩记载。

齐宣王问孟子：商汤流放夏桀，周武王讨伐商纣王，有这等事吗？孟子对曰：在传记文献里有这些记载。

齐宣王再反问：臣子杀他们的君王可以吗？孟子回答：败坏仁的人就称为“贼”，败坏义的人就称为“残”，“残”、“贼”这样的人就称为“一夫”。只是听说了诛杀独夫之纣，而没有听说谁杀了君王。

“一夫”，本指一个男人，孟子曾特指一个农夫，然而这里即“独夫”的意思，指众叛亲离的人、暴君。孟子重新诠释了“汤放桀，武王伐纣”、“臣弑其君”的历史的、政治的问题。此前《尚书·泰誓》：“独夫受（即纣王），洪惟作威，乃汝世雠。”孔传：“言独夫，失君道也。”蔡沈集传：“独夫，言天命已绝，人心已去，但一独夫耳。”后来又有了“独夫民贼”之说。

孟子游见齐宣王

陈荣捷《中国哲学文献选编》有评：“此处大胆而简要地提出革命的主张，暴君既已失掉天命，所以其位当让予他人，历代儒者总是信守此一纲领，而每一次叛乱也总不免要利用到它。”萧公权也有说：此一则，“此明揭暴君可杀之义也。”（《中国政治思想史》）确实，孟子的“革命的主张”，成为此后儒家的一个纲领，并深刻且久远地影响了儒家。

3. 孟子回答：谁来易位

那么由谁来进行易位的革命呢？《万章下》（10.9）载，孟子曾对齐宣王说，作为和国君同宗的贵戚之卿，那么“君有大过则谏，反覆之而不听，则易位。”王勃然变乎色。孟子曰：“王勿异也。王问臣，臣不敢不以正对。”王色定，然后问异姓之卿。孟子曰：“君有过则谏，反覆之而不听，则去（离开）。”孟子指出“贵戚之卿”是所谓的“革命”的首选人物与关键力量。其次，孟子指出这样的“革命”也有个过程，先是不断进谏，且要耐心地反反复复进谏规劝；如果“反覆之而不听”，那么最后就是除去这个君王。

其实，我想虽然老百姓没有直接参与那种宫廷里的政变式的“革命”，但是这样的“革命”也必定是要依靠民心、顺应民意的，因为在深层是占有绝对制衡的份额的。

最后又记起萧公权《中国政治思想史》所说，“民贵君轻之旨，实先孟子而成立”，“然以孔子之圣，已有‘民可使由’、‘庶人不议’之主张。足见民贵之古义，至孟子之身，湮沉已久，殆近绝学。孟子之功不在自出心裁创设其旨，而在重张坠绪于晚周君专政暴之时。于是孟子之政治思想遂成为针对虐政之永久抗议。虽势不能见采于时君，而两千年中每值世衰国乱辄一度兴起，与老庄之无君思想互相呼应。故就其影响论，孟子之儒，不仅有异于荀，抑亦颇殊于孔。盖孟子取人民之观点以言政，孔荀则倾向于君主之观点也”。这里将诸家进行比较解读，我们在回顾孟子之说时更能深知此中的味道了！

孟子的“民贵君轻”的理念对后世影响深远，一直在传递、流播着，成为了一种思想传统，又在近代酝酿为民治说，而与民主运动接脉了，此中时见先辈们冲击罗网的可歌可泣的浩然之气！

好善：足以治政与管理

治政者、管理者，果然需要有强毅、才智、见识，谋略，然而孟子认为还有一端极其重要，那就是“好善”。孟子说“善”、“好善”，充满着智慧，耐人寻味。

一、为政：好善优于天下

《告子下》（12.13）记载，当鲁国要让乐正子执政时，孟子为弟子此事兴奋得“喜而不寐”，于是有了这样一段生动的对话。

弟子公孙丑一路追问，乐正子具备“强”、“有知虑”、“多闻识”这些当官的条件与素质吗？

孟子一路否定，乐正子并不强毅，不算得足智多谋，也谈不上多闻博识，但是他却具有一个最重要的东西，即“好善”。有此一端便足以治理鲁国，甚至可以治理天下。孟子提出了著名论断“好善优于天下”，好善则治天下也是绰绰有余！

我们不禁要问：这是为什么？乐正子到底又是怎样一个人？《尽心下》（14.25）有载，孟子评价乐正子是个善人、信人，并进一步解释，值得喜欢的就称为“善”，自身确实具有善的就称为“信”。善与信充实的就称为“美”，充实而且有光辉的就称为“大”，大而能融化贯通的就称为“圣”，圣而玄妙莫测的称为“神”。乐正子这人，处于“善”与“信”的二者之中，而在“美”、“大”、“圣”、“神”此四者的下面。孟子曰：“可欲之谓善，有诸己之谓信，充实之谓美，充实而有光辉之谓大，大而化之之谓圣，圣而不可知之之谓神。”这名言即从此出。

我们当然还要追问，那么“好善”到底指什么呢？为什么“好善”能将执政、管理搞好？

1.“好善”者，自己喜好做个善人。——如此便能有善心、善言、善行，这样去行政、管理，那么就会去干善政，举善事。对于执政、管理来说，这不是最紧要、最为关键的吗？

2.“好善”者，能善待他人。——于他人则能好闻善言，好见善行，闻善言而能求之，见善行而能效之。如此“好善”便能虚怀雅量，开诚布公，兼收并蓄。有言：用人则有余，自用则不足。若能充分地吸纳众人的才智、谋略，如此去执政与管理，那么不仅可以避免主观独断，而且可以做得更为出色。

3.“好善”、“不好善”的比较。——此可再凸现“好善”的必要性、关键性。孟子说：如果好善，那么四海之内，就会有人不远千里而来告诉他好的意见与建议。如果不好善，那么别人将模仿他的话与神色，“訑訑（yí），予既已知之矣。”“訑訑之声音颜色，距人于千里之外。”（《告子下》12.13）“訑訑”指听不进他人的善言，嘴里发出不耐烦声音的那种神态样子。赵岐注：“訑訑者，自足其智，不嗜善言之貌。”这真是生动如画，今天在现实生活里，不也常能看到这样的情景！然而，相反谗言阿谀的人就会涌来，若与谗谄面谀之人居处在一起，要想国家治好，能行吗？

二、为善：以善服人·以善养人

《离娄下》（8.16）载，孟子曰：“以善服人者，未有能服人者也；以善养人，然后能服天下。天下不心服而王者，未之有也。”这意思是尽管不用威势、武力等去使人服从，而是想用善来使人服从，还是未必真能使人服从。这往往是因为自己虽有善，有服人之理，却强要他人服从，往往是行不通的，许多善人往往被孤立，就是如此。即使有人服从了，也未必是内在的心服。然而如果是用善去养人，就是涵育、熏陶、教化人们，务必使得他人同归于善。这以后才可以使得天下人心服，并能称王。这是要用自己的“独善”转化为“兼善”，亦然如孟子曰：“穷则独善其身，达则兼善天下。”（《尽心上》13.9）如果与之相反，“天下不心服而王者”，那是未曾有过的。

关于此智慧，张居正说：以善养人，“此则以曲成万物为心，以兼善天下为度，若此者乃可以服天下，使之心悦诚服以归于我，而可为天下王矣。苟非以善养人之君，天下未必心服，而能致王于天下，岂有此理哉？夫善一也，以之服人，则人未必服；以之养人，则心服而王。心之公私少异，而人之向背顿殊，王霸之分，其端正在于此。君天下者，可不审其几乎！”从政者、管理者、领导者、学者都应该深识此睿智，详审其几微。

三、为善：仁言与仁声·善政与善教

1. 善言之仁言·善声之仁声

孟子说："仁言不如仁声之入人深也。"(《尽心上》13.14) 此亦然深具智慧。

仁言是一种善言。仁言，指仁爱的言语、仁德教化的言论，也指仁人之言。朱熹集注："仁言，谓以仁厚之言加于民。"另外又如赵岐注："政教法度之言。"此二说也有相通的地方，比如政教法度之言也必须具有仁厚。孟子倡导仁言，因为这是有利于世人的。如《左传·昭公三年》："君子曰：'仁人之言，其利博哉！'"比如有这样的记载，"晏子一言而齐侯省刑"，所以又有"仁言利博"、"仁言利溥"之说，指有德行的人说的话益处很大。

仁声是一种善声。仁声，有不同解释，一是指具有教化作用、能使得风俗变得淳厚的音乐与乐声。如赵岐注："仁声，乐声《雅》、《颂》也。"一是指仁德之名誉、声望。如朱熹集注："仁声，谓仁闻，谓有仁之实，而为众所称道者也。"此二说也可相通的，都是仁爱的声音及其所发挥的作用。

然而仁言与仁声做出比较，那么孟子指出：政不如教，善政不如善教；仁言不如仁声能够深入人心。这是为什么呢？仁爱的言语果然可以入耳入心，但是未必能感人至深、感人至久。譬如君王、官员、领导抚慰百姓民众，晓之以理，动之以情，口头上说得够动听，承诺够感人，一时间让听众慷慨激昂，自以为拥有了一位好带头人，但是最后的结果是民众往往未必真能得到多少实际利益的好处。就像许多国家的总统竞选一样，为争夺此位说得选民舒舒服服，心满意惬，好像一切都能马上兑现，但是一旦其当上总统却往往令民众不满意，甚至还有上当受骗的感觉。

然而"仁声"，是民众得到了实惠，实际上的受惠，从而给出的仁爱的声誉、仁爱的美誉，这是经过检验而来的，是发自内心深处的"仁声"，当然是"仁言不如仁声之入人深也"。朱熹集注："此尤见仁德之昭著，故其感人尤深也。"至于仁声作为音乐上的解释，那么在本书他处的解读可参见。

2. 比较：善政与善教

孟子说："善政不如善教之得民也。善政民畏之，善教民爱之。善政得民财，善教得民心。"(《尽心上》13.14) 此中也极富智慧。

先说善政。善政，比如制定良好的纲纪、政策、法令、制度、条规等等，固然可以将民众纳入正轨之道，但是仅使得他们有所畏惧，而不敢逾越而已。民众的情感却并不一定愉悦，民心并不一定心服。

次说善教。善教，是对民众有良好的教化，且善于教化，如此则民众因其感化，而感情上有了亲近，从而能被民众爱戴拥护，这是心的服从。《离娄下》(8.20)："禹恶旨（甘美）酒，而好善言。"据说仪狄造酒，禹饮此酒而甘之，说："后世必有以酒亡其国者。"遂疏远仪狄而绝旨酒。这就是圣人执政的身教与言教。其收获的政治成果，亦然如《尽心上》(13.16) 中所说："及其闻一善言，见一善行，若决江河，沛然莫之能御也。"

因此若将善政与善教做出比较，那么善政固然可以获得民财，或许还能获取丰裕的民财，但是不一定就能获得民众的心。然而善教，却能获得民心。如果再往深层说，那么能得到民心，也就能更轻松地获得更多的民财，还受到更多的拥戴。朱熹集注："政，谓法度禁令，所以制其外也。教，谓道德齐礼，所以格其心也。""得民财者，百姓足而君无不足。得民心者，不遗其亲，不后其君也。"确实，钳制其外仅是外部的规范，而格正其心是民心内在的教化。外在的钳制怎能与内在的感化同日而语呢？所以孟子说："善政不如善教之得民也。"此种智慧何等深邃！

时代在不断地变化，然而回顾千百年前孟子的这些言论以及其中的智慧，我们可以扪心而问：好善真的足以治政与管理吗？或许大多数的人会选择首肯，而不是摇头了吧？！

政治与管理：乐与忧的智慧与哲学

治政者、管理者既有无数之乐，也有不尽之忧。乐与忧里有着深刻的哲学、玄妙的智慧，孟子则有睿智的阐发，至今犹可借鉴。

一、独乐·不乐·民乐·偕乐

《梁惠王上》(1.2) 载，孟子谒见梁惠王，梁惠王站立在大池沼边上，顾盼着鸿雁麋鹿，并问孟子："贤德的人也愿意这样享乐吗？"

孟子随即对他讲述了作为国君应有的人生享乐的哲学。孟子说："贤者而后乐此，不贤者虽有此，不乐也。"先成为贤德之人，而后才能享受这样的快乐；不贤德之人，即使拥有这些，也不能享受到真正的快乐。孟子接着用《诗经·大雅·灵台》以及周文王的故事来诠释。周文王虽然动用民力筑高台、建深沼，而

"民欢乐之"，并"谓其台曰灵台，谓其沼曰灵沼，乐其（为他拥有这些而快乐）有麋鹿鱼鳖"。为什么呢？孟子说：此中的原因，是"古之人与民偕乐，故能乐（获得真正快了）也"。

孟子又举出反面的例子夏桀。《尚书·汤誓》有民众诅咒他的话：你夏桀这个太阳何时灭亡？我们愿意跟你同归灭亡！孟子说："'时（此，这）日害（曷，何时）丧，予及女（汝）偕亡。'民欲与之偕亡，虽有台池鸟兽，岂能独乐哉？"孟子反诘得真是好！当民众愿意与统治者拼一死命、同归于尽的时候，他"虽有台池鸟兽，岂能独乐（独自享乐）哉"？这是民众因未能得到"同乐"，而由忧愁——仇恨——诅咒，此表明已丧失了民心。

二、音乐之乐：诠释又一种快乐

《梁惠王上》(2.1) 载：齐国的大臣庄暴来见孟子，说："我庄暴朝见齐王，齐王对我讲他爱好音乐，我不知道该怎样回答他。"庄暴问孟子，曰："好乐何如？"

孟子回答，曰："王之好乐甚，则齐国其庶几乎！"齐王特别爱好音乐，那么齐国差不多就有希望了！因为在孟子看来，"王之好乐甚"，便能精通音乐的道理，若再融贯到治政上去，那么既能与民同乐，且使社会和谐得像音乐一样，国家不就得到治理了吗？

他日，孟子进见于齐王，曰："王尝语庄子（曾经告诉庄暴）以好乐，有诸（有这回事吗）？"王变乎色，曰："寡人非能好先王之乐也，直（只是）好世俗之乐耳。"

孟子曰："王之好乐甚，则齐其庶几乎！今之乐由（犹）古之乐也。"在孟子看来，今世之音乐犹如古世之音乐，因为是由古而演绎发展至今的；且内在的乐理是一样的，均能使得欢欣交畅，和气充周，进而能平心静气地有条理地去治政。

齐王曰："可得闻与（可以听闻此中的道理吗）？"孟子曰："独乐乐，与人乐乐，孰乐？"这意思是独自欣赏音乐之快乐，比较与他人一起欣赏音乐的快乐，哪一个更快乐呢？齐王曰："不若（比不上）与人（一起欣赏音乐）。"

孟子又曰："与少乐乐，与众乐乐，孰乐？"齐王又曰："不若与众。"这意思是与少数人欣赏音乐之快乐，比较与众多人欣赏音乐之快乐，哪一个更快乐呢？齐王的选择与回答，正落入了孟子预设的答案里，这又是孟子过人的智慧。这里揭出了音乐审美、享受快乐的两则道理：

音乐之乐：独乐乐，与人乐乐，不若与人乐乐。

音乐之乐：与少乐乐，与众乐乐，不若与众乐乐。

于是孟子又机智地由此音乐审美的讨论进而劝谏。孟子曰："臣请为王言乐

（谈谈音乐）。今王鼓乐于此，百姓闻王钟鼓之声，管籥（yuè，似笛而小）之音，举（全都）疾首（头脑胀痛）蹙頞（此指愁苦的样子。蹙 cù，紧缩；頞 è，鼻梁）而相告曰：'吾王之好鼓乐，夫何（为何）使我至于此极也（痛苦的极点）？父子不相见，兄弟妻子离散。'今王田猎（打猎）于此，百姓闻王车马之音，见羽旄（旗帜上装饰的羽毛与牦牛尾，此指旗帜）之美，举疾首蹙頞而相告曰：'吾王之好田猎，夫何使我至于此极也？父子不相见，兄弟妻子离散。'此无他，不与民同乐也。"

孟子又曰："今王鼓乐于此，百姓闻王钟鼓之声，管籥之音，举欣欣然有喜色而相告曰：'吾王庶几无疾病与，何以能鼓乐也？'今王田猎于此，百姓闻王车马之音，见羽旄之美，举欣欣然有喜色而相告曰'吾王庶几无疾病与，何以能田猎也？'此无他，与民同乐也。今王与百姓同乐，则王矣。"

音乐之乐，再如田猎之乐，只要与民同乐，那么这样的快乐是正确的，不仅无害，而且有利于治政、管理。然而统治者如果只是"独乐"，且是损害民众利益的"独乐"，那么便给民众带来忧愁、愁苦，"举疾首蹙頞"便是生动的描述，而民众相告之言，便是对统治者的一种控诉了！民众之忧愁——呈现于脸色——辗转而相告——愤怒地控诉，试想这不是大失民心了吗？

三、游乐之乐：解读再一种快乐

《梁惠王下》（2.4）载，齐宣王在自己的别墅雪宫接见孟子。一是认为自己是极其礼遇了孟子，一是炫耀自己能享受这样的宫室之乐，因此齐宣王问孟子，曰："贤者亦有此乐乎？"

孟子乘机进行深刻的开导，说："有。人如果得不到这种快乐，就会非议抱怨他们的君上。不得到快乐而非议君上，是不对的；做为民众之上的国君而不与民同乐者，亦是不对的。君王把民众的快乐当做自己的快乐，民众也就把君王的快乐做为自己的快乐；君王把民众的忧患当做自己的忧患，民众也把君王的忧患当做自己的忧患。乐则与天下人同乐，忧则与天下人同忧，然而不称王的，是没有的。"

孟子的名言也流传千古："为民上而不与民同乐者，亦非也。乐民之乐者，民亦乐其乐；忧民之忧者，民亦忧其忧。乐以天下，忧以天下，然而不王者，未之有也。"

孟子接着举出晏子的例子来开导。往昔齐景公巡游，欲观于转附（或今芝罘山）、朝儛（或今召石山），遵（沿）海而南（往南），放（至于）于琅邪（今琅琊山）。他曾问晏子说：该怎样修为，而可以比拟先王巡游的盛典呢？晏子回答，天子“巡狩”都是为了政事而不是为了游乐，“一游一豫”都能成为诸侯仿效的法度。“豫”指行乐、游玩。

晏子再揭露说：如今的巡游，却劳民伤财，怨恨四起。“师行而粮食（征集粮食），饥者弗食，劳者弗息。睊睊（juàn，因愤恨而侧目而视）胥（都）谗（毁谤），民乃作慝（tè，恶，指民众反抗）。方（指违逆）命（指违背上天旨意）虐民，饮食若流（饮食浪费得就像流水一样）。”这是何等可恶，又是何等可怕的事！

晏子再揭露说，游豫者“流连荒亡，为诸侯忧”。所谓“流”，是“从流下（游乐从上游而往下）而忘反（返回）谓之流”。所谓“连”，是“从流上（游乐从下游而溯上）而忘反（返回）谓之连”。所谓“荒”，是“从兽无厌（无厌倦地打猎）谓之荒”。所谓“亡”，是“乐酒无厌（无厌倦地饮酒取乐）谓之亡”。——如此“流连之乐、荒亡之行”，过去的圣贤君王是不干的，如今您齐景公自己决定吧！结果齐景公闻进谏而喜悦，并从善如流。

孟子巧妙地借用以往齐国晏子与景公的例子来开导如今的齐宣王，使得历史教训具有一种近距离的亲切感，更能起到作用，这也是孟子“古为今用”的历史智慧之一。

四、智慧反拨：每人悦之，日亦不足

子产是春秋时期郑国的大政治家，执政二十多年，声誉很高，然而孟子对子产政治有批评与反拨，智慧深刻，很有启发意义。

《离娄下》（8.2）载：“子产听郑国之政，以其乘舆济人于溱（zhēn，水名）洧（wěi，水名）。孟子曰：‘惠而不知为政。岁十一月徒杠（走人的桥）成（修成），十二月舆梁（行车的桥梁）成（修成），民未病涉（不以渡河发愁）也。君子平其政，行辟人可也。焉得人人而济之（渡河）？故为政者每人而悦之，日亦不足矣。’”

孟子批评子产用自己的车子帮助民众渡河，这仅是施加小恩惠，让少些民众喜悦，然而子产不知为政。如果在十一月农事结束后，用人力修好走人的桥，在十二月农闲时，可动用更多的人力修好行车的桥梁，民众就都没有渡河的困难了。君子只要治好政，出行时让行人避开就可以了，这是合乎礼节的，哪里用得上这样的方法，一个个帮助他们渡河呢？如果为政者要做到使得每一个人都高兴，即使每日穷尽自己的时间与力量，还是不够的。

“故为政者每人而悦之，日亦不足矣”，此真是至理名言。此有几点可揭明：一是为政者要让“每人而悦之”，是不太可能的。二是，行小恩小惠，只能使得极少人快乐。三是，只有识得政体之大道，从纲纪法度的高度，用公平正大之措施，去为民众兴利除弊，才能普遍让民众满意。四是，诸葛亮曾说："治世以大德，不以小惠。"此深得孟子之意旨。想起张居正说："盖孔子称管仲之仁，而讥其不知礼；孟子称子产之惠，而病其不知政。皆所以为后世训也！"这就是执政与民之乐、民之悦的又一种智慧！

孟子这些智慧综合观之，那么其要旨之指向是同一的，其内涵主要有：

从音乐的享乐来看，那么当知孟子所指出的"独乐"不如"与人乐"，"与少乐"不如"与众乐"。由此也可以延伸解读，人生之乐、日常生活之乐，亦然要能在与他人分享里得到自己的快乐，而这样的快乐能使人更快乐。其实作为治政者、管理者、领导者更应该具有这种认识与智慧，在与他人同乐里享受自己的一份欢乐，在自己享乐时能让他人也分享到那种快乐。

治政者、管理者、领导者还应该把上面所说的"人"与"众"推广到最普遍的民众、百姓，从而能"与民偕乐"、"与民同乐"、"与百姓同乐"。正如孟子指出："为民上而不与民同乐者，亦非也。"当然"与民同乐"，不是让民众来一起享受君王的那种宫室、乐舞、田猎、游乐等，而是让民众享受安居乐业之"乐"、享受天伦之乐之"乐"。

治政者、管理者、领导者能够"与民同乐"，那么其回报也是丰厚的，因为他获得了成就"王道"、"仁政"所必需的民心。

"与民偕乐"、"与民同乐"、"与百姓同乐"，并不是使得"每人悦之"，否则又进入误区，那就是"故为政者每人而悦之，日亦不足矣"！

我们熟悉宋代政治家、文学家范仲淹之千古名文《岳阳楼记》，有云："先天下之忧而忧，后天下之乐而乐！"此中论"忧"与"乐"亦然与孟子所说相吻合。由此，先有孟子的高论滔滔，继之范仲淹的扬波发挥，于是儒家的这一理念深入人心，成为许多人向慕与追求的理想人格与高尚情操。

十戒：政治与管理的戒律

孟子于政治与管理不仅有许多正面的精辟论述，还揭出诸多警戒要则，振聋发聩，作警钟长鸣，今日读来依然有一种醒悟之效。

一、惩戒：自侮·自毁·自伐

孟子提出了一个深刻的理念与智慧，许多失败是出于自身的原因，是"自取之”造成的。孟子曰：“夫人必自侮，然后人侮之；家必自毁，而后人毁之；国必自伐，而后人伐之。”（《离娄上》7.8）一个人因为自侮而后招来他人之侮，一个家庭因为自毁而后招来他人之毁，一个国家因为自伐而后招来他人之伐。此言深刻，背后有无数的惨痛例证可证实！所以必当绎思自取之义，深戒自作之孽，然后无侮己毁家亡国之祸。

《尚书·太甲》是商朝辅佐大臣伊尹的训词，其中有曰：“天作孽（灾祸，危害），犹可违；自作孽，不可活。”孟子曾感叹地说，“此之谓也！”读《离娄上》（7.8）这一名章，可悟许多人就是这样“安其危而利其菑（zī，灾害），乐其所以亡者”，真似警钟喤喤，时常惕然震醒世人！

二、惩戒：居高位而非仁者

关于政治与管理，孟子主张让仁者在位，而且居高位者必须是仁者。孟子曰：“是以惟仁者宜在高位，不仁而在高位，是播其恶于众也。”（《离娄上》7.1）如果不仁者居在高位，那么行不正之道，纵情肆欲，无所忌惮，这是在向众人散播其罪恶，贻害无穷。

孟子曰：“仁者爱人。”（《离娄下》8.28）“仁者无不爱也。”（《尽心上》13.46）“仁之胜不仁也。”（《告子上》11.18）“惟仁者为能以大事小。”（《梁惠王下》2.3）“是君臣、父子、兄弟终去仁义，怀利以相接，然而不亡者，未之有也。”（《告子下》12.4）孟子又说：“仁者如射（射箭）：射者正己（端正自己的身姿）而后发，发而不中，不怨（怨恨）胜己者，反求诸己而已矣（只是在自身寻找原因）。”（《公孙丑上》3.7）——试想，如果不仁者居高位，怎么能抵达如此仁者才能臻至的成功与境界呢？

三、惩戒：犬马土芥式地待人

《离娄下》（8.3）载，孟子告齐宣王曰：“君之视（看待）臣如手足；则臣视君如腹心；君之视臣如犬马，则臣视君如国人（就如不相识的路人）；君之视臣如土芥（泥土草芥），则臣视君如寇仇。”这里可从君臣关系延伸至于普遍的人际关系处理智慧。

上待下有“手足”之恩、下对上有“腹心”之义；若待下如“犬马”那样使唤，则对上如“国人”陌路；若上待下如任人践踏的“土芥”，则对上如报仇的“寇仇”。孟子于君臣之间的关系透视深刻，揭示明彻，中外历史上的许多例证都可以用来证实。

此中智慧有三端：其一，既然人同此心，那么你如何对待他人，他人也就如何返回来对待你；你敬人，人也报之以敬；你贱人，人亦然回之以贱。其二，处理好君臣关系，首要的关键决定在上对下，君对臣的关系上；因为臣对君的关系，只是一种回应与反馈。其三，智慧的深层便是只有真正晓悟人心、沟通人心、将心比心，这才是处理好关系的要诀。

四、惩戒：官守不得其职

《公孙丑下》(4.5) 有载，孟子对齐国大夫蚳（chí）蛙说，你辞去灵丘地方的官职，而请求做刑法治狱之官，好似有理，因为可以向君王进谏。如今数月过去了，还不向齐王进言吗？蚳蛙向齐王进谏，而不被采纳，于是辞职离去。齐人说："孟子为蚳蛙的出主意，则是好的；不过孟子自己如何考虑进退，我就不知道了。"孟子门人公都子（把这番话告诉了孟子）。孟子曰："吾闻之也：有官守者（居官就有职守），不得其职则去（不能尽其职守就离职）；有言责者（有进言责任的），不得其言（如果进言不听）则去。我无官守，我无言责也，则吾进退，岂不绰绰然有余裕哉？"

这里孟子指出，无官则无责，有官必负责。若为官员就得完成自己的职守、职责，如果不能尽责自己就应该离去。孟子还正面明告，曰："贤者在位，能者在职。国家闲暇指太平无事，及是时，明（修明）其政刑，虽大国必畏之矣。"(《公孙丑上》3.4) 贤者能者，若在位在职，就是使国家机器有效运转的一个重要保证。

五、惩戒：民贼式之"良臣"

孟子指出一个极其有趣味且当警惕的情况，要警戒国家朝廷里所谓的"良臣"，却原来是祸害民众的"民贼"。

《告子下》(12.9) 载，孟子揭露了当时民贼式"良臣"的表现：善于揣摩君王迫切"辟（开拓）土地，充（充实）府库"的心理，摸准了君王"约与国（纠集盟国），战必克（胜利）"的念头，吃透了君王"强战"的欲望，因此千方百计投其所好，用不正当不道义的手段去满足君王之欲求。孟子说，这是"富桀（让夏桀富足）"、"辅桀（辅佐夏桀作战）"，谋求一自私利，却在蠹国害民。

孟子还正面揭出："尊贤使能，俊杰在位，则天下之士皆悦，而愿立于其朝矣。"(《公孙丑上》3.5) 能做到这样，那么就得到了真正的良臣，当然君王、国家、民众的利益也都会得到保障了。

六、惩戒：般乐怠敖自求祸

孟子又揭出人不仁则招来侮辱，般乐怠敖则自招灾祸。孟子曰："仁则荣，不仁则辱。"孟子又曰："今国家闲暇，及是时（趁这时）般乐怠敖，是自求祸也。祸福无不自己求之者。"(《公孙丑上》3. 3)"般（pán）乐"，指寻欢作乐，乐而忘返，盘旋不止。“怠敖”是指懒惰、懈怠，以及恣肆无忌。

孟子再次告诫人们，或败亡，或兴盛，或灾祸，或福祉，其中自有因有机，不会无因而得福，也不会无因得祸，败亡必有机缘，兴盛必有缘由，其实都是自取的，此应当深加致思。

七、惩戒：出尔反尔

政治、管理要警戒“出尔反尔”。“出尔反尔”，原义是指你怎样去对待别人，别人也就怎样来对待你；现在人们熟知的意思是指言行自相矛盾，反复无常。此成语原出自曾子之口。《梁惠王下》（2.12）载：邹国与鲁国战斗。邹国穆公问孟子：“我的官员战死的有三十三人，而民众没有一个愿意为救长官而去死的。如果诛杀民众，则不可尽诛；不诛，则又怨恨民众视其官长死而不救，该怎么办才可以呢？”孟子对曰：“灾荒年，君之民辗转死于山沟溪谷，壮者逃亡到四方，有近千人；而君之粮仓充实，国库充盈，官吏却不肯向国君汇报，这是因为居上者傲慢不仁，而残虐了下面的民众。曾子曰：‘戒之戒之！出乎尔者，反乎尔者也。’从今而后民众就会反过来也这样报复那些官吏。国君不要指责、归罪民众。国君推行仁政，那么民众就会亲近居上者、为其长官而死。”

平时上面的统治者、管理者对民众漠不关心，甚至见死不救，那么在他们危急时，民众当然也回报以视死不救了，此时希望民众来救援自己，是不可能的。确实如此，你施予他人恩情，别人就回敬你恩情；你施予他人怨恨，别人就回敬你怨恨。这就是施恩得恩，施怨得怨，一施一报，毫厘不爽，此也正如俗话所说的是“种豆得豆，种瓜得瓜”！这一则也告诫人们：上虐下，则下恨上；若再延伸下去，那么就是上有官逼，则下有民反了。

八、惩戒：“不信”与“二无”之祸

孟子说：“不信仁贤，则国空虚；无礼仪，则上下乱；无政事，则财用不足。”（《尽心下》14.12）治国、管理之道多端，但这里揭示的是三件特别紧要的大事。其一，不信任那些仁人贤士，那么国家就会空虚。这是为什么？因为既然得不到应该有的信任，那些仁贤就一一离开而去，重新去投奔信任他们的人。兴国最讲究人才，人才空缺，这是国家的根本“空虚”，由此人才之“空虚”导致了政事不兴的“空虚”，这就是“国空虚”。

其二，戒“一无”，即戒“无礼仪”，否则“上下乱”。一旦缺少了礼仪，那么上上下下就乱套了，没有了规矩怎能成方圆！其三，再戒“一无”，即戒“无政事”，否则就“财用不足”。一旦“无政事”，废弃不管，成一团糟，既不能广开财源，又不能节流有方，便民贫国穷，不可振作起来。

九、惩戒：民事可缓之弊

《滕文公上》（5.3）载，滕文公曾问如何治国，孟子曰："民事不可缓也。"孟子指出，民众之事情不可拖延、缓行，必须抓紧。他举出《诗经·豳风·七月》：冬闲的时候，农民们白天割茅草，晚上就搓绞绳子；急忙上房修屋，春天一开始就播种百谷。在冬日已谋来春之计，在春日即不失时机地谋划一年之计，一年又一年不可缓地向前推进。

虽然孟子举例说的"民事"是指农事，但是一切有关民生的重大事情都不可缓，必须无一日不勤，无一念不在，无一事不殆，要以民之心为心，要于民之事汲汲而为，然后可以得民心！

十、惩戒：泄泄沓沓与药不瞑眩

孟子曰："泄泄，犹沓沓也。事君无义，进退无礼，言则非先王之道者，犹沓沓也。"（《离娄上》7.1）《诗经·大雅·板》中说，上天正在降下灾祸，颠覆周王朝，不可有泄泄（yì）的样子。"泄泄"、"沓沓"，指出弛缓懈怠、逢迎悦从的意思。治政、管理必须君臣兢兢业业，上下交儆，夙夜匪懈。如果只在那里因循岁月，谋划自身自家的利益，不顾国之大业，只是一味地将政事怠慢、延缓、拖沓，奉迎君王的旨意，讨得喜欢。这就是泄泄，就是沓沓，也就是泄泄沓沓。此当然是政治、管理中当惩戒的。

孟子把治政与管理中的扫除蠹弊，看做如治病用药一样，要警戒"药不瞑眩"。孟子曾用这一理念与智慧来开导过滕文公，当时他还是个世子；所谓世子，即帝王或诸侯之正妻所生的长子。孟子说："《书》曰：'若药不瞑眩（目眩、头晕、烦乱），厥疾不瘳（chōu，病好了）。'"（《滕文公上》5.1）孟子引用《尚书·说命》（为伪古文）里的话，来说明如果服药不能使得病人晕眩烦乱，那么疾病就治理不好，病根也去不了。治政、管理都是这样，想要扫除蠹弊，必须像治疗人的疾病一样，要用苦口的药来攻治，且必定要使得病人先"瞑眩"一番，即药性发作时的头晕目眩、胸腹中烦乱，才能将病治好。张居正有说："若所引《书经》二语，于治道尤为亲切。盖王者以天下为一身，凡四方水旱兵荒即是人身的病痛；远近内外许多弊端蠹政，即是人身经络脏腑中致病的根源，若能听逆耳之言，怀侧身之惧，将那蠹弊的去处，一一扫除，使阴阳和顺，灾沴不作，就如用苦口之药攻去病根，使气血调畅，身体康宁一般。即此推之，尧舜之道，亦不外此。图治者可不勉哉！"

孟子的这些教导，或许并不都过时，依旧可以给一代代人，乃至于现代政治与管理带来许多有益的启示。

孟子战争军事智慧

战争是政治的延续，因此孟子也像孔子那样关注战争与军事。再说，面对纷乱的战国，各国君王都希望听到富国强兵之道；孟子要游说君王，也不得不谈论，不得不对战争做出深刻的思考。最终他的纷呈智慧，也结晶成了一份珍贵的遗产。

一、非兵·非攻·非战

1. 战争的危害与罪行

孟子说："君不行仁政而富之，皆弃于孔子者也，况于为之强战？争地以战，杀人盈野；争城以战，杀人盈城。此所谓率土地而食人肉，罪不容于死。"（《离娄上》7.14）为争夺疆土、城池而战，结果横尸遍野、盈城，这就叫率领着土地来吃人肉。这是一种犯罪，其罪恶之大甚至就连处死刑也不可容忍，此谓"罪不容诛"。

2. 善战者应该服刑

孟子曰："故善战者服上刑，连诸侯者次之，辟草莱、任土地者次之。"（7.14）此揭示三种罪刑：善战者应服最重的刑罚，合纵连横诸侯者服刑次一等，强令民众开荒耕种者服刑再次一等。孟子所说的这三种情况或许是有所指的：善战者如孙膑、吴起之类；连诸侯者如苏秦、张仪之类；辟草莱、任土地者如李悝尽地力、商鞅开阡陌之类。此可见孟子最痛恨的就是善战者了。关于战争的罪恶，孟子又说过"善为陈"是大罪，"善为战"是大罪。（《尽心下》14.4）此再见孟子反战的坚定立场，及其对战争罪行的深恶痛绝。

二、孰胜：战争胜利之本

《梁惠王上》（1.7）有载，孟子曾问齐宣王："邹（国）人与楚（国）人战，则王以为孰胜？"齐宣王曰："楚人胜。"

孟子由此开导，曰："然则小固不可以敌大，寡固不可以敌众，弱固不可以敌强。海内之地方千里者九，齐（国）集有其一。以一服八，何以异于邹敌楚哉？"孟子首先指出，战争的胜负其实在还没有交战的时候，权衡比较一下敌我双方的情势就可知道，比如国家之孰小孰大、军队之孰寡孰众、实力之孰弱孰强，心中就有孰胜孰败的估计了。

孟子进而曰："盍（hé，何不）亦反其本矣。今王发政施仁，使天下仕者皆欲立于王之朝，耕者皆欲耕于王之野，商贾皆欲藏于王之市，行旅皆欲出于王之途，天下之欲疾其君者皆欲赴愬于王。其若是，孰能御之？”孟子认为国之强大在于反求于根本，即实行仁政。齐国能“发政施仁”，天下民心均归趋，那么没有人可以抵御阻挡了。孟子认为得民心者得天下，同样得民心者战必胜。

孟子曾强调，曰：“国君好仁，天下无敌焉。”（《尽心下》14.4）孟子举出商汤、武王之来证明（见下文），因为他们得民心，各欲正己，那么就用不着征伐之战了。

三、殃民：斥不教而战

孟子一方面竭力反战，一方面也没愚蠢到放弃备战。其实即使天下太平之时，忘战则危；何况天下纷战之日，无备则患。孟子就曾严厉斥责不教而战的殃民之举。

《告子下》（12.8）有载，慎子为鲁国之臣，名滑厘，是一个善于用兵作战之人。鲁国想要让慎子出任将军，攻打齐国，占取齐国之南阳。孟子反对，曰：“不教民而用之，谓之殃民。殃民者，不容（不被容忍）于尧舜之世。（即使）一战胜齐，遂有南阳，然且（这样也还是）不可。”

孟子之言当然引来对方的不满与反对。慎子勃然（变色的样子）不悦曰：“此（这即使能打胜仗，却还是不可以的道理）则滑厘所不识（不明白）也。”孟子就向他分析了战争与政治、经济、体制的关系与道理。孟子的大意是，从政治体制上来说鲁国现在的土地已经超出诸侯国的标准了，若再去通过战争掠夺他人的土地，就是越制而行，且杀人残民，那么都是干的不仁不义之事。因此即使胜利了，在道义上却失败了。因此再开导慎子，“君子之事君也，务引其君以当道，志于仁而已。”

这里还可以见到孟子的“教民习战”的理念和智慧是与孔子一脉相承的。孔子就曾说：“善人教民七年，亦可以即（走向）戎（当兵打仗）矣。”（《论语·子路》）孔子又说：“以不教民（未经教育训练之民）战，是谓弃之。”（《论语·子路》）

孟子的那一套分析，在当时共鸣者也许并不多，战争还是连绵不断，但是历史上却永远是不乏知音的！

军事智慧：孟子于历史上战争的评论

历史上战争频仍，许多重大的战争被深镌在史册上，且听孟子是怎样做出评论的，其中又可一窥这位亚圣的理念与智慧。

一、评商汤之征伐

商汤，或称成汤，是商朝的创立者。他先攻灭了诸侯葛、豕韦、顾，再攻灭昆吾，接着向夏进攻，在有仍、鸣条等地接连胜利，并攻灭三爰，最后终于于公元前 1600 年灭夏，建立商朝。

孟子评论说：成汤，“南面而征，北狄怨；东面而征，西夷怨。曰：‘奚为后我？’”（《尽心下》14.4）当初商汤王征伐南方，北方的民族就抱怨；征伐东方，西方的民族就抱怨，说：“为什么把我们搁在后面？”之所以抱怨，是因为四方民众都盼望商汤王早日来攻伐，从而及早把他们从眼前所处的虐政里拯救出来。成汤出征乃是慰问民众、讨伐有罪的仁义之师，因此人心向往，而谁能抵抗这样的吊民伐罪之师？这就所谓“国君好仁，天下无敌”。（《尽心下》14.4）

二、评周武王伐纣

孟子说，周武王攻伐殷的时候，兵车有三百辆，勇士（虎贲）有三千人。武王曰：“不用害怕！我是来安抚你们的，不是与百姓为敌的。”百姓都额头触地磕头，声音响得就像山陵崩裂一样。这又说明了仁者无敌。（《尽心下》14.4）这里的“若崩厥（‘蹶’，触）角（头角）稽首”描述得活灵活现，一若图画在眼前，而声响如灌耳，民心之归往竟然如此动人！

商汤征夏、武王伐纣均为无敌于天下，是因为他们是仁者、仁者之师。孟子还说：“征之为言正也，各欲正己也，焉用战？”（《尽心下》14.4）“征”的意思就是正，张居正解读说：“盖征之为言，以己之正，而正人之不正者也。”

三、评武王伐殷“血之流杵”

《尽心下》（14.3）载，孟子曰：“尽信《书》，则不如无《书》。吾于《武成》，取二三策而已矣。仁人无敌于天下，以至仁伐至不仁，而何其血之流杵也？”

《尚书·武成》其题目“武成”的意思就是武功成就的意思。此篇记叙周武王伐殷归来后，向祖庙、上天、山川以及诸侯百官报告伐殷武功的成就。依据《尚书正义》引郑氏之说，此篇《武成》到汉光帝建武之际，已经亡失。今天的《武成》篇，被断定为梅氏伪古文《尚书》之十七；东晋时豫章内史梅赜曾作《伪古文尚书》五十八篇，其中便有此篇。

《尚书·武成》载：“甲子（日）昧爽（清早），受（商纣王）率其旅（军队）若林（多得就像树林那样），会于牧野（来到牧野会战）。罔（无）有敌于我师（他的军队对我军没有发起进攻），前徒倒戈（前面的士兵倒戈），攻于后（反击后面的）以北（而至失败；北，败北），血流漂杵（血流甚至可以漂浮起木杵；

‘杵’，舂米木棒，或写作‘卤’、‘楯’）。一戎衣（指讨伐殷商），天下大定。”

《武成》此文不长，即今天所见者，还不到440字，但是如果作一推算，每一竹简写30字左右，则也有一百多简了，而孟子说的：“吾于《武成》，取二三策（竹简）而已矣。”意思是只取其中的极少的一些文字，那么究竟取什么呢？据朱熹集注：“程子曰：取其奉天伐暴之意，反政施仁之法而已。”其余的不可尽信的又是什么呢？朱熹集注：“《武成》言武王伐纣，纣之‘前徒倒戈，攻于后以北，血流漂杵’。孟子言此，则其不可信者。然《书》本意乃谓商人自相杀，非谓武王杀之也。孟子之设是言，惧后世之惑且长不仁之心耳。”

其实战争就是残酷的，在汉代贾谊《新书·益壤》：“炎帝无道，黄帝伐之涿鹿之野，血流漂杵，诛炎帝而兼其地，天下乃治。”这里也写到“血流漂杵”，其实正义之战、非正义之战都会“血流漂杵”的。因此孟子认为当时有“血之流杵”的情景是不可能的，这仅仅是他的主观认识而已了！

四、春秋无义战

春秋，为时代之名，孔子的《春秋》记事，从周平王四十九年，至周敬王三十九年（前722—前481），计242年，史称春秋时期。如今多以周平王东迁至于韩、赵、魏三家分晋（前770—前476）共295年，为春秋时代。相传孔子据史实修《春秋》，笔则笔，削则削；字寓褒贬，不佞不谀，使乱臣贼子惧。范仲淹《近名论》：“孔子作《春秋》，即名教之书也。善者褒之，不善者贬之，使后世君臣，爱令名而劝，畏恶名慎矣。”

《尽心下》（14.2）载，孟子曰：“春秋无义战。彼善于此，则有之矣。征者，上伐下也，敌国不相征也。”孟子评论春秋的战争，一言蔽之：“春秋无义战。”孟子认为战争虽同一，此中却有正义、非正义之别，然而春秋的大大小小的战争却都归属于非正义的战争。为什么此间没有正义的战争？孟子认为凡是征伐之举，必定要由天子出命才可讨伐其罪行，诸侯得天子之命而出兵伐其罪，这才是正义的，反之均是不正义之战，回顾春秋时期的战争都是这样的不义之战。且看《春秋》这书里，就有许多用贬斥、讥讽来记载不义之战的，而没有赞扬哪一场战争的，就可略知其理了。

然而孟子又有细辨，尽管春秋没有义战的本质是一样的，但是其中也有程度上的不同。在这些不义之战里也有这样的情况，即是彼战善于此战，也就是某一次战争比另一次战争显得好一点。比如说有的假借尊王的名义去征伐的，有的窃取攘夷的名号去讨伐的。这就似乎比那些毫无“理由”、明显的弃义悖理去征伐的要稍微“善”些“优”些。

孟子又回到当时战国的现实，再着重指明：征伐只是适用于上对下的讨伐，因此地位平等的“敌国”，是不应该互相征伐的。眼下“敌国”的纷乱相征，正是春秋不义之战的错误延续！

五、贬斥：糜烂民众之战

《梁惠王上》(1.5) 载，梁惠王好战，曾对孟子曰：“晋国，天下莫强焉，叟(您老) 之所知也。及寡人之身，东败于齐，长子死焉；西丧地于秦七百里；南辱于楚。寡人耻之，愿比（指为）死者一洒之（指洗雪耻恨)，如之何则可？”孟子则劝告他实行仁政，便会无敌天下！

《尽心章下》(14.1) 载，孟子曾斥责梁惠王的残忍、少恩、不仁，曰：“不仁哉，梁惠王也！仁者以其所爱及其所不爱，不仁者以其所不爱及其所爱。”仁者会把他所爱的施及所不爱的，不仁者会把他所不爱的施及所爱的。此不仅意旨深刻，且修辞特妙！张居正有解读：“盖仁者之心，主于爱人，故其用爱无所不至。亲其亲矣，而又推亲亲之心以仁民；仁其民矣，而又推仁民之心以爱物，笃近以举远，由亲以逮疏。充其一念恻怛（cè dá，恻隐、怜悯）之良，必至于无所不爱而后已，这是以其所爱及其所不爱也。”反过来说：“不仁之人，偏于惨刻，故其惨刻亦无所不至、暴殄百物未已也，而害且移之百姓未已也，而害且移之至亲，薄者薄矣，而厚者亦薄。疏者疏矣，而亲者亦疏。充其一念忿戾之私，必至于众叛亲离而后已。这是以其所不爱及其所爱也。”

然而公孙丑还不明白，曰：“何谓也？”

孟子再答疑，曰：“梁惠王以土地之故，糜烂其民而战之，大败，将复之，恐不能胜，故驱其所爱子弟以殉之，是之谓以其所不爱及其所爱也。”梁惠王为了争夺土地之缘故，驱使民众去战争，结果尸骨陈野，血肉溃烂。大败之后，还将再战，恐怕不能取胜，故又驱赶他所爱的子弟身先士卒，此又是去送死，这就是以其所不爱及其所爱。

孟子是对梁惠王好战的尖锐揭露，其实是举出这个典型，用以对整个战国时期诸侯好略地、好战争，以至于糜烂其民、驱子弟以殉的控诉！张居正看准了这一点，说：“是时列国务于战争，轻人命如草菅，不止梁惠王为然。孟子举其不仁之甚者，以示戒也！”此言中的！

六、反思：天下无敌·仁者无敌

孟子曾说到孔子读《诗经》时的感叹：“夫国君好仁，天下无敌。”(《离娄上》7.7) 有这样的记载——

《诗经·大雅·文王》：“商（朝）之孙子（后代子子孙孙），其丽（数）不亿

（不止十万，古数以十万为亿）。上帝既命（下令），侯（维、乃，语助词）于周服（商代子孙无不臣服周朝）。侯服于周，天命靡常（天命没有恒常，只归于有德者）。殷士肤（美、漂亮，或说大）敏（达，捷），裸（guàn，一种祭祀仪式）将（助）于京（都要到周之镐京去执裸礼助祭）。”孔子曰：“仁不可为众（仁德的力量不以人数的众寡为依据的）。夫国君好仁，天下无敌。”

孟子继承孔子之说，又针对当下的战国时代感慨曰：“今也欲无敌于天下，而不以仁，是犹执热（执持热物，或说处于酷热、苦热）而不以濯（zhuó，冲洗，洗浴）也。《诗》（诗·大雅·柔桑）云：‘谁能执热，逝（语助词，无义）不以濯？’”孟子继孔子的“天下无敌”、“无敌于天下”之说，又突出了“仁者无敌”的军事理念，丰富了同时代的那些以战争取天下的理念与军事智慧。

七、名篇：孟子战争论智慧风采

《公孙丑下》（4.1）“天时不如地利”章，是军事战争智慧的名篇，魅力永葆，传诵千年。其中“天时不如地利，地利不如人和”、“得道者多助，失道者寡助”等警句，几于家喻户晓。

孟子曰：“天时不如地利，地利不如人和。三里之城，七里之郭，环而攻之而不胜。夫环而攻之，必有得天时者矣；然而不胜者，是天时不如地利也。城非不高也，池非不深也，兵革非不坚利也，米粟非不多也；委而去之，是地利不如人和也。故曰：域民不以封疆之界，固国不以山溪之险，威天下不以兵革之利。得道者多助，失道者寡助。寡助之至，亲戚畔之；多助之至，天下顺之。以天下之所顺，攻亲戚之所畔；故君子有不战，战必胜矣。”此中可以梳理出精辟的政治与战争关系的智慧。

1．三个因素：天时·地利·人和

孟子认为天、地、人，是决定战争胜负的三主因，若要胜利必须天得时，地得利，人得和。此序列里又是人和为首要，其次是有利地形，再次是天时的自然时序与阴晴寒暑条件。这正如孟子所揭示：“天时不如地利，地利不如人和。”

2．比较：攻而不下·弃城而去

孟子善于举例说明问题：其一，比如三里之内城，七里之外城，就这样的弹丸之地，有环而攻之而不能战胜的。环攻者，虽必有得天时的，然而不能胜利，是因为天时比不上地利。其二，相反的，比如城不是不高，护城河不是不深，兵器铠甲不是不坚利，米粟粮食不是不多，然而抛下城池而离弃，这是地利比不上人心之凝聚和乐。

3. 治国："三不以"

由此孟子又指出治国的"三不以"，即"三不用"：一是，限制民众不用国家的封疆境界；二是，固守国家不用山川之险阻；三是，威慑天下，不用兵器铠甲之坚利。这些都是有形的有限的，而无形无限的是民心，此最为关键。

4. 战必胜：得道多助·失道寡助

孟子又指出"得道多助"，能得仁义之道而行，那么民众既得恩惠，必团结效力，无不誓死而相助。相反，"失道寡助"，那么民心既失，焕然瓦解，且还幸灾乐祸，当然帮助的人少了。孟子揭示出战争里的一种量变至于质变的过程与结果："寡助"至于极点，那么连最近的亲戚也反叛他；"多助"至于极点，那么天下的人都顺从他。在这时，"以天下之所顺，攻亲戚之所畔"，即用民心得至于最盛的时机，去攻打连亲戚都已经反叛的敌方，如此君子要么不战，战则必胜了！

今天看来，孟子认为得天下的关键是在得民心，认识到决定战争胜负的最后力量是人，这无疑是正确的。但是也不能矫枉过正，真的若"可使制梃以挞秦楚之坚甲利兵矣"（《梁惠王上》1.5），那也未必然。譬如说一方有原子弹，一方没有，即使最讲仁义，也是不行的，这就不仅需要用正义的战争去反对非正义的战争，也得要用先进的装备去制胜强大的对方。否则若一味空喊仁者无敌，是愚蠢不堪的了！

5. 名篇的案例：齐伐燕之说

然而，孟子的军事智慧确实是深刻的，可再读一案例。《公孙丑下》（4.8）记载了齐国大臣沈同因私交而来询问孟子："燕可伐与？"孟子曰："可！"孟子反对战争，但是当沈同问起燕国是否可以去攻伐时，他毫不犹疑地回答："可以！"

这是为什么？且看当时燕国的国情，国君子哙（？—前314），即燕王哙（前320—前318）在位。他自奉俭朴，勤身忧民，委政于燕相子之，支持变法改革。即位三年，又将君位让给子之。再说这个子之，也真是个人物，办事果断，擅长刑名之学。当燕王哙让王位给他后，凡俸禄三百石以上的官员，由他重新委派。这些做法引发将军市被等不服，从而拥立太子平，起兵反对，在相攻中死亡数万人，内乱愈演愈烈，国都残破。

这样的国家之所以可以攻伐，孟子说了几层意思：其一，子哙不应该把燕国交付给他人。在孟子看来，因为燕国本受之天子、传之先君，应当世代守护而不丧失。如今没有得到天子的命令，燕王子哙怎可以私自做出这样的决定呢？其二，子之没有天子的命令，不应该私自接受燕国之君位。这表明国君子哙、燕相子之均做错了，错在不合道义上。其三，孟子再用比方来说明其中的道义。有士人于此，而你喜欢他，不禀告请示王，而私下把自己的俸禄官位都转让给他；那个士人，亦没有王的任命而私下接受了你转让的俸禄官位。这样做可以吗？

最后的结果是齐国真的攻伐了燕国，而子之也被擒，并被处死。后来，有人问孟子：你为什么要劝说齐伐燕呢？孟子极其机智地做出了反驳性的回答，曰："未也！"明明当初回答的是"可！"，为什么孟子又要截然否定呢？孟子回答得深刻且巧妙："沈同问'燕可伐与'？吾应之曰'可'，彼然而伐之也。"我只是针对他的这个问题，仅仅回答了"可"，而并没有"劝齐伐燕"。

为什么回答了"可"，还不属于"劝之"呢？因为沈同没有再进一步问我孟子，谁可以去攻伐燕国。孟子说：如果他再问我，谁可以去攻伐？我就会回答他，只有天吏（奉行天命的治人者）才可以去攻伐。然而齐国根本不是这样的可以伐燕国的天吏，当然不可以去攻伐燕国。既然如此，我怎么会去"劝之"呢？

孟子又作比方解说："今以燕伐燕，何为劝之哉？"如今让一个跟燕国一样的国家去讨伐燕国，为何要去鼓励呢？孟子又作比方，如果有一个杀人犯，有人问起，该不该杀他，对方会回答可以杀。如果再问由谁来杀？我则回答应该由士师（司法官，执掌审理狱讼之事者）才可以杀。因此说齐国就像燕国一样无道，既然是一个无道的齐国，我孟子怎么会去劝说它攻伐燕国呢？

孟子这里的战争智慧也是灼灼耀眼：其一，对于无道的国家，当然可以去讨伐、攻打它。这是"可"，因为是正义的战争！其二，然而并不是所有的国家都可以去攻伐它，只有道义的国家才可以去攻伐之。其三，"春秋无义战"，是因为在孟子看来都不是"天吏"式的征伐！四是，孟子试图施行仁政来结束兼并战争，统一天下。虽然孟子之说未获采纳，但是"仁政"之说在两汉之后却受到重视，且后世儒者都以"仁政"为理想的政治。孟子之后人类的战争还是数不胜数，络绎不绝，若起孟子于地下，不知又会做出怎样的评论来了？

篇六

财政智慧：经济·财富·市场·商贸

孟子答卷：义利·国家·个我·命运

“义”，儒家是指行为的准则。《中庸》：“义者，宜也。”“义”，就是人所适宜、得宜的道德原则、规范，行为适合这种准则的就是义。“利”，就是好处、功利、利益、利润。“义”与“利”，长期成为历史上以及当下现实里的一个纠结的话题，试看孟子是怎样答卷的。

一、国运：上下交征利而国危矣

《孟子》开篇就脍炙人口地讨论了义与利的问题。孟子去谒见梁惠王，梁惠王尖锐发问，曰：“老先生不远千里来到此地，将有利于吾国吧？”想当初商鞅去了秦国，使得秦国国富兵强；楚与魏用了吴起，战胜弱敌；齐国用了孙膑与田忌，亦然强大起来。梁惠王当然也希望听到这方面的高见。

孟子马上抓住了利与义，这一有关于国家、个人命运的核心问题，睿智地回答并开导。孟子首先反拨梁惠王的思维向度：“王，何必言利？亦有仁义而已矣。”

孟子接着指出，如果一个国家，从上到下都聚焦在利，上上下下都在争求自利，交相征利，忘义逐利，那么这个国家就危险了。譬如上焉者王追逐的是“何以利吾国”？中焉者大夫追逐的是“何以利吾家”？下焉者士（士人）庶人（老百姓）追逐的是“何以利吾身”？那么带来的后果、危害很可怕，便是“上下交征利而国危矣”！

这种“国危”，便会演为动乱与篡杀。譬如在有一万辆兵车的国家里，弑杀国君的，必定是拥有千辆兵车的大夫。在有一千辆兵车的国家里，弑杀大夫的，必定是拥有百辆兵车的大夫。这些人或在万辆兵车之国里能获取千辆兵车，或在千辆兵车之国里能获取百辆兵车，虽然这些弑人者的获利已经“万取千焉，千取百焉”，可谓“不为不多矣”，然而还是不会满足的。试看，“苟为后义而先利，不夺不餍（yàn，满足）”，假使将仁义弃置于后，而将自利处置于先，那么他们不去争夺，是绝对不会满足罢休的。

孟子又由反面转至于正面，说：“未有仁而遗其亲者也，未有义而后其君者也。”不会有讲究仁的而将亲人遗弃的，不会有讲究义的而将君子抛弃在后面的。孟子当然心知肚明，梁惠王希望富国强兵为利，然而最后孟子还是重申与规劝：“王亦曰仁义而已矣，何必言利！”

因为这是《孟子》全书的首篇，而且提出的论题十分重要，所以一直受到后人的瞩目关注。司马迁写有《史记·孟子列传》，其传首先就写了一段自己的感慨。“太史公曰：余读《孟子》书，至梁惠王问‘何以利吾国’，未尝不废（放下）书而叹也。曰：嗟乎，利诚乱之始也！夫子罕言利者，常防其原也。故曰‘放于利而行，多怨’。自天子至于庶人，好利之獘（bì，通‘弊’，弊病）何以异哉！”太史公的感叹，是一个伟大历史学家的深沉叹息，在深察了不知几多的兴衰史实后而发出的对孔孟观点的赞同！

梁惠王问利国

焦循《孟子正义》说：“《孟子》七篇，主明仁义，以此立首也。”点醒《孟子》一书主旨在于阐明仁义，因此《孟子》一书在篇章编排时，之所以将此章作为开篇首章，就是因为向国君宣扬仁义，当然还可以进一步点出孟子聚焦在由仁义而至于仁政、王道。此篇孟子说的“上下交征利而国危矣”，是可以作为警醒世人的长鸣警钟的！

二、义利：处世·处事·为人

孟子在这方面有许多著名的理念，深刻影响了中国人的人文性格。诸如：

1. 非其有而取之非义

孟子曰：“非其有而取之，非义也。”（《尽心上》13.33）不是应该有的，而去获取它，这就是非义，是不符合道义的。如行不义而获取财物，那就是“不义之财”。流传着这样的故事，汉代刘向《列女传·齐田稷母》：“田稷子相齐，受下吏之货金百镒（yì，一镒为二十两，或说二十四两）以遗（wèi，给予）其母。母曰：子为相三年矣，禄未尝多若此也。岂修士大夫之费哉。安所得此。对曰：‘诚受之于下。’其母曰：‘吾闻士修身洁行，不为苟得……不义之财非吾有也，不孝之子非吾子也，子起。’田稷子惭而出，反（返回）其金。”一个母亲深晓“不义之财”不可取，当时教育了儿子，且又于后世流美千古！

2. 非义之义，大人弗为

孟子说："非礼之礼，非义之义，大人弗为。"（《离娄下》8.6）礼有合乎礼的礼，也有不合乎礼的礼；比如对人尊敬是礼，但过了分就是"非礼之礼"。义有合乎义的义，也有不合乎义的义；比如去阻住不应当阻止的事情，去推行不必要推行的事情，这就不适宜，是"非义之义"。"大人"，盛德的君子不去为那种礼与义的。

3. 义：与之国弗受·舍箪食豆羹

孟子曰："仲子，不义与之齐国而弗受，人皆信之，是舍箪食豆羹之义也。人莫大焉亡（没有）亲戚、君臣、上下。以其小者信其大者，奚可哉？"（《尽心上》13.34）陈仲子此人，如果不合道义地把齐国送给他，他也会不接受的，人们都相信这一点。陈仲子，齐国人，立节抗行，不入洿（污）君之朝，不食乱世之食，遂饿死。因此被人认为是廉士。但是孟子揭示其中的逻辑，是因为人们相信陈仲子的那点儿小信义，譬如他拒绝一筐饭、一碗汤那样的小道义罢了，然而只不过如此而已，怎么可以相信他有那样的大义呢？人的罪过没有比不讲兄弟、君臣、上下更大了，陈仲子却避兄离母、不食君禄，是忘亲无君，此大节已亏，虽有小善小义，不足相信他的大节。

再看孟子说："非其道，则一箪食不可受于人；如其道，则舜受尧之天下，不以为泰乎？"（《滕文公下》6.4）非合乎其道义，那么一箪食不可接受于他人；如果合乎其道义，那么舜接受尧之天下，也不以为过分。

这两则对照起来看，颇有深意：一是不合乎道义的，那么小至于一筐饭食都不可以接受。二是，与此相反，若合乎道义的，那么大至于天下都可以接受。三是，更为深层的是，能拒绝一筐饭食的是义，但仅仅是小道义而已，然而具有大道义的人才能够接受天下，而像陈仲子就是前者，绝不是后者那种大道义，其境界是不一样的。这就是孟子为什么要纠正民众对陈仲子相信的那种向度了。

4. 非其义，一介不与，一介不取

孟子又说：伊尹"非其义也，非其道也，禄之以天下，弗顾也；系马千驷，弗视也。非其义也，非其道也，一介不以与人，一介不以取诸人"。（《万章上》9.7）这是说当初伊尹，如果不合乎道与义的，就是用天下作为俸禄给他，也不会回头看一下；即使送给他四千匹马，也不会瞧一眼。不合乎义的，不合乎道的，一点微小的也不给予他人，一点微小的也不取之于他人。伊尹，是孟子心目中的圣人，这就是一位圣人面对义利的做法！孟子又给人们在义与利的维度上，再树立了一个历史的典型！

三、接脉与弘扬：孔子之义利观

孟子的义利观与孔子接脉，一脉相继，且又弘扬之。《论语·子罕》："子罕言利。"孟子则进一步讲："王亦曰仁义而已矣，何必言利。"孔子曾说："放于利而行，多怨。"（《论语·里仁》）"放"，是依仿。这是说处世行事，只是处心积虑地依照自己获利的原则去做，凡是物之有利自己的必定要得到，凡是事之有利自己的必定要取得，如此则虽利己得益，却必会碍人害人，必定招来他人的不平与怨恨，岂不是多怨！——孟子则进一步指出不仅是"多怨"，更为可怕的是引发"国危"，"上下交征利而国危矣"！

孔子曰："志于道，据于德，依于仁，游于艺。"（《论语·述而》）他又说："君子喻于义，小人喻于利。"（《论语·里仁》）；"君子义以为上"。（《论语·阳货》）"见利思义""义然后取"（《论语·宪问》）——孟子则更为尖地解读"舜跖之分"，也只不过在义利之间。如孟子说："鸡鸣而起，孳孳为善者，舜之徒也。鸡鸣而起，孳孳为利者，蹠（zhí，即盗跖）之徒也。欲知舜与蹠之分，无他，利与善之间也。"（《尽心上》13.25）如《程颐语录》评论："孟子辨舜跖之分，只在义利之间。言间者，谓相去不甚远，所争毫末尔。义与利，只是个公与私也。才出义，便以利言也。只那计较，便是为有利害，若无利害，何用计较。利害者天下之常情也，人皆知趋利而避害，圣人则更不论利害，惟看义当为不当为，便是命在其中也。"

再如唐仲友《孟子论》："义利之说，相资以为用，不患其并立，而患利之偏胜，此圣贤立言所以不同也。《易》以元、亨、利、贞为乾之四德，《文言》释之曰：'利者，义之和也。'义利岂可以相无哉？至孟子游于战国，始专以义为言，凡及于利者，必深诋之，非恶于利，而好为甚高之论也，因时救弊，不得不然也。"（《南宋范文》）此也可谓深知孟子者也。

是的，孟子继承孔子的义利理念，且又推向一个新的向度。孔孟之后两千多年里，义利之辩不绝于耳，不过儒家的重义轻利、先义后利的理念占据着正统的地位，而在先秦、两宋、明清之际有过"功利论"短暂的高涨。近代以来，西方近代意义上的"功利论"被介绍到中国来。严复抨击儒家道义论，认为"几率天下祸仁义"，断言"功利何足病"，以为"民之所以盼盼勤劳者，为利进耳"，以西方功利论重新估价义利之辨。又强调"庶几义利合，民乐从善，而治化之进不远欤。呜呼！此计学家最伟之功"。（《原富》）

不过我还想说的是，人们往往误读了孟子的义利观，而且造成了一个十分漫长的误解的历史阶段，一直到今天许多学者还是只认为孟子是“亦曰仁义而已矣，何必曰利”。其实非也，其评否也，且听下篇分解！

孟子义利观的被误读误解

说到孟子的义利观，人们最爱举出他说过的诸如“王，何必曰利？亦有仁义而已矣”（《梁惠王上》1.1）等语，因此往往认为孟子只是一个固执的只谈仁义，不谈功利的亚圣；甚至还认为，孟子不但把义和利绝对化地对立（在价值观上），而且反对言利。其实是误解了！

一、再说孟子：何必曰利

孟子就在六七十岁时，见梁惠王谈过那话以后，大约七八年后，他又谈过相同旨意的话。《告子下》（12.4）记载了孟子与战国时期著名学者宋牼（kèng）的一段对话——

宋牼将之（往、至）楚，孟子遇于石丘（地名）。曰：“先生将何之？”

（宋牼）曰：“吾闻秦楚构兵（交战），我将见楚王说（劝说）而罢（罢战）之。楚王不悦，我将见秦王说而罢之。二王我将有所遇（遇到被我说服的王）焉。”

（孟子）曰：“轲也请无问其详，愿闻其指（要旨）。说之将何如？”

（宋牼）曰：“我将言其不利也。”

（孟子）曰：“先生之志则大矣，先生之号（指说法、提法）则不可。先生以利说秦楚之王，秦楚之王悦于利，以罢三军之师，是三军之士乐罢而悦于利也。为人臣者怀利以事其君，为人子者怀利以事其父，为人弟者怀利以事其兄，是君臣、父子、兄弟终去仁义，怀利以相接，然而不亡者，未之有也。先生以仁义说秦楚之王，秦楚之王悦于仁义，而罢三军之师，是三军之士乐罢而悦于仁义也。为人臣者怀仁义以事其君，为人子者怀仁义以事其父，为人弟者怀仁义以事其兄，是君臣、父子、兄弟去利，怀仁义以相接也。然而不王者，未之有也。何必曰利？”

孟子这段话的主要意思是，你宋牼的用心很好，但是你的说法却不可行。如果你用“利”去劝说秦国、楚国，使得二王罢战，即使罢战了，那么国王与军士关心的必定还就是那“利”，是“悦利”而罢战。推论之，君臣、父子、兄弟之间都用“利”去人际交往。如果上上下下都“征利”、“悦利”、“怀利”，“然而不亡者，未之有也”。相反，你宋牼如果用“仁义”去劝说，那么也可以达到目的，且“然而不王者，未之有也。何必曰利”。

孟子的这种观念，在西汉以后得到弘扬，比如董仲舒说：“夫仁人者，正其谊（义）不谋其利，明其道不计其功。”（《汉书·董仲舒传》）此从孟子而来，又成为了孟子之后的再一经典名言流传后世。不过这话并没有正确概括孟子的义利观，因为孟子并不全然反对利，且是积极地关注谋利的大问题。

此后悠久历史岁月里义利之辩也时时激起波涛。其中批评孟子的声音也不绝于耳，比如从东汉王充（27—91）《论衡·刺孟》一直到近现代都是如此。梁启超就说：“孟子思想之最大特色，在排斥功利主义。孔子虽有‘君子喻于义，小人喻于利’，然《易传》言‘利者义之和’，言‘以美利和天下’，《大学》言‘乐其乐而利其利’，并未尝绝对以‘利’含有恶属性。至孟子乃公然排斥之。”他又说：“由孟子观之，则今世国家所谓军政、财政、外交，与夫富国的经济政策等，皆罪恶而已。”像这样相同、相近的观点的还真不少，但是孟子真的是这样的理念吗？否！

二、纠正被误解的孟子

其实细读《孟子》一书，孟子有不少关于说利、谋利、财货、财富、富民、税收、商业等的内容与智慧，这些内容我在下文再加条分缕析。

这里要提及学者周策纵的有关观点，我也颇赞同。他指出孟子提倡富民的经济政策方面更多，并且尤为显著。譬如孟子既对梁惠王说义利之辨、又说富民即“王道之始”；又如孟子对齐宣王说制民“恒产”政策，且还常反复重述自己的观念；再如孟子对滕文公说民众当有“恒产”、主张薄税、实行“井田制度”等等，均是如此。因为重要，因此孟子常反复讲述，如赵岐注注：“孟子所以重言此也，乃王政之本、常生之道，故为齐、梁之君，各具陈之。”

周策纵认为，这些都可证明，说孟子反对货财经济之利，是不符合事实的。他还认为，孟子所说“王何必曰利”，只是反对国君特别鼓励“爱利之心”，即不可提倡贪图利益的心理。这并不意味着不去满足人民的经济货财之利，也不是要去强迫压制人民求富的欲望。他也不反对人民“好货”，而是主张“王如好货，与百姓同之”。可见他承认人人都可以“好货”。（“好色”也如此。）

周策纵还简括为四个要点：其一，“王何必曰利？亦有仁义而已矣。”不是以“仁义”来否定“利”，而是有了“仁义”即包括“利”。“仁义之政”的首要工作就是要为人民谋“利”，尤其是货财经济之利。其二，孟子认为：仁政应该求满足人民的欲望，尤其是求富之欲。但他反对“提倡增强”人们的“悦利”、“爱利”、“怀利”之心，即“争取利益”的欲望。这种欲望应受道德规范的制约，或用适当的赋税方式来调节，但没有说要用法令来禁制。其三，孟子主张保护商业和商人，政府应满足人民的经济欲望，这与近代资本主义的商品经济原则颇为融洽。近代经济亦限制“垄断”以“网市利”。其四，汉以后的轻商政策，以及“正其谊（义）不谋其利”的说法，皆不符合孟子的学说。（周策纵《弃园文萃》，上海文艺出版社）我颇赞同周策纵之说，也常想孟子是说了“王何必言利？亦有仁义而已矣”，但他还正说、反说了很多“言利”、“悦利”、“怀利”、“征利”、“好利”、“网利”、“周利”的话，并没有绝对地将义与利对立。研究者决不可将某一时的某一言来囊括孟子的全部理念与智慧。

我再有一说，譬如孟子曰：“周于利者凶年不能杀，周于德者邪世不能乱。”（《尽心下》14.10）孟子不仅重利，而且还主张“周利”，即要周密、周全、周到地谋利，如此即使处于灾荒之年，也可安然无恙。孟子还并提“周于德”，从而处“邪世不能乱”。“周利”可以自足自赡，“周德”可以自守自立，由此“二周”而能卓立人世，且去反拨乱世而归于一正！孟子确实识见不凡！其实孔子也罢，孟子也罢，既讲仁义，也讲财富与功利，只要看看看《论语》、《孟子》以及《大学》里的许多论说，就会知道人们对儒家的财富、功利的观念的理解与解读也许并不全面。笔者在先前已出的《大学智慧》、《论语智慧》、《中庸智慧》等中均有比较详细的论说，可参见。若再看下文孟子在经济、财富方面的种种理念与智慧，就可以全面地看到他不仅谈功利，且是深刻又睿智地谋功计利的！

财足：养民·富民·教民

如何使得民众富裕起来？这是孔子曾经考虑过的问题，也是孟子接着深入思考的问题。孟子面对的现实社会，是列国之君臣都以富国强兵为要务，但是殊不知，他们却不懂比富国强兵更为重要的是要通过仁政来富民、足财、养民、教民。

一、富民：易其田畴·薄其税敛

怎样使得民众富裕起来？孟子说：“易其田畴，薄其税敛，民可使富也。”（《尽心上》13.23）这里指出使得民富裕的两则智慧：

1.“易其田畴”。这便是要使得民众勤奋地、尽心地把田地耕作好。“易”，是耕治、整治的意思。“畴”，本指熟耕的田。如果不能如此，春天延误春耕，夏天耽误夏耘，秋天又误秋收，冬天还误冬藏，那如何能致富？如果能尽量获得丰盛的田地之利，民众当然会富裕起来了！

2.“薄其税敛”。这是要使得税赋减少减轻，当然也就会使得民众富裕起来。相反如果税收过重过频，征敛无艺（度、准则），那么不仅民穷，且民怨丛生，民心散失。这又影响到社会的稳定了。

二、富民：开财源·节财流

“易其田畴，薄其税敛”，这固然可使民富，但是富裕起来的民众并不一定就懂得如何去驾驭财富，此中又自有智慧。尽管开了富裕的源头，若由此而奢侈、浪费、挥霍，那么最后还是富裕不起来。因此必须既要开财之源，又要节财之流，如孟子又说：“食之以时，用之以礼，财不可胜用也。”（《尽心上》13.23）此又从“食”与“用”两方面来阐发。

一是“食之以时”。民以食为天，这是不错的，但是必须“食之以时”，即要因时、按时、定时、守时。具体地说，比如鱼鳖之类还在繁殖之时，瓜果之类还未成熟时节，牛羊不该宰杀时，就不该食用。

二是“用之以礼”。要用礼来节制人们的财用，不摆阔斗富，不大肆挥霍，否则好不容易积累起来的财物就稀里哗啦地流掉了。有道：富人一席酒，穷人半年粮。试想，天天奢靡，日日无度，那么即使拥有金山银山，也终于有山空的一天的。如果能遵守孟子之说，那么富有因其节约而积聚越足，财物因其节缩而不可尽用了。这就是务本节用，民富财足了。

三、富民：民焉有不仁者

孟子说：“民非水火不生活，昏暮叩人之门户求水火，无弗与者，至足矣。圣人治天下，使有菽粟如水火。菽粟如水火，而民焉有不仁者乎？”（《尽心上》13.23）

这里用了一个巧妙的假使模拟：民众没有了水与火，就不能过日常生活；比如黄昏日暮时有人敲门而来求取水与火的，没有不给予帮助的，这是因为水与火很足够的原因。由此联想到圣人治天下，要使得粮食菽粟如水与火一样丰足。菽粟如果多得像水与火那样，这就是富民财足了。由此礼义才可生发，教化才可推行，风俗才可淳美。如此民众还会有不仁的吗？这能像孔子说的，既庶而富，既富而教，那么民众都会仁爱了！在孟子看来富民是何等重要！

四、贬斥：不行仁政而致富

孟子曾对孔子的弟子冉求做出深刻的反思。冉求（前522—？），是孔子门下最有政治才能的人物之一，长于政事，多才多艺。他随从孔子周游列国时，季康子曾派使者召他，冉求将行时，孔子说："鲁人召求，非小用之，将大用之也。"(《史记·孔子世家》) 担任季氏宰后，冉求才干展露。鲁哀公十一年（前484)，齐国侵犯鲁国，在右师溃退情况下，冉求率左师击败齐军，得到季氏的称赞。然而冉求却归功于老师，并说服季康子迎孔子归鲁。冉求还是个理财的高手，曾说："方六七十、如五六十，求也为之，比及三年，可使足民。如其礼乐，以俟君子。"(《论语·先进》) 不过孔子也屡屡批评他。

再看《离娄上》(7.14) 记载，孟子曰："求（冉求）也为季氏宰（季康子的家臣之长、总管），无能改于其德（不能改变季氏的德行），而赋（征税）粟倍他日（反而帮助季氏的赋税比他日多出一倍）。孔子曰：'求非我徒也，小子鸣鼓而攻之可也。'由此观之，君不行仁政而富之，皆弃（鄙弃）于孔子者也，况于为之强战？"

孟子得出的理念是必须行仁政而富之，这是正道，否则都是悖逆于孔子，被孔子所鄙弃的。再说如果搜刮民之膏血，那么这种损下益上，贫民富国的做法，会危害民众，祸及国家，那么就应合"财聚民散，财散民聚"的话了。国家的财富、财用当然是不可匮乏的，但是与其藏富于国，不如藏富于民，焉有民富，而国不富的道理！

民之为道：恒产·民生·恒心·民心

政治、道德与经济是密切相联系的，孟子提出了一个重要的理念，如其所说："民之为道也，有恒产者有恒心，无恒产者无恒心。苟无恒心，放辟邪侈，无不为已。"(《滕文公上》5.3) 这里揭示出一则"民之为道"，既是民众生活、生存的处世之道，又是治民之道。此中有一个"恒产"与"恒心"的问题，而且是一个极其关键的问题。

一、释"恒产"与"恒心"

先说什么叫"恒产"？此指能带来收益的固定产业，比如土地、田园、房屋等不动产。焦循《孟子正义》："恒产者，田里树畜，民则恃以长养其生者也。"

再说什么叫"恒心"？此指恒常的善心，如赵岐注："恒心，人所常有善心也。"此也指持久不变的心志，即持之以恒的信念、决心。孟子用指能经常保持、遵守的一定的道德观念和标准。

二、有无恒产·有无恒心

孟子指出："有恒产者，有恒心。"民众一旦有了恒产，那么他们衣、食、住、行的最紧要的生活、生存问题得到了解决。如果能够常态化、正常化的话，那么民众就会有"恒心"。

相反，孟子也指出："无恒产者，无恒心。"民众一旦失去了"恒产"，没有了那些正常的生活、生存的物质基础，如果连最基本的衣、食、住、行都发生了困难，这时候民众还会讲究什么道德不道德、什么善心不善心呢？这也就是，"苟无恒心，放辟邪侈，无不为已"，假使没有了恒心，那么就会放荡、淫辟、邪妄、侈肆，什么不好的事情都会干出来的。试看古代历史，"无恒产者"活不下去了，因而就揭竿而起、犯上作乱的事例还少吗？

三、"制民之产"与"恒产"

孟子还有一个著名的"制民之产"的经济理念与智慧，这就是由统治者来规划、制定、掌控民众的"恒产"。孟子说："是故明君制民之产，必使仰足以事父母，俯足以畜妻子，乐岁终身饱，凶年免于死亡。然后驱而之善，故民之从之也轻。"（《梁惠王上》1.7）这里提出作为"明君"贤明的君主："制民之产"的"恒产"标准：一是，必定使民众对于上面父母的奉养达到足够的程度，对于下面妻与子的赡养也达到足够的程度。二是，在好的年成里能终年吃饱，在灾荒之年也能免于死亡。三是，如果能做到这样的标准，"然后驱（驱使民众）而之（至于）善，故民之从（听从、顺从）之也轻（指容易了）"。这时的民众当然就会有"恒心"了！

然而，当时现实如何？孟子指出："今也制民之产，仰不足以事父母，俯不足以畜妻子，乐岁终身苦，凶年不免于死亡。此惟救死而恐不赡（这种情况下，只求免除死亡都还恐怕不够），奚暇治礼义哉（哪里还有什么空闲去修治礼仪呢）？"

读后，我们会发觉，孟子这里极其重视物质基础，此为第一性的；而礼仪修养，是在民众解决了温饱之后，才可以的，这是第二性的。这种内在的逻辑不仅是成立的，而且是深刻的。孔子有"先富后教"的理念，孟子又进一步加以深入阐发，显得更为具体明确。

四、恒产蓝图：匹夫百亩·匹妇蚕之

孟子为"制民之产"具体设想规划了恒产的蓝图。请看，《滕文公上》（1.7）里孟子关于"恒产"有这样的描述——

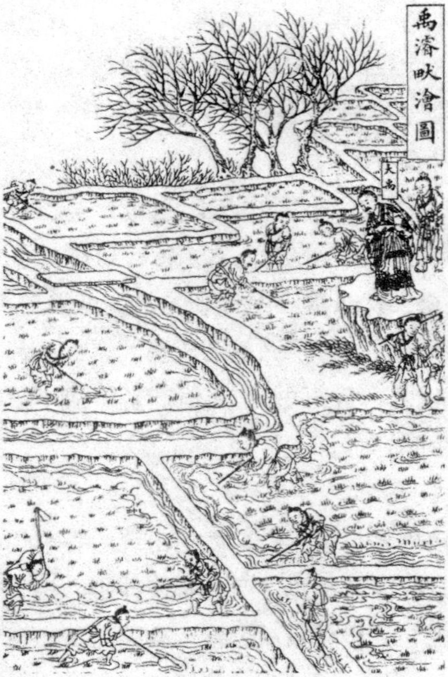

后稷视察农作

五亩之宅，树之以桑，五十者可以衣帛矣。鸡豚狗彘之畜，无失其时，七十者可以食肉矣。百亩之田，勿夺其时，八口之家可以无饥矣。

屋前屋后有五亩宅地，种植上桑树，那么五十岁的人就可以穿上丝帛了。鸡、豚（猪）、狗、彘（猪）的畜养，不失去繁殖的时机，那么七十岁的人就可以吃上肉了。百亩田地，勿侵夺他们的农时，那么八口之家可以没有饥饿了。由于有了这些“恒产”，因此过上了有保障的、太平的生活了。

《尽心上》(13.22) 孟子还有关于“恒产”进一步的更为具体的描述——

五亩之宅，树墙下以桑，匹妇（一个女人，指普通的女子）蚕之，则老者足以衣帛矣。五母鸡，二母彘，无失其时，老者足以无失肉矣。百亩之田，匹夫耕之，八口之家足以无饥矣。

五亩的宅地，在墙下空地种植上桑树，妇女养蚕，那么老人就能穿上丝帛衣裳了。养五只母鸡、二只母猪，不失去繁殖时机，那么老人足以放心不会没肉吃了。一百亩之耕田，男人耕种，八口之家足以放心不会饥饿了。——这里孟子更完善、详细地设计了一个八口之家的“恒产”及其生活的蓝图。这样家庭的“恒产”：一是“百亩之田”，男人从事耕种，解决了全家的吃饭问题；二是“五亩之宅”，女人从事蚕桑，解决了穿衣养老问题；三是饲养家畜，解决了辅食等问题。孟子设计的“恒产”蓝图，今天读来还让人心赏一种男耕女织、鸡鸣犬吠的田园风光，以及那种全家温饱、和睦融洽的家庭氛围！

六、反思：深刻思想与深远影响

孟子提出“恒产”与“制民之产”的理念，若再稍作反思，就会发现其思想是深邃的。面对时代的动荡、不断的争霸、频仍的战争，带来的是民不聊生，流离失所的严峻的现实。如何给现实的社会、历史剧变里的统治者提供有效的方略？孟子深入思考的结果，便有了这样的思路与主张。

孟子的“恒产”理念对后世影响深远，试想孙中山说的“耕者有其田”，这不也是给予“恒产”，并使得具有“恒心”的做法吗？这里，我又联想到张英家训里的《恒产琐言》。张英（1637—1708），桐城人，康熙六年进士，官至文华殿大学士，兼礼部尚书。他在朝廷，“辰入暮出，退或复宣召，辍食趋宫门，慎密恪勤，上益器之”。康熙赞扬“张英始终敬慎，有古大臣风”。他对子弟的训导，写有《聪训斋语》、《恒产琐言》，以任本力田、随分知足教诫子弟。（《清史稿·张英列传》）

张英强调，《孟子》“言病虽多端，用药只一味，曰‘有恒产者有恒心’而已，曰‘五亩之宅，百亩之田’而已”。张英还提出，夏、商、周三代，田在官不在民，所以要使民有恒产就必须实行孟子所说的“制民之产”；三代以后，田不在官而在民，“有田者必思所以保之”，即“保恒产”。张英还告诫家人：我“五十年来，见人家子弟成败者不少，鬻田而穷，保田而裕，千人一辙”。他又从《孟子》的“有恒产者有恒心”、“五亩之宅”与“百亩之田”、“土地”乃“诸侯之宝”诸说出发，教诫子弟以“守田之法”，说：“今人动言才子名士伟丈夫，不事家人生产，究至谋生无策，犯孟子之戒而不悔，岂不深可痛惜哉！”他认为恒产就是田地。其他都算不上恒产，屋久而颓，衣久而敝，牛马老而死，然而“独田之为物，虽百年千年而常新。即或农力不勤，土敝产薄，一经粪溉则新矣”。“亘古及今无有朽蠹颓坏之虑，逃亡耗缺之忧。”“不忧水火，不忧盗贼，虽有强暴之人，不能竞夺尺寸，虽有万钧之力，亦不能负之以趋。”为了保住“恒产”，他还要求子弟做到：一是不卖田经商；二是尚节俭，去恶习；三是尽地利；四是善管理。（见徐少锦等《中国家训史》）

再看今人的反响，费孝通曾说：“我有一次和胡耀邦谈话，他表现出一种重视家庭的思想，把家庭看成是社会的细胞，他的这个思想是从实际里边出来的。我是赞成回到家庭，包产到户，实行家庭联产承包责任制，生产力一下子就解放出来了。”（《中国文化与新世纪的社会学人类学》）为什么从人民公社回到了家庭，包产到户，实行家庭联产承包责任制，生产力一下子就解放出来了？也许孟子的理念，也可以为今人打开又一条思路，提供一种经典的智能。

汤一介曾引用了费孝通的话，并又很好地阐发了孟子所说的“仁政”、“恒产与恒心”的理念。他说：“孔子的继承者孟子讲‘仁政’，其意义也很广泛，我认为最重要的是他所说的：‘民之为道也，有恒产者有恒心，无恒产者无恒心。’意思是说，对老百姓的道理，要使老百姓都有一定的固定产业，这样他们才能有一定的道德观念和行为准则。没有一定的固定产业，怎么能让他们有相应的道德观念和行为准则呢！所以孟子说：‘夫仁政，必自经界始。’‘仁政’，首先要使老百姓有自己可以耕种的土地。我想，我们今天要建设‘和谐社会’，首要之事就是要使我们的老百姓都有自己固定的生活来源和产业。”

他又说：“我想，我们要真正建立‘和谐社会’就必须‘使民有恒产’。就全人类来说，就是要使各国、各民族都能自主地拥有其应有的资源和财富，强国不能掠夺别国的资源和财富以推行强权政治。‘治国’‘平天下’应该行‘仁政’‘王道’，而不应该行‘暴政’‘霸道’。行‘仁政’‘王道’可以使不同文化传统的民族和国家得以共同发展。行‘霸道’则将引起冲突、甚至战争，这是人类的灾难。”（汤一介《儒学十论及外五篇》）这些也可以引发人们的再思考。我想，全盘继承孔孟的一套，固然是迂腐不堪的，但是不汲取儒家传统的经典智慧，或许也缺少了必要的借鉴吧？

井田制：孟子的经济主张与智慧

今人、后人读《论语》与《孟子》或会产生一种感觉，这些圣人似乎不接“地气”，在那里空头讲章。其实并非如此，孟子对社会、经济确实不仅熟悉，而且还称得上是位真正的“经济学家”、“政治经济学家”。

一．孟子“井田”论之智慧

井田制，相传是殷周时代的一种土地制度，也有认为在殷之前已经产生了，因为这种土地划成“井”字形，所以由此得名。古代土地为国家共有，“井”字形地块的中间一区为公田，由八夫来帮助耕种，全部收获均上缴统治者。其余八区为私田，分授给八夫（八家），抽取一定比率的税收；男子成年授予田地，至老、死则还田地。

话说当时滕文公聆听了孟子关于“恒产仁政”之论后，又派大臣毕战去向孟子请教井田制的问题。《滕文公上》（5.3）载，滕文公“使毕战问井地”。“井地”，也即“井田”。这里记载下了孟子的有关井田制的政治经济学的精彩内容与深刻智慧。

孟子曰：“子之君将行仁政，选择而使子，子必勉之！”孟子看到滕文公欲行仁政，并专门选派毕战来咨询，心里当然很欣慰，并鼓励毕战必定勉力为之。孟子接着做出了较详细的层层论说。

1. 仁政·经界·井田

孟子指出，欲行“井田”，先要把田地的疆界划分正了。孟子说：“夫仁政，必自经界（划分、确定田地之界限）始。经界不正，井地不钧（通‘均’），谷禄（作为官员俸禄的谷物）不平。是故暴君污吏必慢（怠慢、懈怠）其经界。经界既正，分田制禄可坐而定也。”（《滕文公上》5.3）——经济与政治的血缘是不可分的，孟子就把“经界正”看做是“仁政”的开始。此中的逻辑便是：其一，“经界正”就可养得“野人”，即那些耕田的民众，并可以使得他们安定下来。其二，“经界正”就可养得“君子”，即执政的官员，并也可以使得他们安定下来。如此一来，国内安定，仁政不就有了很好的开始了吗？这也使人想起明代万历年间，张居正主政，下令清丈土地，清查大地主隐瞒的庄田，也成为他改革的一个重要的方面，也许就从这里汲取了智慧。

孟子再从反面说，分田、制禄，都是推行仁政的要事，必须从田地的疆界划分正为肇始，大国小国都不能废除。尽管滕国是小国，但亦然不能废除，还因为一国之内总要有“君子”、“野人”两种人。如孟子又说：“夫滕，壤地褊小（狭小），将为君子（为官者）焉，将为野人（农夫、劳力者）焉。无君子莫治野人，无野人莫养君子。”

2. 细论井田制的具体事项

孟子又进层一一细论井田制的具体事项。

其一，孟子说：“请野九一而助，国中什一使自赋。”请考虑在远处乡下，用九分中抽取其一分的助法；在近城的地方，用十分抽取其一分的自赋法。

其二，孟子说：“卿以下必有圭田，圭田五十亩。余夫（余丁，指每户农家若有未成丁即未成年的人口）二十五亩（可再另加 25 亩田）。死（民众死而埋葬）徙（搬迁居处）无出乡（都不愿离开本乡），乡田同井（同乡同井的农家），出入相友（友好相伴），守望（守御寇贼）相助，疾病相扶持（照顾帮助），则百姓亲睦。”—— 这里的“圭田”，是指古代卿大夫、士供祭祀用的田地。赵岐注：“古者卿以下至于士，皆受圭田五十亩，所以供祭祀也。圭，洁也。”这一条很有意思：既有一定的田亩数来制定田禄，这是硬制度，又能体现出变通，另有赐予额外的田亩，此为仁恩。另外，凭借“井田”制，建构成一个个安定团结的社会小区、组织、单元。在同一井田里，民众共同耕作，互相联络，亲密互助，苦乐共享，患难同担，一起守卫，朝夕相处，这是何等诱人的家园、田园的图景！

想起了张居正评说：“按此一段即《周礼》‘比闾族党’之法，后世保甲乡约，其意多出于此。但古人以分田为务，使其情义相联，自无涣散，后世不均田制产，使有乐生之具，而欲以一切之法束离散之民，宜其徒为文具而不可行也。”关于“比闾族党”，可参见《周礼·地官司徒·乡老》：比长、闾胥、族师、党正的内容。当然还可以参见《周礼·小司徒之职》：“乃经土地而井牧其田野：九夫为井，四井为邑，四邑为丘，四丘为甸，四甸为县，四县为都，以任地事而令贡赋，凡税敛之事。乃分地域而辨其守，施其职而平其政。”这里可以悟知：一是，孟子理念与智慧是有其根脉的，是有所继承，又有所发展的。二是，孟子之说对后世的影响是深远的，后来的“保甲乡约”即从中多有吸纳。三是，之所以这种美好的理念成为空文，是因为没有能、大约也不可能真正做到孟子所说的“均田制产”。

其三，孟子说：“方里而井，井九百亩（约合今 31.2 亩），其中为公田。八家皆私百亩，同养公田。公事毕，然后敢治私事，所以别野人也。”——这是说，一里见方的田地划定为一方井田，每一井田为九百亩地，那中间的一块属于公田。八家都有私田一百亩，并要共同耕作公田。先要把公田的农事完毕，然后才敢治理私田的农活，这就是区别君子与农夫的方法。

其四，最后孟子说：“此其大略也。若夫润泽之，则在君与子矣。”——这些内容，只是井田制的一个大概情况。至于如何调整完善变通，那就在于国君与你毕战的情况了。

关于《孟子》言“经界”的此章（《滕文公上》5.3）以及言“丧礼”的上一章（5.2），曾使朱熹更为钦敬孟子，集注曰：“愚按，丧礼、经界两章，见孟子之学，识其大者。是以虽当礼法废坏之后，制度节文不可复考，而能因略以致详，推旧而为新，不屑屑于既往之迹，而能合乎先王之意，真可谓命世亚圣之才矣！”朱熹也用赵岐之语赞孟子为“命世亚圣之才”，是真正的赞扬与由衷的心仪！

另外要说的是，关于井田制除了《孟子》一书的阐说外，如在《谷梁传》、《韩诗外传》、《周礼》、《礼记》、《汉书》、《春秋公羊解诂》等都有描述，但基本内容均与《孟子》所记略同。然而井田制的规划，各封国也不完全一致，如记载有的地方还以十夫（十家）为井，或以九夫（九家）为井等。对井田制的性质及具体分配、耕作、缴纳办法等，历代学者也意见纷纭，迄无定论。今人如胡适、郭沫若、金景芳、范文澜、徐中舒等学者，各有论说。有人认为井田制是子虚乌有的，但多数学者认为井田制在古代确实存在过的，直至于秦孝公十二年（公元前 305 年）商鞅变法，废除封疆阡陌，井田制才最后崩溃。关于井田制的性质也看法不同，比如或认为其属于村社的土地制度，或认为是榨取奴隶劳动的工作单位和赏赐奴隶管理者的报酬单位，或说领主经济下的封建份地制度，等等。有不少学者又以为井田制与马克思、恩格斯论述的农业公社或马尔克（恩格斯《马尔克》），性质相同，中心内容是公田的存在（村的公有地）和份地的分配更换。有意思的是，历史上后世还有人主张恢复井田，即指复孟子所说的井田，也有人借此提出自己关于改革天地制度的设想等等。再看一例，顾炎武《天下郡国利病书》记载，明代凤阳府焦山一带，“一家五口，授田五十亩，五家二百五十亩，而中公五十亩，以代官耕，则五家通力合作也”。

历史无情，不断滔滔涌流向前，在现实生活里再去复古是没有前途的。然而孟子关于井田制的论说，或许可以算得上是最经典、最具深远影响的“井田制”之说而留存在历史典册上了，供人们去研究、思考与发掘其中可借鉴的东西。

孟子关于税收财政制度的智慧

孟子是位政治家，而且还是位真正的经济学家，这还可以再从他对税收、财政，及其有关现状与历史研究的精熟来看，真可谓决非虚誉。孟子作为儒家思想家，并不如人们想象的迂腐得不懂社会，迂阔得不晓民情，相反是深晓其理，深具智慧。

一、深思与睿智：税收与王者无敌

孟子关注如何成就王者、仁政的大问题，然而又极其重视国家于民众的税收问题，这里就有深入的思考与丰富的阐论。

1. 关联：税收与无敌于天下

孟子曰：“无敌于天下者，天吏也。然而不王者，未之有也。”（《滕文公上》3.5）赵岐注：“言诸侯所行能如此者，何敌之有，是为天吏。天吏者，天使也。为政当为天所使，诛伐无道，故谓之天吏也。”“天吏”就是奉有天命的治人者，凡是逆天害民之国均可去诛伐之。然而应该怎样去践行此道呢？孟子提出五方面的谋划：

(1)“尊（尊重）贤使（任用）能，俊杰（才德出众者）在位，则天下之士皆悦，而愿立于其朝矣。”（《滕文公上》3.5）——首先必须要解决政治人才的问题，俊杰济济在位，才能使朝政正常运转，国家得到治理。

(2)“市廛（chán，储藏货物的场地、栈房）而不征，法而不廛，则天下之商皆悦，而愿藏于其市矣。”（3.5）——市场上给予储藏货物的场地，而不征收租赁之税；如果货物滞销，那么就依法征购，不让它长久积压；如此天下之商人皆喜悦，而愿意把货物存藏在那市场上了。这里说的是市场税收的某些减免问题，从而能使得天下的商人都愿意来往经商，那么国家的商业税收当然也会更加充足。

(3)“关讥（稽查）而不征，则天下之旅皆悦，而愿出于其路矣。”（《滕文公上》3.5）——关卡上只是稽查而不征税，那么天下之旅客人皆喜悦，而愿意通过那条道路了。这又说到了不征税的问题，而使人们都喜欢来此，不仅有人心的归趋，也繁荣了经济，当然也会从另外的维度增加了税收。

(4)“耕者助而不税，则天下之农皆悦，而愿耕于其野矣。”（《滕文公上》3.5）——耕者只要是助耕公田的，就不再征收私田的税务，那么天下之农皆喜悦，而愿意耕种于那田野了。这里又说到了农夫的税务问题，要减少税收，鼓励其积极性，由此措施而使得财富更加充溢。这是王政之本，国家经费的最重要的源头。

(5)“廛（此谓民居）无夫（一夫、成年男子）里（里居、居处）之布（指古代的一种货币），则天下之民皆悦，而愿为之氓矣。”（《滕文公上》3.5）——人们居住的地方没有“夫布”与“里布”，那么天下之民皆喜悦，而愿意为那里的“氓”，即居民了。“夫里之布”：一是指“夫布”，指以货币形式支付的代替力役的人口税。“凡无职者出夫布”（《周礼·地官·闾师》）。一是指“里布”，是一种地税钱。如果里居即住宅旁边不种桑麻，让土地荒芜，就要罚钱。“凡宅不毛者有里布”（《周礼·地官·载师》）。清代江永《群经补义·孟子》“廛无夫里之布”：“皆民之常赋，战国时一切取之，非佣力之闲民已有力役之征，而仍使之别出‘夫布’；宅已种桑麻，有嫔妇布缕之征，而仍使之别出‘里布’；是额外之征，借‘夫布’、‘里布’之名横取者，今皆除之，则居廛者皆受惠也。”此或可以让人们再清楚地认识此等税收不合理，孟子主张取消之，为民减负。

解读至此，不难发现五项里居然有四项着重谈税收问题，可见孟子对税收、税收与强国的关系是何等的重视关注！孟子的关键理念即减轻多种税收，然而实际上是不仅不会减少财富，相反因获得了民心，激发出更大的积极性，而使得国家更富更强，乃至可以成就王业。

因此，孟子最后归纳说：“信（确实、真正）能行此五者，则邻国之民仰之若父母矣。率其子弟，攻其父母，自生民以来，未有能济（成功）者也。如此，则无敌于天下。无敌于天下者，天吏也。然而不王者，未之有也。”这不是空谈，而是充满智慧与远见的谋划！张居正有评："《书经》上说：'抚我则后，虐我则仇。盖民心无常，抚之则邻国之民皆为子弟，虐之则邦域之内尽为寇仇。其废兴存亡之机，甚可畏也。战国之君，率以诈力相敌，而不知人心一失，为敌滋多。故孟子特举王政之无敌者，谆谆言之，诚有国者所当鉴也。'"而征税之道又为此中之一要事，亦当明鉴。

2. 吏治：纳其贡税

孟子说："无政事，则财用不足。"（《尽心下》14.12）孟子又言："善政得民财。"（《尽心上》13.14）朱熹集注："得民财者，百姓足而君无不足。"上面有善政，那么就会出台善的财政法令，便能符合社会各阶层的人心，提高人们的积极性，民众财富足了，那么国家财富当然也足了。当然还如孟说："天子使吏治其国，而纳其贡税焉。"（《万章上》9.3）这里孟子又关注到国家财富的管理人才与机制的问题。

3. 薄敛：薄其税敛，民可使富

孟子说："易（耕治）其田畴（耕熟的田），薄其税敛，民可使富也。"（《尽心上》13.23）若要使得民富，这里说了两条：一是把田地耕种好，提高收入；一是减薄、减轻税收。张居正解说："租税乃国之常赋，使征敛无艺（度、准则），则下之供上也难矣。又必除掊（积聚）克（kè，苛刻；掊克，搜括民财）之政，使得轻减其征输，宁损上益下，无损下益上，务存夫宽恤之意可焉。夫田畴易，则地利之所获甚丰；税敛薄，则租赋之所供有限。以力本自尽之民，值轻徭薄赋之世，财有所生而无所耗，闾阎之间，殆将家给而人足矣，岂不可以使民富乎？此则尽地之利以养民，而不竭民之利以奉己，所谓开财之源者如此。"此也足见孟子的经济、财税的智慧！

二、梳理：井田制与税收的历史

1. 夏、商、周：田地之税收

孟子就曾向滕文公梳理了三代的税赋与井田制的历史，《滕文公上》（5.3）："夏后氏五十而贡，殷人七十而助，周人百亩而彻，其实皆什一也。彻者，彻也；助者，藉也。"

这里稍作解读，先说夏代的税收。夏代的田赋称为"贡"，一是诸侯进献的土贡，一是百姓缴纳的田贡。夏后氏，即夏朝的制产取民的方法，是作为平民的每家从国家那里接受五十亩（约相当如今的十亩多）私田，征收五亩的赋税。耕种国有土地的平民所缴的贡，就是田赋，也即是土地税。

再说殷代，用助法取代了夏代的贡法。殷商为了灌溉和耕种的方便，土地都

滕文公问道

划成井字形的方块，每块土地之间由水渠和道路分开，一井中有九块方形土地。这便有了井田制，以六百三十亩为九区，每一区七十亩（相当今天的十四亩多），中间的为公田，其外八家各分得一区，使得他们同治公田，以供国家使用，而不再收私田的税收，这就是助法。此又称藉法，指借民力来耕公田，藉就是借的意思。或认为助（藉）法是一种劳役税制。助法的税率，据说也是1/10，即是百姓的全部劳动时间里，大约有9/10（实际是8/9）用于耕种私田，1/10（实际是1/9）用于耕种公田。

再看周代井田制，一共九百亩，每一块土地，即每家私田多达百亩（相当于今天的二十多亩），授于八家共同耕种，最后以八百亩的收获分给八家，一百亩的收获物作为田赋缴给国家。这就是所谓的“周人百亩而彻”。

孟子说：“彻者，彻也；助者，藉也。”后者好懂，而前者关于“彻”的含义，学者也有不同看法：或说“彻”指十分之一的税率；或说“彻”即助法；或说“彻”是贡法与助法并行，国中（都城内）用贡法，郊野用助法；或说“彻”是“通”的意思，一井之民，耕种时通力合作，收获时计亩均分，民得其九，公取其一。(参见张守军《中国古代的赋税与劳役》)

三、比较：各种税收的优劣

孟子又进一步评论夏商周三代的税收制度，首先引用古代贤人龙子曰：“治地莫善于助，莫不善于贡。”(《滕文公上》5.3）征收田地税收，最善者为助法，最不善者为贡法。龙子此人事迹已不可考知了，但孟子引用其言论两次，另见《告子上》(11.7)：“故龙子曰：‘不知足（脚的大小）而为屦（编制草鞋），我知其不为蒉（肯定不会编制成箩筐那样子的）也。”

孟子又接着论说：“贡者，校数岁之中以为常。乐岁（丰年），粒米狼戾（狼藉，指多余的太多了），多取之而不为虐，则寡取之；凶年（灾年），粪其田而不足，则必取盈焉。为民父母，使民盻（xì）盻然（怨恨怒视的样子），将终岁勤动，不得以养其父母，又称贷而益之。使老稚转乎沟壑，恶在其为民父母也？’夫世禄，滕固行之矣。《诗》云：‘雨我公田，遂及我私。’惟助为有公田。由此观之，虽周亦助也。”（《滕文公上》5.3）

这是说，贡法是比较计算数年之中收获多少，取其平均数作为每年征收的标准，而不再管那歉收与丰收了。这就会出现这样的实际问题：丰收年，粮食堆积得满地狼藉，多征收一些算不上暴虐，相比较而言如果用贡法就征收得少了。灾荒年，收获量连第二年肥田的费用都不够，但若按照贡法，那么又非按照标准收满不可。

孟子又说，君主号称民众的父母，却使得民众满怀怨恨愤怒，一年到头劳苦不堪，到头来还是不能赡养自己的父母，还要靠借贷来凑足税额，逼得老人小孩辗转逃荒、抛尸在山沟里，这样的国君怎么可以做民众的父母呢？

面对滕文公，孟子又针对滕国的情况说，大官吏世代承袭俸禄，本来早已实行了。这就是凡为人臣而有功于国家，子孙可以世代食禄。然而滕国的助法还没有推行，不要以为那是商朝的做法，其实周朝也已经采用此法，比如《诗经》里的《周诗·大田》就说，“希望雨水灌溉到公田里，同时也下到我私田来”。这是小民先公后私的意思。由此看来，周代也是实行了助法的。有世禄可以养君子，有井田的助法可以养民众，滕国应当两者兼有才行。这是孟子为滕文公进献的经济谋略。

张居正说：贡、助、彻，“这三样田制，名虽不同，然究其取民之实”，“都是十分之中取其一分，未尝过重也”。“其义不同，而总之则皆取民有制，三代之仁政如此。夫什一之制，轻重适均，公私两便，乃三代之良法，而万世不可更易者。自阡陌既开，列国之赋始不止于什一。而后世暴征横敛，使小民终岁勤动，止足以办公家之税，而无一饱之余，视古法又甚远矣。何怪乎民生日困，而国用益诎也。重邦本者尚念之。”（《张居正评讲〈孟子〉》）这一解读也有利人们对税收的体认，税收不可过重，三代的十分之一，或许是一个值得重视的比率。

四、税收：孟子与白圭的辩论

白圭，姓白，名丹，字圭，曾任魏相。他与孟子有过一次面对面的关于税收问题的辩论。《告子下》（12.10）有载——

白圭曰：“吾欲二十而取一，何如？”他想推行新税率，即二十抽一，就是二十分之一税，征求孟子的看法。这是一种低税率，减轻民众的负担，想来一定会得到孟子的首肯的吧！然而，没有想到的是，孟子坚决反对推行这种低税率制。

孟子曰：“子之道，貉（mò）道也。万室之国，一人陶，则可乎？”“貉”，也同“貊（mò）”，上古时对东北方落后民族的称呼，这里指貉国。孟子针锋相对地批评他，你这样比率的税收之道，是“貉道”，即貉国的做法，而不是中原国家该推行的。孟子反问白圭，拥有上万户的国家，只有一人制作陶器，则可行吗？

白圭曰："不可，器不足用也。"白圭回答，这是不可以的，因为陶器不够用的。

于是孟子曰："夫貉，五谷不生，惟黍生之。无城郭、宫室、宗庙、祭祀之礼，无诸侯币帛饔（yōng，朝食）飧（sūn，晚饭），无百官有司，故二十取一而足也。今居中国，去人伦，无君子，如之何其可也？陶以寡，且不可以为国，况无君子乎？欲轻之于尧舜之道者，大貉小貉也；欲重之于尧舜之道者，大桀小桀也。"取税最轻的是貉，这里大小不同的，则犹如“大貉小貉”；取税最重的是夏桀，这里大小不同的，则犹如“大桀小桀”。

这里孟子说了两层意思：其一，貉国，五谷不生，只有黍能生长，没有城郭、宫室之营造，没有宗庙、祭祀的礼仪，没有诸侯之间币帛馈赠之礼、饔飧（此指饮食）宴请的交往，没有各种官府衙署与官吏，所以税率二十抽一而足够了。孟子这是从貉国之所以可以采取这样的税率来讲明道理。其二，如今居住中国，却要抛弃社会上的人伦，废弃官署的官吏，怎么可以呢？制陶因为人少，尚且不能使一个国家搞好，更何况没有了官吏！所以税收比率欲轻于尧舜之道的，就是像大大小小的貉那样的国家；欲重于尧舜之道的，那就是像大大小小的桀那样的君王了。

孟子还启示我们这样的税收智慧：其一，税收固然不能过多，但也不能太低，并不是越低越好，因为还有一个国家的整体费用问题。其二，税收要考虑各种具体的问题和各方的利益，彼国此国，彼地此地情况不同，因此要实事求是地制定税率。其三，采取中庸之道，上可以足国，下不至于病民。其四，孟子也提出了一个标准，那便是尧舜之道，这是十分之一的税率。这些智慧也可以让后世灵活地借鉴的。

如此，我们或许可以深切地体悟：孟子在经济、财税方面既有宏观的历史观照智慧，梳理出清晰的历史脉络来，而且能针对具体滕国、梁国，乃至中国与貉国等实际情况进行分析，提出自己的财政理念、经济策略、税收政策等。由此也可以认识到孟子在经济学里面的那种才能与智慧是卓越的，说孟子不谈论功利是明显不确切的！

察与思：分工·交换·必然·误导

社会的发展进步必定催生社会的分工，不可能始终停留在自给自足的自然经济状态；社会的分工必定带来彼此之间的交换交易，这便会有市场，便会有商业；分工必定是越来越细，交易必然是越来越繁复。我们今人从这里面看到了不同的阶级之分、阶层之别、尊卑之殊、贵贱之异，那么两千多年之前的孟子是如何透视这一切的？

一、必然：社会·分工·交换

战国时有一位许行，假托神农之言来建立自己的学说，提倡重视农业，主张君臣一起耕种，“贤者与民并耕而食，饔飧而治”。本是儒者的陈相，欣然接受了这种学说，并与孟子有这样的对话与记载，《滕文公上》(5.4) ——

陈相见许行而大悦，尽弃其学而学焉。陈相见孟子，道许行之言曰：“滕君，则诚（确实）贤君也；虽然，未闻道也。贤者与民并耕（一起耕种）而食，饔（yōng，早饭，此指做早饭）飧（sūn，晚饭，此指做晚饭）而治。今也滕有仓廪府库，则是厉（损害、危害）民而以自养也，恶得（哪能算）贤？”

照这样的说法，那么贤明的君主就要与平民一样去耕种而维持生活，一律自己去做饭，生活自理，然后管理政治。孟子进行了反驳，首先反问，曰：“许子（许行）必种粟而后食乎？”陈相曰：“然（是的）。”孟子二问，曰：“许子必织布而后衣乎？”陈相曰：“否。许子衣褐（穿粗麻衣服）。”孟子三问：“许子冠乎（戴帽子吗）？”陈相曰：“冠（戴帽的）。”孟子四问：曰：“奚冠（戴什么帽子）？”陈相曰：“冠素（戴生丝制成的帽子）。”孟子五问，曰：“自织之与（自己编织的吗）？”陈相曰：“否。以粟易之（用粟子换来的）。”孟子六问，曰：“许子奚为不自织（为什么不自己编织）？”陈相曰：“害（有害）于耕。”孟子七问，曰：“许子以釜（fǔ，一种锅）甑（zèng，做饭的陶器）爨（cuàn，烧火做饭），以铁（铁制农具）耕乎？”陈相曰：“然。”孟子八问：“自为（自己制造）之与？”陈相曰：“否。以粟易之。”孟子九问：“以粟易械器者，不为厉（损害、危害）陶冶（制陶、冶炼之工匠）；陶冶亦以其械器易粟者，岂为厉农夫哉？且（再说）许子何不为陶（制陶）冶（冶炼），舍（指停止交换）皆取诸其宫中（都从自己家的住所里取来）而用之？何为纷纷然（忙忙碌碌的样子）与百工交易？何许子之不惮烦（为什么许子这样不害怕麻烦呢）？”陈相曰：“百工之事，固（本来）不可耕且为（边耕作边干工匠活）也。”孟子十问：“然则治天下独可耕且为与？”孟子又自答：“有大人之事，有小人之事。且一人之身，而百工之所为备。如必自为而后用之，是率天下而路（此导致全天下的人都奔走在路途上）也。故曰：或劳心，或劳力；劳心者治人，劳力者治于人；治于人者食人，治人者食于人：天下之通义也。”接下去孟子又滔滔不绝地论说历史以及“尧、舜之治天下，岂无所用其心哉？亦不用于耕耳”。

孟子的理念内涵，有几端可揭明：(1) 强调社会分工的必要性、必然性与进步性。(2) 充分肯定产品的交换交易的合理性。(3) 反对搞平均主义。(4) 提出劳心与劳力的区分。

二、通功易事·以羡补不足

这里再进一步说说孟子的交易交换的“以其所有，易其所无者”(《公孙丑下》4.10) 的重要性与必要性。

《滕文公下》(6.4) 记载，孟子的弟子彭更曾尖锐地发问：“后车数十乘，从者数百人，以传食于诸侯，不以泰乎？”先生你后面随从的车有数十乘，跟从的人数百人，往来于各方诸侯，靠他们供养，不以为太过分吗？

孟子曰：“非其道，则一箪食不可受于人；如其道，则舜受尧之天下，不以为泰，子以为泰乎？”这就是孔子说的君子取之有道的理念。

彭更曰：“否。士无事事功而食，不可也。”弟子反驳：不对！士人不干事而吃饭，是不可以的。

于是孟子向他讲述了社会必须“通功易事，以羡补不足”的大道理。孟子曰：“子不通（通融、流通）功易（交易、交换）事，以羡（有余）补不足，则农有余粟，女有余布。子如通之，则梓（木工）、匠（木工）、轮（制车工）、舆（制车工）皆得食于子。”(《滕文公下》6.4) 这意思是，如果你不让各行各业互相流通产品、交换成果，用自己盈余的来补充别人不足的，那么农民就会积余粮食，织女就会积余布帛。如果你使之相互交换流通调剂，那么造器具的梓人、匠人、轮人、舆人等工匠都可以在你这里取得衣食之源。此见孟子对于“通功易事”的重视。

此后“通功易事”之说也深入人心，人各有功业事业，要互通有无。梁启超《论国家思想》：“故自其内界言之，则太平之时，通功易事，分业相助，必非能以一身而备百工也。”后也作“通工易事”，魏源《默觚下·治篇十四》：“车马之驰驱，衣裳之曳娄（指穿戴；娄 lǚ，亦曳），酒食鼓瑟之偷乐，皆巨室与贫民所以通工易事，泽及三族。”后来也有“通共有无”、“通无共有”等说，即指相互接济，互通有无。

三、评说：孟子之理念及其误导

社会必须有分工，而士人虽然没有直接去做那像农夫、织女的生产之“事”，但是他们的工作也是有“功”的，因此孟子说这也是一种“通功易事”。

然而，孟子又说：“或劳心，或劳力；劳心者治人，劳力者治于人；治于人者食人，治人者食于人。天下之通义也。”（《滕文公上》5.4）社会分工，有脑力劳动的“劳心”者，也有体力劳动的“劳力”者，这是顺应社会发展的需要，也是历史与现实的事实。但是，孟子认为劳心者治人，劳力者被人治；被别人治的人去供养他人，治人的人接受他人的供养。这是天下通行的道理。这后来便形成了历史性的误导。数千年来“万般皆下品，唯有读书高”等等，都是从这种误导而来的。孟子轻视、蔑视了劳动者，这方面的批判很多，现代人已经说得很多了，此中的道理也是不喻而明的了。

经济智慧：市场·交易·商品·价格

世人大都认为孟子是只讲义，不讲利的，其实并非如此，这里还可以看看他对市场、经济、商品，甚至价格的关注与思考，就可以见识孟子在政治经济学上另一番智慧了。

一、市场商业：市廛不征·法而不廛

孟子曰：“市廛而不征，法而不廛，则天下之商皆悦，而愿藏于其市矣。”（《公孙丑上》3.5）“市”，市场。这里既可以体味其税收之智，还可以悟知孟子关于繁荣市场的智慧：一是不收那种租赁税，二是一时卖不掉的货物及时收购，通过其他调控加以流转，商人没有了这些担忧，能获得更多的利润，当然心里高兴，乐意前来，市场也必然兴旺了。

张居正是个卓越的政治人才，也是个理财高手，有评论说得很到位：“至于日中为市，亦国家所资以通财用者，使征求太过，则商贾不行，而人心失矣。必于逐末者多，则量取其市地之廛而不征其货（指货物税）。若逐末者少，则但治以市官（管理市场的官吏）之法，而不税其廛。则上不废法，下不病商。天下之商，凡以有无相易者，皆不苦于征求之害，中心喜欢，而愿藏于其市矣。”“天下之商归之，则赋不加而用自足。”此理财之大端，孟子所说的市场财富管理真是高明的智慧。

二、货物价格：市贾不贰·孟子驳斥

孟子曾对经济学里货物的市场价格有自己的看法，对奉行神农学说的许行的“市贾（jià，价格）不贰”进行了驳斥。所谓“市贾不贰”，即同样的货物，物价就没有差别。

《滕文公上》（5.4）有这样的记载，有一位奉行神农学说的许行，是战国时代的楚国人，自楚国来到滕国，带了徒弟数十人，皆穿着粗麻之衣，靠着编草鞋织席子为生。当时儒者陈相很相信此种学说，曾对孟子说起许行的主张，一是因神农开始教人耕种，于是许行提出“贤者与民并耕而食，饔飧而治”，遭到孟子的反驳。陈相又提及许行的另一主张，便是因神农开始为市井交易，于是又有所谓的“市贾不贰”之说。这一关于市场价格的主张，也立刻遭到孟子的驳斥。

陈相说：“从许子之道，则市贾不贰，国中无伪。虽使五尺之童适市，莫之或欺。布帛长短同，则贾相若；麻缕丝絮轻重同，则贾相若；五谷多寡同，则贾相若；屦大小同，则贾相若。”

这里面的意思与逻辑是说：如果依从许行的学说，那么市场上的货物就没有贵贱之分，物价不会有两样，国中的人们就用不着去弄虚作假；即使让孩童到市场去买东西，也没有人会欺侮他。布帛只要长短相同，那么价格一样；麻缕丝絮只要轻重相同，那么价格一样；五谷只要多寡相同，那么价格一样；鞋子只要大小相同，那么价格一样。这样发展下去，那么人情就安稳，争端就平息，不就可以返璞归真，回到美好的那种上古的世道了吗？

孟子回答，曰：“夫物之不齐，物之情也；或相倍（一倍）蓰（xǐ，五倍），或相什（十倍）百（百倍），或相千万。子比（合，并列）而同之，是乱天下也。巨屦（jù，用麻、葛等制成的鞋）小屦同贾，人岂为之哉？从许子之道，相率而为伪者也，恶能治国家？”

这里的意思是说，万物是不整齐的，这是客观的自然而然的情形。货物价格之间的悬殊，有的相差一倍或五倍，有的相差十倍或百倍，有的甚至相差千倍或万倍。如果你把万物放在一起而等同看待，这是扰乱了天下。大鞋子与小鞋子相同价格，那么人难道还会去做鞋吗？依从许行之道，便会使人们一个跟着一个地去作伪作假，本来是想除去伪劣，却反而助长了伪劣，本来是想平息纷争，却反而助长了纷争。如此怎么能治理好国家呢？

三、市场垄断与税收

今人都知道“垄断”之说，然而殊不知本出自孟子之口。《公孙丑下》（4.10）有载，孟子曰：“古之为市也，以其所有易（交易、交换）其所无者，有司者（鉴察管理市场的官吏）治之耳。有贱丈夫焉，必求龙断而登之，以左右望而罔（网罗括取）市利。人皆以为贱，故从而征之。征商，自此贱丈夫始矣。”朱熹集注：龙，音垄。龙断，冈垄之断而高也。现今人们所说的“垄断”一词，便原出于《孟子》此文，而本作“龙断”。“龙”同“垄”，一作“陇”，指平地耸立而又四面不相连属的岗垄。原来是指站在市场的高地操纵贸易，后来泛指把持和独占，如垄断集团等。

这意思是说，古代搞市场，是人们相互之间以其所有来交换其所无，由有关部门的官吏来管理这事，然而只不过平物价，理争讼，依法治，起初并不征税。有一个卑鄙的汉子，贪得无厌，必定要寻求一个独立的高地并登上去，用来左右张望，看什么可积居，什么可以贸易，从而一网括尽，获得专利。人们皆以为此人是鄙贱的，所以就向他征税了。向商人征税，是从这个鄙贱的汉子开始的。

我们不知道，这是真实的历史，还是一个自编的故事，或是一个传说，但是透露出许多的信息：一是，市场的出现，最早是有无之间的交换，以其有易其无，两平交易，各得其所。二是，市场在不断地发展、变化，不断出现新的矛盾并解决矛盾。三是，市场发展过程中，垄断必然也会产生。垄断的出现，打破了以往的平衡，产生了许多新的矛盾。四是，市场的管理问题、税收问题等等，便一个个涌现出来了。五是，孟子使用了“龙断”一词语，他自己也绝没有想两千年之后“垄断”一词影响深远，并被赋予新的含义而广为传播。

行文至此，我又记起了学者周策纵有关此文的一段论说：孟子在这里首先提到“龙（垄）断”一词，近代人就用它来翻译英文的 monopoly，此英文源于拉丁文 monopolium，拉丁文又源于希腊文 monopōlion，本义为 mono-（alone）+pōlein（to sell），即“独家经营”之意。焦循引陆善经云：“龙断，谓冈垄断而高者。”翟灏《考异》引《列子·汤问》篇说愚公移山事：“自此冀之南，汉之阴，无陇断焉。”则“龙”作“陇”。周策纵认为，考《孟子》文义，古无市场情报，这个卑贱的男子为了明了当下的市场行情，便站到独立的高冈上去，向左右下望各市集的交易状况，什么货品畅销或滞销，他就立刻运销或囤积，操纵市场价格，把利润一网打尽。孟子认为这个人引起人们反感，便征他的税。这是向商人征税的开始。这个故事有何根据，不得而知，可能是古代的传说。不过这个故事倒很有趣，也说明了孟子认识到“悦利”、“爱利”、“怀利”之心如果发展过度，也可能变成“垄断”，妨碍别人的谋利；而人民亦能自动用征税来加以制约。

周策纵又说：至于如何防止这种弊端，孟子没有细说，从这故事末尾他的解说看来，他也许不会反对用“征商”的征税政策来防制。不过孟子和荀子强调礼，和法家强调刑法制裁，颇为不同。他似乎只反对提倡爱利之心，只主张运用道德来节制。所以孟子曾说：“君不行仁政而富之，皆弃于孔子者也。”“君子不乡道，不志于仁，而求富之，是富桀也。”“鸡鸣而起，孳孳为善者，舜之徒也；鸡鸣而起，孳孳为利者，蹠（zhí，即盗跖）之徒也。欲知舜与蹠之分，无他，利与善之间也。”孟子也抨击“学古之道而以餔啜”。并且提倡“养心莫善于寡欲。其为人也寡欲，虽有（善性）不存焉者，寡矣；其为人也多欲，虽有（善性）存焉者，寡矣”。这样提倡“寡欲”，也正可作为“王何必言利”的说明。（周策纵《弃园文萃》）

综上所论，孟子对商业、贸易与市场问题是关注的，且是不断在思考着，而且还是作为其施行政治、管理天下学说里的一个重要的组成部分来思考的。孟子关于市场、经济、商品、价格、税收的一些理念与智慧，是值得人们注意的。再譬如，市场货物交易应该是自由的，不能统死；价格既要开发，又要适当控制；市场的税收，要灵活且智慧；市场官吏要依法办事，但要实事求是地处理问题；市场需要宏观的调控，促进货物的更好的流通。聚焦于关键的地方，那么就是要让“天下之商皆悦而愿藏于市矣”。这就是得到天下商人的心，能得商人的人心，那就得到了商界的天下，那么国家、民众的获利也就更多了！

我再想起 1979 年 11 月 26 日，邓小平对来访的外宾说的话：“说市场经济只存在于资本主义社会，只有资本主义的市场经济，这肯定是不正确的。社会主义为什么不可以搞市场经济，这个不能说是资本主义。”“市场经济，在封建社会时期就有了萌芽。社会主义也可以搞市场经济。同样地，学习资本主义国家的某些好东西，包括经营管理方法，也不等于实行资本主义。这是社会主义利用这种方法来发展社会生产力。把这当作方法，不会影响整个社会主义，不会重新回到资本主义。”（《邓小平文选》第二卷）这给人们打开了一个广阔的视野、思路与前景。因此我们不仅需要学习西方的市场经济理论，诸如英国亚当·斯密、李嘉图的市场经济理论，如奥地利里门格尔、庞巴维克等人的边际效用理论，如马歇尔的市场均衡理论，如庇古的福利经济，如凯恩斯的国家干预市场经济理论，如萨缪尔逊的新古典综合理论，如弗里德曼的现代货币数量论，如哈耶克的自由主义理论，如加尔布雷思的制度分析理论，如卢卡斯的合理预期理论，如熊彼特的创新理论，如科思的现代产权理论等等，而且还应该从中国本土漫长历史岁月里贮存着的智慧宝藏里，发掘出丰富的遗产来。孟子关于市场的简短话语里的那些深刻的智慧，不也是能给当下诸多的启示吗？

孟子：财富·理财·馈赠·礼物

孟子这位亚圣，自己又是怎样对待财富、理财、馈赠、礼物的呢？且看，孟子的所言所行及其智慧，今天读来还是闪烁着熠熠之光。

一、财富：馈赠·礼物·交往

《告子下》（12.5）记载了这样的事情——

孟子居邹（邹国），季任（任国之国君的弟弟，任国在今山东济宁）为任（任君）处守（代理居守其国），以币交（以币帛作为礼物结交），受之而不报（孟子接受了却不回报）。处于平陆（孟子居住在平陆，在今山东汶上县），储子为相（储子出任齐国卿相），以币交（结交孟子），受之而不报。

他日（孟子）由邹之（至）任（任国），见季子；由平陆之（至）齐，不见储子（却不去拜见储子）。

屋庐子（孟子的弟子，名连）喜曰："连（自称）得间（找到了老师的岔子、差错）矣。"（屋庐子）问（孟子）曰："夫子之任（到任国），见季子；之齐（到齐国），不见储子，为其为相与（是因为储子只是担任卿相吧）？"

（孟子）曰："非也（不对）。《书》曰：'享（进献礼物）多仪（应该多重礼仪），仪不及物（礼仪的讲究赶不上礼物）曰不享（称为没有进献），惟不役志（因为不用心意）于享（进献礼物）。'为其不成享也（因为他没成为真正地进献礼物）。"屋庐子悦。或（有人）问之（他这事）。屋庐子曰："季子不得之（不能去）邹，储子得之（能够去）平陆。"

这个故事很生动，同样是"以币交"，同样是"受之而不报"，同样经过馈赠人的地方，为什么孟子最后的做法却不一样，一是去拜会了，一是不去拜会？这样的处理不是互相矛盾了吗？这不留下把柄了吗？所以孟子的弟子很高兴，他自以为这一下子找到了老师的漏洞空子了，倒要看看他如何来解释。

孟子引用了《尚书》上的话来解释，不仅让弟子心服口服，而且使其明白道理，学到了智慧。这是因为季任留守任国，责任重大，脱不了身，且路途间隔较远，不方便亲自来到邹国会见孟子，所以孟子最后还是回访拜见了他。这种"成享"，是孟子认为对方不仅礼物到、礼仪也到了，归根结底是心意到了。

然而储子虽为卿相，但其责任没有季任留守一个国家那样重大，且距离也较近，是完全可以前来会见的，但是他没有这样做，所以孟子最后虽经过也不去拜见他。这种“不成享”，是因为对方礼物虽到，但礼仪不到位，归根结底是心意没有到位。

我深深赞叹：孟子不仅对礼物、礼仪、馈赠、会见那套交际之道，琢磨得很到位，而且对人与事的观察特别敏锐，透视尤其深邃。同时他怎样教育弟子、为人师表的风采也跃然纸上了。

我经常有这样的体悟，研读中国的古代经典，如果只是去读时下人梳理出来的泛泛而谈的框架，就那几条干巴巴的观点，而不去细细读读原文，那么大约不能很到位地拾掇其中的智慧的，而这些却都是闪烁着灵魂光辉的智慧！

二、理财：是与非·受与拒

1. 兼金：不受与接受

《公孙丑下》(4.3) 有一则极具趣味的记载——

陈臻问（其师孟子）曰：“前日于齐，王馈（馈赠）兼金（上等好金，其价兼倍于常者）一百（镒）而不受；于宋，馈七十镒（yì，一镒，为二十两、或说二十四两）而受；于薛，馈五十镒而受。前日之不受是，则今日之受非也；今日之受是，则前日之不受非也。夫子必居一于此矣。”

陈臻是孟子的学生，他发现了其师的奇怪的做法：先前在齐国时，齐王赠送“兼金”一百镒，孟子没有接受。为什么拒绝了？在宋国，国君馈赠了七十镒却接受了。为什么接受了？在薛国，馈赠了五十镒也接受了。这又是为什么？前前后后，同是馈赠，然而或受或拒，做法颇矛盾，究竟孰是孰非？

面对弟子这样的诘难，孟子却回答说：“皆是也。”无论是接受，还是馈赠，都是对的。这是为什么？

孟子为弟子解惑，曰：“当在宋也，予将有远行，行者必以赆（jìn，此指赠给的送行之礼），辞（宋国国君说）曰：‘馈赆（馈赠些路费给你）。’予（我）何为（为什么）不受？”——当在宋国时，我将有远行，远行者必定要用路费，因此交往者每每有馈赠之礼。这属于顺合情理的礼节，因此接受下来，是合乎道理的。若不接受，反而绝人于已，显得过分了。

再说，“当在薛也，予有戒心，辞曰：‘闻戒，故为兵馈之。’予何为不受？”——而当在薛国之时，我听说路上不太平而有戒备之心，主人说：“听说你需要戒备，所以为了你买点兵器，而馈赠你一些钱财。”我为什么不接受呢？

孟子又说，“若于齐，则未有处也。无处而馈之，是货之也。焉有君子而可以货取乎？”——至于在齐国，我没有可以接受馈赠的必要与理由。如果没有可以接受馈赠的必要与理由，却去接受了馈赠，这就是相当于收买了。哪有君子而被收买的道理？

2. 拒绝：齐王的授室与万钟

齐宣王想赠送给孟子一所住宅，还有万钟俸禄，这是相当丰厚的赏赐。孟子拒绝了齐宣王的施予。《公孙丑下》（4.10）是这样记载的——

孟子致为臣（辞去齐国大臣之位）而归（回家乡）。王（齐宣王亲自）就（前去）见孟子，曰：“前日愿见（以前希望见您）而不可得，得侍同朝（终于能够同朝共事），甚喜。今又弃（您抛开）寡人而归，不识（不知道）可以继此而得见乎（在此别后能再相见吗）？”（孟子）对曰：“不敢请耳（我不敢请求同王相见罢了），固所愿也（不过这再相见本来也是我所希望的事）。”

他日，王（齐宣王）谓时子（齐国大夫）曰：“我欲中国（指都城）而授孟子室（给一所房屋），养弟子以万钟（给予万钟粮食来供养孟子的弟子），使诸大夫国人皆有所矜式（效法的榜样）。子盍为我言之（你何不替我去给孟子说说）？”时子因（通过）陈子（陈臻，孟子弟子）而以告孟子，陈子以时子之言告孟子。

孟子曰：“然。夫时子恶知其不可也（哪里知道这件事是不可行的呢）？如使予欲富（如果我要想富裕），辞十万而受万（推辞十万钟俸禄，而接受一万钟的赏赐），是为欲富乎？季孙（人名，但事迹不详）曰：‘异哉，子叔疑（人名，事迹也不详）！使己为政（想要让自己做官），不用，则亦已矣（也就算了），又使其子弟为卿。人亦孰不欲富贵？而独于富贵之中，有私龙断焉。’”

孟子说“不”！这里自有他认为正确的逻辑所在。尽管他也会预计到今后可能不会再有如此获得重大财物的机会了，孟子还是说出了：不！他终于返回了邹地，不再出游了，直至老死过着那种清贫的日子，然而又与弟子共处享受精神富有的生活。

如此可以看到，孟子对于他人钱财之馈赠或是推辞，或是接受，里面确有智慧：

首先，确立原则与标准，若是交于道，当于理，合于义，接以礼，那么就接受，否则就应该推辞。当然还有智慧，那就是该推辞就推辞，然而推辞而不矫激；该接受就接受，然而接受而不伤廉。

其次，要看时机场合，善于随机应变。这就像孟子自己所说："彼一时，此一时也。"（《滕文公下》4.13）他极其赞扬孔子："可以仕则仕，可以止则止，可以久则久，可以迟则迟"（《论语》）；"孔子圣之时者也"（《论语》）。

再次，在弟子陈臻那里看来，无论接受或推辞，只要有一方是对的，或错的，那么必定也随之有一方是错的或对的，二者必居其一，不可全对，也不会全错。然而，这仅仅是形式逻辑的浅层的道理，孟子则跳出了形式逻辑的层面，跃入辩证逻辑的高位，所以两者均对，因为无论接受与拒绝都是符合道义的。这也就是孟子高出弟子的地方，也是一种智慧的开导！

三、理财：不一般的境界

关于财富与富贵，孟子不仅说"非其道，则一箪食（一竹筐饭食）不可受于人；如其道，则尧受舜之天下，不以为泰（过分）"。这是取之有道与无道的区分。孟子还有精辟之言："附之以韩魏之家，如其自视欿（kǎn）然，则过人远矣。"（《尽心上》13.11）"附"，增益，增加。"韩魏之家"，是春秋时晋国六卿中的韩、魏两家，贵为世卿，且拥有巨大的财富。"欿然"，空虚的样子，喻指不自满。"欿"，假借为"坎"，有空虚的意思。如段注《说文》："《孟子》假欿为坎，谓视盈若虚。"这是说，把韩、魏两家的富与贵都加到他身上，如果他并不自满，那么他的识见必定远远超过普通的人了。

记起张居正之说："人情之所易溺者，莫如富贵，少有所得，而即矜己夸人，侈然自满者多矣。有人于此，官非卿士之素也，家非有世禄之资也，一旦举韩魏之家而附益之，忽然贵为上卿，富有百乘，享此非望之福，其快意宜何如者？乃能自视欿然，恰似不曾增益的一般，略无骄盈之念，盛满之容。这等的人，识见高明，物欲不能昏其志；涵养坚定，势利不能动其心；举世之所夸张羡慕者，而视之如浮云，轻之如敝屣，其中自有至贵至富者在矣，其过人也，不亦远乎！然则世之溺情于富贵未得，而不胜其贪饕之欲，既得而不胜其餍足之态，视此亦可愧矣。"此种解析是很耐读的。

掩卷而思，今人若能学得孟子智慧，绝对是有益的。面对不义之财决不可贪得，无数的官吏因贪婪而锒铛入狱；而无数的经营者为了牟利，用行贿去打通关节，结果身陷囹圄的也数不胜数。再说，如今许多人一成为暴发户，即炫富斗富、张扬显贵，不可一世，真可以读读孟子之言，使人去再思，再悟，或许会得到一副灵魂的清醒剂！

篇七

科技智慧：天文·生态·环保·科技

孟子：天文学·知识·智慧·渊源

孟子不仅深晓人事、政治、经济、历史之道，而且于天文之学也是造诣不凡，这方面的才智也足使人心仪而鉴赏之。

一、曾经的事实：天文人人皆知

说到天文学，在古代很普及，顾炎武曾说："三代以上，人人皆知天文。"这也许会让数千年之后的今人吃惊，疑窦顿生，远在夏、商、周三代，竟然人人懂天文吗？顾炎武接着举出例证，说："'七月流火'，农夫之辞也。'三星在天'，妇人之语也。'月离于毕'，戍卒之作也。'龙尾伏晨'，儿童之谣也。后世文人学士，有问之而茫然不知者矣。若历法，则古人不及近代之密。"（《日知录·天文》）

"七月流火"，"火"是星的名称，又叫大火星。"流"，指星向下移动。一年之中，如夏历五月，大火星出现在南方，方向最正，位置也最高。自夏历七月开始，大火星就偏西而向下移动了。这是农夫识天象的话，他们都懂得这一天文现象。此句出自《诗经·豳风·七月》，是《诗经》里最著名的一首农事诗，记叙了两千多年前的农作生活。

尧命授时

"三星在天"，这是妇人说天文的话。三星开始出现在东方。"三星"，为一宿；或说为参宿三星，或说为心宿三星，近人或说为河鼓三星，不过诸说均比较接近。这出自《诗经·唐风·绸缪》，此诗反映了夫妇新婚的爱情。如孔传："三星，参也"；"三星在天可以嫁娶矣。"后来就以"三星在天"作为男女婚期的典故了。比如明代梅鼎祚《玉合记·义姤（gòu）》："吉日良宵，试看三星带月。"

"月离于毕"，这是征戍将士识天象之所作。《诗经·小雅·渐渐之石》："月离于毕，俾滂沱矣。""离"，指靠近、投入的意思。"毕"，星的名称。"俾（bǐ）"，使。月亮靠近那毕星，这一天象便是有滂沱大雨的征兆。

“龙尾伏晨”，这是儿童识得天象的歌谣。“龙尾”，是星宿名，尾宿，也即箕宿，为二十八宿之一，居东方苍龙七宿之第六宿，因此有这样的名称。此出自《左传·僖公五年》：“童谣云：丙之晨，龙尾伏辰，均服振振，取虢之旂。”“龙尾伏辰”，杨伯峻注：“日月之会曰辰。龙尾伏辰者，龙尾伏于辰，日行在尾宿，其光为日所夺，伏而不见也。”“均服”，即“袀（jūn）服”，是指古代将帅与士兵穿的同一样式的戎服，即军服。童谣的意思是，丙子日的早晨，龙尾星因为日月交会而看不清楚，军服威武美好，将夺取虢国的旗号，战争会取得胜利。

今人要读懂顾炎武所说的那些例证还真是不容易，但是三代时对于天文尽人皆知则近属实。这也说明社会生活、生产活动要求人们对天文了解，同时也显示出当时人们与大自然的关系是何等密切！后来人们越来越疏远了大自然，也与天文渐疏渐远了。甚至人杰曾国藩晚年在给他儿子曾纪泽的家书里亦说起，自己“生平有三耻”，第一耻就是“学问各途，皆略涉其涯矣，独天文算学，毫无所知，虽恒星五纬，亦不识认”。因此又叮嘱“尔若为克家之子，当思雪此三耻，推步算学，纵难通晓，恒星五纬，观之尚易”；“三者皆足弥吾之缺憾矣”。（《曾国藩教子书》，岳麓书社）曾国藩自以不懂天文为一耻，令后人真堪体味。

二、孟子的天文学才智

关于天文学，孟子则有说：“天之高也，星辰之远也，苟求其故，千岁之日至，可坐而致也。”（《离娄下》8.26）上天极其高峻，星辰极其遥远，如果探求出它们运行的本原，即其中的道理与规律，那么此后一千年的日至，也可以坐着推算出来。以此可以看到孟子对天文历算才能的充分自信。日至，包括冬至与夏至，此处当指冬至，这一天太阳经过黄道上最南的一点，北半球的白天最短，夜间最长。这一节气，在每年的 12 月 21、22 或 23 日。这里所谓黄道，就是太阳周年视运动的轨道。

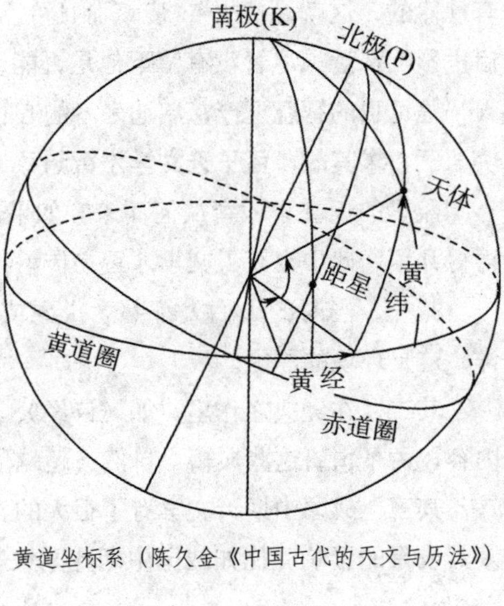

黄道坐标系（陈久金《中国古代的天文与历法》）

读前人的注释，也颇有趣味。如张居解读此章也有启发，曰：“千岁之日至，是上古日南至之时，岁月日时皆会于甲子，乃造历者之历元也。孟子说：智以无事为大，可见智不当凿矣，况以理推之，亦有不必凿者乎！且以治历言之，天之峻极何如其至高，星辰之布列何如其至远，若未易窥测矣。然天虽高，其运行却有常度；星辰虽远，其次舍却有定位，这所谓故也。治历者苟于其故而求之，循其已往之迹，用积分之法，直从今日逆推上古，则虽千岁之远，年代不知其几，而岁月日时皆会于甲子，为日至之度。造历之元者，可端坐而得之，而不苦于步算之难矣。夫天与星辰至难知也，顺其故而求之，无不可得，况事物之近者乎？智者何必以凿为哉！详观此章之意，惟以顺理应事为大智，然必先有随事精察之小心，而后有顺事无情之妙用，不然则徒慕无事之名，而深居高拱适已自便，兢业之念或少疏焉，未有不至于懈弛者。”朱熹集注：“事物之理，莫非自然，顺而循之，则为大智；若用小智而凿以自私，则害于性而反为不智。”

这些解读还让我们进一步了解“求其故”的智慧内涵：求其故——不凿私智——顺理应事——求其已然（已故）之迹——得其理（缘故）——因而遵循——是为大智。

关于天文学，孟子又说：“今夫麰（móu 大麦，）麦，播种而耰（yōu，农具名）之（此指用耰来覆盖种子），其地同，树（种植）之时又同，浡（bó，兴起、旺盛）然而生，至于日至之时，皆熟矣。”（《告子下》11.7）这里孟子提到的日至，当是指夏至，并指出了这一节气与农作物的关系。夏至，这一天太阳经过黄道上最北的一点，北半球的白天最长，夜间最短。这一节气，在每年的 6 月 21 或 22 日。

诚如孟子所说，上天虽高无极，星辰虽远莫及，但是其运行是有道的，即是有规律的，这就是“故”，应该而且可以“求其故”。孟子“苟求其故”之说，对后世影响深远。尽管没有留下他是否能进行天文计算的具体资料，但是却留给后人一笔可贵的智慧遗产，启迪来者的心智。

三、求其故：孟子天文学才智渊源

孟子的天文学才智从何而来？如果也来一个“苟求其故”，那么或许也可以再得开悟。此中也有天文学才智之传承与发展。

其一，当时的人们大都熟悉天象或一般常识的天文学，耳濡目染，耳熟能详，这是环境的原因。

其二，在经典之作里，如《诗经》、《尚书》、《春秋》等，都有关于天文学的内容，孟子精研这些典籍，自然又超越了一般人的水准。

其三，战国中期天文学有了很大的发展，孟子也当受到同时代人天文学研究及其成果的影响。比如战国中期齐国人甘德已经撰写了《天文星占》8 卷，相传他测定的恒星有118座，共511颗。同期魏国的石申也撰有《天文》8卷，相传他测定的恒星有138座，共810颗。后来有《甘石星经》传世，但是已非甘德与石申的原著。不过唐代瞿昙悉达编辑的《开元占经》第65卷至70卷还保存有石申、甘德的言论，并载有大约120颗恒星至黄道的距离，及其离北极的度数。

其四，儒家重视天文学的传统对孟子的影响。孔子是懂得天文学的，如《论语》记载，孔子曰："为政以德，譬如北辰，居其所而众星共之。"（《论语·为政》）这是关于北辰的天文。当然，孔子于天文学还常与他的儒家学说勾连起来，这也是一个特点。尤其值得一说的是，《春秋经》据说为孔子所作，其书记载："鲁文公十四年秋七月，有星孛（bó）于北斗。"这是公元前613年的天文记事，星孛就是彗星。专家认为，这是世界上关于哈雷彗星的最早记录。（陈久金等《中国古代的天文与历法》）再如子贡也说过："君子之过也，如日月之食焉。"（《论语·子张》）如此等等，孟子敬仰孔子与先贤，也必然会关注到他们在天文学上的才智。

再说，孔子嫡传的曾子也是深晓天文学的。《大戴礼记·天圆》记载了这样一件事，单居离问于曾子曰："天圆而地方者，诚有之乎？"曾子曰："离（单居离）！而（你）闻之云乎（这是听说来的吗）？"单居离曰："弟子不察（不能明察），此以敢问也？"

曾子曰："天之所生上首（上端的形状），地之所生下首（下端的形状）。（按，又孔广森，解上首为动物，下首为植物。）上首谓之圆，下首谓之方。诚如天圆而地方，则是四角之不揜（yǎn，掩）也。且来，吾语汝。参尝闻之夫子曰：'天道曰圆，地道曰方……'"这是很有意思的回答。关于"天圆地方"之说很流行，这就是所谓的"盖天说"，认为日月星辰都在这圆形的天穹上运行，而这圆形的天，就像罩子一样罩在方形的大地上。譬如《周髀（bì）算经》就有"方属地，圆属天，天圆地方"之语。再如后来《晋书·天文志》也有"天圆如张盖，地方如棋局"的"周髀家云"。曾子却发现问题：如果天是圆形的，大地是正方形的，那么那四个角怎么能掩盖得了呢？有学者说："这段话是曾参对于古代'盖天说'宇宙结构的批评。""曾参认为这种说法是有问题的，因为圆形的天穹和方形的大地是没有办法完全吻合的。如果天的覆盖面是正方形大地的一个内接圆的话，那么方形大地的四个角不是覆盖不到（'四角之不揜'）了吗？曾参的这个批评是有道理的，说明他对于古代天文学必有过一定的研究。"（周瀚光《先秦数学与诸子哲学》）

我又推想孟子天文学智慧传承而来之一脉：孔子——曾子——子思——子思

再传弟子——孟子。由孔子、曾子等开导在前，孟子卓越师承之，其天文、历算等智慧的源头或许就是这样优渥的。当然，传承是一面，而孟子自身的研究是更为重要的一面吧！

写到这里，正值严寒的2012年12月下旬了，传播得甚嚣尘上、沸沸扬扬的所谓玛雅人预言2012年12月21日“世界末日”，已经在许多人曾有的无尽的“无故”的担忧中消解了。此可再回顾一下谎言流行时媒体的大量报道：如许多人曾为这个“世界末日”恐慌着忙碌着，有的制作电影《2012年》渲染助推，有的人还在制造“诺亚方舟”，有的人还囤积蜡烛、火柴、盐、米、饼干、方便面，有的旅行社有了“末日游”，有的商店里出现“末日”倒计牌，还有邪教也在蠢蠢而动，如此等等，或许折射出许多值得深思的生存中的焦虑心态等内涵。

其实，“世界末日”之预言，此前早已被科学家否定了。墨西哥国立自治大学教授丹尼尔·弗洛雷斯称，关于玛雅人“世界末日”的说法是对玛雅人历法的错误解读。他表示，玛雅人在天文学领域取得了很高的造诣，其创造的历法是世界上最复杂的记录时间的方法之一，与我们当前所使用的历法截然不同。在玛雅人的历法中，于公元前3114年8月13日开始的长纪历纪元将于2012年12月21日结束，共计5125年。但是在其历法体系里，一个纪元的终结同时也意味着另一个纪元周期的开始，这一过程是周而复始的，这一点和我们现在使用的历法也是相通的。一些人将玛雅长纪历纪元的终结与“世界末日”相联系显然是牵强附会的错误做法。（姜波等文，《人民日报》2012.12.18）再说，2012年也并不是人类历史第一次“末日猜想”，有关“世界末日”的谣言，迄今已有约200个版本。比如较为著名的如1891年摩门教世界末日、1910年哈雷彗星毁灭说、2000年千禧年危机等，均已经付诸笑谈了。——若起孟子于地下，他或许会狂笑一阵，然后说：如果能“求其故”，则绝不会相信此种“末日”论！行文至此，顺便记下这所谓“世界末日”的一笔情景，亦可权作当下历史世态与人心的一份存照！

略说孟子的天文与算学才智

天文学与算学历来是密切联系的，孟子既精通天文学，推想亦必当精通算学。孟子的算学在历史上曾被高度赞扬，并且还产生了较大的影响。

一、定格：汉代枚乘之赞

历史的偶然与必然，有时候真是匪夷所思，捉摸不透。孟子的算学才智，想不到因为在汉代得到了一位文学家的赞誉而永垂史册、流芳千秋，这真是一件极有趣味的事情。

西汉著名文学家枚乘（？—前140），字子叔，淮阴人。起先为吴王濞（bì）的郎中，吴王反叛，枚乘进谏而不被接纳，于是就去侍奉梁孝武王。汉景帝平定七国之叛乱，召拜枚乘为弘农都尉，因疾而去官，曾游梁，后来回归淮阴。汉武帝即位，以“安车蒲轮”征召，以德高望重之人而优礼之，十分器重。所谓“安车”，是可以坐乘的车，古人立乘，此却为坐乘，因有此称；车轮又用蒲草包裹，以防颠簸，故称为“蒲轮”。然而很不幸，他竟然死于路途中。

枚乘是著名的汉赋家之一，其《七发》、《上书谏吴王》等最为著名。名赋《七发》，是吴客用七件事与要言妙道来启发有疾的楚国太子的，最后竟然使太子“霍然病已”。《七发》最后的结篇，是这样一个名段：

客曰：“（我）将为太子奏（推荐）方术（即道术）之士有资略者（指极富才智的人），若庄周、魏牟（战国人，即魏公子牟、中山公子牟，有《公子牟》四篇，早佚）、杨朱、墨翟、便蜎（yuān，又称蜎渊、环渊等，战国时学者，主黄老之术）、詹何（战国时楚国隐者，主张‘重生’）之伦（之类），使之论天下之释微（当指精深微妙的道理），理（明辨）万物之是非。孔老览观（使孔子、老子陈述学说，供太子观览），孟子持筹而算之，万不失一。此亦天下要言妙道也，太子岂欲闻之乎？”于是太子据几（撑着几案）而起曰：“涣乎（豁然开朗）若一听圣人辩士之言。”涊（niǎn）然（汗水出透的样子），霍然（忽然）病已（止，指病愈）。

这里说“孟子持筹而算之，万不失一”，为孟子作出了历史的定格。“筹”，是算筹，为计算的工具。此文的意思是，让孟子手持算筹来做计算，万无一失。这是何等高明的算学才智！枚乘之说，真可谓起到了一锤定音的作用。当然还有说，虽然萧统《文选》的“六臣本”此句作“孟子筹之，万不失一”，则此句也可这样解释，让孟子来筹划一切，这就万无一失，但是影响更大的还是前者之说。

枚乘为什么这样赞扬孟子？文中没有直接出现例证，也许这一说法在西汉时已被人们普遍认同。若再追问，那么也许就是因为孟子说过：“天之高也，星辰之远也，苟求其故，千岁之日至，可坐而致也。”（《离娄下》8.26）试想，“坐而致”，坐下来推算，“求其故”，那么“千岁之日至”也可以计算出来，这难道不让人惊叹其算学的才智吗？

关于孟子的算学，人们还关注这样的记载。孟子又曰："今滕，绝长补短，将五十里也。"（《滕文公上》5.1）这是说，如今滕国的土地，截长补短，将近有五十里见方。学者周瀚光《先秦数学与诸子哲学》说："这里的'绝长补短'，当是一种把不规则多边形经过裁接而拼成较规则多边形以计算面积的方法，说明孟子对于平面面积的计算也是很在行的。枚乘《七发》有云：'孟子持筹而算之，万不失一。'可见在西汉人的眼中，孟子是很擅长计数的。据此，清代黄锺骏纂《畴人传四编》，亦将孟子算作'畴人'。"所谓"畴人"：一是指古代天文历算之学，有专人执掌，父子世代相传为业；二是指精通天文历法的学者，这里将孟子作为畴人，即是此意思。

关于孟子的算学，人们还注意到孟子说："离娄之明，公输子之巧，不以规矩，不成方圆。"（《离娄上》7.1）这是说到的规矩为画方圆的工具，孟子在教育、教学里就特别重视授予"规矩"的做法。

二、求其故：算学才智之传承

再说孟子的算学才智，若去"求其故"，那么也是源头活水富足。

孔子重视"六艺"，即礼、乐、射、御、书、数，此中之一便是"数"。再如孔子对于算学是相当精通的，他当过"委吏"，这是管理钱、谷出纳的小吏，需要有熟练计算技能。

《万章下》（10.5）载："孔子尝为委吏矣，曰：'会计当（确当、对头）而已矣。'尝为乘田矣，曰：'牛羊茁壮长而已矣。'""委吏"，赵岐注："主（管）委积仓廪之吏。""乘田"，赵岐注："苑囿之吏也，主六畜之刍牧者也。"其实，这也都需要用算学来计算与统计的。又《史记·孔子世家》："孔子贫且贱，及长，尝为季氏史，料量平。"这也说到了孔子担任"委吏"，会计精确。

孟子对于孔子及孔门之"数"的智慧也是继承之，并光大之。孔子曾数次赞扬门下弟子冉求之"艺"。孔子说："求也艺，于从政乎何有？"（《论语·雍也》）冉求多才多艺，对于从事治政还会有什么困难呢？再如，孔子论"成人"，即作为一个完人应该具备哪些素质时，就列举出"知（智慧）"、"不欲（不贪欲）"、"勇（勇敢）"、"艺（才艺）"、"礼乐"，其中"冉求之艺"（《论语·宪问》）即为一个典型。

再说曾子被列入了清代黄锺骏编纂的《畴人传四编》里，冉求也被编入了此书。有论者说："可见冉求对于礼、乐、射、御、书、数这六艺必定十分精通，不然绝得不到老师的这番评价。《畴人传四编》列有'冉求传'，并引袁枚的话，说冉求‘造有算书，名曰《几何》’。其论曰：‘钱塘袁太史（枚）曰，西洋有算书，名曰《几何》，乃冉求所造。今在海外，而中国无之。盖即今《几何原本》，本冉子旧法，流传海外，西人得之，出其精思，以成此书。’把欧几里得的《几何原本》说成是冉子旧法流传海外而成，这自是盲目自大之言，实乃清代学者通病；但冉求精通数学，却是非常可能的事。”（同周瀚光上书）此中清人盲目自大的弊病，早已成为历史的笑谈，而冉求的数学才能被人们认可，或许是有其历史影子的。

如此我们又得到关于算学的儒家线索：孔子——冉求与曾子等——孟子。孟子于圣人以及众贤那里资之、取之、承之、广之，不亦乐乎！

结末还要说的是，虽然孟子具有天文学与算学的才智，但是并没有朝着这种专门方向作更进一步的深入发展。这又是何种原因？其实这就像孔子、冉求、曾子等执著于自任的大事业一样，孟子自视为儒家学说的继承者和振兴者，赋予了自己重大的历史、社会使命与重任，是以如何治理好天下国家为己任的，任重道远，从而不再用更多的精力来移注旁顾其他了。这也正是孟子所说的“居天下之广居，立天下之正位，行天下之大道”（《滕文公下》6.2）的那种志向与胸怀。当然，话还得说过来，其实孔子也罢，孟子也罢，都还有一种不正确的理念，那便是对于其他技艺等的轻视。譬如子夏曰：“虽小道，必有可观者焉；致远恐泥（阻滞、不通），是以君子不为也。”（《论语·子张》）孟子曰：“有大人之事，有小人之事。”（《滕文公上》5.4）这些都是应当否定的！

求其故：方法论·智源·科学·影响

孟子提出了“苟求其故”、“求其故”、“求故”之说，既是亚圣的才智之源，又为世人提出了从事研究的卓越方法论，后来的学者很看重此说，影响十分深远。

一、故：辩其故·求其故

“故”，这个字的本来结构与意义是什么？《说文》：“故，使为之也。从攴（pū），古声。”“故”是“使得它成为这样”的意思。再延伸一下，既然使得它成为这样，肯定其中必有原因、缘故了。段玉裁注：“今俗云原故是也。凡‘为之’必有‘使之’者，‘使之而为之’，则成故事矣。”又陈荣捷于孟子的“苟求其故”有注：“‘故’可指理由、自然之道；或已发生者——也就是事实。”（《中国哲学文献选编》）

后来在中国古代逻辑里，“故”成为一个重要的范畴，就是指事物的原因、条件，或推理论证的根据。据学者研究，墨子最先提出这一概念，强调“辨其故”（《墨子·兼爱中》），“依类明故”（《墨子·尚贤中》），“无故从有故”（《墨子·非儒下》）。后期墨家对“故”定义为：“故，所得而后成也。”（《墨子·经说上》）凡事物必有其因，而后成其果。他们并把故分为小故、大故两种：小故是“有之不必然，无之必不然”，即事物的必要条件；大故是“有之必然”，即事物的充分条件（见《墨子·经说上》）。“故”并作为墨辩“三物”之一，其余则为“理”、“类”；“三物”是墨辩这三个基本逻辑范畴的总称。“夫辞以故生，以理长，以类行”（《大取》），此指立论要有根据。“以说出故”（《小取》），此指在论证中要把论题所以能成立的根据阐述出来。

三、苟求其故：对后世的影响

孟子虽然批驳墨子学派，但是他也从墨子那里汲取了充分的学养与智慧。墨子强调“辩其故”，孟子则更加强调“求其故”。孟子影响很大，通过学者对其在科技方面的评述即可见其一斑。

关于孟子“苟求其故”之说在天文学与算学里的影响，席泽宗在《中国传统文化里的科学方法》一文里作出了很好的梳理与阐论。他说：“不管孟子本人会不会进行天文计算，他的‘苟求其故’这句话，作为方法论，对后世是很有影响的。”席泽宗又举出很多事例来说明。譬如金元之际的大数学家李冶就很强调“深求其故”（《敬斋古今注》），力主“推自然之理以明自然之数”，寻求事物数量之间的“所以然”，创建了“天元术”（列方程之法），从而使中国数学发展到一个新的高峰。

再如，徐光启在把中西科学进行了对比以后，发现中国古代科学往往缺乏严密的理论体系，他说：“孟子曰：‘苟求其故’。”“故者，二仪七政，参差往复，各有所以然之故。言理不言故，似理非理也。”（《徐光启集·简平仪说序》）他把“言故”、“辨义”和“明理”作为科学研究的重要任务，强调“一言一法，必深言所以然之故”，要求“一一从其所以然之故，指示确然不易之理”。这可以说是对孟子“苟求其故”方法的发挥。

又如王锡阐继承了徐光启的这一思想，他在《历策》一文中说：“古之善言历者有二：《易·大传》曰：‘革，君子以治历明时。’子舆氏（即孟子，字子舆）曰：‘苟求其故，千岁之日至，可坐而致。’历之道主革，故无数百年不改之历；然不明其故，则亦无以为改历之端。”“今欲知新法之非，须核其非之实；欲使旧法之无误，当厘其误之由；然后天官家言，在今尽可以尽革其弊，将来可以益明其故矣。”

又如1859年李善兰在为约翰·赫歇尔《谈天》（原名《天文学纲要》）中译本写的“序”中说：“古今谈天者，莫善于子舆氏（即孟子）‘苟求其故’之一语，西土盖善求故也。”他一连用了三个“求其故”，把从哥白尼经开普勒到牛顿关于太阳系的结构及行星运动的认识，说得清清楚楚，认为他们的成果都是善求其故取得的。

席泽宗又说：从“苟求其故”到“善求其故”，虽然只是一字之差，但后者意识到了方法的重要性。可惜这时中国已经进入了半殖民地半封建社会，在三座大山的重重压迫下，中国人民已经很难在科学上做出一流成果了。而今，斗转星移，神州大地换了人间。随着综合国力的增强与经济建设的驱动，在21世纪，我国科学技术将会有个突飞猛进的发展。未来的科学也不一定总是沿着17世纪确定下来的路线前进。美国学者雷斯蒂沃在1979年就预言说：“从21世纪开始认识的新科学可能出现在中国，而不是美国或其他地方。”当然，这个新科学就不只是一些新成就，主要是方法上有所创新。雷斯蒂沃的这个预言能否实现，就要靠我们大家了。（席泽宗《科学史十论》）

我又联想起国学大师王国维在《人间词话》里的“三境界”说：古今之成大事业、大学问者，必经过三种之境界：“昨夜西风凋碧树，独上高楼，望尽天涯路。”此第一境也。“衣带渐宽终不悔，为伊消得人憔悴。”此第二境也。“众里寻他千百度，蓦然回首，那人正（却）在灯火阑珊处。”此第三境也。——其实从某种视角看，这里都是在讲“求其故”，由“苟求其故”，至于艰难地、孜孜不倦地“求其故”，最后终于“求得其故”的全过程。孟子说的“苟求其故”，便是如果去求取、寻求、探求、追求那里面的“故”，且“善求其故”，那么也许就发现“正在灯火阑珊处”，终于求得其故了！我想，孟子那种“苟求其故”，是从历史深处传来的智慧之声，依旧会在21世纪乃至于更远的将来不断地鞭策着后人。

孟子的环保理念与生态智慧

孟子与孔子都具“天人合一”的理念，因此人与自然如何相处的问题，也成为孟子的一个关注点，而且人与自然的关系也与他推行“仁政”等学说是密切联系在一起的。那么孟子关于生态与环保之智慧又是怎样的呢？

一、数罟不入洿池

孟子曰："数罟不入洿池，鱼鳖不可胜食也。"(《梁惠王上》1.3)"数（cù）罟（gǔ)"，是网眼细密的渔网。"数"，密。"罟"，渔网。"洿（wū）池"，洼下聚水之池塘；或说大池沼、深池沼。"胜（shēng)"，尽。

这是说，细密的渔网不到大池沼里去捕鱼，那么鱼儿就吃不完。这是因为不一网打尽，能使得繁殖再生有充分的保证，从而在良性的生态环境里，水产丰富，鱼鳖食用不完。杨伯峻《孟子译注》有注：古代曾经规定，网眼在四寸（古代的尺寸小，四寸只相当于今天的92厘米，不过二寸七分六厘罢了）以下的叫做密网，禁止放在湖泊内捕鱼，意在保留鱼种。

孟子的这种理念与智慧，也是古代智者的共识。譬如《国语·鲁语上》"里革断罟匡君"有一则较为详细、生动的记载。鲁国宣王夏天在泗水深泽里施网捕鱼，里革这位鲁国的太史斩断了渔网，又抛而弃之，说："古代大寒降临后，土地里蛰伏过冬的虫类开始活动起来，掌管川泽禁令的官员水虞（或名渔师、泽虞），在此时讲习如何使用各种渔具来捕获鱼鳖等，然后祭祀时供奉到宗庙里，并推行全国使照着做。这是用来帮助大地阳气的疏通渲泄。等到鸟兽怀孕，水里的动物长成了，为了让鱼鳖等更好地生长，掌管鸟兽禁令的官员兽虞要禁止人们使用捕捉鸟兽的罗网，而用矛等刺取鱼鳖，将其制成鱼干，备夏天食用。这有利于鸟兽生长。到夏天，鸟兽长成，水族动物孕育，官员水虞下令禁止用小渔网捕鱼，而只设陷阱捕捉野兽。如此既充实了祖宗的祭品和厨房的食物，又能积蓄物力与补足国家的财用。另外山林不准砍伐新枝幼树，水泽不准获取未长成的草木。若鱼则禁止捕捉有卵之鱼与小鱼，若兽则要让幼仔长大，若鸟则要保护幼雏的哺育，若虫则要留下卵与幼虫，如此则众物蕃息繁衍。此为古之遗训。如今鱼正孕育，不能使鱼成长，又用网来捕，是贪婪无止！"

这番话真是有理有据，义正词严，且语重心长。鲁宣公听了后，很有触动，说："吾过（过错）而里革匡（匡正）我，不亦善乎！是（此网）良罟也（真是一张好渔网），为我得法（使得我获得了法则）。使有司藏之（让有关官员收藏这张渔网），使吾无忘谂（shěn，劝告）。"师存侍（乐师叫存的在旁边侍候），曰："藏罟不如寘（zhì，置、安排）里革于侧之不忘也。"与其收藏那被割断的渔网，倒不如把里革置于身旁，更不容易忘记他的劝告。——那张破渔网早已不知道哪里去了，但是千百年之后，里革的话却依然可以使得一代代人在无视生态、环保的时候得到警醒！

二、斧斤以时入山林

孟子曰："斧斤以时入山林，材木不可胜用也。"(《梁惠王上》1.3)"斤"，斧子一类的工具。这是说，砍伐树木必须按时进入山林，比如树木生长之时，禁止进行砍伐，树木凋零之时，才可以有选择地适度砍伐。这样可以保持生态的平衡，从而材木也用不完。

这在古籍里也有记载，《逸周书·大聚解》："且闻禹之禁：春三月，山林不登斧，以成草木之长；夏三月，川泽不入网罟，以成鱼鳖之长。"《周礼·山虞》："仲冬斩阳木，仲夏斩阴木。"《礼记·王制》："草木零落，然后入山林。"此可见先民也已经达成一定的共识了。

三．牛山的教训与启示

《告子上》(11.8) 载，孟子曰："牛山之木尝美矣，以其郊于大国也，斧斤伐之，可以为美乎？是其日夜之所息，雨露之所润，非无萌（芽）糵（niè，被砍去或倒下的树木再生的枝芽）之生焉，牛羊又从而牧之，是以若彼濯濯（zhuó，光洁的模样，此指光秃秃的样子）也。人见其濯濯也，以为未尝有材焉，此岂山之性也哉？"

齐国有座牛山，位于古代齐国的东南部，即今天山东淄博市临淄南。牛山上面的林木曾经是很茂盛丰美的，因为处在大都市的郊外，常遭遇到很多人的斧斤砍伐，那还能保持茂盛丰美吗？话又得说回来，尽管这样被乱砍乱伐，但是那些根株毕竟还不会全被拔除，必定仍然有剩余的。它们就在日日夜夜生长蕃息着，在雨水露水浸润下而潜滋暗长着，又会再新生出许多的嫩枝新芽来。如果这些萌糵而出的新生枝条苗芽不再受到侵害，那么照样可以慢慢恢复那林木，甚至再造昔日的茂盛丰美。然而可惜的是，又来了放牧的牛羊，从而践踏之、啃食之，因此牛山变成为濯濯之山了。人们却还蒙在鼓里，见到那光秃秃的样子，还以为从来没有过材木，原来就是这样一座"若彼濯濯"的秃山呢。

本来是一座茂盛丰美的牛山，但是遭遇这样的结局，真能令人深省的。然而说到那座牛山，我又不禁想起《晏子春秋·谏上》："景公游于牛山，北临其国城而流涕曰：'若何滂滂去此而死乎？'"这也许说明当时的牛山确是很美的游览之地，否则齐景公大约也不会去光顾那一座濯濯秃山的。若再联想到《左传》记载，晏子曾对齐景公说："今君政反乎民，而行悖于神，大宫室多斩伐。"此也表示出晏子对大肆砍伐山林来建造大宫室的担忧：既担心因为"大宫室"而大兴土木破坏了森林的生态，也忧虑因迷恋贪欲"大宫室"而毁坏了仁德之心态。这一信息或许还可以让人联想，牛山之山林由茂美而至于恶化，或许还与齐国之建造

"大宫室"有关吧！

然则孟子这里给人们揭示出来的理念、智慧与警告是值得重视的：

其一，乱砍乱伐，破坏了山林的生态平衡，联系上文"斧斤以时入山林，材木不可胜用也"，这里就提供了一个反面的例证。

其二，胡乱放牧，不能控制，因此又使得已受重害的牛山，再受重灾，雪上加霜。终于，好端端的一个牛山成为了光秃秃的山头了。

其三，孟子还指出重要的一则智慧，生态尽管遭遇破坏，但是大自然本身往往具有极其神奇的自我修复能力，如大地之地力、日月之照射、雨露之滋润、物种的自力等，就具有这样的能力。因此只要还有残存的根株在，有萌发的基础在，就还有可能再生、再兴旺。

其四，反过来说，如果一次次蹂躏生态，以至于无休止地践踏、破坏，那么仅有的一点生机、生气都会被糟蹋完，生态也就被彻底破坏了。

其五，孟子最后又点醒，说："苟得其养，无物不长，苟失其养，无物不消。"（《告子上》11.8）这真是至理名言。生态平衡、环境保护的关键要在"养"，"畜养"、"滋养"、"存养"。人生了病也要"养"，因此有"养病"、"养生"之说。国家得了"病"，也要"养"，因此古代有"休养生息"之说。执此观今，孟子的话也一次次被验证了。

当然孟子也不是专门去关注于生态、环境问题，因此他也只是点到而已，譬如孟子在这章里就进一步由牛山的"山之性"延伸至"人之性"、"人之心"的论述上。孟子曰："其所以放其良心者，亦犹斧斤之于木也，旦旦而伐之，可以美乎？"又曰："夜气不足以存，则其违禽兽不远矣。"然则山林也罢，人心也罢，其余万物也罢，孟子揭示出："故苟得其养，无物不长；苟失其养，无物不消。"此旨意精微，即使百世之后读之思之，也是不废的！

孟子关注：农业·手工业·生产

对孟子的研究，如果再把视线投射到另一维度，那么他对于农业、手工业等生产领域的关注、思考与见解，又让我们看到了更为丰满的孟子形象及其多元化的智慧。

一、农业：首要"经界"

孟子主张推行"井田制"，而首先要从"经界始"（《滕文公上》5.3），"经"

本指织布的纵线，后来有了度量、划分、经画、管理、经理等意思。“经界”就是度量、划分田界；“经界始”就是从度量、划分田界开始。前文已从政治角度进行解说，这里再从农业生产角度来解读。

农业生产，为什么要以“经界”作为首要之举措呢？这是因为如果度量、划分田地的界限这一步做不到位，“经界不正，井地不均”，那么就全乱套了。张居正有说：夫治土分田，各有个界限，“如通水道则有沟洫，正阡陌则有道涂，定疆（田界）塍（chéng，田埂）则有的封土堆，有的植树木，一一要经画明白，不可紊乱。若经界不正，则田之在民无一定之分，那豪强的人都得以兼并侵夺，而井地遂不均矣”。这里揭示出隐蔽在后面的一连串的问题，有田地的规正、水利的安排问题，有财产、利益的分派问题，还有更大的或治或乱的社会矛盾问题等。

孟子又尖锐地揭示：“是故暴君污吏必慢（怠慢、懈怠）其经界。”（《滕文公上》5.3）若再作推演，则又会因“必慢其经界”，而至于“必废其经界”。如果由“慢”而至“废”，那么侵夺兼并便会频发，社会矛盾必定激化，国家也会陷入混乱动荡。反过来说，一旦“经界正”，田有定分，那么再想胡搞乱来，必定有所顾忌，而不敢轻举妄动了。

田界的划分、经画这一要事，在汉字里也保存了许多古代的信息。如“田”字，《说文》：“田，陈（陈列整齐）也。树（种植）谷曰田。象四囗（wéi）；十，阡（南北向的沟塗）陌（东西向的沟涂）之制也。”再如《说文》：“略，经略土地也。”再如《说文》：“界，境也。”《说文》：“畔，田界。”又《说文》：“畺，界也。从畕（jiāng，紧密相联的田地），三其界画也。”《说文》：“畴，耕治（已经犁耕整治过）之田也。”如此等等，不一而足，耐人寻味！

二、农作：深耕易耨

《梁惠王上》（1.5）载，孟子在回答梁惠王如何强大起来的问题时，说“地方百里而可以王”，而其中有一条便是“王如施仁政于民，省刑罚，薄税敛，深耕易耨”。

这里孟子说到了农业生产，此是可以称王的必要条件之一，而关于农作之关键，又指出两点：一是“深耕”，唯有深耕，当然也包括细作，才能播种以后让作物长得壮实，丰收才会有根本的保障。二是“易耨”，是指农作物生长期间要抓紧管理，其中除草是很重要的。朱熹集注：“易，治也。耨，耘也。”“易”是治、整治的意思。“耨（nòu）”，锄头之类的除草工具，也指除草。后来《吕氏春秋·任地》就有说：“五耕五耨，必审以尽。”这也是重视“深耕易耨”的理念与智慧。

三、生产：不违农时

孟子于农业生产又曰："不违农时，谷不可胜食也。"(《梁惠王上》1.3）耕耘与收获均不违背农时，让民力不失时机地全用在生产上，那么谷子就会吃不完。这是力戒在农忙时征用民力，移作他用，从而耽误农时，影响粮食的生产。孟子又曰："百亩之田，勿夺其时，数口之家，可以无饥矣。"(《梁惠王上》1.3）此又举出典型例子，譬如一家人有一百亩田，不去妨碍其农时的话，那么这一家数口人可以避免饥饿了。

四、家畜：无失其时

孟子还细心地关注农家之家畜的问题，曰："鸡豚狗彘之畜，无失其时，七十者可以食肉矣。"(《梁惠王上》1.3）先秦时，"豚"指小猪，"彘（zhì)"指大猪。这是说农家的鸡、狗、猪的饲养不要错过繁殖的时机，那样家畜可以生息繁盛，七十岁的老人可以常吃到肉了。

我也联想到当下媒体正在报道的"速成鸡"，饲养时候让它们吃激素、抗生素等，从而迅速长大，快捷赚钱，然而危害了人们的身体健康。虽然孟子不会知道今日科技的情况，但以他的观点来看，今天用科技手段将鸡"速成"、将猪牛"催肥"等等，都是在干"失其时"的蠢事。如此虽有肉吃，倒还不如不食为好！

五、比较：镃基与待时

孟子曰："齐人有言曰：'虽有智慧，不如乘势；虽有镃基，不如待时。'"(《公孙丑上》3.1)"镃（zī）基"，是古代像犁之类的农具。孟子引用齐国人的谚语：虽然有才智聪明，不如乘势；虽有农具镃基，不如等待农时。张居正解读："齐人尝有言说道：'人虽有才智聪明，足以办事，然势有未便，则智慧亦无所施，不如乘着可为之势，因而展布，可以建立功业。人虽有镃基，可以治田，然时有未至，则镃基亦无所用，不如待到耕种之时，因而力作，可以成就稼穑。"这也启发人们，农业生产上"虽有智慧"、"虽有镃基"还不能成功，"不如乘势"、"不如待时"，才能取得好的结果。

其实农作是这样，干其他事情也未尝不是这样，此中含有深刻的哲理与智慧。当然孟子引用这话是来开导齐王：称王天下必定要观察时势，如今齐王所处的时势比周文王优越，当初文王处其难，而今齐王处其易。因此欲王天下者，"今时则易（容易）然也"，"以齐王（以齐国来统一天下)，由（通'犹'，好像）反手（转手、反掌）也"(《公孙丑上》3.1)。通过智慧与乘势、镃基与待时的比较，孟子揭示出“时”与“势”是处事处世的不可或缺的人生哲学！

六、手工业：又一关注

读《孟子》一书，我们还会发觉孟子于手工业很关注，也有不少有益的论述令人深受启发。

譬如老子曾赞美“大匠”、庄子也赞美“大匠”，孟子同样赞美“大匠”。孟子曰：“大匠不为拙工改废绳墨。”（《尽心上》13.41）后来唐韩愈《送张道士序》也有曰：“大匠无弃材，寻尺各有施。”这就是“大匠”的境界，心里自有慧眼，胸中自有绳墨，手下自有绝活，那种技艺可达出神入化的地步。

亚圣庙

孟子又曰：“梓匠轮舆，能与人规矩，不能使人巧。”（《尽心下》14.5）“梓匠舆轮”，指梓人、匠人、舆人、轮人，也泛指木工。梓人，造器具者。匠人，主建筑者。舆人，造车厢者。轮人，造车轮者。古代木工七种：轮、舆、弓（造弓、箭）、庐（造矛、戟的柄）、匠、车（造车）、梓，孟子常取其中四种“梓匠轮舆”以泛指木工。“规”，即圆规，用规来画圆形，或校正圆形；“矩”，即方矩，用矩来画方形，或校正方形。这里我们可以解读出，手工业匠人在教徒弟时要与人规矩，与之规则知圆，与之矩则知方。若引而申之，那么这就保证了起码的制造质量与标准，然而“与人规矩”，恐怕还不仅在于此，在制造器物的后面还有传授他们去作一个合格工匠所应具备的人品道德与职业操守吧。

又如孟子曰：“矢人岂不仁于函人哉？矢人唯恐不伤人，函人唯恐伤人。巫匠亦然，故术不可不慎也。”（《公孙丑上》3.7）

这段话也给企业家带来了一番智慧的解读，如荣毅仁之父荣德生这位大企业家，在论述“工之忠信”时说：“善达工人之心理者，莫如孟子。其言曰：‘矢人唯恐不伤人，函人唯恐伤人。’此言作箭之人，务求箭之利，恐不利不足伤人；作甲（铠甲）之人，务求甲之坚，恐不坚足以伤人。此一‘恐’字，已将工人忠信之心，全行写出。工人能于用物之人实心体验，忠也。作成之物，不负用物之人，信也。反言之，若矢人唯恐伤人，函人唯恐不伤人，但知减料省工，不顾人之失其利用，则忠信全亡，信用全失，无怪劣品之遍于市上也。”（《荣德生文集》）一般人读此章，往往读不出这一层意思来，但大企业家荣德生却读出来了。然而放眼今日的伪劣产品，从吃的、饮的甚至服的药品，再到穿的、用的、住的，乃至造的马路、架的桥梁、住的楼房等等，曝光出来的案件真是纷至沓来，此波未平，那波又起。此种唯恐不赚钱，不怕人命关天之恶行，真的常令世人喟然而叹！

孟子是儒家亚圣，然而这些内容或许让人们看到另外一面，他是如此关注农业、手工业、民生和社会生活。他不是浮在空中的哲人，而是拥有脚下广袤实地的亚圣。

治水智慧：大禹与白圭的比较

孔子曰：“智者乐水。”孟子也深得真谛，于水之论说亦然玲珑剔透，见其慧心妙契，智珠在握。关于治水、水利的问题，孟子诠释并赞扬了大禹的智慧，又将白圭与之比较，贬斥了白圭治水以邻为壑之贻害，更将大禹治水的千秋功绩昭著于历史。

一、再现：大禹治水的历史画面

大禹治水的丰功伟绩，孟子曾多次加以描述与赞扬，在他心目中大禹是又一位顶天立地的圣人。《滕文公下》(6.9) 载，孟子曰：“当尧之时，水逆行（倒逆而行），泛滥于中国，蛇龙居之（到处盘踞），民无所定（定居）；下者为巢（地势低的在树上筑巢而居），上者为营窟（地势高的挖洞而居）。《书》（《尚书·虞书·大禹谟》）曰：‘洚（jiàng，大水泛滥）水警（警告、警诫）余。’洚水者，洪水也。使禹治之。禹掘地而注之海；驱蛇龙而放之菹（zū，草丛沼泽）；水由地中（地中的河道）行，江、淮、河、汉是也。险阻既远，鸟兽之害人者消，然后人得平土而居之。”

孟子这里的描述再现了远古时代洪水泛滥、先民生活极其艰难的情景。大禹接受了治水的使命，传说他汲取了其父鲧用堵塞洪水的方法而失败的教训，采用了相反的疏通之法。“禹掘地而注之海”，他采用在地上掘去壅塞、疏通河道的方法，终于而将洪水灌注排泄到大海里去。洪水既已流归了大海，不壅不塞了，那么自然“水由地中行”，水也就顺从地中的河道而流行，试看那江、淮、河、汉就是这样的。

《滕文公上》（5.4）载，孟子又有曰：“当尧之时，天下犹未平，洪水横流，泛滥于天下；草木畅茂，禽兽繁殖，五谷不登，禽兽逼人，兽蹄鸟迹之道，交于中国。尧独忧之，举舜而敷治焉。舜使益（伯益）掌火，益烈山泽而焚之，禽兽逃匿。禹疏九河，瀹（yuè，疏通）济、漯（tà，漯河）而注诸海；决汝、汉，排淮、泗，而注之江。然后中国可得而食也。当是时也，禹八年于外，三过其门而不入。”

这里又描述了当时遍天下洪水滔滔，肆虐横行，先民处于严酷的生存险境：“洪水横流，泛滥于天下”。大禹治水真是足智多谋，成果累累，解决了这么多的河流问题：其一，在西北疏通“九河”将洪水分流，杀减洪水势头。“九河”之名，据朱熹注，分别是：徒骇、太史、马颊、覆釜、胡苏、简、洁、钩盘、鬲津。大禹又疏通济水、漯水来汇合其流，使得都排泄于海。其二，在东南决汝水、汉水，排淮水、泗水，使得都流注于江。这样治水，通过疏通，北方的水道、南方的水道都有了有序的归属，从而畅通无碍，洪水终于被制服。其三，大禹付出的不仅是智慧，还有常人难以想象的辛劳奋斗。为了拯救天下陷溺于洪水里的先民，他经历了不知多少的艰难险阻，跋山涉水，随山浚川，吃辛咽苦在外八年，甚至三次经过自家门口，也不进入看望一下。这是一种忘身忘我忘家的伟大精神。

二、求其故：大禹治水之道

孟子不仅再现并歌颂了大禹治水的业绩功劳，又进一步深入“求其故”，求索、发掘并阐明了大禹治水成功的所以然。

孟子曰：“所恶于智者，为其凿也。如智者若禹之行水也，则无恶于智矣。禹之行水也，行其所无事也。如智者亦行其所无事，则智亦然大矣。”（《离娄下》8.26）人们所厌恶的聪明，是因为他们用所谓的聪明来穿凿，不循正理地牵强附会。如果聪明者像大禹那样疏通顺行洪水，就不会厌恶聪明了。大禹的疏通顺行洪水，做的是那无所穿凿的事。如果聪明人亦行无所穿凿的事，那么也就大聪明了。此亦然如朱熹集注：“天下之理，本皆顺利。小智之人务必为穿凿，所以失之。禹之行水则因其自然之势而导之，未尝以私智穿凿而有所事，是以水得其润下之性而不为害也。”

孟子又曾再点醒，曰：“禹之治水，水之道也。”（《告子下》12.11）大禹治水的成功就是按照“水之道也”，其成功是因为按照水本身的道道，按照水性是向下的、流到低处的规律，而因势利导，顺势而行，“行其所无事也”。此决不逞一己之私智，而乱作为。譬如孟子揭示，大禹灵活采取的方法是：或用“疏”、“瀹”，是疏通、分疏的方法；或用“决”，是除去壅塞的方法；或用“排”，是排除堵塞的方法；或用“注”，是灌注的方法。

三、严厉批评：白圭之治水

白圭，名丹，字圭，为了除水患，曾筑堤坝壅水阻水，并将洪水流注到近邻的国家去，因而解除了一时的水患。白圭也因此非常自负，向孟子夸耀：“丹之治水也，愈于禹。”（《告子下》12.11）我白圭的治水已经超越了大禹。

于是引来孟子对他的严厉批评，曰：“子过矣！禹之治水，水之道也，是故禹以四海为壑（丘壑沟坑，此指低洼蓄水处）。今吾子以邻国为壑。水逆行，谓之洚水。洚水者，洪水也，仁人之所恶也。吾子过矣！”（《告子下》12.11）你错了！大禹之治水，是按照水之道行事，因此把四海作为储蓄水的地方。如今你把邻国作为储蓄水的地方。水倒逆泛滥，称为洚水。洚水，即是洪灾之水，仁人所厌恶的。你错了！孟子尖锐地批评白圭，不仅不遵水道，而且还违背了人道，把本国的洪水排泄到邻国，把灾难推给他人，却还在洋洋自得，甚至还认为自己的能耐超过了大禹。这是大错！“以邻为壑”的成语便出自此，后来比喻把困难或灾祸转加给别人。

《韩非子·喻老》有载，“白圭之行堤也（巡视堤坝）塞其穴（填塞蝼蚁造成的洞穴）”，“是以白圭无水难（灾难）”；“是皆慎易以避难、敬细以远大者也”。这里是赞扬白圭的，此也说明白圭也是个有智之人。但是再看《孟子》里记载，白圭此人很有意思，一会儿在治税赋方面，主张收税要轻过尧舜之税赋；一会儿在治水方面，自夸功劳已经超过大禹。白圭虽然也可算为一个智者，但是却在那里逞其私智，穿凿惑世，这都遭遇到了孟子的犀利驳斥。

当然还要说的是，笔者在《大学智慧》一书里写有《历史经典：富国·发财·豪富》一文，其中说到过“白圭的财富之谜”。然而彼为《史记·货殖传》里的白圭，此为《滕文公上》里的白圭，两处说到的白圭当不是一个人，此可见阎若璩（qú）《四书释地续》之辨析。

有学者说，《论语》一书中关于自然科学方面的记载，就有五十多条，内容涉及四个方面，如天文现象、物理与化学、动物与植物、农业与手工业技艺。（朱义禄《孟子答客问》）孟子也关心自然科学，在这方面于孔子也有所继承与弘扬。再说孟子对治水能描述得如此丰富，是因为他平时观察、思考与研究得深刻细致吧！再深层说，便是他关注社会生活的方方面面，而不仅仅是纸上谈政、舌上论仁吧。

李约瑟知音：孟子与科学文明史

李约瑟像

李约瑟（1900—1995），世界著名科技史学家、科学家。1942 年秋，英国政府在“二战”最为重要的转折时刻，决定派遣一批著名科学家与学者赴中国考察访问并给予人道主义援助。1943 年 3 月，李约瑟与几位同事从印度加尔各答经中国与外界相连的唯一一条通道，即著名的“驼峰”航线，飞越喜马拉雅山高空，进入云南昆明，开始了长达四年的在华考察生涯。在中国的四年彻底改变了李约瑟的职业生涯。从此，他开始在中国科技史这一前无古人的领域展开研究。1948 年，李约瑟着手撰写《中国科学技术史》，并由此构建了他的辉煌壮丽的学术殿堂，成为了全球最具影响力的中国科技史著作。他的巨著《中国科学技术史》（直译《中国的科学与文明》）卷帙浩繁，数十巨册。其体系的博大，内容的弘富，观点的鲜明，阐述的精微，都是他心血为之的结晶。他数十年来对中国文明坚持深刻系统的研究真可谓鞠躬尽瘁，死而后已矣。

我阅读了《中华科学文明史》，此为李约瑟原著，柯林·罗南改编（上海交大科学史系译，江晓原策划，上海人民出版社出版），读后深深被打动、感动，尤为其书有关孟子的论说所吸引。我心中常回荡一个声音：李约瑟真是孟子的千载知音！

在千百年之前，孟子曰：“不违农时，谷不可胜食也；数罟不入洿池，鱼鳖不可胜食也；斧斤以时入山林，材木不可胜用也。”（《梁惠王上》1.3）孟子之后千百年来，人们读来读去，总跳不出那一个框子。然而来了一位英国科学家一读，便读出了一番新的道理出来，令人眼前一亮！他就是李约瑟，他发掘出千百年之前孟子卓越的环保与生态理念，从而与现代人的思维一下子接轨了。

李约瑟在《中华科学文明史》中说：“古代中国人民到底在什么程度上意识到了滥伐森林的危险，这是个很难回答的问题，因为很容易用我们的观点理解他们的表述。但不容怀疑，出现在《孟子》（公元前 120 年）一书中的格言已经提到了环保的意义：‘不违农时，谷不可胜食也；数罟不入洿池，鱼鳖不可胜食也；斧斤以时入山林，材木不可胜用也。’在别处，孟子把滥伐森林比做人类对与自己息息相关的自然恩赐的糟蹋。实际上，有一点很清楚，他把这种剥蚀状态看做是人为的和不祥的，并且他还意识到了过度放牧的危险。”（《中华科学文明史》5 册）这是将《孟子》置于科学技术史维度的阐述，很有启迪意义。

李约瑟又赞扬孟子，说："值得称道的是，《周礼》还提到了‘井田’系统。‘井田’确实是早期中国土地分配的特点，‘井田’更准确地说属于赋税制度的问题；然而，它和灌溉的起源有一定的关系。在公元前 6 世纪，尽管孔子（公元前 551 年—公元前 479 年）没有提到大的灌溉工程，但他确实提到了‘沟和洫’。而直到公元前约 300 年，孟子才给井田系统下一个经典的定义。"这种对孟子的"定格"，也可见李约瑟对孟子真是位深知者！

我作为"知青"在农村呆过不少的年头，干过不少的农活，从播种、插秧、耘苗、除草、收获、脱粒、入仓、积肥、浇灌，几乎都尝过此中的味道。因此当读到李约瑟下面一段话时，我心中怦然有动，勾起回忆，浮想联翩。李约瑟《中华科学文明史·水利工程》里说道：

中国古代综合性的书籍很少对某种特殊的机构进行介绍，但翻车是个例外，这是因为水轮在中国水利提升机构中具有如此特殊的地位。公元前四百年的一篇文章就有翻车的记载，或许从那时开始翻车就出现在中国人的生活中了。《孟子》中讲述了这么一个故事："今夫水，搏而跃之，可使过颡（sǎng，额头）；激而行之，可使在山。是其水之性哉？其势则然也。人之可使为不善，其性亦犹是也。"如果《孟子》的这则故事的确描述了一种水利提升机构的话（尽管人们从来都不这样认为），那描述的肯定是翻车，而不是桔槔或其他什么东西，至少在孟子心中一定是这样认为的。而另一方面，公元前 200 年写作《淮南子》的刘安似乎对翻车却一无所知。毫无疑问，中国人在 2 世纪时已经开始使用翻车，而王充的记载也证明了这一点。

孟子这话见诸《告子上》(11.2)。孟子对告子说：如今来说说水，拍击它可以使水飞溅得很高，高过额头；迫激它可以引水上高山。这难道是水的本性吗？是情势使得水这样的。人可以使他干出不善的事情来，人本性的变化也就像这样。

然而此中"搏而跃之，可使过颡；激而行之，可使在山"，前句好懂，后句不好解读，为什么"激而行之，可使在山"？怎样个"激而行之"，甚至可以使水高过山头？于是有说阻挡住水叫它倒流，或说堵住通道叫它逆行，可以使得它流到山上。但是这似乎不太符合现实情况，因为就算这样阻挡或堵住，水就能上高山吗？不大可能。张居正说：“遏其下流，从上面拥迫之，则可使之冲激，而上至乎山。”此解释得也不显豁。杨伯峻《孟子译注》：“戽（hù）水使它倒流，可以引上高山。”这是说用戽斗这种灌田用的汲水工具使水倒流而上山头。然而李约瑟认为，这是用翻车将水引上山头，于是有了上面一段文字。我很赞同他的说法。

水车（翻车）

这里所说的“翻车”就是以前农村里常见的水车，用脚踩踏将水一节一节地“车”上来，于是水从低处引到了高处，汩汩灌溉到田地里去了。记得我做“知青”刚学习使用水车的时候，手扶着横档，眼睛老盯着踏脚板，然而心慌脚乱，害怕脚被打着，结果那一块一块坚硬的木头，毫不留情地一次一次狠狠地击在脚上。这大概就是先缴的“学费”吧，慢慢适应了转动的速度与节奏后，一切变得轻松自如了。此时那吱吱嘎嘎的有节律的转轴声，还有那哗哗啦啦的有韵律的流水声，融合在一起了，变成了江南水乡田园风光里的美妙旋律，使人一时忘记了“战天斗地”的心之困惑与身之倦息。现在读到李约瑟之解，看到其图，恍惚又回到昨天。然而李约瑟真是不简单，就从这短短的几个字里，居然发掘出如此重要的信息，即孟子已经记载了中国古代的翻车了！

李约瑟读书、研究文献、科研真是心细如发！他竟然在《孟子》一书的这一个小小的细节上读出一个关于古代中国水利的科技问题，真是令人叹为观止！

除此以外，再如关于中国古代的梁式桥，李约瑟也说到了孟子：“在中国的大部分地区都能见到简单的木梁墩桥。最值得关注的是，这种梁式桥从远古沿用至今而未改变。在‘武梁’墓室雕刻中，有一幅反映始于150年的‘桥上之战’

的壮观场面，清楚地展现了倾斜的引桥和桥的中央主跨。公元前 4 世纪，孟子提到的需要季节性修缮的行人桥与行车桥所指出的可能就是这种桥。”

这里我还要说的是，孟子提到的关于桥的内容，见诸《离娄下》（8.2）的记载也值得一说：“子产听郑国之政，以其乘舆（乘坐的车子）济（渡河）人于溱、洧。孟子曰：‘惠而不知为政。岁十一月徒杠（走人的桥）成，十二月舆梁（走车的桥）成，民未病涉也。君子平其政，行辟人可也。焉得人人而济之？故为政者，每人而悦之，日亦不足矣。’”此内容解读可参见前文的解读。

诸如此类，《孟子》这部书不知道曾经有多少人诵读且熟背，为了科举考试甚至于把书都翻烂了。然而千百年来，人们读《孟子》也许没有注意到这种细节，但是李约瑟注意到了，并将其揭明出来，显扬了中华科学文明史上孟子响亮的独特的声音！如此看来，李约瑟真不失为是孟子的一位知音吧。

篇八

育人智慧：教育·培育·育英·成才

教育：教民·畜君·历史·典范

孟子是孔子之后的又一位大教育家。他的教育理念、办学实践、社会效应、历史影响等，融铸并矗立起中国教育史上的再一座巍巍丰碑。

一、教民：教育之要

1. 批判：逸居无教之害

关于逸居而无教之灾，孟子说："人之有道也，饱食、暖衣、逸居而无教，则近于禽兽。"（《滕文公上》5.4）这里很深刻地揭示，人活着如果仅仅是饮食吃饱喝足，衣裳穿暖无冻，安逸居处，而没有教育，那么就往往会沉溺安乐，放纵邪僻，性灵汩灭，违乱人伦，如此就不是人了，而是接近鸟类与兽类的禽兽了！

孟子又追溯了历史，曰："圣人有忧之，使契（xiè，尧时司徒，主管教化）为司徒，教以人伦：父子有亲，君臣有义，夫妇有别，长幼有序，朋友有信。放勋（尧的称号，'放'是大、'勋'是功劳）曰：'劳之来之，匡之直之，辅之翼之，使自得之（各得其所），又从而振德之（提携与教诲他们）。'圣人之忧民如此。"（《滕文公上》5.4）此可见教育的重要与必要，而先民已经极其重视了。

此中尧的话又高明地显示了因人施教的智慧。张居正有解读，曰："帝尧命契之辞说：教民之道，因人而施，有勉强修行者，则慰劳以安之；有回心向道者，则引进以来之，所以嘉其如此。有制行邪僻者，则闲之使归于正；有立志回曲者，则矫之使归于直，所以救其失如此。有树立不定者，则扶助而立之；有进修不前者，则诱掖而行之，所以济其不逮如此。既使优游厌饫（yù，饱），而自得其本然之性矣，犹恐其放逸怠惰而失之也，又必时时申饬（chì，告诫），提撕警觉，以加曲成之惠焉。这等多方造就，教思无穷，然后人伦可明，而百姓可亲也。"

孟子又一智慧，是教育要靠内与外的合力才能奏效有成；除了外部的教育，还在于内心的善被激发出来。如孟子曰："人性之善也，犹水之就下也。"（《告子上》11.2）孟子又曰："仁义礼智，非由外铄（喻指外加；铄，以火销金，自外至于内的意思）我也，我固有之也，弗思耳矣。"（《告子上》11.6）孟子再曰："仁义理智根于心。"（《尽心上》13.21）之所以教育管用且可以成功，是因为每个人的内心本来就是善的。每人内心均有"四端"，这是固有的，不是外加的。因此这就可以通过教育来"养"，而至于养成。

孟子曰："故苟得其养，无物不长；苟失其养，无物不消。"（《告子上》11.8）

因此必须要由外至于内、由内至于外地交互“养”之，由此滋养、培养、养育，将其心灵之“四端”扩充，使之成为一个真正的人。孟子关于教育的内在逻辑与理路是深刻的，内涵也是富足的。

2. 教民：政与教的关系

孟子关心政治与教民的重大关系，也一如孔子对此问题的关注。首先比较了政与教的孰优问题，孟子说：“仁言，不如仁声之入人深也。善政，不如善教之得民也。善政民畏之，善教民爱之；善政得民财，善教得民心。”（《尽心上》13.14）这里孟子从比较入手，揭示出政治与教育的重要。

其一，“仁言”与“仁声”对民众影响的比较。“仁言”，是仁德、仁厚的言语；“仁声”即是“仁闻”，指因仁德而具有的声望声誉。两者比较下来，那么“仁声”对民众的影响要深入，并更为得民心。这是因为“仁言”固然可以安抚、影响民众，但往往不免有空言之弊。“仁声”则是从民众内心发出的赞颂，民众如果没有获得实效实惠，不是因得德泽的浸润而心服，怎会将“仁声”远近传播？

其二，“善政”与“善教”对民众影响的比较。“善政”是善于政治，“善教”是善于教化民众，比较下来“善政”不如“善教”能得民心。这是因为善于政治，也只是对民众外在的行为用法度禁令来规范他们；然而善于教化，则是从内在的心灵进行化育。如此可知，“善政”虽然能使民畏惧自己，并获得民财；但是比不上“善教”能使民尊爱自己，获得民心。

其三，主张施行社会、民众、家庭里的普遍之教民措施。孟子曰：“中也养不中，才也养不才，故人乐有贤父兄也。如中也弃不中，才也弃不才，则贤不肖之相去，其间不能以寸。”（《离娄下》8.7）朱熹集注：“无过无不及之谓中，足以有为之谓才。养，谓涵育熏陶，俟其自化也。贤，谓中而有才者。”这意思是，道德品质好的人即“中”者去教养、熏陶“不中”者，有“才”者去教养、熏陶“不才”者，所以人们乐意有贤能的父兄。相反，如过“中”者鄙弃“不中”者，有“才”者鄙弃“不才”者，那么贤者也就不能算是一个真正的贤者了，如此则与不肖者之间的差距就接近得不能以寸来度量了。此则很深刻，由家庭到社会，凡是中者、才者、贤者都应该有教养、熏陶他人的责任，这是何等深刻的教民理念与智慧！

二、畜君：教君又一要

孟子认为既要教民，还要教君，且要“畜君”。“畜（xù）君”就是制止、匡正君主的过失。《梁惠王下》（2.4）：“畜君何尤（过错）？畜君者，好君也。”“畜”，止。“尤”，罪过。“好”，忠爱。这里是说晏子能制止其君的欲望，不至于招尤而取罪，这是对君主的忠爱。孟子赞颂了晏子的做法。

再说，当初伊尹辅汤灭夏建商，此后又辅佐外丙（卜辞作卜丙）、中壬（仲壬），又立太甲，因其不遵汤法，被他放逐，三年后悔过，再接来复位。孟子认为是伊尹教育了这些君王，从而使得他们事业兴旺。（见《公孙丑下》4.2）

孟子又说：“桓公之于管仲，学焉而后臣之，故不劳而霸。”（《公孙丑下》4.2）齐桓公对于管仲，先向他学习，然后将他作为臣子，因此不费力而称霸诸侯。当时齐桓公见到管仲，便知道其才可以托国，因此先从管仲那里受学，然后任之为相。此后尊王攘夷，九合诸侯不以兵车，桓公就这样不劳而称霸了。

然而孟子又联系到当时的情况，遗憾地陈述弊病，曰：“今天下地丑（类，类似）德齐，莫能相尚（过，超过），无他，好臣其所教，而不好臣其所以受教。”（《公孙丑下》4.2）如今天下诸侯，土地则相类似，道德则相齐等，莫有能建立王霸之业而超过其他国君的。这没有其他的原因，就是因为列国的国君，只喜好那些被自己教训的臣子，而不喜好那些让君王受到教育的臣子。此点揭示亦然深刻，再回顾商汤能接受伊尹之教、齐桓公能接受管仲之教，确实大不易，而惟其如此才能成就大业！

三、兴学：教育之要

《滕文公上》（5.3）载，滕文公问“为国”之道，即怎样来治理国家？

孟子在回答时说了“民事不可缓”、“制民恒产”、“取民有制”、“助法”等，然后接着专门说了教育问题，指出这也是王者之政的重要一端。孟子曰：“设为庠、序、学、校以教之。庠者，养也；校者，教也；序者，射也。夏曰校，殷曰序，周曰庠，学则三代共之，皆所以明人伦也。人伦明于上，小民亲于下。”这里孟子介绍了夏商周三代的政治与教育的历史。

1. 三代建学教民之制

夏商周三代，设立庠、序、学、校以教化之。“庠（xiáng）”是教养的意思，“校”是教导的意思，“序”是习射的意思。地方学校，夏代称为“校”，殷代称为“庠”，周代称为“序”。“学”是指国都的学校，三代共用此名。

2. 教育的目的与作用

三代的教育都是用来教人明白人伦关系的。人伦关系，如父子有亲、君臣有义、夫妇有别、长幼有序、朋友有信等。人伦关系经过宣讲教化，如果在上者都昭然大明了，那么上行下效，民众在下也就彼此亲爱和睦，争端祸乱就不会发生，对上面也就拥护爱戴。这不就是教育、教化的大功效吗？

3. 反复宣扬

孟子在对梁惠王论及王者之政时，又曰：“谨庠序之教。”（《梁惠王上》1.3）在养民的基础上，就还要教化，必定要谨慎、着实地进行那庠序之教化。此均见孟子对教育、教化的极端重视，以及它们在他心目中的地位。

五、伊尹：教育史上的杰出典范

教育方面，孟子以孔子为杰出圣人，有着至高的地位，人皆知之，但是孟子心目里还有另一典范，那便是圣人伊尹。伊尹不仅在政治史上，而且在教育史上都堪称杰出典范，《孟子》记载了不少内容，其中有关教育方面的也值得重视。

孟子曰：“故汤之于伊尹，学焉而后臣之，故不劳而王。”（《公孙丑下》4.2）商代汤对于伊尹，是先向他学习，而后再以他为臣子，所以能不费其劳而王天下。这里不仅说到了君王向人学习、受教育的重要与必要，也说明了伊尹对商代君王的教育具有何等重大的价值与意义！

《万章上》（9.7）还有这样的记载：

万章问曰：“人有言：‘伊尹以割烹（厨子宰割、烹调）要（求、取）汤’有诸？”

孟子曰：“否，不然。伊尹耕于有莘（古国名，古址在今河南陈留，或说山东曹县）之野，而乐尧舜之道焉。非其义也，非其道也，禄之以天下，弗顾也；系马千驷，弗视也。非其义也，非其道也，一介（一点儿、指量极少）不以与人，一介不以取诸人。汤使人以币聘之，嚣嚣然（无欲而自得、不动情的样子）曰：‘我何以汤之聘币为哉？我岂若处畎亩之中，由是以乐尧舜之道哉？’汤三使往聘之，既而幡然（改变的样子）改曰：‘与我处畎亩（田亩、田地）之中，由是以乐尧舜之道，吾岂若使是君为尧舜之君哉？吾岂若使是民为尧舜之民哉？吾岂若于吾身亲见之哉？天之生此民也，使先知觉后知，使先觉觉后觉也。予，天民之先觉者也；予将以斯道觉斯民也。非予觉之，而谁也？’思天下之民匹夫匹妇有不被尧舜之泽者，若已推而内之沟中。其自任以天下之重如此，故就汤而说之，以伐夏救民。吾未闻枉己而正人者也，况辱己以正天下者乎？圣人之行不同也，或远或近，或去或不去，归洁其身而已矣。吾闻其以尧舜之道要汤，未闻以割烹也。《伊训》曰：‘天诛造攻自牧宫，朕载自亳。’”

这里孟子不仅为人们对伊尹的误解进行辩驳，而且宣扬了伊尹在教育方面的理念与智慧。伊尹曰：“天之生此民也，使先知觉后知，使先觉觉后觉也。予，天民之先觉者也，予将以斯道觉斯民也。非觉之，而谁也？”这里就有杰出的教育理念：

（1）上天赋予人世这样的使命，“使先知觉后知，使先觉觉后觉也”。这就是要使得“先知”者去“觉”醒“后知”者；使得“先觉”者去“觉”醒“后觉”者。（2）如何去“觉”？其中一途便是通过教育去让人觉醒、觉悟。“觉”的意象很生动，那就是像唤醒、呼唤睡梦里的人使其醒过来一样。教育就有这种唤醒、醒悟的“觉”的作用。（3）伊尹自任“天将降大任于斯人”之人，自己就是一位先知先觉者，“予，天民之先觉者也”。伊尹还有舍我其谁的气概，“予将以斯道觉斯民也。非予觉之，而谁也”？我们或许会悟到孟子不也就是这样的气派吗？（4）伊尹要用自己先知先觉的“尧舜之道”，一是去教育君王，“使是君为尧舜之君”，此为“觉君”；二是去教育民众，“使是民为尧舜之民”，此为“觉民”。在孟子看来，这是何等崇高的教育理念！这也正是他自己心仪的典范！

读《孟子》，常见孟子的不凡气派与师道之尊严。孟子推崇师长主尊，有所谓“天子不召师”（《万章下》10.7）。他还说：“故将大有为之君，必有所不召之臣；欲有谋焉，则就之。其尊德乐道，不如是，不足以有为。”（《公孙丑下》4.2）孟子自己就经常居高临下，有一副王者师的派头。其实孟子不是在作秀，也不是伪装的，而是因其内心有股子浩然之气，自然流露出来的。其汩汩之源便是那些充斥在脑海里的那套理念，以及心胸里装下的许多历史的榜样，譬如伊尹就是其中的一个吧。

孟子：办学·育才·弟子

孔子一生主旨在政，因重政而又重教，其办学卓著，门徒甚多，有“三千弟子，七十二贤”之美誉。孟子亦然以孔子为榜样，不仅政治步趋之，办学兴教也是亦步亦趋，弟子众多，桃李芬芳。有人说，孟轲一生，从政并不成功，而其教育实践却取得了相当成就。其教育思想表现出对人的问题的注重和对人的价值的肯定；其建立在“性善论”基础上的教育理论开创了中国教育史上强调个体理性自觉的“内发说”。他与子思共同创立的思孟学派是中国思想史上一个具有深远影响的学术派别，可以说此后中华民族意识形态的变化发展，处处都留下了他们的思想痕迹。（孙培清等主编《中国教育思想史》）不仅如此，还有极其丰足的智慧，这里再来具体解读孟子教育的诸多信息与内涵。

一、再现：历史情景片段

《滕文公下》（6.4）曾有描述：孟子“后车数十乘，从者数百人，以传食于诸侯”。“传食”就是传递、递相地在一个又一个诸侯那里享用饮食。“传食”，或说“传（zhuàn）”，古代客舍、客馆的意思；“传食”，指住在诸侯的宾馆里享用其提供的食宿。

这里描述了当时孟子应聘列国，车乘甚多、徒弟甚众。孟子后面随从之车辆有数十乘，跟随者数百人，往来于诸侯各国。虽然具体弟子的人数不清楚，但是“从者数百人”，也可知其弟子的人数不少。

二、教学：诗书礼乐

孟子用诗书礼乐来教育弟子。孟子尤其精于《诗》、《书》，他常对弟子进行精彩的诠释，其中包含了自己许多独到的心得，这在《孟子》一书常见到。

孟子一般被人认为较少讲究礼的学问。我想这也是相比较而言，其实也常见其讲礼，且见其研究深入，阐说精当。此试举一例，《万章下》（10.7）载：

万章曰：“敢问（士人）不见诸侯，何义（道理）也？”

孟子曰：“在国（在国都而无职位的）曰市井之臣，在野（在郊野之外而无职位的）曰草莽之臣，皆谓庶人（普通人、老百姓）。庶人不传质（相见的见面礼）为臣，不敢见于诸侯，礼也。”（笔者按，此即表明孟子深知礼，并向弟子传授礼的学问）

万章曰：“庶人，召之役（服役），则往役（前往服役）；君欲见之，召之，则不往见之，何也？”（孟子）曰：“往役，义（合道义）也；往见，不义（不合道义）也。且君之欲见之也，何为也哉？”

（万章）曰：“为其多闻也，为其贤也。”（孟子）曰：“为其多闻也，则天子不召师，而况诸侯乎？为其贤也，则吾未闻欲见贤而召之也。（姚按：这里孟子又揭明了礼）缪公（鲁缪公）亟（多次）见于子思，曰：‘古千乘之国（的国君）以友士（去跟士交友），何如？’子思不悦，曰：‘古之人有言：曰事之（只能师事他）云乎，岂曰友之（怎能说与他交友）云乎？’子思之不悦也，岂不曰：‘以位，则子（你），君（国君）也；我，臣也。何敢与君友（怎敢于与国君交友）也？以德，则子事我（你师事我）者也。奚可以与我友（同我交友）？’千乘之君求与之友，而不可得也，而况可召与？齐景公田（田猎，打猎），招（召唤）虞人（守园囿的小吏）以旌（旌旗），不至，将杀之。（孔子赞美说）志士不忘在沟壑（不怕抛尸在山里沟壑），勇士不忘丧其元（不怕丧失脑袋；元，头、首）。孔子奚取焉（从虞人那里取得了什么，从而赞美他呢）？取非其招不往也。”

（万章）曰：“敢问招虞人何以？”（孟子）曰：“以皮冠（召唤虞人要用皮帽

子）。庶人以旃（召唤庶人要用红绸的曲柄旗），士以旂（召唤士人要用有铃铛的旗），大夫以旌（召唤大夫要用装饰上羽毛的旗）。以大夫之招招虞人，虞人死不敢往。以士之招招庶人，庶人岂敢往哉？况乎以不贤人之招招贤人乎？欲见贤人而不以其道，犹欲其入而闭之门也。（笔者按，孟子再次条分缕析，揭明种种的礼）夫义，路也；礼，门也。惟君子能由是路，出入是门也。诗云：'周道（大路）如底（砥，磨刀石，比喻平），其直如矢（箭）；君子所履（所走的路），小人所视（效法）。'"

万章曰："孔子，君命召，不俟驾而行（不等待驾好马车就动身）。然则孔子非与？"曰："孔子当仕有官职，而以其官召之也。"（笔者按：孟子揭明孔子并没有违背礼，因为孔子有官职在身，君命召他，当然义不容违，礼不容缓，而即刻动身。）

我之所以引此章，目的之一是读解了这一章，可以感悟孟子是极其精通礼的，而以前的学者大都认为孟子疏于礼的。试看，一连串地提问题，甚至提得有些尖刻穷逼，当然弟子的一层层疑惑，也是久积不解的，然而孟子是极其耐心，十分到位，毫不敷衍地似剥笋般地解疑破惑。其中之精彩，千载之下，笔者读了依然感到心里豁然开朗，这里面竟然有这么多的礼在！孟子名言："夫义，路也；礼，门也。"张居正解读："所谓门路，礼义而已。义以制事，坦然为荡平之道，是人所共由之路也；礼以治躬，截然为中正之闲（栅栏、防止）。是人所当出入之门也，而能循之者少矣。唯是君子识见高明，志趣端正，为能非义无行，所往来者，必由是路焉。非礼弗履，所出入者必由是门焉。其立身行己，一于道而不苟如此。"我想，"义路礼门"或许就是指点人们处事处世的永久的要诀吧。

孟子对于乐的教育特别看重，重视音乐的教化作用。音乐是一种审美之教，仁声之入，是深入人心的。孟子有至理名言："仁言不如仁声之入人深也。"（《尽心上》13.14）赵岐注："仁言，政教法度之言也。仁声，乐声《雅》、《颂》也。仁言之政虽明，不如《雅》、《颂》感人心入之深也。"孟子重视用《诗经》里的《雅》、《颂》的音乐来感化教育人，看重此效果要超过"仁言"。不过另外也有说，如朱熹集注：仁声释为仁德之名誉、声望的意思。我想两者或许都能让我们从另一个角度来体会孟子的教育理念与智慧。

三、孟子的弟子们

在《孟子》里记载的弟子一般认为有：

公孙丑，战国时齐国人。姓公孙，名丑。其生卒年月不可考。有政治之才，曾向孟子请问过管仲、晏婴的功劳。《孟子》记载公孙丑与孟子的问答有 14 处，涉及问题广泛。或认为公孙丑是参与了《孟子》一书的编撰。焦循正义：公孙丑，滕州北公村有墓。

万章墓

万章，又称万子。齐人。《万章》主要记录了孟子与万章的对话。据说现邹城之西南 3 公里处，有万章之墓。

乐正子，战国时鲁国人。乐正，指乐官之长，此盖以官为氏。名克，为鲁国之臣。他曾推荐其师孟子于鲁平公。在孟子弟子中，大约只有乐正子多次得到孟子赞扬。

陈臻，又称陈子，齐人。《孟子》记其与孟子之间的问答，如《公孙丑下》(4.3)："陈臻问曰：'前日于齐，王馈兼金一百而不受。'"孟子则有睿智之解答。

公都子，生卒年及事迹皆不可考。《孟子》中提及和问答之处有 7 条，涉及孟子"好辩"之因、"父子不责善"以及"大人"、"小人"之别等重要问题。

屋庐子，复姓屋庐，名连。如《告子下》(12.1)："任人有问屋庐子曰：'礼与食孰重？'曰：'礼重。''色与礼孰重？'曰：'礼重。'"据说曾有著作，但未见传世。

彭更，生卒年及事迹皆不可考。孟子的弟子。如《滕文公下》(6.4)："彭更问曰。"

充虞，孟子葬母之时，他曾负责监理棺椁的制造。如《公孙丑下》(4.7)："充虞请曰：前日不知虞之不肖，使虞敦匠事。"

高子，或说齐姜太公吕尚之后，食采于高，因以为氏。赵岐注："高子亦齐人，孟子弟子。"如《公孙丑下》(4.12)："高子以告。"高子将尹士的话告诉给孟子。然而，《告子下》(12.3)："高子曰：'《小弁（biàn）》，小人之诗也。'"或认为此高子似乎年长于孟子，系另一高子。因为孟子既称他为高子，同时也称他为高叟。这是敬称，似不应以叟称其弟子。这是一位研究《诗经》的人。

徐辟，又称为徐子。赵岐注："孟子弟子也。"如《离娄下》（8.18）："徐子曰：'仲尼亟称于水。'"《滕文公上》（5.5）："墨者夷之因徐辟而求见孟子。"

陈代，孟子弟子。如《滕文公下》（6.1）："陈代曰：'（您，指孟子）不见诸侯，宜若小然（似乎气量小了）；今一见之，大则以王，小则以霸。'"

咸丘蒙，战国鲁国人。复姓咸丘，本是鲁国的地名，以地为氏，名蒙。《万章上》（9.4）："咸丘蒙问曰。"

桃应，孟子弟子。《尽心上》（13.35）："桃应问曰：'舜为天子，皋陶为士，瞽瞍杀人，则如之何？'"

孟仲子，赵岐注："孟仲子，孟子之从昆弟，学于孟子者也。"朱熹从之。但《孟子世谱》则谓是孟子之子。此也不能确定之。

当然孟子弟子也不能详列，虽不止这些，但一方面《孟子》也不可能尽录其弟子，一方面有些人是否为其弟子，看法也不一。再说弟子里公孙丑、万章的人名，最后又成了《孟子》一书七篇里的篇名，如《公孙丑》、《万章》。之所以用此作为篇名，是因为古人往往按照开篇第一句话来命名。如《公孙丑》第一句话："公孙丑问曰。"《万章》的第一句话："万章问曰。"同样是这样的做法。当然分成上、下两篇时候，下篇第一句话就不管有否"公孙丑"、"万章"的出现了。

孟子与这些众多的弟子们，最后形成了战国时代"儒分八家"之一家，此亦然可以想见当时的影响，而在以后的历史上，孟子的学说则是与孔子的学说一道凝淀为孔孟之学，彪炳史册！

孟子教育：大师的风范与精神

孟子这位教育家，不仅具有大师在学问上的学博与识精，而且在教育、教学上亦显现出了循循善诱的风范、诲人不倦的精神。

一、循循善诱的风范

在《孟子》书里，记载了孟子与弟子之间的传授、问答、论辩等的许多内容，本书也有解读。这里再举出一例，孟子与公孙丑之间的对话，是围绕着孟子为弟子乐正子成功而喜不能寐之事展开的。

鲁国君知道孟子弟子乐正子之贤，欲使其"为政"，当官执政，孟子曰："吾闻之，喜而不寐。"（《告子下》12.13）孟子听到这消息，甚至高兴得夜里睡不着觉。

传食于诸侯图

于是引出一段极有趣味的公孙丑与孟子之间的“五问五答”。公孙丑一问：“乐正子强（强毅、刚强）乎？”孟子回答：“否。”公孙丑二问：“有知虑（智慧谋略）乎？”孟子又答：“否。”公孙丑三问：“多闻识（多闻博识）乎？”孟子又答：“否。”公孙丑四问：“然则奚为（既然如此为何）喜而不寐？”孟子再答曰：“其为人也好善。”公孙丑五问：“好善足（就足够）乎？”孟子又答：“好善优于天下，而况鲁国乎？”

乐正子的“好善”，是爱好听取好的意见，由此而“为政”，就能“优于天下，而况鲁国乎”，治理天下都可以绰绰有余，而何况是一个鲁国！此还可参见本书篇四内容。

从这里可以看到孟子育才之风采：一是作为老师深知弟子乐正子的短处与长处，且能一一明辨；此乃为师者的“知人”之智。二是为弟子之被录用而喜悦，这是人才得到使用，为师者的人生一乐。三是从一个角度说明自己教育的成功，即受教者能得到社会的认可并作为人才使用。四是，喜悦的深层是自己所主张的道，或许可以由这些弟子而推行，从而使大道流布。五是，在弟子成功的背后，孟子确实付出了极大的心血，譬如《离娄上》(7.25) 载，孟子谓乐正子曰：“子之从于子敖来，徒餔啜也。我不意子学古之道，而以餔（食）啜（饮）也。”你乐正之跟从王子敖（王驩）来齐国，仅仅是为了“餔啜”，即是混饭吃啊。我不愿意你学了古人之大道，竟然用来“餔啜”！这是何等严厉的批评与呵斥，又是何等情谊深长的教育与开导！六是面对弟子公孙丑的疑问，耐心地一一回答，循循善诱，且发人深省，启人心志。

五、诲人不倦的精神

读《孟子》还发现孟子的有些弟子特别善于提问，甚至提出的问题往往非常尖刻、刁钻，有时感到像是对老师的逼问、考问，甚至针锋相对。但是孟子对弟子却是始终和风细雨，诲人不倦，而不见他与辩士、论敌辩驳时的那种咄咄逼人、猛批穷追的气势与言辞。

在《万章下》(10.4) 有孟子与弟子万章的一段精彩对话，万章八问其师，孟子八答弟子，万章发问得十分尖锐，孟子回答得极其机智。在一连串的问与答里，足见孟子深具智慧、辩才无碍，且不倦地释疑解惑。

万章一问，曰："敢问（请问）交际何心（当有怎样的心态）也？"——孟子回答，曰："恭（恭敬的心态）也。"

万章二问，曰："'却之却之为不恭'，何哉？"俗话说："对人家的礼物推却又推却，这是不恭敬的。"这是为什么呢？——孟子回答，说："尊者赐之，曰'其所取之者义乎，不义乎？'而后受之，以是为不恭，故弗却也。"尊贵者赐予礼物，如果自己心里还在盘算："那礼物收取是符合义的呢，还是不符合义的呢？"然后再收取，这被人们认为是不恭敬的，所以不要推却礼物。

万章三问，曰："请无以辞（言语）却之，以心却之，曰'其取诸民之不义也'，而以他辞无受，不可乎？"如果不用话语来推却礼物，而在心里推却，心里说"那些是取自民众的不义之财啊"，因而用别的借口来推却不受，不可以吗？——孟子回答，曰："其交也以道，其接也以礼，斯孔子受之矣。"他按照道义与我交往，以礼仪同我接触，如此则孔子也就会接受礼物的。

万章四问，曰："今有御（拦夺财物）人于国门之外（指城外）者，其交也以道，其馈也以礼，斯可受御（此指抢夺来的财物）与？"如今若有个在城门外拦路抢劫的人，他按照道义与我交往，以礼仪来馈赠我。如此则可以接受那拦路抢劫人的礼物吗？——孟子回答，曰："不可。《康诰》曰：'杀越人于货（杀害了人，抢劫财物），闵（指强横）不畏死，凡民罔不譈（无不厌恶；譈）。'是（这样的人）不待教而诛者也。殷受夏（殷接受了夏的这种规定），周受殷（周接受了殷的这种规定），所不辞（推辞）也。于今为烈（如今抢杀的行为更为激烈），如之何（怎么能）其受之？"

万章五问，曰："今之诸侯取（夺取）之于民也，犹御也（就像拦路抢劫）。苟（如果）善其礼际矣（善于搞好礼节而交际了），斯君子受之，敢问何说也（怎样解说呢）？"——孟子回答，曰："子（你）以为（如果）有王者作（兴起），将比（连）今之诸侯而诛之乎（他将会连如今的诸侯全杀了呢）？其教之不改而后诛之乎（还是先教诲后，把不改的杀了呢）？夫谓非其有而取之者盗也（把获取非他所有的，都认为是盗贼），充类至义之尽也（这种说法，是把此一类的含义范围扩充至于其义的尽极地步了）。孔子之仕（做官）于鲁也，鲁人猎较

（鲁国习俗，打猎时争夺猎物，把夺取的用作祭祀），孔子亦猎较（打猎时争夺猎物）。猎较犹可，而况受其赐乎（争夺猎物尚且都可以，何况是接受赐予呢）？”

万章六问，曰：“然则（既然如此，那么）孔子之仕也，非事道与（不是为了行道吗）？”——孟子回答，曰：“事道也。”

万章七问，曰：“事道奚猎较也（既然为了行道，为什么还要争夺猎物呢）？”——孟子回答，曰：“孔子先簿（先用簿书、文书）正祭器（正定祭器、祭物），不以四方之食供簿正（规定不拿四方之猎物来供作祭品）。”

万章八问，曰：“奚不去也？”孔子为什么不辞官而离开呢？——孟子回答，曰：“（孔子）为之兆（征兆，事端先显露的苗头，此指尝试那些簿正祭器等小事）也。兆（尝试的结果）足以行（推行）矣，而不行（然而如果君主还不肯实行），而后去（而后孔子就离去），是以未尝有所终三年淹也（因此孔子从来没有在一个国家停留过三年的）。孔子有见行可之仕（有见到可以行道而做官），有际可之仕（有因为得到君主的礼遇而做官），有公养之仕也（有因为君主养贤而做官）。于季桓子，见行可之仕也（因为可以行道而做官）；于卫灵公，际可之仕也（礼遇不错而做官）；于卫孝公，公养之仕也（因为孝公能养贤而做官）。”

——万章八问之后，大约明白了许多道理，也没有问题再提出来了，行文戛然而止，但是后人读此，却余音袅袅，不绝如缕。一个爱思考、爱提问的学生万章凸现出来，而一个真诚教诲弟子的大师孟子也矗立在眼前！

这里，我又由孟子联想起大教育家卢梭《爱弥儿》之说，教育是“一切有益人类的事业中首要的一种”。哲学家康德也有说：“教育是一种艺术，这种艺术的实践必须经过许多年代才趋于完善。用前一代的知识装备起来的一代，总是能提供一种教育，适当地和有目的地发展人的一切能力。引导整个民族向着它的目标前进”。（《康德教育学说》，《外国教育家评传序言》）——孔子、孟子不都是孜孜不倦地从事着“有益人类的事业中首要的一种”教育吗？而他们的教育艺术，为一代代来者称道，影响深远。

孟子之乐：得天下英才而教育之

孟子这位大教育家，以得到天下的英才而教育之作为自己人生的快乐。此可见他对于栽育人才的那种热忱的至情、敬业的执着、审美的情志！

一、教育：孟子或首创联用

“教育”一词，今人皆知，然而若根据现在所存见的书证来考察，那么孟子可能是最先联缀连读起来使用的，这或许可以说成是孟子的一种首创。这见诸《尽心上》(13.20)：“得天下英才而教育之，三乐也。”此外之两“乐”便是：“父母俱存（都健在），兄弟无故（无变故、无灾患），一乐也”，这是一种家庭人伦的快乐。“仰（上）不愧（惭愧）于天，俯（下）不怍（羞愧）于人，二乐也”，既然对天对人都能做到不愧不怍，不羞不耻，当然是人生的一种快乐。

当留心的是，这里出现了“教育”之词语，即是教诲培育的意思，或认为这是首出。不过也有另一种可能，即是《尚书》已经出现了“教育”的连读联用。《尚书·舜典》：“帝曰：‘夔！命汝典乐，教胄子。’”“教胄子”，在《说文》的引文作“教育子”。如果据此材料来推测，那么可能在早于《孟子》的《尚书·舜典》里已经出现了“教育”之词语。当然还要说的是，《史记·五帝本纪》里引文“教胄子”作“教穉（zhì，同‘稚’）子”。王引之在《经义述闻·尚书上》：“凡未冠者，通谓之穉子。‘穉子’即‘育子’，故曰：‘命汝典乐，教育子。’西汉经师如夏侯、欧阳必有训‘育子’为‘穉子’者，故史公以‘穉’代‘育’，盖有所受之。‘育’、‘胄’古声相近，作‘胄’者假借字耳。”这里的信息是：从文字上看，或作“教胄子”，或作“教育子”；再从“教胄子”的文义上看，或解释“胄”为“育”，那就是“教育子”的意思，或解释“胄”为“长（成长）”，那就是“教长天下之子弟”的意思。——然而不管怎样说，孟子说的“教育”一词，对后世的影响是最深远的。

二、人生之乐：能得英才而教之

孟子曰：“得天下英才而教育之，三乐也。”“英才”，指德、才、智杰出之人。譬如《礼记·礼运》载，孔子曰：“大道之行也，与三代之英，丘（孔丘）未之逮（及，赶上）也。”《文子·上礼》：“智过万人者谓之英。”

为什么孟子把此作为自己人生之一大快乐？因为这种人生之乐，是乐在可以传道给天下的英才，而大道流播不废；乐在由天下的英才得道而再作传递不已，从而大道弘扬不坠；乐在与天下的英才教学而相处且相长，从而收获来自对方反馈来的诸多愉悦。如此教育之，则英才辈出，才俊蔚兴，将道发扬光大得无限无量。这种人才的丰收、大道的畅行、事业的振兴、天下的太平，难道不都是有志的教育家的一种极大的快乐、快慰吗？

朱熹集注：“尽得一世明睿之才，而以所乐乎已者教而养之，则斯道之传得之者众，而天下后世将无不被其泽矣。圣人之心所愿欲者，莫大于此。今既得之，其乐为何如哉！”朱熹此注释，既是诠释了孟子的要旨，而且也融入了自己作为一个大教育家的那种切身的体会。且看他一生从事教育五十余载，学生众多，且形成了学派称为“闽学”，或称为“考亭（因曾侨居建阳考亭）学派”、“程（程颢、程颐）朱学派”。在历史上曾一度处于儒学的正统地位。元明清三代科举考试还都规定经学用程朱传注。

晚年退而著书

再纵观古今中外历史，大凡能识别英才，得英才而教之育之，培之养之，确实是人生的乐事。孟子之言论、情谊可以贯通古今中外而不废，实为鲜活得很。

三、联想：杨昌济乐育英才毛泽东

这里我又联想到了杨昌济与毛泽东的故事，从他们的师生关系来看，亦然可以体会孟子的理念与智慧。

杨昌济（1871—1920），字怀中，长沙人，曾留学日本东京高师、日本帝国大学，后远游西欧，并入苏格兰厄伯淀大学，得文学学士学位。他留学日本、英国达九年之久。其著作有《伦理学原理》、《西洋伦理学史》、《论语类抄》等。

1912年，杨昌济应聘为湖南高等师范文科教授。1913年，杨昌济曾兼任湖南第一师范教员，当时在这里攻读的毛泽东，以及在高师肄业的邓中夏、蔡和森等，均耳濡目染，深受其影响。

杨昌济不仅学历深厚，且见识不凡。当初杨昌济还在湖南岳麓书院求学时，戊戌维新运动兴起，在湖南开南学会，有一次他听讲发问，主要关于救国救民的道理。其时维新主讲浏阳谭嗣同非常欣赏地说：“于圣贤微言大义晦盲否塞之秋，独能发如此奇伟精深之问，此岂秦汉以下学者胸中所能有哉？此事体大，余亦何敢论断。总之以民为主，如何可以救民，即以如何为是，则头头是道，众论皆通矣。”当时年少的杨昌济就识力不凡，能赢得谭嗣同的非常欣赏，才学之优可想见其一斑。

当然此后杨昌济又经过多年的中外历练，心中储存更深厚，识见更为高卓了。因此当他成为了毛泽东的老师时，杨昌济亦马上识得毛泽东是英才，而努力栽培之。

杨昌济曾自署其书斋曰“达化斋”，在《达化斋日记》里就留下了一段有关毛泽东的记载：“毛生泽东，言其所居之地为湘潭与湘乡连界之地，仅隔一山，而两地之语言各异。其地在高山之中，聚族而居，人多务农，易于致富，富则往湘乡买田。风俗纯朴，烟赌甚稀。渠之父先亦务农，现业转贩，其弟亦务农，其外家为湘乡人，亦农家也，而资质俊秀若此，殊为难得。余因以农家多出异材，引曾涤生（曾国藩，号涤生）、梁任公（梁启超，号任公）之例以勉之。毛生曾务农二年，民国反正（指帝王复位）时又曾当兵半年，亦有趣味之履历也。”（《毛泽东早期文稿》）

杨昌济真是慧眼识英才，从所居的地理环境、风俗人情、家庭情况、个人履历来考察青年毛泽东，终于发现其“资质俊秀若此，殊为难得”，并“以农家多出异材”，引用曾国藩、梁启超之例证来勉励他。

此后杨昌济乐育英才，结下了非比寻常的师生关系。毛泽东在湖南第一师范积极反对不合理的管理制度，引起校长怀恨于心，要开除他的学籍。杨昌济和徐特立等出面力保，不同意校方的做法。他还特地在黑板上用粉笔书写诗句：“强避桃源作太古，欲栽大木柱长天！”以此来表达对于学校当局的愤慨和对毛泽东的高度评价。

杨昌济在北京大学任教时，依然热情支持毛泽东的革命活动，毛泽东到北京有时就住在杨家。杨昌济还介绍毛泽东到北大图书馆工作，毛泽东回忆在北大图书馆的这段生活经历时说：“我的马克思主义思想就在这时候开始形成的。”

1920 年 1 月，杨昌济在北京逝世。他在逝世前，仍然念念不忘救国救民，念念不忘毛泽东、蔡和森这样的青年。在写信给一位留英同学的信中，他称道毛泽东和蔡和森的学行时说：“吾郑重语君，二子海内人才，前程远大，君不言救国则已，救国必须重二子。”

毛泽东则这样评价杨昌济，说：他教授伦理学，是一个有高尚道德性格的人，他很坚强地信仰他的伦理学，努力灌输一种做公正的、道德的、正义的而且有益于社会的人的志愿给他的学生们。此话见诸毛泽东与美国作家斯诺的谈话。1937 年，在延安各界为徐特立六十寿辰庆祝会上，毛泽东说：“我在湖南第一师范读书时最佩服的两位老师，一位是杨怀中先生，一位是徐老。”（以上参见杨开智《回忆我的父亲杨昌济先生》文）

杨昌济有“欲栽大木柱长天”的宏愿，而最后真的“大木”终于“柱长天”，而杨昌济的卓识英才、乐育英才也作为历史的佳话永远留存于人世了！

四、英才难得：想起爱因斯坦的故事

论说孟子的“得英才而教育之”，我又联想起读到的一篇介绍关于爱因斯坦的故事。据说爱因斯坦出任荷兰莱顿大学特邀教授时，给学生讲的第一堂课是：成功的秘诀。

爱因斯坦拿着一个盒子走上讲坛，从盒子里拿出一枚一枚骨牌，在桌子上摞起来，摞到二十几枚时，骨牌哗啦倒了，他不紧不慢地捡起来接着摞。当爱因斯坦摞到四五次时，平静的礼堂开始骚动。但爱因斯坦依然慢条斯理地摞了倒、倒了再摞……

30分钟过去了，学生们开始纷纷离去。也有的学生帮爱因斯坦摞，这时候他们发现，盒子里大约有50枚骨牌，他们摞起不到40枚就倒了。学生又一个个离去，只剩下一名学生仍然执拗地摞。又过了一个半小时，那个学生终于将50枚骨牌全摞了起来。

爱因斯坦高兴地开口了：“祝贺您成功了，有什么感想吗？”学生思索了一下，说：“每摞一次，都有新的发现。”原来，他在摞时，发现有骨牌略带有磁性，能吸在一起，他就把带磁性骨牌全摞在下面。倒了再摞时，他又发现骨牌轻重不一，他又把重的摞在下面，就这样反复几次，便全部摞了起来。

爱因斯坦说：“成功就是不断发现问题的过程，同时还要有足够的耐心去做，所以成功的秘诀就是：简单的事情重复做。”那位摞骨牌的学生就是后来爱因斯坦的同事，美国著名物理学家、思想家和教育家惠勒。（周铁钧《简单的事情重复做》，见《中国剪报》2011.5.23）

我读后想到这样的问题：一是，爱因斯坦不仅是伟大的科学家，还是一个善于识别人才的大教育家。二是，他教育人的方式很独特，从测试到勉励再到点拨都很独特，这也是匠心独运的智慧。确实，我们每个人活着，每天乃至于一生都在“简单的事情重复做”。然而有的人就能从“简单的事情重复做”里成为这一专业里的卓越人才、领军人物，这是因为从中不断有所发现，并去解决问题，这就把“简单的事情”经过“重复做”后，变得“不简单”了。相反，不肯下苦功，只是被动地、机械地“简单的事情重复做”，那也永远只能在原地踏步走。这就是爱因斯坦教诲人们的智慧与辩证法！

最后还可以反观孟子之言：“得天下英才而教育之，三乐也。”其实英才也并不是轻而易举就能得到的。比如宋代程大昌在《考古编·中庸论一》就曾感叹：“苟去圣日远，又不得天下英才以教，而徒执反隅故法，则恐微言由己而绝，故宁极书所得，以待知者。”这里也表述了自己不能得英才而育之的苦衷与无奈！

耳边又响起唐代韩愈《杂说》:“世有伯乐，然后有千里马，千里马常有，而伯乐不常有。”此话之所以经得住一代代人的咀嚼回味，大概就是因为此中的哲理能让无数人共鸣吧?

教育：能与人规矩·不能使人巧

孟子审美地认为，得天下英才而育之是一种人生的快乐。那么如何来培育英才?日常生活里的这些梓匠轮舆工匠们，他们带徒弟的方法启示了孟子，一是“能与人规矩”，一是“不能使人巧”。孟子的总结与阐述极富智慧，今天读来依然能触发出诸多感悟。

一、育才：能与人规矩

孟子曰：“梓匠轮舆能与人规矩，不能使人巧。”(《尽心下》14.5)孟子取四种“梓匠轮舆”以泛指木工与其他匠人。孟子认为老师教育弟子，就要像匠人传授徒弟一样，必定先教诲他们“规矩”。师傅引导、教会徒弟遵循一定的规矩定制，否则没有规矩，不识大体，不伦不类，不成体统。因此这是首要的，也是可以做到的。

孟子又曰：“离娄之明(指眼力好)，公输子之巧，不以规矩，不能成方员(圆)。”(《离娄上》7.1)离娄，传说是黄帝时代眼力特别好的人；公输子，指公输班，即是鲁班，为春秋末期鲁国的著名工匠。孟子说，就算离娄的眼力这么明察，公输子的技艺这么巧妙，他们的心思目力均已如此精明，然而若要制造器具还是不得不依靠圆规与方矩，不使用规与矩，就不能成就方和圆。——在孟子的心目里，规矩的作用如此重大，而“与人规矩”的重要与必要也立见，再说“与人规矩”是完全可能做到的，故曰“能与人规矩”。

孟子还说：“圣人既竭目力焉，继之以规矩准绳，以为方员平直，不可胜用。”(《离娄上》7.1)这里又在“规矩”之外，说到了“准绳”，这是工匠用来辨别平直的。“准”是用来取水平的工具，“绳”是用来取直的工具。“规矩准绳”，使得天下一代代人凡是有器具制造的，都可以依据为法式，因此是永远用不尽的。“规矩准绳”也成了一个成语。

胡适曾评论孟子，说：教育不可没有标准，“这标准的教育法，依孟子说来，是教育的最捷径”，“前人出了多少力，才造出这种种标准。我们用了这些标准，便可不劳而得前人的益处了。这是标准的教育法的原理”。(胡适《中国

古代哲学史》)

那么孟子教育弟子的规矩又是什么呢？这里试举出最主要的规矩，那便是孟子的诗书礼乐的教育。我又联想到韩愈的《符读书城南》诗："木之就规矩，在梓匠轮舆；人之能为人，由腹有诗书。"这也许让我们豁然开朗，孟子之所以特别重视《诗》、《书》，也许就是这样的内在的因素，教育中用《诗》、《书》给予学生以规矩，那就像梓匠轮舆一样让他们先规矩起来。这也是孟子教育里面"能与人规矩"的再一范例吧！当然在其他各方面，譬如如何做人、处事、做学问，孟子也都有不少的规矩教诲人们，此已散论在本书内。

二、孟子范例：善与人规矩

读《孟子》一书会发现，孟子不仅"能与人规矩"，而且还善于"与人规矩"。孟子为人们树立了榜样。

乐正子，名克，是孟子的弟子。一次乐正子随从王驩（字子敖）这位齐王的幸臣来到齐国，而孟子对于王驩深为鄙视，是不愿意与他交往的。《离娄上》(7.24) 载，当乐正子前来见孟子时，孟子就发问说："你也来见我了吗？"乐正子有些惊讶地说："先生何为出此言也？"

孟子追问他："你来齐国几天了？"乐正子答道："昔日（前天到的）。"孟子反诘说："既然是昔日到的，那么我这样发问，不是很得当吗？"

乐正子这才醒悟过来，发觉自己错了，那就是一到齐国没有及时来见自己的先生。于是乐正子马上表白迟迟来见先生的原因，说："舍馆（客舍，住宿的所在）未定（没有找定）。"孟子马上严肃地反诘他，曰："子闻之也，舍馆定，然后求见长者乎？"你曾听说过门人弟子从远方来，必待要舍馆安排定当，然后才来求见师长的吗？孟子的话严厉地告诫他，他错在已经丢失了规矩。乐正子终于认错，说："克有罪。"

这个细节深涵意蕴，孟子不仅有那种不失时机的"能与人规矩"的能耐，还有善"与人规矩"的智慧。孟子这里"与人规矩"有两端：其一，作为弟子已经失掉了"规矩"，那就不仅是失礼了，也失掉了诚意。然而，做人怎能失礼、丢失真诚？按古代之礼，必定真诚地以求见师长为先，以求得舍馆为后，难道可以颠倒过来吗？这一点乐正子终于明白了，于是马上勇于知罪认罪。其二，更为重要的"规矩"是，王驩是齐王的幸臣，是个不仁之人，正人君子岂可以与之交往？如朱熹集注："王驩，孟子所不与言者，则其人可知矣。乐正子乃从之行，其失身之罪大矣。"然而可惜的是，在这一点上乐正子似乎还没能马上悟出来。不过，虽然书上没有进一步写下去，我想乐正子后来一定会"反求诸已"而慢慢醒悟的。

再如，公孙丑是孟子的弟子，曾对其师曰："道则高矣美矣，宜若（差不多就像）登天然（一样），似不可及（企及）也。何不使彼为可几（通'冀'，有希望）及（企及），而日孳孳（能让人每日孳孳不倦地去进取，'孳孳'是努力不懈的样子）也？"（《尽心上》13.41）

孟子回答，说："大匠不为拙工（拙劣的工匠）改废（改变放弃）绳墨（木工画直线用的工具），羿不为拙射变其彀率（拉弓的标准。彀，gòu，把弓拉满。率lǜ，标准，规矩）。君子引而不发，跃如也。中道而立，能者从之。"朱熹集注："彀率，弯弓之限也。言教人者皆有不可易之法，不容自贬以殉学者之不能也。""因上文'彀率'而言君子教人，但授以学之之法，而不告以得之之妙，如射者之引弓而不发矢。然其所不告者，已如踊跃而见于前矣。中者，无过不及之谓。中道而立，言其非难非易。能者从之，言学者当自勉也。此章言道有定体，教有成法；卑不可抗，高不可贬；语不能显，默不能藏。"

孟子期盼弟子以圣人尧舜为人生的榜样，然而这样的道固然高峻美妙，入道却颇难，往往令人望而生畏，似不可逾越。于是人们大都会有像公孙丑那样的想法，能否降低些标准，使人容易入道，就像每日可以对着看得见的目标而前行。孟子则严肃地教诲，大匠与羿教人尚且有一定的规矩、绳墨，这些准则、标准是不能变更的，至于君子育人更不是工匠们所可比拟的，当然更不能迁就因循了！孟子又一次用比拟的方法循循善诱，晓之以理，真谓善"与人规矩"。

二、告诫：育才不能使人巧

孟子既曰"梓匠轮舆，能与人规矩"；马上又接着说"梓匠轮舆"，"不能使人巧"。（《尽心下》14.5）这里形成鲜明的对立与反差，令人警醒与反省。

为什么匠人传授徒弟，能教诲他们"规矩"，然而不能传授他们怎样去获得"巧"呢？

先说"巧"是什么意思？《说文》："巧，技也。从工，丂（qiǎo）声。""巧"字就从"工"那里衍生出来的；"工"字，《说文》说，是巧于文饰，字形就像人有规矩。《周礼·考工记序》："天有时，地有气，材有美，工有巧。合此四者，然后可以为良。"这可以晓明，工匠中的巧者之"巧"，本来是指工匠的技巧、技艺、巧妙，所以流传的"能工巧匠"之说，即可心会此意了。

为什么老师不能传授给弟子"巧"？此中自有其道，因为若欲得巧、思巧、心巧、巧妙，则必须通过弟子、徒弟自己长期的亲身实践、求索、思考、沉淀、磨炼、总结，才能获得的。巧妙要靠心之灵，心若灵则技能巧；巧妙还要靠双手，手法纯熟则技才巧；巧妙还要靠心手的应合，巧思发诸心，而妙应诸手，乃能成就巧妙。这些能由传授而获得吗？不能！

再如《庄子·天道》一书里描绘的轮扁的高超技巧是很能启发人的。轮扁制造的车轮已经达到“不疾不徐”、“不甘不苦”的恰到好处之境地。轮扁说：“斲（zhuó，砍削）轮，徐（指榫子宽松）则甘（指滑动）而不固，疾（指榫子紧窄）则苦（指涩滞）而不入（进入）。不徐不疾，得之于手而应于心，口不能言，有数（指技巧）存焉于其间。臣（我，指自己）不能以喻（明白告诉）臣之子（我的儿子），臣之子亦不能受（接受教法）之于臣（从我这里）。是以行年七十，而老（年虽老却还在）斲轮。”虽然其中的某些解读也有不同，如“不疾不徐”或指砍斫轮子已经达到了既不快疾、也不徐缓的适度的节奏；“不甘不苦”也或指不松缓、也不涩滞的意思，然而其指向技巧的高超是一致的，此不再赘言。总之，轮扁一身的技艺、技巧，得之于手而应于心，然而口里就是不能言说出其中的奥妙来，甚至他连自己的儿子都不能明白地传授，即使传授了，他的儿子也接受不了。这不也佐证了孟子所说的“不能使人巧”的内在道理了吗？是的，巧妙最终是要靠自己长期的历练才能琢磨出来的！

关于“不能使人巧”，张居正说：“若由规矩而熟之，不疾不徐，不甘不苦，机发于心，而妙应于手，乃所谓巧也。斯则不泥于成法之中，而又不出于成法之外，师不得以言而传于弟子，弟子不得以言而受于师，惟在人之自悟何如耳，安能以此而教人哉？然则圣贤之道，下学可以言传，即规矩之谓也。上达必由心悟，即巧之谓也。学者要当会道于心，以俟其自得之机，岂可求道于言，而疑其有不传之秘哉？”此解说也值得一读。

是的，“能工巧匠”之“巧”、“巧妙”是不可言传的，这东西最终还是要靠自己长期的历练才能琢磨出来，而终究不是全由先生、师傅的那些传授、点拨能轻易得来的！人必以心悟，当有会于心，而应合于道，才能臻此境界。如此再来看那句俗话：师傅领进门，修行靠个人。谚语说：熟能生巧。又成语说：心灵手巧。表面看似浅显的话里，原来竟含如此深邃的哲学！

五种行之有效的施教之法

孟子曾将君子的教育方法总结为五种，说：“君子之所以教者五：有如时雨

化之者，有成德者，有达财者，有答问者，有私淑艾者。此五者，君子之所以教也。”（《尽心上》13.40）

为什么要分别这五种？这是因为教育人的最终目的虽是一致的，都聚焦于使被教育者化归于善，育人成才。但是教育对象却是参差不齐的，或品性不同，或资质各异，或程度有别，教育也就不能僵化地要求一律齐整，而贵在因材施教。孟子分为五种情况来施教，充分体现了其因材施教的高超智慧。

一、有如时雨化之者

有一种教育是“时雨化之者”。这要像及时雨那样地去滋润化育对方。此中有两点可玩味：一是“时雨”，即是“及时雨”，是正在人们企盼、需要的时候，下了雨，而且又能下得恰到好处。若是淫雨霏霏下个不停，让人讨厌，甚至使人怨恨；若是滴滴答答下了毛毛雨，又让人觉得不够。二是“化之”，像雨水那样滋润、润泽、沾溉、沾化对方。比如张居正解读曰：“有一等人，造诣既深，真积既久，所少者点化之功耳。君子迎其将得之机而启发之，由是触之即应，感之即通，怡然理顺，有不自觉其契悟之速者矣。譬如草木之生，栽培已至，即此时而得雨以润之，便畅茂条达而不可遏，这叫做如时雨化之者，此君子之一教也。”

再如民国时期教育家陈青之（1891—1943）在《中国教育史》里曾说：关于教授与训练，“孟子的教法有五种，皆就各人的程度个性及所处的地位来酌定。第一种是程度最高的学生，只于需要时加一番点化之功，他们就能随感而通，如同雨露润泽草木一样，此所谓‘有如时雨化之者’。”此说也可助读。

二、有成德者

有一种教育是使其“成德”，即使对方成就德行。张居正解读曰：“其次养虽未充，而天资纯粹，德性质可以渐磨，君子则因其德而造就之，抑其过，引其不及，涵育熏陶，务有成全其德器，这叫做成德。此又君子之一教也。”

三、有达财者

有一种教育是使其“达财”，这也就是通过教育使得对方发展通达、成才。“财”，通“材”、“才”，才能。焦循《正义》：“财即才也，才恐其滞而不通，故达之。”张居正解读曰：“其次德虽未优，而天资明敏，才识可以扩充，君子则因其材而诱进之，矫其偏，使归于正，开导启迪，务有以疏通其技能，这叫做达材。此又君子之一教也。”

陈青之又有说：“第二及第三种学力较第一种差浅；若是器宇稳重的，我们就完成其德性；若是天资英迈的，我们就发展其天能；所谓‘有成德者，有达材者’。”

四、有答问者

有一种教育是“答问者”，即是解答疑问的。张居正《讲评》：“因人而施教，不但成德达材而已。又有一等人，师非专师，学非长学，偶因其一言之质正，一事之咨询，遂就其问而答之，以释其疑，以解其惑。此虽未至终日与言，而大叩则大应，小叩则小应，是亦训迪之所加矣。答问非君子之一教乎？”陈青之也有说：“第四种为问答法，预备无力常从或不能专门研究的学生所施行的方法，偶因一事，随问随答就行了。”

五、有私淑艾者

有一种教育是“私淑艾者”。“私”，私下。“淑”，善。“私淑”，是指那些并非及门受业，但因敬仰其学术，而尊之为师的。后来就有“私淑”、“私淑弟子”之说广为流传，后者就是指那些未亲自受业的弟子。譬如孟子就认为自己是孔子的私淑弟子，如孟子曰：“君子之泽（遗泽，指流风余韵）五世（父子相承为一世，此指经过五世）而斩（断绝），小人之泽五世而斩。予未得为孔子徒也，予私淑诸人（朱熹注：人，谓子思之徒也）也。”（《离娄下》8.22）赵岐注：“淑，善也。我私善之于贤人耳，盖恨其不得学于大圣也。”孟子说，我不能成为孔子的及门受业弟子，但是孔子的遗泽还在，便私下从孔子之传人那里闻道学道，以此自善我身。再如朱熹在《〈大学章句〉序》中讲：“于是河南程氏两夫子（程颢、程颐）出，而有以接乎孟氏（孟子）之传。”“虽以熹之不敏，亦幸私淑而与有闻焉。”朱熹自云是程颢、程颐的私淑弟子。

后来“私淑弟子”成为了成语，广为运用。如清代平步青《霞外攈（jùn，搜集）屑·斠（jiào）书·张北湖》：海宁张北湖先生，“服膺杨园先生之学，于遗书、身后葬事最有功。祝人斋称杨园私淑弟子，实北湖有以开之”。再如鲁迅《伪自由书·不求甚解》：“至于世界要人就不然，他们有的是秘书，或是私淑弟子，替他们来做注释的工作。”

那么孟子说的“私淑艾”又是什么意思？“艾”，治。这就是私下以其人为师，师法其学，并以其善来自治己身。朱熹集注：“人或不能及门受业，但闻君子之道于人，而窃以善治其身，是亦君子教诲之所及，若孔、孟之于陈亢、夷之是也。孟子亦曰：‘予未得为孔子徒也，予私淑诸人也。’”清代王夫之《张子正蒙注·中正》：“‘以能问不能，以多问寡，私淑艾以教人，隐而未见之仁也。’私淑艾，谓取人之善以自淑，非以教人，而所以奖进愚不肖者，则教行乎其间矣。”焦循《正义》注还考证：“淑”通“叔”，意思是拾；“艾”又同“刈”，意思是取。因此“私淑艾”，即是私下拾取的意思；“其实‘私淑艾’犹‘私淑’也”，此说“私淑艾”就近同于“私淑”。

张居正注：“又有一等人，居不同地，生不同时，但溯其觉人之遗休，传世之余泽，私窃其善而师之，以饬其躬，以砥其行，此虽未尝及门受业，然或见而知之，或闻而知之，均一化诲之所及矣，私淑艾又非君子之一教乎？”是的，古往今来由“私淑艾”而进步乃至成功的事例真是不胜枚举的。

总之，孟子这里说的情况是，弟子与其师或在同一地，或并不在一地；或见过面，或从未谋面过；或当面问过学，或仅听说过；或是同一时代人，或根本不是同时代人：只是仰慕其人，钦敬其学，以其为师，取其善来还治自身。

记得陈清之又有一说：“还有一等，居不同地，或生不同时，无法口授，则用间接法，以书面相授，与现代函授法相似。”（同上书）此解颇有时代气息，但其实也并不等同于“现代函授法”，如上所说，此中还有很多非“现代函授法”所能囊括的内涵。

——如果综合起来看此五种方法，张居正又说：“合此五者而观之，学者之材质虽殊，要皆有曲成之术，后生之遭逢虽异，无往非造就之仁，其为教一而已矣。所以说，此五者，君子之所以教也。盖圣贤之教人，如天地之生物，各因其材而笃焉。是以天地无弃物，圣贤无弃人，有世教之责者，所宜深念也。”

诚然，即使从孟子所论的这些局部的、细部的教育、教学方法来看，他能如此分类分层，辨析得如此到位与明晰，也足可体会这位大教育家胸中丘壑之不凡、气象之万千！

教亦多术：不教之教的智慧

孟子乃一代大教育家，他自云“教亦多术矣”。（《告子下》12.16）教育人的方式方法很多，或因人施教，或因地施教等等，目的均是期望受教者能成材。然而一般教育者只知道以教为教，而不知道不教之教。孟子却曾自道“不教之教”之术之智。

一、不屑之教诲之教诲

孟子说：“教亦多术矣，予不屑之教诲也者，是亦教诲之而已矣。”（《告子下》12.16）这是说，教育有多种方式方法，我不屑去教诲的，这也是教诲人的一种方式方法罢了。“不屑”，就是不值得的意思，成语“不屑一顾”，就是不值得一看的意思。又朱熹集注：“屑，洁也。不以其人为洁而拒绝之，所谓不屑之教诲也。其人若能感此，退而自修省，则是亦我教诲之也。”

“不屑之教诲”的典型例子，在《告子下》(12.2) 就有记载，孟子对曹交之教诲就是如此。曹交，是曹国国君之弟。他希望成为孟子的弟子，但是孟子最后拒绝了。这是为什么呢？

曹交问曰 :“人皆可以为尧舜，有诸（有这样的说法吗）？”孟子曰 :“然（有的）。”

曹交又问曰 :“交（我曹交）闻文王（周文王身高）十尺，汤（商汤王身高）九尺，今交（曹交）九尺四寸以长，食粟而已（只会吃饭罢了），如何则可（怎样才可以成为尧舜那样的人物呢）？”——曹交的问题是，我的身高虽不及文王，但已经高过商汤王，为什么他们都能成为伟人，而我只会吃饭呢？一看就知道曹交提的问题很浅陋，而原因则在于其内心的浅薄，乃不学无术之徒。

孟子曰 :“奚有于是（做那样的人有何难呢）？亦为之而已矣（只要去做就行了）。（假使）有人于此，力不能胜（胜任提起）一匹雏（一只小鸡），则为无力人矣；今曰举百钧（一钧为三百斤），则为有力人矣。然则举乌获（古代有勇力的人）之任，是亦为乌获而已矣。夫人岂以不胜（不能胜任）为患（忧患、忧愁）哉？弗为耳（只是不去干罢了）。徐行后长者（慢慢行走在长者后面的）谓之弟（悌），疾行先长者（抢先急行在长者前面的）谓之不弟（悌）。夫徐行者，岂人所不能哉？所不为也。尧舜之道，孝弟（悌）而已矣。子服尧之服（你穿与尧相同的衣服），诵（讲话）尧之言，行（做事）尧之行（事），是尧而已矣（你就是尧了）。子服桀（夏桀）之服，诵桀之言，行桀之行，是桀而已矣（你就是夏桀了）。”——这里孟子循循善诱地开导曹交，说得很到位了，但是看来对方并未了然。

曹交最后曰 :“交（曹交）得见于邹君（邹君国君），可以假（借）馆（馆舍），愿留而受业于门（希望留下来，受业于您孟子的门下）。”——曹交在孟子的启发下，内心已经有所触动，于是主动提出要“假馆”而后“受业”，跟随孟子学习。

孟子曰 :“夫道（做人之道）若大路然（就像大路一样），岂难知哉？人病不求耳（就怕人们不去求取罢了）。子归（你回去）而求（寻求）之，有余师（自会有很多老师的）。”——孟子拒绝了，叫他自己去寻找老师，而自己不愿意接受他这位弟子。这是为什么呢？因为孟子其实已经给他指点出做一个像尧舜那样人的大道，但是也看出曹交虽欲求做人之道，但显露出来的却是不笃实，不是发自内心深层的诚挚的追求，而只知要进一步问道闻道，却不知道践行此道，且从日常的生活里即可推行其道。孟子既已经教诲了他，但他还在自迷，病在不知身体力行。然而，如果真能在日常生活里躬行不辍，那么到处所见闻的皆寓道，随处所觉悟的均为师，这不是成了师资有余的“余师”了？

这里孟子对于曹交先是谆谆教诲，一一释疑，然而最后又是“予不屑之教诲也者，是亦教诲之而已矣”。这就是一个大教育家的大智慧，值得深入体味之。

二、孟子智慧：不答疑之答疑

《尽心上》（13.43）还记载了一桩事，耐人寻味。弟子公都子问孟子：“滕更之在门也，若在所礼。而不答，何也？”滕更，是滕国国君的弟弟。这意思是说，老师不就应该解答学生的疑问吗？且儒家不就是讲究诲人不倦的吗？然而滕更在您门下求学，似乎应该列在以礼相待的范围里的，他每有问，先生不回答他，是何道理呢？

孟子自有道理，曰：“挟贵而问，挟贤而问，挟长而问，挟有勋劳而问，挟故而问，皆所不答也。滕更有二焉。”这是说，因为地位尊贵，而挟持己贵来问学；因为具有才德，而挟持己贤来问学；因为年长，而挟持己长来问学；因为建有勋劳，而挟持勋劳而问；因为与有故旧的关系，而挟持故旧而问，有此“五挟”我都不会回答的。滕更已有其中的二“挟”，即是“挟贵而问”、“挟贤而问”，因此我不回答他。

这又是为什么呢？因为在大教育家孟子看来，求学、求教、问学，其意必须诚笃，其心必须专一，要能虚己受教，不耻下问。若无诚心诚意，矜己傲人，既不尊师，又不重道，则不必回答他。此“五挟”者，正是有所自恃，而自骄且骄师者，滕更已经具有此中的二“挟”，这就是孟子不回答他的原因。

其实，孟子表面上不回答滕更，而实际上又是“回答”了他，教育了他。因为让他对“不答”这一情况进行反思，找到原因，加于省察，从而有所得。这不又是“不教之教”、“不答之答”之“答”了吗？

三、链接：孔子的“不教之教”

说了孟子，又联想到孔子的智慧。孔子于孺悲之教育就体现了这样的“不教而教”、“不屑之教诲也者”的智慧。这或许也可以看到孟子的智慧与孔子是相连接的。

孺悲，是初秋时期的鲁国人，鲁哀公曾派他向孔子学习士丧礼。《论语·阳货》（17.20）：“孺悲欲见孔子，孔子辞以疾。将命者出户，取瑟而歌，使之闻之。”一天孺悲来求见孔子，然而孔子以自己有病而推辞了。传话的人刚出门，孔子便取来瑟，边弹边唱，有意使孺悲听到，并让他知道自己并没有疾病。

孔子为什么要这样做？想来孺悲必定有得罪孔子的地方，然而他可能还没有醒悟到这一点。因此孔子用这种方法再来警醒与点拨他，希望他能自我深省，并改过迁善。孔子这里使用的教育方法，就是一种“不屑之教诲”，而却已经教诲的方法。当然，遗憾的是这里没有记录下孔子弦歌的歌词，否则后人或许还可以进一步考证出其中的内涵来。

四、孟子：君子不教子

公孙丑曾问孟子曰：“君子之不教子，何也？”（《离娄上》7.18）君子没有不爱自己儿子的，但是他们又不亲自教育儿子，这是什么道理呢？

孟子曰：“势不行（因为情势时势，而难以行教）也。教者必以正（正道）；以正不行（以正道教子，若子不能实行），继之以怒；继之以怒，则反（反而）夷（伤害感情）矣。（儿子内心会发出疑问：）‘夫子（父亲）教我以正，夫子未出于正也（父亲自己却没有出于正道行事）。’则是父子相夷（相互伤害）也。父子相夷，则恶（坏事）矣。古者易子（交换儿子）而教之。父子之间不责善（不以善来责备）。责善则离（乖离，不融洽），离则不祥莫大（父子不融洽则是最不吉祥的事情）焉。”

这里让后人看到古代“易子而教”的一些情况。这也使得我想起，国学巨擘梁启超请来自己的弟子谢国桢来做家庭教师，为什么他自己不教？杨振宁之父，他也肯定读过《孟子》，为什么他还是请北大学生来教自己的儿子学《孟子》？周一良之父也请其他人来教育自己的孩子，等等。这些虽不是“易子而教”，但也可以看到这样来教育子女是有其智慧的，其中也未必没有与孟子所说的相通的地方。

当然，读此则智慧也当读活了，古代固然有“易子而教”的情况，然而也并非父亲全不教育自己的孩子。不过这里提出一个问题值得注意，今天依然如此：父母对子女的教育，如何能既有“教”又有“不教之教”？如何既要能以正道引导，又要不伤害父母与子女之间的慈孝、恩义与情感？如何在要求子女行正道时，父母自己的一切也能遵行正道，做出表率来？如何能由“势不行”而转变成“顺势而行”？这些都可以深究一番的。

警戒：“好为人师”之弊病

孟子还有一种教育智慧，那就是告诫人们要抛弃“好为人师”之弊病。

孟子曰："人之患在好为人师。"（《离娄上》7.23）人们的毛病就在于喜好充当他人的老师，喜欢以教导者自居。而"好为人师"作为成语也自此流传千古。

大凡初次接触孟子的"人之患好为人师"的理念时，总觉得有些不顺理成章。比如孔子自己就说"诲人不倦"，难道不是"好为人师"吗？再说孟子你自己主张"乐得英才而教育之"，不也是"好为人师"吗？然而，如果能深入了解孟子此说的内涵，就会发现其中的深刻性与批判性，从而豁然开朗。

一、"好为人师"的诸多弊病

"好为人师"之"好"究竟有何不好？此可以从几个方面来分析：其一，若自己的造诣水平还够不到为人之师的地步，却自尊为师，还傲然自诩，岂不是遭人耻笑，自招羞辱？其二，不仅止于自己受污，而且若以自己浅学、陋才、薄德去教导弟子，岂不是耽误了从学之人？贻害后学，责任不小！其三，"好为人师"之时，却还往往耽误了自己的长进。如朱熹集注里引用王勉解说："学问有余，人资于己，不得已而应之可也。若好为人师，则自足而不复有进矣，此人之大患也。"其四，若自己的才能学识可以为人师表，那么也不要有"好为人师"的架势，而是要人家愿意尊你为师，那才是水到渠成的好事了。

因此"好为人师"之"好"，是"好"过了头，"好"得失度了，是在强行卖弄自己的小智小慧。这里又想起了孔子之说："好行小慧，难矣哉！"（《论语·卫灵公》）何晏集解引郑玄曰："小慧，谓小小才知。"若小小才知，浅浅道德，还汲汲"好为人师"，岂不患病深深了？

我又想起毛泽东曾经在《新民主主义论》里说："科学的态度是'实事求是'，'自以为是'和'好为人师'那样狂妄的态度是决不能解决问题的。"这里揭示得好，"好为人师"者往往就是用狂妄的态度临事凌人，的确是解决不了问题的。

三、好为人师：王夫之的深层解读

当然，孟子反对"好为人师"，其用意在当时还有着特定的意义、作用与价值。王夫之在《读四书大全说》中有个分析，说得比较到位，可参见。

其一，孟子是针对当时社会现象，"处士横议"，而如惠施、公孙龙等人的"好为人师"而说的。孟子之说具有针对性、批判性的作用。王夫之说："孟子此言，元（原来）对当时处士（隐居不仕的士人）而言。圣贤既不以为患，众人又无好为师之事，唯若惠施、公孙龙一流人，他不理会（料理、领会）自家，只要开立法门，终日揣摩卜度（推测、臆断），婉转曲折以成其说，千枝万叶，总欲璀璨动人，苟（苟且）伸其一偏之旨，而以为人所宗主。只此他劈头便从虚诳（欺骗，迷惑）上着力，故其学之也亦非不博，思之也亦非不深，执之也亦固，而推之也亦远，乃其意中，唯有此为师之好，将孔子也看做恁（rèn，这）样（如此）做出来底，则迎头便差，堕入非辟（邪恶）。故曰人之患在此，此其蔽、陷、离、穷，‘载胥及溺’而莫能淑（善）也。”

其二，这样的“好为人师”者，往往本来也是个有才具之人，却因心中念念于殉名求利、自尊好胜，最后给自己招来了病患。王夫之说：“凡此一类，皆有过人之资，而又不无好学深思之事；乃以徇名求利、自尊好胜之心，可惜此一项有用人才堕入禽（禽兽）狄（北狄，古代的民族）去，故曰患。患者，自外来者也，非其所应有之忧，而以一好累之，则既可深恶，而抑（还是）可深悼（悲伤）。如人之有病患，非形体所固有，乃以不正之气所感，流传腑藏，遂以伤生者然。”

其三，这样的“好为人师”者，往往让人深深替他悲哀。王夫之说：“孟子当时，饶（多）有此人，只贪一箇（一个）北面（让弟子们面向北听从）皋比（虎皮，古人坐虎皮讲学，后就指讲席、师座；比，pí），‘后车数十乘，从者数百人’，便惹下人心世道一大害来。故直指他受病根本，为此辈清夜钟声：言汝之所以舍正路，放本心，而放恣横议者，只在此处，趁门风（门派的风气与门面），图（贪图）利赖（依傍，依靠）而已；若能去此一好，则以汝之才，亦何至充塞仁义而率兽食人乎！此所谓可深悼者也。”

其四，这样的“好为人师”者，是让人深为厌恶的。王夫之说：“乃侭（jǐn，任凭）他说得天花乱坠，公然与尧、舜、周、孔为对垒，也只是收合一起闲汉、做成一部文章的本愿。勘破（看破）他此处，却元（原）来自家也不曾果有邪僻在，但为些须名利，造下者场虚谎，此则所可深恶者也。”

其五，批评历史上王通、韩愈等人也不免有“好为人师”的弊病。王夫之说：“后来王仲淹全是此病，而韩退之亦所不免。通也，愈也，亦岂（难道是）泛然（一般、普通）之众人哉！近世龙溪以下诸儒，傍（依傍）释氏之门庭，以入流合俗而建宗风，盖亦不读孟子此语耳。”此中隋代王通（580—617），字仲淹，河东郡龙门（今山西万荣）人，人称文中子。他一生从事著述和聚徒讲学，以“明王道”、“学孔子”为己任，“有绍宣尼之公，吾不得而让也”（《中说·天地》），又倡导混合三教（儒、道、释）之学。再如韩愈，人们均比较熟悉，不再多说。又如龙溪，即是南宋理学家陈淳（1158—1223），福建漳州龙溪北溪人，朱熹弟子，学者称之为北溪先生。一生未仕，从事讲学。然而，王夫之认为他们这些人也沾染有“好为人师”的习气。

我想王夫之的话，是可供我们进一步深思，不过又联想起《礼记·经解》有这样寓意甚深之言："故衡诚悬，不可欺以轻重；绳墨诚陈，不可欺以曲直；规矩诚设，不可欺以方圆。"此言衡器、绳墨、规矩诸物，因其诚悬、诚陈、诚设，故是不可欺的！而不可欺的深里便是一个"诚"。此种道理不管是"好为人师"，还是真可为人师表者，甚至于真可为人领导者，均堪回味再三的！

篇九

历史智慧：史观·视野·文献·诠释

历史：视野·知识·思维·睿智

孟子与历史结缘甚广甚深，不仅具有广阔的历史视野，又拥有丰富的历史知识，且富有深刻的历史思维与睿智。

一、智慧：以史为鉴·传承孔学

孟子关注与研究历史，是因为若要法先王之法，就必须了解先王之历史、先王之章法，而且还必须具有那种以史为鉴的智慧。《离娄上》（7.2）中引《诗经》曰："殷鉴不远，在夏之后。"历史的鉴戒，真的不远，几千年犹如一瞬间，如在昨日。当然还因为孟子必须继承并发扬孔子重史学的儒家传统。

孟子确实拥有广博的历史知识与高深的历史思维智慧。有学者曾作出了细致统计，《孟子》一书对历史事件的引用多达一百余例（吴怀祺等《中国史学思想通史》总论先秦卷）。表面看来，有的历史事例的人物、时间、地点及发生的背景等都不相同，彼此之间似乎了无联系，好像是孟子信手拈来，其实若对它们予以仔细分析，可以发现在它们之间，往往有着一种"意义"的联系，在历史事例的引用里及其各例之间有着意义的联系。

首先，孟子对于唐、虞、夏、商、周、春秋的远古、上古、近古的历史，以及战国当代的历史都非常关注，也很熟悉，并有很多记载与评论。因为孟子是以复古、崇古、美古为其向往之鹄的，此成其心理上的驱动力的。比如孟子记述了远古的洪水及治水传说问题，商周井田制的土地制度、赋税制度、商税制度等等。对历史上众多的正面人物，如尧、舜、大禹、周文王、周武王、周公、太公，伊尹、伯夷、叔齐等，反面人物如夏桀、商纣王等，都作出过极有影响的记述与评论。这些也已经成为了珍贵的史料了。

其次，孟子对古代之史籍极其稔熟，了然在胸。如《离娄下》（8.21）载，孟子曰："王者之迹熄而《诗》亡，《诗》亡然后《春秋》作。晋之《乘》，楚之《梼杌》，鲁之《春秋》，一也。其事则齐桓、晋文，其文则史。孔子曰：'其义则丘窃取之矣。'"成周兴盛之时，有《诗经》记载下来，等到平王东迁后，圣王者采诗之迹渐渐熄灭，《诗经》这样的记载也灭亡了。此后孔子因其担忧而作《春秋》，记载了 242 年的历史，揭明王者之政与法，昭示当时与来世。当然《春秋》之作，也不肇始于孔子，而是孔子由旧有的《鲁史》修增而成的。

再说当时列国都有史，如晋国之史，称为"乘"，其含义是记载史事就像车子之承载物；因这一晋国史书的别名，后来也称一般史书为"史乘"。楚国之史，别名为《梼（dǎo）杌（wù）》，梼杌本是恶兽的名称，这是将恶人比做梼杌，让历史起到示往知来的警戒作用。鲁国之史称为《春秋》。这三者的实质是一样的，都是记载历史之书。这里也许可以传达出孟子对于历史书籍的了解。

孔子作春秋处

孟子评论《春秋》说："世衰道微，邪说暴行有作，臣弑其君者有之，子弑其父者有之。孔子惧，作《春秋》。《春秋》，天子之事也。是故孔子曰：'知我者，其惟《春秋》乎！罪我者，其惟《春秋》乎！'""孔子成《春秋》而乱臣贼子惧。"（《滕文公下》6.9）据传孔子根据鲁国的史记《鲁春秋》，删削修成了我国第一部编年体史书《春秋》，此说最早见诸《孟子》。孟子认定《春秋》作者是孔子，这一锤定音也意义非凡，因为此说是现存文献里出现得最早的。

孟子简短的评论里，还包含了不简单的内涵：一是，揭出孔子作《春秋》的目的与意图，是面对世道人道的衰微、邪说暴行的横行、社会家国的弊病纵生，而为其针砭、除弊、救世而作。二是，揭明《春秋》产生的作用与效果是巨大的，曾震慑了许多乱臣贼子。三是，暗示孟子自己的那些言论与行为，其实就是志在继承并弘扬孔子及其作《春秋》的那种精神，也要让战国时期的乱臣贼子惧。四是，孟子此说在历史上影响深远，比如《史记·孔子世家》就沿袭了此说，孔子"《春秋》之义行，则天下乱臣贼子惧焉"。当然，《春秋》究竟是否孔子所作，近人也提出了疑问，但是因为没能提出有力的反证，所以现代的学者还是认可孟子的观点，是孔子作了《春秋》。

孟子解读孔子作《春秋》的深层原因时认为，《春秋》之作是孔子迫不得已而不得不作的，是当时的世事时势使然，是一种历史使命的自觉担当。孔子面对一个纲纪紊乱、风俗陵夷、邪说暴行再次兴起的社会，眼见臣弑其君、子弑其父等大逆不道的行为频频出现，对此忧惧，然而自己却一无权势，故只能以撰作来警世醒世，从而作《春秋》。

为什么孔子说“知我者，其惟《春秋》乎！罪我者，其惟《春秋》乎”？孟子进行解读：孔子作《春秋》的目的，在于要纠正君臣父子的名分，褒贬诸侯大夫的善恶，对于恶的贬斥与惩罚，对于善的褒扬与奖赏。然而处理这些拨乱反正之大事，本不该是孔子这样的身份地位者所当管辖的事情，因为这原是天子的职事。所以孔子说，如果能这样去理解我的，大概就在《春秋》了！如果因此而归罪我的，大概也就在《春秋》了！

《春秋》不仅于当时之治起到现实的作用，且于后世也显示了垂法警戒的价值。如唐代刘知几《史通》：“逮仲尼之修《春秋》也，乃观周礼之旧法，遵鲁史之遗文；据行事（人物的作为），仍人道（遵从做人的原则）；就败以明罚，因兴以立功；假日月而定历数（天道运行的规律），藉朝聘而正礼乐；微婉其说，志晦（记事含蓄）其文；为不刊（不可更改）之言，著将来之法，故能弥历（经历）千载，而其书独行。”

刘节《中国史学史稿》说：同时我们也不能不怀疑到《春秋》这部书与孟子学派有点瓜葛。孟子虽然没有撰写出这样的专门的历史著作，但是留下了许多关于历史的论述与评判。

二、渊博：历史之深知与深识

孟子的确具有渊博的历史知识，且能深知深识。

孟子对古代井田制的描述，就可见其一斑。这里还可以举出一例，卫国的北宫锜（qí）问曰：“周室班（规定等级）爵禄也，如之何？”此问周朝是怎样来班定次第爵禄的，也就是如何来制定官爵与俸禄的等级制度的。这是一个时代太久远、内容又太专门且冷僻的难题，然而孟子的回答却极其出色。《万章下》(10.2) 有这样的记载：

孟子曰：“其详不可得闻也。诸侯恶（厌恶）其害己也，而皆去（毁灭）其籍（典籍）。然而轲（我孟轲）也，尝闻其略（大略）也。天子一位（‘位’指一级，下同），公一位，侯一位，伯一位，子、男同一位，凡五等（等级）也。君（诸侯国的国君）一位，卿一位，大夫一位，上士一位，中士一位，下士一位，凡六等（等级）。

“天子之制，地（土地）方（纵横）千里，公侯皆方百里，伯七十里，子、男五十里，凡四等。不能（不足）五十里，不达（直接联系）于天子，附（附属）于诸侯，曰附庸。

“天子之卿受地视（比照）侯，大夫受地视（比照）伯，元士受地视（比照）子、男。

“大国（公侯大国）地（土地）方百里，君十卿禄（君主享受的俸禄是卿的十倍），卿禄四大夫（卿享受的俸禄是大夫的四倍），大夫倍（一倍）上士，上士倍（一倍）中士，中士倍（一倍）下士，下士与庶人在官者（下士与老百姓在公家当差的）同禄，禄足以代其耕也（所得的俸禄足以抵偿他们耕种的收入）。

“次国（次一等的中等国家）地方七十里，君十（十倍）卿禄，卿禄三（三倍）大夫，大夫倍（一倍）上士，上士倍（一倍）中士，中士倍（一倍）下士，下士与庶人在官者同禄，禄足以代其耕也。

“小国地方五十里，君十（十倍）卿禄，卿禄二（二倍）大夫，大夫倍（一倍）上士，上士倍（一倍）中士，中士倍（一倍）下士，下士与庶人在官者同禄，禄足以代其耕也。

“耕者之所获，一夫百亩（每一夫一妇以百亩为准则），百亩之粪（指施肥耕种），上（上等）农夫食（养活）九人，上次（次于上等的）食（养活）八人，中（中等的）食（养活）七人，中次（次于中等的）食（养活）六人，下（下等的）食（养活）五人。庶人在官者（在公家当差的），其禄（俸禄）以是为差（等级）。”

孟子指出，由于典籍被人为地破坏，因此已经不可能知道详细情况了，而造成的原因便是诸侯们厌恶那些东西会危害自己。尽管如此，孟子还是说了自己曾听闻过的大概情况，并条分缕析，表述得明白清楚，真是令人钦佩。张居正有评说："夫当典籍残缺之余，而能考究圣王之制，非孟子学识其大，其孰能知之？""大抵战国之时，诸侯侈肆，先王封建井田之制，坏乱已尽，孟子有慨于中久矣，故因北宫锜之问，而摭（zhí，拾取、摘取）拾大略以示之，使后世得闻圣王治天下之大法，独赖此篇之存。"确实，孟子不仅学识大，而且他对于那些典籍也给予了高度关注，这又是以孟子在其政治上企望取法先王、效法先王为逻辑起点的。

三、孟子的历史哲学智慧

孟子极具历史哲学智慧，能继承前人的智慧而拓展之，对历史的阐述有独特的角度与见解，并能加以抽绎。譬如孔子很注意历史现象里面的时间概念与周期律、周期率的问题，《论语·季氏》载孔子曰："天下有道，则礼乐征伐自天子出；天下无道，则礼乐征伐自诸侯出。自诸侯出，盖（大概）十世（代）希（稀，很少）不失矣！自大夫出，五世希不失矣！陪臣（卿大夫的家臣）执国命（国家政权），三世希不失矣！”孔子揭示其中的周期律分别为十世、五世、三世，且呈现每况愈下的趋势。

又如《论语·季氏》（16.3）载孔子曰：“禄（爵禄，此指政权）去公室（诸侯的家族）五世矣，政逮（到，及）于大夫四世矣，故夫三桓（鲁国桓公的后代，为鲁国之三卿，即仲孙、叔孙、季孙）之子孙微（衰微）矣。”这里也说明了周期律的作用。

再如，孔子曰：“苟（如果）有用我者，期（jī，周）月（一年，即周一年之月）而已可也，三年有成。”（《论语·子路》）孔子说有人任用我，一年可以初见成效，三年可以卓然有大成。这就是孔子行政的时间、节奏、周期律。孔子又曰：“善人为（治理）邦百年，亦可以胜残（胜过残暴之人）去杀（不用刑戮）矣。诚哉，是言也！”（《论语·子路》）这是孔子指出善人治理国家的周期律。

大家都知道孔子崇尚仁政，有意思的是他还曾指出过具体的时间理念，说：“如有王者（圣人受命称王于天下的人），必世（一世，此指三十年）而后仁。”（《论语·子路》）这是说，如果有圣明的君主来治政，必定要用三十年才能在天下推行仁政。这是因为需要积渐而至，水到渠成，仁心仁政，涵育熏陶，不是短期能奏效的。

孟子能动地从孔子那里汲足了智慧，真可谓浃于肌肤，沦于骨髓，充分地继承之且发扬之，拓展为自己的“一治一乱”的著名的历史兴衰的周期律，还提出“五百年必有王者兴”的王者出没的周期律。此在下文再有专门的论述，可参见。

记起史学家刘节（1901—1977）在《中国史学史稿》里说：“梁启超先生说先秦无所谓史学，据我的看法，先秦的史学与世界上其他各国相比，还算是特别发达的。关于古代的史学，以孟子说得最多。”我想，这种评价是实事求是的，确实关于远古的史学，当论孟子说得最多了。

循环史观：历史变化一治一乱

历史是怎样前行的？孟子发现历史的轨迹呈现出一乱一治、一治一乱的嬗变过程。为什么历史在或治或乱里进行？孟子也对其原因进行了深刻的剖析。另外，在历史的治乱交替中，该如何把握自己的人生？孟子也作出了深刻的反思、睿智的回答、积极的行动。

一、治乱盛衰：社会的历史规律

《滕文公下》（6.9）里孟子提出了著名的历史变化观，曰："天下之生久矣，一治一乱。"从上古以来，天下有生民已是历史很悠久了，然而总是显示出"一治一乱"的规律。

孟子通过对远古及今的悠久历史的梳理，发现天下生民的历史很久远，然而社会、国家的进程总是呈现出一治一乱的规律。"治"，是太平，是因为得到了很好的治理；"乱"是纷乱，是因为没有能够治理好。天下、国家、社会的历史一治一乱，是交替着的，真是无平不陂，无往不复，相为循环，相寻连续，反复进行。既没有长治而不乱者，也没有长乱而不治者。这是势使之然！

后来学者往往用"气化"说等来解释之。如朱熹集注："一治一乱，气化盛衰，人事得失，反复相寻（指连续不断而来），理之常也。"所谓"气化"者，是古人指的阴阳之气的变化，喻指世事的变迁。作为古代的哲学术语，那就指阴阳之气化生万物。如《二程遗书》："万物之始皆气化；既形然后以形相禅，有形化；形化长，则气化渐消。"

二、由乱至治：唐尧至于禹之历史

孟子这一历史观念的形成是建立在对以往历史深刻的梳理与反思的基础上的。《滕文公下》（6.9）载，孟子曾对弟子公都子作出了详细的论说。

尧时洪水一乱。孟子曰："当尧之时，水逆行（不遵循正道），泛滥于中国，蛇龙居之，民无所定。下者（居处地势低下的）为巢（在树上筑巢而居），上者（居处地势高的）为营窟（挖洞穴而居）。《书》曰：'洚水警余（警告我们）。'洚水者，洪水也。"此为一乱。

大禹治水一治。孟子又曰："使禹治之。禹掘地而注（灌注、引流）之海，驱蛇龙而放之菹（水泽生草的地方）。水由地中行，江（长江）、淮（淮河）、河（黄河）、汉（汉水）是也。险阻既远，鸟兽之害人者消，然后人得平土而居之。"此为一治。

孟子揭示了远古历史的一乱一治。尧之时代，水灾的祸乱，野兽的侵袭，使得民众不能安生。然后，因为尧派出大禹去治水成功，并消灭了鸟兽之害，然后天下大治，民众得以在平地上安居。在这一乱一治里，历史给人们这样的启示：圣人也会遭遇种种祸乱，比如谁也免不了水灾等灾祸之乱，但是圣人却可以通过以负责的警戒之心，使用得力的人才，运用正确的方法，终于可以拨乱反正，转乱为治。

二、由治至乱：道衰至于商纣之历史

历史发展至暴君代作之时代，原先的大治变为了大乱。孟子曰："尧舜既没，圣人之道衰，暴君代作。坏宫室（指民众的居处）以为污池（深池），民无所安息；弃田以为园囿，使民不得衣食。邪说暴行又作，园囿、污池、沛（草木生长处）泽（水汇聚处）多而禽兽至。及纣之身，天下又大乱。"

圣人尧舜去世以后，他们的仁民爱物之道也就衰微了，相反暴君一代代接连地出来。比如夏太康、孔甲、履癸，再如商武乙之类，暴君代作。暴君们倒行逆施，毁坏民众的房舍，而建造供君上游乐的深池，使得民众没有安息之地；毁弃田地，而建造供君上游乐的园囿，使民众丧失衣食。异端邪说、肆虐暴行又兴起，园囿、深池、沼泽变多了，而禽兽又纷乱而至。终于到商纣王的时候，天下又一次大乱了。在孟子看来，圣人之道衰微，暴君的不道日益浸淫而盛行，那么天下又出现大乱了。

三、再由乱至治：武王诛纣王而治

此后，历史再一次进入由乱至治。孟子再揭示："周公相（辅助）武王，诛（诛杀）纣伐奄，三年讨其君，驱飞廉于海隅而戮之；灭国者五十；驱虎豹犀象而远之。天下大悦。《书》曰：'丕（大）显（明）哉，文王谟（谋）！丕承（继）哉，武王烈（光，指功烈、功勋）！佑（助）启我后人，咸以正无缺（正大周密）。'"这里的奄，是一个古国，在今山东曲阜。周成王初年，奄曾随同武庚和东夷族起兵反周，助纣为虐，后为周公所灭。飞廉，也作蜚廉，纣王宠幸的臣子。

这是说，周公辅助周武王，诛杀商纣王，讨伐奄国，三年后又杀死了奄国国君，将飞廉驱逐至海边上并杀戮，消灭了五十个助纣虐民的国家，将虎、豹、犀、象驱赶到遥远的地方，天下的民众皆大欢喜。《尚书》说："伟大光明啊，周文王的谋略！伟大的继承啊，周武王的功勋！辅助启迪我们后人，全都正大没有欠缺！"历史因为周公、文王、武王等而再度由一乱至于一治。

四、再由治至乱：春秋之乱与治

历史由远至近，周平王东迁之后，王朝衰落，于是动乱又降临了。孟子又继续揭示春秋时期的乱与治："世衰道微，邪说暴行有（又）作，臣弑其君者有之，子弑其父者有之。孔子惧，作《春秋》。《春秋》，天子之事也，是故孔子曰：'知我者，其惟春秋乎；罪我者，其惟春秋乎。'"（《滕文公下》6.9）孔子面对人世之大乱，为世道人心感到忧惧，所以作《春秋》来治乱救世。《春秋》撰写的是关于天子职权之事，如关于王法、典章、礼仪、命德、讨罪等。所以孔子说：

“知晓我的，大概只有这部《春秋》了吧；怪罪我的，大概也只有这部《春秋》了吧。”朱熹集注：“愚谓，孔子作《春秋》以讨乱贼，则致治之法垂于万世，是亦一治也。”

五、当下战国：乱与治的思考

由春秋至于战国，面对当下的时势，孟子又说：“圣王（如尧舜文武等）不作（出现，起来），诸侯放恣（骄横放肆），处士（未出仕的人）横议（滥发议论）。”（《滕文公下》6.9）此时又遭乱象丛生。

孟子再进一步具体指出：“杨朱、墨翟之言，盈（充满）天下。天下之言，不归（归属）杨，则归（归属）墨。杨氏为我，是无君也；墨氏兼爱，是无父也；无父无君，是禽兽也。公明仪（曾子弟子）曰：‘庖（厨房）有肥肉，厩（马厩）有肥马，民有饥色，野有饿莩（饿死的尸体），此率兽（率领野兽）而食人也。’杨墨之道不息（止息），孔子之道不著（昭著，弘扬），是邪说诬民（欺骗民众），充塞（蔽塞阻挡）仁义也。仁义充塞，则率兽食人，人将相食。”（《滕文公下》6.9）此种乱世，孟子给予了深刻的揭露。他认为杨朱、墨翟的言论是造成社会祸乱的主要祸根之一。

孟子又说：“吾为此惧，闲（卫，保卫）先圣之道，距（拒绝、抵制）杨墨，放（驱逐、批判）淫辞（荒诞的言辞），邪说者不得作（兴起）。作于其心，害于其事；作于其事，害于其政。圣人复起，不易吾言矣。”（《滕文公下》6.9）孔子当年曾为他所处的乱世而深感忧惧，孟子今时也同样“吾为此惧”。孟子表示要坚决捍卫孔子等先圣之道，抵制杨子、墨子之言论，批判杨子、墨子的荒诞言辞，使邪说不能得逞。心里存有邪说，就会妨害做事；做事存有邪说，就会危害政事。如果再有圣人出来，也不会改变我孟子所说的话。

五、孟子再申明治乱之决心

由此反思，孟子赋予自己的历史使命是做“圣人之徒”，坚毅地弘扬圣人之道、孔子之道，坚决地拒斥杨子、墨子的言论，使得天下再由大乱而归于大治。

孟子曰：“昔者禹抑（抑制，制服）洪水，而天下平；周公兼（兼并）夷狄，驱猛兽，而百姓宁；孔子成《春秋》，而乱臣贼子惧。《诗》云：‘戎狄是膺（打击了戎狄），荆舒是惩（惩罚了荆舒），则莫我敢承（那么没人敢抗拒我；承，指阻止、抵抗）。’无父无君，是周公所膺（讨伐、惩罚）也。”

孟子自任历史重担：“我亦欲正（端正）人心，息（止息）邪说，距（拒斥）诐（bì）行（怪诞、偏激的行为），放（排斥）淫辞（荒谬的言论），以承（继承）三圣（大禹、周公、孔子）者，岂好辩（喜好辩论）哉？予不得已也。能言

距（用言论来批驳）杨墨者，圣人之徒（门徒、信徒）也。”（《滕文公下》6.9）

我们或会有疑问，为什么孟子就抓住诸子百家里杨、墨两家进行竭力的攻击？确实当时的纵横家、名家、法家等学，危害儒家学说的很多，但是在孟子看来，其他百家之言，其危害大抵还在显而易见的、表层的政治问题上，然而杨、墨两家之学说，其危害却在不易察觉的、深层的内心世界上，即在心灵、心术上危害人们。一旦心灵污染、心术不正，那么其危害更大，祸害更烈，所以将杨、墨作为自己攻击的主要目标。再说，既然邪说泛滥横流，毁坏人们的灵魂，其祸害甚于洪水猛兽之灾难，就必须攻伐批判之。所以自己的“好辩”也是不得已而为之，因为自己是“圣人之徒”，责任之在我，不得不为！

孟子揭示的“一治一乱”的规律，古人也已有关注。如《六韬·盈虚》：“文王问太公曰：‘天下熙熙，一盈一虚，一治一乱，所以然者，何也？”又如《韩非子·诡使》：“今利非无有也，而民不化上；威非不存也，而下不听从；官非无法也，而治不当名。三者非不存也，而世一治一乱者何也？夫上之所贵，与其所以为治相反也。”然而在孟子那里，我们看到他是具体且系统地梳理分析一治一乱、一乱一治的历史的。他的智慧是：其一，是以儒家的道统为坐标系统，从而观察社会、政治、民情等的治与乱的交替进行，抽绎出其中的规律：凡是圣人之道推行、大行其道，则天下大治，反之则大乱。其二，将以往的历史与当下自我的使命结合起来，看清楚自己的目标与担当，从而续写当下史，此既是时代的历史，也是自己的历史。其三，说到这里，如果再联系孟子说的“天将降大任于斯人也”，我们也许就会豁然开朗，原来孟子就是这样的巍然“斯人”！他宣扬的、并自己禀有的“浩然之气”，原来也正因为担负着如此的“大任”，所以催生出来的“浩然之气”也浩浩荡荡如此！

孟子：治与乱的循环周期率

孟子于历史不仅提出“一治一乱”的循环之说，还进而揭示出这种周期率为五百年，并且还谱写出其中的历谱与道统，从而丰富了他的治乱循环说的内涵。这也产生了极其深刻的历史影响

一、孟子宣言：五百年必有王者兴

《公孙丑上》（4.13）记载，孟子离开齐国，因为不被齐国所用，故忧世之心情不免显露于色，其弟子充虞在路上就问他：“夫子（您先生）若有不豫色然

（好像神色有些不愉快的样子）。前日虞（我充虞）闻诸夫子曰：'君子不怨天，不尤人。'”孟子说：“彼一时，此一时也。”这是遇到的彼此时事与情景不一样所致，不可以一律而论，接着孟子说出了一番大道理。

首先，孟子曰：“五百年必有王者兴，其间必有名世者。”每五百年必定有一位圣王兴起，其间也必定出现有德业闻望可以称名于一世的贤人。

孟子又说：“由周而来，七百有余岁矣。以其数则过矣，以其时考之则可矣。夫天，未欲平治天下也；如欲平治天下，当今之世，舍我其谁也？吾何为不豫哉？”孟子一面分析当下的情况，从周至今，已经有七百多年了。论其年数，那么已经超过了五百年；以其时势来考量，那么正是圣贤可以出来的时候了。他一面又分析自己的境况，上天不想要天下太平也就罢了，如果上天想要天下太平，那么当今之世除了我孟子，还有谁呢？我孟子为什么不快乐呢？

二、孟子例证：五百年的周期率

孟子还用历史的例证来说明这样的周期率。《尽心下》（14.38）有载，孟子曰：“由尧、舜至于汤，五百有余岁，若禹、皋陶，则见而知之；若汤，则闻而知之。由汤至于文王，五百有余岁，若伊尹、莱朱（汤的贤臣）则见而知之；若文王，则闻而知之。由文王至于孔子，五百有余岁，若太公望、散宜生（周文王、武王的贤臣），则见而知之；若孔子，则闻而知之。由孔子而来至于今，百有余岁，去圣人之世，若此其未远也；近圣人之居，若此其甚也，然而无有乎尔，则亦无有乎尔！”

第一个五百年的例证——从尧、舜到商汤王，此间是五百多年，像禹、皋陶，是亲眼见过而知晓他们的；至于如商汤王，则是听了传闻而知晓他们的。

第二个五百岁的例证——由商汤到文王，也是五百多年，若伊尹、莱朱则见而知之；若文王，则闻而知之。

第三个五百岁的例证——由文王至于孔子，也是五百多年了，若太公望、散宜生，则见而知之；若孔子，则闻而知之。

孟子再从当下作分析，那么由孔子迄至今日，不过一百多年，距离孔圣人的时代如此不远，又距离孔圣人之住地如此接近。按理来说，于孔子后世应该有见而知之者、或闻而知之者传承圣人的道统，但是却没有继承的人，竟然就没有了继承的人！——张居正说：“孟子此言，虽不以见知自居，而自任之意，实不容掩。又以见夫天理、民彝不可泯灭，百世之下必有神会而心得之者，所以明其传之有在，而俟后圣于无穷。”

三、治乱周期与儒家道统谱系

孟子不仅揭示出历史演进的周期律与周期率，也同时指明了演进中的历史人物的道统与谱系。这是群圣众贤的前赴后继的传承，又必定是先由“见而知之”者，即有“见知”的人物开导在前，然后是“闻而知之”者，即有“闻知”的人物继承在后，从而形成道统相续不断地推进。“道统”，即是儒家编制的传道的系统、谱系。此中“见而知之”者，是直接亲眼见到过圣人而知道圣王的人；“闻而知之”者，只是听闻传说才知道圣王的人。

其实“道统”说，在《论语》里面已经有所记载。《论语·尧曰》：“尧曰：咨（嗟叹声）！尔（你）舜！天之历数（历数指帝王相承接的次序，就像一年里的节气先后相接一样）在尔躬（落在你身上），允（信，诚信）执其中（不偏不倚为之中）。四海困穷，天禄（上天赐予的禄位）永终。’舜亦以命（也用这番话来戒命）禹。”

孔子叙述的尧舜传授之言，成为了“道统”说之本，孟子曾说自己“乃所愿则学孔子也”（《公孙丑上》3.2），自命继承孔子的正统，自任弘扬此“道统”的重任。

汉代的独尊儒术，也主张道统说。但是也有不同的声音，如西汉扬雄《法言·五百》有这样的记载。或（有人）问：“五百岁而圣人出，有诸（有这回事吗）？”曰：“尧、舜、禹，君臣也（是君臣关系），而并（生活在同世）；文（周文王）、武（周武王）、周公，父子也（是夫子关系），而处（同时而处）；汤（商汤王后于尧舜禹数百年而生）、孔子，数百岁而生（孔子后于文、武、周公数百年而生）。因往以推来（由过去推测将来），虽千一（即使如千年或许一年出一个圣人的可能）不可知也（是不可预测的）。”这里否定了孟子的五百年出圣人的周期律。

唐代韩愈撰写《原道》则排斥佛、老，仿照佛教诸宗的祖统，正式提出“尧以是传之舜，舜以是传之禹，禹以是传之汤，汤以是传之文、武、周公，文、武、周公传之孔子，孔子传之孟轲，孟轲之死不得其传焉。荀（荀子）与扬（扬雄）也，择焉而不精，语焉而不详。”这里勾勒出尧、舜、禹、汤、文、武、周公、孔、孟的关于道的传授系统说，而韩愈以继承孟子自居，此开宋道学先声。

再说由唐而至于南宋，朱熹不承认董仲舒、韩愈为正宗的道统人物，而以周敦颐、程颢与程颐上承孟子，而自己又上接周、程。如此等等，不再细说。

这里还值得体味的是，《孟子》一书最后的结篇就是这段关于道统的文字，编者真是意味深长，余音袅袅。我想，这是否是孟子以及其弟子对未来历史的一种期望？一种猜测？一种预言？期待的是编书者对看不到的结果的期盼，并希望历史能证实的理念与道统？不过有一点可以使之安慰的，那就是孟子终于最后被历史定格在“亚圣”的地位上了！

三、想起“黄炎培周期率难题”

说了孟子的“一治一乱”的话题，这里不禁又联想起著名“其兴也浡（bó，起，旺盛）焉，其亡也忽焉”的“窑洞对”、“黄炎培周期率”、“黄炎培周期率难题”了。

那是 1945 年 7 月，黄炎培（1878—1965）与傅斯年、章伯钧、左舜生等 6 位国民参政员访问延安，目睹了革命根据地一派欣欣向荣的景象。黄炎培还与毛泽东有一段精彩的交谈，后来记载在《延安归来》里，而广为流传：

我生六十多年，耳闻的不说，所亲眼见到的，真所谓“其兴也浡焉，其亡也忽焉”，一人，一家，一团体，一地方，乃至一国，不少单位都没有能跳出这周期率的支配力。大凡初时聚精会神，没有一事不用心，没有一人不卖力，也许那时艰难困苦，只有从万死中觅取一生。既而环境渐渐好转了，精神也就渐渐放下了。有的因为历时长久，自然地惰性发作，由少数演为多数，到风气养成，虽有大力，无法扭转，并且无法补救。也有为了区域一步步扩大了，它的扩大，有的出于自然发展，有的为功业欲所驱使，强求发展，到干部人才渐见竭蹶、艰于应付的时候，环境倒越加复杂起来了，控制力不免趋于薄弱了。一部历史“政怠宦成”的也有，“人亡政息”的也有，“求荣取辱”的也有。总之没有能跳出这周期率。

53 岁的毛泽东相答：“我们已经找到了新路，我们能跳出这周期率。这条新路，就是民主。只有让人们起来监督政府，政府才不敢松懈。只有人人起来负责，才不会人亡政息。”

最近，我又偶然读到了黄炎培的儿子黄方毅一文《“黄炎培周期率难题”执笔人姚维钧百年祭》，其中说到《延安归来》是由黄炎培口述，而由其妻姚维钧执笔的。上文的 341 字的精彩问答，就是出于黄炎培、毛泽东之口，见于姚维钧之笔的。黄方毅文里还写了这么一些话，值得深思。

此文又说：“1949 年以后，黄炎培为良心所驱使，为民请命、犯颜直谏的传统习惯不改。作为领袖的毛泽东，最初尚能听进去，然忠言逆耳，难以为继。‘反右’来临，我的五位兄姐被打成右派，黄家的日子并不好过。在这种情形下，作为黄炎培最亲密助手的姚维钧，处境之难可想而知。她感到力不从心，头发几乎全白了。”1966 年“文革”开始，“她成了黄炎培的替罪羊，遭受拳脚棍棒、人格侮辱”，最后“姚维钧以一死做最后的抗争，结束了不到 59 岁的生命，穿着她那件带有二十余处补丁的棉袄，追随已先她而去的黄炎培去了”。打倒“四人帮”以后，有关方面为她平反，并举行骨灰安放仪式。邓颖超打来电话，送来挽联；老友们都赶来了。“在哀乐声中缅怀姚维钧一生的功绩之际，他们可曾想到过她执笔的‘黄炎培周期率难题’？窑洞中的那段对话，可谓不幸而言中！母亲以生命的代价，证实了求解这一难题之艰难。”

黄方毅在文中又说：“所幸的是，那个罪恶的时代已经过去，中国已大步迈上改革开放的新进程。母亲执笔的这段对话，在新时期不仅常为薄一波等共产党元老提起，也不时为新一代执政的共产党人引用。”“40 年后的今天，我们已经并继续用自己崭新的足迹，一往无前地求索美好的明天，求索这个‘黄炎培周期率难题’”。(《南方周末》2009.3.12)

“黄炎培周期率难题”，或许确实是个“难题”，可能有这“三难”：其一，“难”在既是一个历史性的“难题”，又永远是时代性的“难题”，一朝一朝的人、一代代的人，或已经、或正在、或将来都会面对这一难题，都要去解答这一难题。其二，“难”在必须根据当下情势，作出新的解答，即是怎样去做，怎样做好。这可以借鉴历史上正的反的经验教训，但必须面对自己时代创新式地交出新答卷。其三，“难”在不只是作理念上的、口头上的、文字上的解答，而要怎样去实践，特别是怎样才能坚持长期的、永久的、正确的实践。

写到这里，如果再来寻思孟子之言，那么他的那些关于一治一乱、民贵、民本等问题的论述与智慧，或许还是可供今人借鉴的吧。

“定”之史观：“国定”与“定于一”

国家如何能安定？时局如何能稳定？天下怎样能平定？这是孟子面对战国的纷乱所思考的一个重要问题，也形成了他的关于社会、政治、历史的一种“定”之史观。

一、国之定：一正君而国定

国如何定？孟子曰：“人不足与适（同‘谪’，谴责、指摘）也，政不足间（有疏漏而非议）也。惟大人为能格（格正、纠正）君心之非（错误）。君仁莫不仁，君义莫不义，君正莫不正。一（一旦、一经）正君而国定矣。”（《离娄上》7.20）这里的理路与内涵，可以深味：

大人心正——大人格君心——格君心之非——正君心———君心正——君正——国定。

这是一个环节链，是由大人本身的心正出发，由此去格君心之非，那么一旦君心正，则君正莫不正，如此便是国定。如细加推敲，那么孟子首先指出这样的常见情况：一是君王看错用错了人，于是遭来臣下与人们的指摘；二是君王治政中留下了差错纰漏，于是遭来臣下与人们的非议。然而孟子认为这种“适”与“间”的做法，不能换来国家真正的“定”。他们也许果真是忠心智谋之臣子，可以赞许他们犯颜谏诤、随时规劝的精神，但是对治国起不了根本的作用。

这是为什么？孟子进一层指出，其原因就在于这些人不懂得从根本上去解决问题，那就是不能引导君王从“心”、“格君心之非”上去用工夫、去解决问题。因为一旦君心规正于仁义之正道、向慕于王政之正道，那么就从根本上解决了治政的问题了。

孟子又指出：“惟大人为能格君心之非。”小人担当不了这样的重任，只有“大人”，即盛德大才之人才能格正君王之心的错误。政治家张居正有评：“盖本源之地，在于君心，君心一有私邪，未有不信用小人妨碍政事者，惟盛德之大人，其素望足以感孚，其谋猷足以匡济，为能格正其君心之非。当其未发则有薰陶涵养之功，及其将萌则有开导转移之术，必归于仁义正道而后已。”（《张居正讲评〈孟子〉》）我想其实孟子就把自己看做这样的“大人”！张居正大约在当时也是视己为这样的“大人”的吧。

孟子进而指出，当这种根本性的“心正”问题解决了，那么君王的一举一动都会遵行正道，譬如用人则能将忠邪之人辨鉴得明明白白，行政则会把是非得失权衡得清清楚楚。再说既然君王能仁，没有谁会不仁；既然君王能义，没有谁不义，既然君王正，没有谁不正。如此则国家能不安定，能不稳定吗？因此最后便是“一正君而国定矣”！

张居正又有说：“一正君而国定，则操术甚简，取效甚大，尚何以‘适’且‘简’为哉？汉儒谓：‘正心以正朝廷，而百官万民莫敢不一于正。’亦是推广孟子之意。然格心之益，惟大人足以当之。可见出治之本固在于正君，而致君之道尤本于正己。此又为人臣所当知也。”

尽管把一个国家的安定寄托在一个君王那里，今人是绝对不认可的，事实上也确实是不可能的。但是，古代社会里君王之心正又确实起到很大的作用。因此也可看到孟子学说之所以被后世尊崇，其中之一便是因为此中类似这等的道理对古代社会的安定起到了一定的作用。

二、天下定：定于一

关于历史与政治之史观，孟子又有“定于一”之说。《梁惠王上》（1.6）载，梁惠王之子梁襄王（前318—前296在位）继位后，有一次曾“卒（突然）然”问孟子这样的问题：“天下恶乎定？”如今战乱纷纷，天下怎样才能平定安定呢？于是引发出孟子的一段史观之宏论。

1. 对话：孟子与梁襄王

梁襄王问：“天下恶（wū）乎（在哪里、从哪里）定？”孟子回答说：“定于一。”此三字既精辟地对战国的趋势作出了预测，又深邃地揭示出一条历史演变的规律，一方面是天下必定会安定平定，另一方面则是天下统一才能平定安定。这其实也就是他的“一乱一治”总规律的运用。有论者说：孟子认为历史发展的趋势是可以预测的。“定于一”，简短的三个字，就将历史发展的趋势：战乱将结束、全国的统一这一前景预测到了。他之所以能够对历史发展的趋势作出正确的预测，在很大程度上是基于他对历史盛衰的总结中所产生的一种“人”的历史的意识，以及一种根据历史和时势对发展大势作出合理判断的敏感性。（吴怀祺、林晓平《中国史学思想史·总论先秦卷》）

梁襄王二问：“孰能一之？”那么谁能一统天下呢？孟子再答，说：“不嗜杀人者能一之。”张居正有评：“创业之君，常存此心，则可以结人心，而成混一之功。守成之君，常存此心，则可以寿国脉，而保无疆之祚。孟子此言，真万世人君之要道也。”

孟子游梁祠

梁襄王三问：“孰能与（归往）之？”谁能归顺服从他呢？孟子又说出了一番大议论。孟子对曰：“天下（人）莫不与（归往）也。王知夫苗乎？七八月之间旱，则苗槁矣。天油然（乌云盛多的样子）作云，沛然（雨水盛多的样子）下雨，则苗浡然（忽然、迅速的样子）兴之矣。其如是，孰能御（阻止）之？今夫天下之人牧（君以养民为职守，故称人牧），未有不嗜杀人者也。如有不嗜杀人者，则天下之民皆引领而望之矣。诚（假如）如是也，民归之，由（犹，如）水之就下，沛然谁能御（阻止）之？”

这里用生动的比喻揭示出久旱的禾苗渴望着雨水，一旦沛然降雨，莫不迅速生长，谁能阻止得了？当今各国君王没有一个不嗜好杀人的，如果有不嗜杀之人出现，那么天下之民皆伸长脖子而盼望他了。民众归附他，就像水涌流奔趋而下，如此水势充沛，谁能阻止得了？这里说的是，民心归顺了，那么天下可定于一。

2. 定于一：辨析孔孟观念之异

孟子“定于一”的史观与孔子的理念有不同的地方，这也该揭明之。我觉得，萧公权在其《中国政治思想史》的解读很可以注意。

其一，孔子是希望周室复兴，孟子不奉周室，而是想望由新王之崛起而“定于一”。萧公权指出，孔子是尊周，宪章文武，但是至于孟子时，周衰弱欲灭，而楚、魏、齐、秦等大国各有席卷天下之势，于是仲尼尊周之主张不复具有意义。孟子深察世变，急思拯民，想望有新王之崛起。譬如孟子曾希望魏（梁）国能得天下，也曾希望齐国能统一天下，这是期望强国大国出来统一天下。再如孟子也曾寄望那些弱小之国，若宋国、滕国等来统一天下，这是因为成汤、文王就是“地方百里而可以为王”的成功典型。

其二，孟子黜霸尊王也与孔子不一样。自孟子始罢黜霸道，而尊崇王道；孔孟态度之所以不同，实各有其时代背景。何况在孟子看来，“霸不足取而甚难，王近理想反易”。孟子“所以必以仁义之言强聒（guō，喧扰）时君者，非欲沮（jǔ，阻止）其囊括宇内之雄心，而正欲授之以避难就易之途径，促其雄心早日实现。所可惜者孟子所想象汤武之仁政，既不见采纳，而其定一之理想转为‘暴秦’所实现。徒留一王霸问题为此后儒生争霸之资。宋时朱熹、陈亮书札来往讨论至数万言，龂（yín）龂（争辩）于天理人欲之辨，竟不知孟子之尊王黜霸，尚有其历史及政治之意义，是亦不善读《孟子》之过矣。”他又说：“孟子黜霸，其意在尊王而促成统一。然所尊者非将覆之周王而为未出之新王，所欲促成者非始皇专制天下之统一而为先秦封建天下之统一。简言之，孟子之意在乎立新政权以复旧制度。其留恋封建政治之情绪，拥护封建政治之主张，皆略同孔子。相异者所循之途径而已。孔子欲存姬周以复兴封建，孟子则图于移朝易姓之后，重见‘礼乐征伐自天子出’之盛世。故就其制度之主张论，孟子亦有复古之倾向。”这里也表明他对孟子的解读是深刻的，是善读《孟子》者。

解析孟子“定一”之史观，我还会联想到孟子对于孔子的学说不仅是继承，而且能面对新的历史时期的时代特征，及时作出新的思考，结晶出新的理念，丰富了儒家的学说。这也是孟子肩头自任的“天将降大任于斯人”之重担！

诗与书：历史文献的精研

我国藏量富饶的历史文献与经典，是取之不尽、用之不竭的智慧宝库；孟子富足的智慧，此中一途便是因其熟读儒家经典，精研历史文献，而转知而成智的。《孟子》一书除有孟子于《春秋》的论说外，还记录了他于《诗》、《书》等经典的精辟释读，从中亦可再体味孟子这一维度的智慧。

一、说《诗》：以意逆志，是为得之

《诗》，据传孔子编定，先秦一般称为《诗》，后来儒家尊为经，故称为《诗经》。孔子曰：“吾自卫返鲁，然后乐正，雅颂各得其所。”（《论语·子罕》）孔子又说：“诗可以兴，可以观，可以群，可以怨。迩之事文，远之事君，多识于鸟兽草木之名。”（《论语·阳货》）孔子还认为，《诗》可以运用于政事，曰：“颂《诗》三百，授之以政，不达；使于四方，不能专对，虽多，亦奚以为？”（《论语·子路》）孔子曾对儿子孔鲤教诲：“不学诗，无以言。”（《论语·季氏》）《论语》里还多处记述孔子谈诗、评诗的情况，在《左传》里也多次记载孔子以《诗》评人论事的内容。

孟子深得孔子《诗》学之真髓。先看《孟子》一书共七篇，用《诗》之频繁，竟然每篇都引了《诗》。再细观其每一篇：

第一篇《梁惠王》引《诗》八处：1《大雅·灵台》（1.2）。2《小雅·巧言》（1.7）。3《大雅·思齐》（1.7）。4《周颂·我将》（2.3）。5《大雅·皇矣》（2.3）。6《小雅·正月》（2.5）。7《大雅·公刘》（2.5）。8《大雅·绵》（2.5）。

第二篇《公孙丑》引《诗》三处：1《大雅·文王有声》（3.3）。2《豳风·鸱鸮》（3.4）。3《大雅·文王》（3.4）。

第三篇《滕文公》引《诗》六处：1《豳风·七月》（5.3）。2《小雅·大田》（5.3）。3《大雅·文王》（5.3）。4《鲁颂·閟宫》（5.4）。5《小雅·车攻》（6.1）。6《鲁颂·閟宫》（6.9）。

第四篇《离娄》引《诗》七处：1《大雅·假乐》（7.1）。2《大雅·板》（7.1）。

3《大雅·荡》(7.2)。4《大雅·文王》(7.4)。5《大雅·文王》(7.7)。6《大雅·桑柔》(7.7)。7《大雅·桑柔》(7.9)。

第五篇《万章》引《诗》五处：1《齐风·南山》(9.2)。2《小雅·北山》(9.4)。3《大雅·云汉》(9.4)。4《大雅·下武》(9.4)。5《大雅·大东》(10.7)。

第六篇《告子》引《诗》四处：1《大雅·烝民》(11.6)。2《大雅·既醉》(11.17)。3《小雅·小弁(biàn)》；4《邶风·凯风》。

第七篇《尽心》引《诗》三处：1《魏风·伐檀》(13.32)。2《邶风·柏舟》(14.19)。3《大雅·绵》(14.19)。

孟子的解《诗》、说《诗》、用《诗》，充满了智慧。他倡导的"故说诗者，不以文害辞，不以辞害志；以意逆志，是为得之"，影响特别深远，且成为了经典的训则而流芳百世，名垂千古。《万章上》(9.4)有载：

咸丘蒙(孟子弟子)曰："舜(作了天子的舜)之不臣尧(不把尧当做臣)，则吾既(已经)得闻命(解释)矣。《诗》(《小雅·北山》)云：'普(遍)天之下，莫非(没有不是)王土；率(循)土之滨(四海之内)，莫非(没有不是)王臣。'而舜既为天子矣，敢问瞽瞍(舜之瞎眼的父亲)之非臣(却不是他的臣民)，如何？"

(孟子)曰："是(此)诗也，非是之谓也(不是说的这个意思)；(作诗的人)劳于王事，而不得养父母也。曰：'此莫非(没有不是)王事，我独贤劳也(只有我在以贤能任劳，此抒发他的不平之情)。'故说诗者，不以文(一字为文)害辞(一句为辞)，不以辞害志；以意逆(探取)志，是为得之，如以辞而已矣，《云汉》(《诗经·大雅》)之诗曰：'周余黎民，靡有孑(单独)遗(周代遭遇饥荒之余，黎民没有能够单独遗留下来的)。'(如果)信斯(此)言也，是周无遗民也(那么周代就没有一个民众留下来了。——其实这里的意思，是形容旱灾的厉害，就像上天要断绝民众那样)。孝子之至(至极)，莫大乎尊亲(没有比尊亲更大了)；尊亲之至(至极)，莫大乎以天下养(用天下之富有来供养)。(瞽瞍)为天子父，尊之至也；(舜)以天下养，养之至也。《诗》(《大雅·下武》)曰：'永(长)言孝思，孝思维则(可以为法则)。'此之谓也。《书》(《尚书》逸文)曰：'祗(zhī，恭敬)载(事)见瞽瞍(舜之瞎眼的父亲)，夔夔斋栗(恭敬恐惧的样子)，瞽瞍亦允(信)若(顺)。'是为'父不得而子'也(这是'为父的不能把他当儿子看待'吗；因为照理讲是做父亲的来教化儿子，现在却是儿子来感化父亲了)？"

这里既可以看到孟子对于《诗》、《书》的精熟，也可体会到他对《诗》的解读之妙悟。再看一则孟子说《诗》，《万章上》（9.2）有载：

万章问曰："《诗》（《国风·南山》）云：'娶妻如之何（当怎样做）？必告父母。'信斯（此）言也，宜（该）莫如舜（没有谁能比得过舜的）。舜之不告（于父母）而娶（帝尧的两个女儿），何也？"孟子曰："告（如果禀告了父母）则不得娶（因为当时舜的父母有陷害舜之用心）。男女居室（婚嫁），人之大伦（重大的伦常关系）也。如告，则废人之大伦，以怼（duì，怨恨）父母（以此让父母怨恨），是以不告也。"万章曰："舜之不告而娶，则吾既得闻命矣；帝（帝尧）之妻舜（嫁女给舜）而不告（舜之父母），何也？"（孟子）曰："帝（帝尧）亦知告焉则不得妻（嫁不成女儿）也。"

从这段对话里可以看到，孟子弟子万章学《诗》的拘泥不化，只是按照《诗》的字面意思去解读，不能圆解。然而孟子则把《诗》读活了，不是死扣诗句，而是灵活地解读。

孟子此《诗》论名言，深刻地影响了后代，譬如汉代的经学家，于《诗》也各"以意逆志"，因此有了齐《诗》、鲁《诗》、韩《诗》、毛《诗》四家之解说。当然，后人也不断指出孟子这种说《诗》的理念与方法也具有不少负面的影响。比如郭绍虞在《中国文学批评史》里就说：孟子的"这几句话说得并不错，他能深深探求诗人的情志，知道诗人当情感强烈的时候，措辞不免有抑扬过甚的地方，不要拘泥在字面上推求，所以论他的方法也不能算错。但是'以意逆志'是要在知人论世的条件下才不会错误。而他呢，因为蔽于他的主观主义逻辑思想，根本没有注意到知人论世，因此，他的以意逆志，也就成为主观的体会了。"这是"很危险的，愈深求也就愈穿凿，愈附会，愈没有标准，也愈不近真实"。"因为各人都凭各人自己的意，去逆诗人之志，那不是诗人之志愈变得歪曲了吗"？——这也告诉我们，什么东西都要辩证看待，应当是其是，而非其非，千万不要是非不分，好歹不辨。

二、说《书》：尽信《书》，则不如无《书》

《书》，后来称为《尚书》，孟子屡屡引用，如有学者统计，《孟子》引用《尚书》多达24处。（《杨泽波〈孟子评传〉》）其中或见诸《尚书·尧典》、《尚书·汤誓》、《尚书·太甲》、《尚书·说命》、《尚书·秦誓》、《尚书·康诰》、《尚书·洛诰》、《尚书·太誓》等，此中有的是伪古文；另外，或有出自《尚书》逸篇、逸文等。

孟子精熟《尚书》，并能充分运用其中的史料，如关于汤、伊尹、太甲、夏桀、尧、舜、禹、共工、驩兜、鲧、文王、武王等等的人物与事迹，以及古代洪水、征伐、名言、要论等，就采撷于《汤誓》、《尧典》、《太甲》以及《尚书》逸文等。孟子用这些史料来说理、论证，往往不仅显示其独特的说服力，而且显示了他将历史智慧与现实嫁接的高超才智。

孟子还往往巧妙地将《诗》与《书》之联用来说理佐证，这是一种经典与另一种经典的强强联合，更有一种美妙的情趣以及说理的典雅性和权威性。其实上文已经出现例证，孟子先用《诗·大雅·下武》，后用《尚书》回答解释弟子咸丘蒙之疑惑，生动且深刻。此试看再一例，《梁惠王》（1.2）载：

孟子见梁惠王。王立于沼上，顾鸿雁麋鹿，曰："贤者亦乐此乎？"

孟子对曰："贤者而后乐此，不贤者虽有此，不乐也。诗云：'经始（开始筑）灵台，经之营之，庶民攻之（出力建筑），不日成之。经始勿亟（王戒令建筑不要急速），庶民子来（如子趋父一样）。王在灵囿，麀（yōu，母鹿）鹿攸伏（驯伏），麀鹿濯濯（肥泽），白鸟鹤鹤（洁白样子）。王在灵沼，於牣（rèn，充满）鱼跃。'文王以民力为台为沼，而民欢乐之，谓其台曰灵台（建成之快就像神灵所为一般，故称灵），谓其沼曰灵沼，乐其有麋鹿鱼鳖。古之人与民偕乐，故能乐也。《汤誓》曰：'时日害丧？予及女偕亡。'民欲与之偕亡，虽有台池鸟兽，岂能独乐哉？"

孟子先用《诗经·大雅·灵台》极其诗意地说明周文王虽然耗费民力来建台筑沼，但是百姓不仅不怨恨，而且迅速建成；这是因为他平时视民如伤，施行仁政，能与百姓同乐，从而受到百姓爱戴。孟子紧接着便来个大转折，形成强烈的对比，《尚书·汤誓》："时（此）日害（何）丧？予及女（与汝）偕亡。"夏桀曾自负地说，吾之有天下，就像天之有日，日亡吾乃亡耳。结果是，民众说：此日何时亡？我等愿意和你一起灭亡。这里的一《诗》一《书》运用得十分巧妙，非精熟于《诗》、《书》不能为也。

如上所说，孟子说《诗经》，说出了一句"以意逆志，是为得之"的名言，赢得千古美誉；同样孟子于《尚书》，也说出了一句警句，享得流芳百世。孟子说："尽信《书》，不如无《书》。"

这是孟子关于《尚书》解读的智慧。孟子表现出一种独立思考的大胆的怀疑精神，这也延伸至于对文献资料或历史传说的大胆怀疑的精神。

孟子说："尽信《书》，则不如无《书》。吾于《武成》，取二三策而已矣。仁人无敌于天下，以至仁伐至不仁，而何其血之流杵也？"（《尽心下》14.3）此段文字的详细解析可见于上文"篇五"内容。

这里我还要指出的是：孟子的这种推测性的诠释，显然使其结论不能视为定论，因为周武王以至仁去讨伐商纣王的不仁，未必没有大规模的流血战争；然而也不能全盘否定孟子此说，因为此中又可贵地表现了孟子的一种大胆的怀疑精神，而不是一味地盲从于历史的记载。确实，史书上的记载，真的都可以相信吗？否也！世界上的书都可以置信吗？未必！

后来"尽信《书》，则不如无《书》"，也演绎推广为"尽信书，则不如无书"，激励人们读《书》也罢、读书也罢，都当具有怀疑的精神。朱熹集注："程子曰：'载事之辞，容有重称而过其实者，学者当识其义而已。苟执于辞，则时或有害于义，不如无书之愈也。"有学者认为孟子此言，堪称是开启历史文献辨伪以及考证思维的千古名言。我想这一评价是正确的。

至此我又忆及康有为之言："荀子不甚言《易》，孟子亦不言《易》，亦不言《礼》，孟子全是《诗》、《书》之学"。"孟子通《诗经》，明治天下之大端"。"孟子长于《书》学"。"孟子言尧、舜，言民。《诗》、《书》学言民情。甚切"。（《万木草堂口述》）康氏此说很有见地，当然还可以补充的是孟子还重视《春秋》之学，不过康有为也说了"孟传《公羊》多发大义"。

总之，孟子具有优渥的历史的、经典的智慧，其一途便是来源于不懈地对历史上的经典文献的精研。惟其如此，他获得了丰富的智慧，还拥有了多面智慧的"镜子"。汉代荀悦《申鉴》："君子有三鉴：鉴乎古，鉴乎人，鉴乎镜。"鉴者，镜子也，古代用铜制成。又《新唐书·魏征传》记载，唐太宗曾临朝感叹地说："以铜为鉴，可正衣冠；以古为鉴，可知兴替；以人为鉴，可明得失。朕尝保此三鉴，内防己过。"说到孟子，就是这样重视历史与经典，卓越地以古为鉴、以史为鉴、以形形色色的历史人物为鉴的先进，他也就是这种拥有与使用多面智慧"镜子"的一个源头上的、光辉前辈的榜样！

孟子历史诠释的特点与智慧

孟子不仅具有丰富的历史知识，而且经常睿智地诠释历史。孟子对历史诠释的深邃与独到，同样显现出丰足的智慧。

一、求故：历史诠释的出发与活用

“故”指事物的原因、条件，或推理论证的根据。墨子强调“辩其故”、“依类明故”、“无故从有故”等，孟子则提出“求故”之说。孟子曾说：“天之高也，星辰之远也，苟求其故，千岁之日至，可坐致也。”（《离娄下》8.26）这是他对“日至”的“求其故”，彼“其”字指代的是自然、天文。孟子在人文方面，同样出色地“求其故”，此“其”字指代的是历史、社会、人事等等。

孟子之所以精研历史，醉心经典，孜孜评述历史事件，汲汲辨析历史人物等，其实都可以发现内在的逻辑，那就是旨在“求其故”。孟子从“故纸堆”（当然那时是“故简牍”）式的历史、文献、经典里去求缘故、求原因、求变化、求例证、求经验、求教训、求方向、求规律、求智慧。总之，孟子不倦地去求取，是为了当下之所需、所用、所借鉴。

孟子对齐宣王说：“以若（你）所为，求若所欲，犹缘木而求鱼也。”（《梁惠王上》1.7）孟子批评“缘木求鱼”式的愚蠢，而他自己则通晓从历史的深海里去寻求那些“鱼”，然后为当代提供有益滋养、进补。他是这样出发的，又是这样回归的。

二、尧舜禅让：诠释史事之智慧

孟子言必称尧舜，且看尧禅让于舜这一段历史他是怎样来诠释的，其中又有哪些智慧呢？《万章上》（9.5）记载了孟子与弟子万章的一段问答对话，五问五答。

万章发问，曰：“尧以天下与舜，有诸？”尧把天下送给舜，有这样的事吗？——孟子的回答是否定的。孟子曰：“否。天子不能以天下与人。”天子不能拿天下来送人。

万章二问：“然则舜有天下也，孰与之？”既然如此，那么是谁将天下给予舜的呢？——孟子曰：“天与之。”是上天给舜的，而不是尧给予的。

万章三问：“天与之者，谆谆然命之乎？”天给予舜，是不是对他谆谆嘱咐使命的呢？——孟子加以否定，曰：“否。天不言，以行与事示之而已矣。”上天选择了他，然而并没有言说，只是凭借着舜的行动与办事来默默暗示他罢了。譬如舜的行动均能成就，舜的

舜

办事都无不顺利，这里就有一种默示。

万章四问，曰 ：“以行与事示之者，如之何？”这到底又是怎样一回事呢？——孟子再回答，曰 ：“天子能荐人于天（向上天推荐人），不能使天与之（给予他）天下 ；诸侯能荐人于天子，不能使天子与之（给予他）诸侯 ；大夫能荐人于诸侯，不能使诸侯与之（给予他）大夫。昔者尧荐舜于天（譬如尧让舜担任天下重事，那就是一种向上天的荐举）而天受（接受认可）之，暴（介绍、显扬的意思，比如让舜屡屡去干种种艰难的事情即是显扬他）之于民而民受（接受认可）之，故曰 ：天不言，以行与事示之而已矣。”

万章五问，曰 ：“敢问荐之于天，而天受之 ；暴之于民，而民受之，如何？”这到底又是怎样一回事呢？——孟子回答，曰 ：“使之主祭（主持祭祀）而百神享（能享用）之，是天受之 ；使之主事（主持政事）而事治（能治理），百姓安之，是民受之也。天与之，人与之，故曰 ：天子不能以天下与人。”

孟子又进层解读 ：“舜相（辅助、辅相）尧二十有八载，非人之所能为也（不是人的意愿所能决定的），天也（是上天的旨意）。尧崩（去世），三年之丧毕（舜服丧三年完毕），舜避（避开）尧之子于南河之南（黄河的南岸，今开封等地）。天下诸侯朝觐（朝拜觐见）者，不之（往、到）尧之子而之舜 ；讼狱者，不之（往，到）尧之子而之舜 ；讴歌者，不讴歌尧之子而讴歌舜，故曰天也。夫然后之（往，到）中国（指国都），践（登上、坐上）天子位焉。（如果当时舜）而居尧之宫，逼尧之子，是篡（篡位）也，非天与也（这样做就不是天授予了）。《泰誓》（《尚书》中一篇）曰 ：‘天视自我民视（上天的看法来自我们民众的看法），天听自我民听（上天的听闻来自我们民众的听闻）’，此之谓也。”

——读完这些对话，我这里再抽绎孟子历史诠释的理念与智慧。

1. 尧舜禅让之新解。——孟子反拨当时人们的传统理念 ：他们大多认为尧舜之间的禅让，是一个人与另一个人之间的事情。孟子指出并非如此，尧舜的禅让绝非是一个人把天下送给或转让给另一个人的问题。

2. 天命与天意的诠释。——孟子深度解读，“天下”不是一己私有之物，而可以随便给予他人，也不是随意就可以接受的。尧之让位，是顺应天意，而不得不禅让，是出于天下为公之心 ；舜之得大位，是上天所授予，而不得不接受的，也是出于天下为公之心。孟子指出，这里的关键是在上天，还有“天命”、“天心”、“天意”。

3. 天视天听的诠释。——孟子再往纵深诠释 ：上天确实无声，天命诚然无言，虽然没有叮咛，也没有教诲，但是“以行与事示之而已”。比如尧推举出舜肩负重任，又介绍给民众，让舜经历了许多的考验，舜所行所事最后一件件都成功了，这就是天意的默示与默认。孟子还强调了一个论断："天视自我民视，天听自我民听。"上天的观察是通过民众的所视来决定的，上天的倾听是通过民众之所听来决定的。

4. 唯心与唯物之辨析。——孟子此说"天命"、"天意"显然是唯心的，但是最后又强调，归根结底还是取决于"我民视"、"我民听"，那么其实又是"民心"、"民意"在起决定的作用，这或许又可看做是唯物的了吧。再如孟子曾曰："莫之为而为者，天也；莫之致而至者，命也。"(《万章上》9.6）两者合起来又成了"天命"之说。说天有意志当然是唯心的，但是世界上许多的事情，比如冥冥之中的得失、成败，许多偶然的意外、巧合、变更，往往预测不了，却又变成了起决定作用的因素。此非人力所能确定，因此又体现出复杂的不确定因素了！

三、大禹传子：诠释史变与命运

弟子万章曾发问，曰："人有言：'至于禹而德衰，不传于贤而传于子。'有诸？"孟子回答曰："否，不然也。"(《万章上》9.6)

孟子首先指出："天与（给予）贤，则与贤；天与子，则与子。"这也是"天命"的问题，而不是禹德衰的问题。

孟子又进行深层的解读："昔者舜荐（荐举）禹于天，十有七年（禹为相十七年），舜崩（逝世）。三年之丧毕，禹避舜之子于阳城（今河南登封县）。天下之民从之，若（就如）尧崩之后，不从尧之子而从舜也。"

再说，"禹荐（荐举）益于天，七年（益任禹之相七年），禹崩。三年之丧毕，益避禹之子于箕山之阴（今河南登封县东南）。朝（朝拜）觐（觐见）讼狱者不之（往、到）益而之（往、到）启，曰：'吾君之子也。'讴歌者不讴歌益而讴歌启，曰：'吾君之子也。'"

孟子又说："丹朱（尧之子）之不肖（不贤），舜之子亦不肖（不贤）。舜之相尧，禹之相舜也，历年多，施泽于民久。启（夏启）贤，能敬承继禹之道。益之相禹也，历年少，施泽（恩泽）于民未久。舜、禹、益相去久远，其子之贤不肖，皆天也，非人之所能为也。莫之为而为者，天也；莫之致而至者，命也。"

孟子还说："匹夫而有天下者，德必若舜禹，而又有天子荐之者，故仲尼不有天下。继世以有天下，天之所废，必若桀纣者也，故益、伊尹、周公不有天下。伊尹相汤以王于天下；汤崩，太丁未立，外丙二年，仲壬四年。太甲颠覆汤之典刑，伊尹放之于桐（汤之葬地，今偃师县西南处）。三年，太甲悔过，自怨自艾，于桐处仁迁义；三年，以听伊尹之训己也，复归于亳（今偃师县西）。周公之不有天下，犹益之于夏，伊尹之于殷也。孔子曰：'唐虞禅，夏后、殷、周继，其义一也。'”

孟子在这里作出的诸多比较，读来非常有意思。

1. 比较舜、禹、益的不同命运。——舜是尧选定的继承人，最后成功继位；禹是舜选定的继承人，最后也是成功继位；益是禹选定的继承人，但是最后没有成功继位。这是为什么？孟子说这就是天命、天意，其实就是民心、民意！

2. 再比较尧之子、舜之子、禹之子的不同命运。——他们的父亲都是那样的杰出之帝，为何儿子有的贤，有的不肖？尧之子，没能继位；舜之子，也没能继位；禹之子，却成功继位了。这是为什么？孟子说这也就是天命、天意，然而其实也就是民心、民意！因此做父亲的尧、舜、禹也都决定不了这事！

3. 比较孔子、伊尹、周公，之所以不有天下的原因。——这些同样杰出的圣贤人物，为何不有天下？仲尼不有天下，是因为虽已具有圣德，但是缺少另一要素，那便是没有天子举荐他，无“有天子荐之者”。圣贤伊尹、周公不有天下，是因为他俩那时所处的殷朝与周朝，还没有坏得像夏桀、商纣王那样已经到了非要变革，废除其帝不可的境地，因此缺少了改朝换代的客观条件。

孟子把历史人物的命运分析得如此透辟，如此精警，是长期深入思辨的结果。这不仅加深人们对于历史人物不同命运的更为深入细致的悟解，也可以晓悟人生的命运，是有许多因素所决定的。比如品德、时势、机遇、民意、关系，甚至能否被人举荐、被人赏识等等，构成极其复杂的、可确定的或不确定的因素，而其中不少时候又是自己做不得主的！因此具有这样通达的理念，便可以心胸开拓，顺其自然地处世处事了。

五、评说：孟子与儒家历史思维特质

写到这里，我又联想到台湾学者黄俊杰曾指出，以孟子为代表的古代中国儒家历史思维呈现两个特质。这里也不妨略作引述。

特质之一是：古代儒家常通过历史解释以进行自我诠释，为“自我”在时空之流中定位。儒家的“时间”概念有其“可逆性”，也有“理性”的成分贯串于其中。所以，儒家以这种“时间”概念来看历史，一方面认为“历史”与“自我”不断为两橛；另一方面强调作为“历史人”的“自我”与作为“现实人”的“自我”之间的鸿沟，应力求缩短，而促使古今一贯，千年如相会于一堂之上。儒家用来拉近古今距离，从历史经验创造现代意义的方法，就是“比兴式”思考方法。

特质之二是：古代中国儒家的历史思维呈现某种“反事实性的思考方式”的

特征。儒家在评断他们所身处的当前情境的诸般问题时，常常以美化了的“三代”经验进行思考。相对于当前的“事实”而言，儒家所创造的“三代”是一种他们进行“反事实性思考”的工具。他们透过将具有“反事实”色彩的“三代”与作为“事实”的当前实况之对比，突显现实的荒谬性。经由这种“反事实性的思考”，儒家将回顾性与前瞻性的思维活动完全融合为一体，并将“价值”与“事实”结合。（黄俊杰《中国孟学诠释史论》）

我觉得这两点揭示得很好，当然再深入一些，简洁些说，以孟子为代表的古代儒家的历史思维是把圣王时的“三代”作为最审美的理想境界，而视当下则是不审美的、审丑的，因此要努力把当下扭转到尧舜禹“三代”的范式。这种“扭转乾坤”的向慕，使得他们在诠释历史里处处显露出来自己的特质，其中既有合理、合情、合实、合适的诠释，然而也不免泥沙俱下，有许多不合理、不合情、不合实、不合适的阐述，这当然也招来古今许多研究者的攻讦与批判。

历史的滔滔大江涌流而去，历史的诠释也永远是开放的系统而诠释不尽的。然而以孔子、孟子为代表的儒家的历史诠释学确实是一份丰厚的遗产，若能批判地继承，那么足资让一代代来者从中汲取优渥的智慧。

篇十

思辨智慧：知言·论辩·逻辑·辩证法

善知其道：用心之思·行著习察

孟子不仅是政治、教育等大家，也是一位大思想家，极其重视思辨的必要与重要，指出若要能善知事物内在之道，必须深究考察，用心思考。孟子这方面所具有的丰富而深刻的智慧，值得人们去总结发扬。

一、思考：行著习察·不著不察

人的智慧聪明与否，往往区分在能否观察发现，能否分辨解析，能否思考睿思，尤其在于能否探索内在深层的道理，而更关键的是在于否能不断生发、积累、运用智慧。

然而，遗憾的正如孟子所曰："行之而不著焉，习矣而不察焉，终身由之而不知其道者，众也。"（《尽心上》13.5）朱熹集注："著者，知之明。察者，识之精。""著"，是明白、分明的意思。"习"，是熟悉、习惯的意思。"由"，经由。"众"，或解释"多"，或说是"众人"，一般的人，此均可通。

这是说虽然做了事情，却不能明白其中的道理；虽然已是熟习的事情了，却还是不能洞察其中的精微；虽然一辈子走的路，却终究不知其中之道的：这样的人太多了！

孟子剖析得真是深刻！人们天天吃饭，真的都能知道其中的味道吗？否也！这就如《中庸》所说："人莫不饮食也，鲜能知其味也。"人活了一辈子，真的都能知道人生的真谛吗？否也！孟子还指出了众人的一种弊病，即是"习矣而不察焉"，成语"习而不察"、"习焉不察"就出自此。此指习惯了某种事物与做法，而觉察不到其中的问题，不明白其当然，不深知其所以然。又"习"而成为习惯者，则有

思孟传授

了“习惯成自然”、“习惯若自然”之说。《孔子家语·七十二弟子解》：“少成则若性也，习惯若自然也。”再说人们还往往陷入“习非成是”的误区不能自拔，如扬雄《法言·学行》说：“习乎习（习惯啊习惯），以习非（凭着不正确的习惯）之胜是（胜过了正确的东西），况习是之胜非乎（何况是用正确的习惯去战胜错误的东西）？”此可见习惯所造成的正面或负面的影响有多大！

当然，如果把孟子所说的这三种情况作为连续的过程来解读，则又有一番深长意趣。人们开始之时，“行之而不著焉”；后来时间虽已长久了，却“习矣而不察焉”；最后由少至老，经历了一辈子，“终身由之而不知其道者，众也”。这正如朱熹集注：“言方行之而不能明其所当然，既习矣而犹不识其所以然，所以终身由之而不知其道者多也。”

至此想起《尽心下》(14.22）所载，高子是孟子的弟子，曾对孟子说：“禹之声，尚文王之声。”这是说禹之音乐，超过文王的音乐。孟子曰：“何以言之？”

高子曰：“以追蠡。”因为“追蠡”，即大禹传下来的钟纽快断掉了。这说明人们喜欢这种音乐，而使用得多了，故钟纽都快断掉了。“追（duī)”是钟纽，即是悬挂钟的绳子。“蠡”，本指咬啮木头的虫，此说钟纽将要断掉，就像被虫子咬啮的那样了。

孟子曰：“是奚足哉？城门之轨（车辙迹），两马之力与？”这何足以断定呢？譬如城门下的车辙很深，要比其他地方深，难道是因为一车两马所造成的吗？——孟子指出思考问题要选好向度、抓住本质是很重要的，钟纽快断掉是时间久远的问题，不能得出“禹之声，尚文王之声”的结论。这就像城门下的车辙之所以深过其他地方，是因为车马至此通道，只能碾轧这块狭窄的地方，不断反复而形成的，并不是因为某车两马的力量所造成的。

孟子真堪警醒人们：生活也罢、工作也罢、人生也罢，都要善于思与辨，善于“著”、“察”、“知”，要在所行、所熟习、所经由的内里去思考“何以然”、思索其“当然”、思虑其“必然”、思辨其“所以然”，这也就是“求其故”！这也就是思考、思辨对于人生的重要性与必要性！孟子之言或许能让芸芸众生里的那些混世蹉跎者、行尸走肉者、不著不察者、愚昧自昧者，得到某种程度的醒悟。

二、心思：思则得之，不思则不得

那么怎样思考呢？孟子曰：“耳目之官（器官）不思（不会思考），而蔽于物；物交物，则引之而已矣。心之官则思，思则得之，不思则不得也。此天之所与我者。”(《告子上》11.15)

这种比较很有意思，耳朵能听，眼睛能看，但都不能思考其所闻所见的道理，正因为如此就会被外物蒙蔽。耳朵、眼睛此类物与外物相交接，就只会被引诱罢了。心之器官则是管思考的，面对物与事去作出思考。有思考才能使得耳聪目明，因此《论语》有所说的“视思明，听思聪”，不为外物所蒙蔽了，这是上天所赋予我们人的能耐。王夫之曾高度赞誉：“孟子说此一‘思’字，是千古未发之藏。”（《读四书大全说·孟子》）此为确评！

其实孟子就是这样一个善于用心思考的榜样。从上文诸多的论说里，孟子于政治、经济、军事、人物、历史、美学、教育等方面的思考，充满了智慧，留下了鲜活的印象，而在下文还可以看到他闪耀在各处的思辨光辉。

三、独立思考：联想爱因斯坦之诤言

由孟子之说，我又想起爱因斯坦在1952年曾应《纽约时报》之请，而撰写了《培养独立思考的教育》一文，如果两者结合起来连读，也许对现代人更有启发。爱因斯坦说：“用专业知识教育人是不够的。通过专业教育，他可以成为一种有用的机器，但是不能成为一个和谐发展的人。”人一旦变成了“机器”不就是孟子说的不“思”的“习焉不察”者了吗？

爱因斯坦说：“要使学生对价值（此指社会伦理准则——原编者注）有所理解并且产生热烈的感情，那是最基本的。他必须对美和道德上的善有鲜明的辨别力。否则，他——连同他的专业知识——就像一只受过很好训练的狗，而不像一个和谐发展的人。为了获得对别人和对集体的适当关系，他必须学习去了解人们的动机、他们的幻想和他们的疾苦。”是的，人变为了“机器”，甚至是一条“狗”，不就是一种悲剧吗？而要不成为“机器”、“狗”，那就得会“人”的思考、“人”对“机器”与“狗”的差异性的思考。爱因斯坦不就是因其对“人”、“机器”、“狗”三者的思考，才有这样深刻辨析的吗？孟子不正因为有杰出的思考才成为“亚圣”的吗？

爱因斯坦还对现代的竞争制度等作出睿智的思考：“过分强调竞争制度，以及依据直接用途而过早专门化，这就会扼杀包括专业知识在内的一切文化生活所依存的那种精神。”可惜今日时代，还有很多人缺乏这种思考，而还在犯着这种错误，还在误导着人们。

爱因斯坦还特别希望青年人具有批判的独立思考，说：“使青年人发展批判的独立思考，对于有价值的教育也是性命攸关的，由于太多和太杂的学科（学分制）造成青年人的负担过重，大大地危害了这种独立思考的发展。负担过重必导致肤浅。教育应当使所提供的东西让学生作为一种宝贵的礼物来领受，而不是作为一种艰苦的任务要他去负担。”（《爱因斯坦文集》第3卷）我想爱因斯坦有那种高超的“批判的独立思考”，孟子也有那种杰出的“批判的独立思考”，这岂不也是不谋而合了？

从孟子的“用心之思”与“行著习察”，到爱因斯坦的“发展批判的独立思考”说，其实凡是思想的杰出者都在高屋建瓴地呼唤着、警醒着一代代来者：思考、再思考、臻于卓越的思考，这是心灵的需要，是立足人世的必要！没有使命感的人生是彷徨的，没有思考的人生是悲哀的！

思辨：孟子的辩证法智慧

哲学家贺麟（1902—1992）曾说：“辩证法就是思辨法，也就是思辨哲学的根本方法。”“辩证观，严格讲来，可称为‘矛盾统一观’乃是出于生活的体验(特别精神生活的体验)。”“哲学家的特点，就是不单是从精神生活或文化历史的体验中，达到了这种辩证的直观或识度，且能慎思明辨，用严谨的辩证方法，将此种辩证的直观，发挥成为贯通的系统。”(《贺麟选集》，吉林人民出版社）在孟子的思辨里，就饱含有这样丰富的辩证法的智慧，足资借鉴。

一、矢函：同一·对立·矛盾

孟子的辩证法智慧之一，在于善于思考揭示事物中的同一与对立的关系问题。不过说到这一点，会联想起韩非子有一个“矛盾”的寓言故事为人们熟知，“矛盾”一词也由此深入人心，最后又成为了哲学用语。今天在唯物辩证法中，“矛盾”也已经赋予了新的涵义，指对立面的既相互对立、又相互统一，既相互排斥、又相互吸引的关系。“矛盾”思想在我国古代已经有萌芽，譬如“阴阳”就是中国古代辩证法史上最古老的矛盾概念。

然而早在韩非子之前，孟子已经有了相当于“矛盾”意涵的“矢函”之说，指出了“矢”与“函”两物相互对立并相互依存的情况。孟子曰：“矢（箭）人岂不仁（不仁爱、残忍）于函（铠甲）人哉？矢人惟恐不伤人，函人惟恐伤人。巫匠亦然。”(《公孙丑上》3.7）这是说，造箭的人难道比造铠甲的人不讲仁爱吗？其实他们都是有恻隐的仁爱之心的，这本来是相同的；但是因为从事的术业不同，因此用心自然也不得不同。这就像造箭的人唯恐所制的箭不锋利而不能射伤人，造铠甲的人唯恐所制的铠甲不坚牢而被击伤了人。

孟子又连类再举例，求神治病、装神弄鬼的巫人是希望有利于活着的人，而做棺材的匠人是希望对死者有利，难道做棺材的匠人的仁爱就不如巫人？不是的，其实他们原本都有恻隐之仁爱心的，也是因为从事的术业不同而已。他们也类似矢人与函人这样的情况。

关于这个问题，庞朴有很好的论说："矛盾"一词始于韩非。韩非以前，孟子早就说过类似的话："矢人惟恐不伤人，函人惟恐伤人。"矢和函（铠甲），同矛和盾的性质、关系乃至譬喻本身，都无大差别；《孟子》比之《韩非子》，流传更为深广。可是人们却选择了"矛盾"来表示对立同一关系，而不选择"矢函"。这是因为——在"矛盾"故事里鬻盾与矛的是同一位楚人，对立出现在统一体中；而在"矢函"故事里，制矢与制函的是两个人，对立而不统一。所以，"矢函"只表示对立，如人们常说的"水火"、"冰炭"、"薰（香草）莸（yóu，臭味的草）"；"矛盾"则进一步表示对立同一。如果谈矛盾而不谈其同一性，将成为谈"矢函"；用黑格尔的话来说，那叫做"外在的反思"，是一种肤浅的思维方法。（庞朴《蓟门反思》）——我觉得庞朴揭示得甚明晰，读来也很有启发意义。但是，若再作进一步思考，孟子揭出的"矢"与"函"的对立，也未必是"外在的反思"，或是"一种肤浅的思维方法"。其实孟子那里虽然没像矛与盾同出于一个卖家手里的那种对立与同一，但是"矢"与"函"却也同列于用兵器物一类，也是既对立又同一。然而这是较远层面上的同一，而"矛"与"盾"既有这样同列于用兵器物一类的对立与同一，但又有就近层面上的、更为直接层面的对立与同一，那就是出于一个兵器的卖家。当然可能还有一个原因，孟子"矢函"的意义指向鲜明地表现在选择术业对一个人的重要性。譬如择业善，则会使人善念日长；相反择业不善，则会使人恶念日增。因此比较下来，韩非子的"矛盾"之意涵更具警醒警策之力，从而也优于孟子"矢函"之说了。

孟子之同一与对立的辩证智慧，在本书他处也有例析，亦然可以举一隅而反三隅，譬如下文孟子的"经权"之论，即可再体味。

二、思辨：丰富的辩证法

孟子的思辨里可以发掘出诸多的辩证法智慧，若能悉心体会之，必定对今人有不小的启迪。

1. 否定之否定的辩证智慧

《老子》："反者道之动。"五言揭出了否定之否定的辩证法，孟子则举有简要、概括、弘大、深邃的此辩证法之例，为人们称道。

孟子曰："人不可以无耻。无耻之耻，无耻矣。"（《尽心上》13.6）这是说，人不可以没有知耻之心，没有知耻之心的那种可耻，就真的是没有耻辱感了。张居正说："羞恶之心，人皆有之。故见善则迁，知过能改，凡以其有耻也。人若贪昧隐忍，无这羞耻之心，小则丧失廉隅，大则败坏名节，以不肖自待，人亦以不肖憎之，以下流自处，人亦以下流恶之，其为可耻莫甚焉，此人之不可以无耻也。有能知无耻之可耻，而内愧于心，介然萌悔悟之机，外怍于人，奋然厉进修之志，将见善由是而日迁，过由是而日改，终身无复有耻辱之累矣。夫无耻由于有知耻如此，人岂可自失其耻心，而甘为小人之归哉。”

钱钟书评论："‘反者道之动’之‘反’字兼‘反’意与‘返’亦即反之反意，一语中包赅反正之动为反与夫反反之动而合于正为返。窃谓吾国古籍中《老子》此五言约辩证之理，《孟子·尽心》‘无耻之耻，无耻矣’七言示辩证之例，皆简括弘深；焦循《孟子正义》据洪迈、惠栋语解‘之’字义为‘适’、为‘变’，‘变’即‘反’、‘适’即‘逝’矣。黑格尔曰矛盾乃一切事物究竟动力与生机，曰辩证法可象以圆形，端末衔接，其往亦即其还，曰道真见诸反覆而返複。曰思惟运行如圆之旋，数十百言均《老子》一句之衍义。”（《管锥编》第二册）再说焦循《孟子正义》："按此‘无耻之耻’，谓由‘无耻’改变而适于‘耻’。”

我再作一解读，以便理解其中的意思。《老子》："反者道之动。"钱钟书说，此五个字是概括了"辩证之理"；然而孟子的"无耻之耻，无耻矣"，这七个字正好像是为老子的理论作出了一个极好的范例；而且两者都是"简括弘深"，用字极精简隐括，但内涵却弘广深邃。为了便于理解，我作了一个示意图：

耻……… 无耻—— 耻———无耻

（正）……（反）—（正）—（反反）

1　　　2　　3　　4

先说从"无耻（2）"来看，那么这是对前面的知耻之"耻（1）"的"反"；接下来对"无耻（2）"的"反"，便成为"耻（3）"；然后是"耻（3）"的再"反"，即是对先前"无耻（2）"的反之反，而又返回到原来的"无耻（2）"。这就是"反者道之动"，此还可详见笔者《老子智慧》里的详析。

2．物极必反、量变质变的辩证智慧

孟子说："尽信《书》，则不如无《书》。"（《尽心下》14.3）如果列出示意图，也一目了然其中，可以看做"物极必反"的辩证法，也可以看做量变至于质变的辩证法。

《书》——尽信《书》——无《书》

正 ——— 物极 ———— 必反

量 ——— 量变 ————质变

这里的《书》可以由专指的《尚书》延伸到所有的书，确实不管是哪一本书，如果由“信”而至于相当地“信”，乃至于顶礼膜拜式“迷信”的“尽信”了，那么都会物极必反了。因为每一本书，实在是作者在某一历史时段、时点上写成的，其见识、思考、撰写都会受到时代的局限，不可能预测时代发展所带来的全部新问题、新事物、新天地、新思想。

再如，从量变质变的辩证法看，孟子说的“尽信《书》，不如无《书》”也是一个很好的例证。这是因其“量变”，即是先由其部分量的“信”，而至于全部量的“尽信”，那么由此“量变”而终于演化为“质变”。一旦“尽信”而至于“迷信”，那么带来的结果必定适得其反，这岂不就是一个量变至于质变的辩证法例证吗？

再如孟子最讲究人生修炼的“充”、“养”等问题，此中也都含有由量变至于质变的辩证法。如前文已说，孟子指出养气而至于扩充，再至于浩然之气，最终成为大丈夫的人物，不就是这样的辩证过程吗？孟子又揭示人皆可以为尧舜，但是这里还必定要经由一个由人之性本善而开始的不断扩充，而至于贤人，再至于尧舜那样圣人的量变至于质变的过程。

3. 不破不立的辩证智慧

正与邪、破与立是矛盾的双方，要立正道就必须破邪恶，这也就是不塞不流、不破不立之辩证法。孟子翻检历史，发现“昔者禹抑（抑制）洪水而天下平，周公兼夷狄（兼并夷狄）、驱猛兽而百姓宁，孔子成《春秋》而乱臣贼子惧。《诗》云：‘戎狄是膺（打击西戎北狄），荆舒是惩（严惩荆舒），则莫我敢承（就没有人敢违抗我）。’”（《滕文公下》6.9）这都是圣人拨乱反正、破邪立正的大事业、大壮举；历史之遇合如此，圣人因之应之也如是！

然则面对当下的正与邪、破与立的矛盾双方，孟子又曰：“无父无君，是周公所膺（抗击）。我亦欲正人心，息邪说，距诐（bì）行，放淫辞，以承三圣者，岂好辩哉？予不得已也。能言距杨墨者，圣人之徒也。”（《滕文公下》6.9）为了“正”与“立”，孟子就不得不尽全力去辟邪，不得不睿智地去驳正，不得不去尽心地由破而立。因此孟子不遗余力地去平息异端邪说，反对偏激的行为，驳斥错误的言论。有三圣为榜样在前，而自己作为圣人之徒继承在后，可谓前仆后继，一往直前！

再说，当时人们对孟子有“好辩”之称，但是孟子并不认同，这里的自我辩白又显示了一种有趣味的辩证法则，便是孟子的那种不是“好辩”的“好辩”的逻辑！

4. 纯思辨的高超智慧

从上面诸方面的论说，我们还可以从中发现，孟子那里确有一种高超的纯思辨的智慧。他有时能完全超乎历史的事迹，脱离日常的事物，跃出实际的经验，而作出纯粹的思辨与思辨的推演。譬如孟子说：“尽其心者，知其性也；知其性，则知其天矣。”（《尽心上》13.1）尽心——知性——知天，这里的推演过程既显示出他的纯思辨的智慧，也显示了他其中的唯心的主观意识的无限扩充。当然，我们不能因其中唯心的东西，而抛弃其纯思辨的智慧；也不能因为吸纳他纯思辨的智慧，而连同接受了他主观唯心的东西。

“思辨”，在《中庸》有曰：“博学之，审问之，慎思之，明辨之，笃行之。”当然“思辨（speculation）”又为西方哲学史的用语。一般指区别于经验认识的思维方法，是通过概念的形式进行纯粹思维活动去把握无限的实在。思辨思维是以揭示事物的多样性统一和对立统一为目标的。从这个意义讲，思辨思维不仅被认为高于感觉、直观、想象、意志，即“感性思维”，而且也高于非此即彼，坚持对立的“知性思维”。思辨是达到真正必然性的真正的哲学思维，因而是表述和认识自在自为真理的“真正的形式”或“最完善的方式”。其实尽管“思辨”虽是西方哲学史用语，但是对于孟子来说，还有孔子也罢，更有道家的老子、庄子也罢，都具有这种思辨的思维，不仅是丰富的，且是深邃的。当然今人还应该当是其所是，而非其所非，取精用弘，批判继承，这才是对前人“思辨”的再“思辨”的正道与妙招！

最后，让我们再来回味孟子的那些充满辩证智慧的名言，也许又会有更深的体悟。孟子曰：“人有不为也，而后可以有为。”（《离娄下》8.8）此何等辩证！孟子曰：“禹之行水也，行其所无事也。如智者亦行其所无事，则智亦大矣。”（《离娄下》8.26）此何等卓识！孟子曰：“无为其所不为，无欲其所不欲，如此而已矣。”（《尽心上》13.17）此何其深刻！孟子曰：“其进锐者，其退速。”（《尽心上》13.44）这是多么睿智！孟子曰：“仁者以其所爱及其所不爱，不仁者以其所不爱及其所爱。”（《尽心下》14.1）这又是如许精警！孟子曰：“于不可已而已者，无所不已；于所厚者薄，无所不薄也。”（《尽心上》13.44）这也是如许警动！孟子曰：“夫人必自侮，然后人侮之；家必自毁，而后人毁之；国必自伐，而后人伐之。”（《离娄上》7.8）这又是何等震惊心灵！孟子曰：“博学而详说之，将以反说约也。”（《离娄下》8.15）这里，他又将金针度与人了！这些警句里都闪烁着孟子辩证思维的智慧强光！

知言四辞·以意逆志·知人论世

孟子深具才智，曾自许有两个特长，其一是“知言”，如曰：“我知言，我善养吾浩然之气。”（《公孙丑上》3.2）朱熹集注：“知言者，尽心知性，于凡天下之言，无不有以究极其理，而识其是非得失之所以然也。”“盖惟知言，则有以明夫道义，而于天下之事无所疑。”我想，除了孟子的自我品评外，其实还不应只止这些特长。这里则略论孟子“知言”、“以意逆志”、“知人论世”的本领与认知的睿智及其深远的影响。

一、知言：诐辞·淫辞·邪辞·遁辞

弟子公孙丑曾问其师：“何谓知言？”什么叫做能识别言辞言论，于是引出孟子一段关于知“四辞”的妙语。孟子曰：“诐辞知其所蔽，淫辞知其所陷，邪辞知其所离，遁辞知其所穷。”（《公孙丑上》3.2）这是什么意思？

1. 诐辞知其所蔽

“诐（bì）辞”，是指偏颇、不全面、歪曲、偏邪不正的言辞。《说文》：“诐，古文以为颇。”赵岐注：“险诐之辞。”朱熹集注：“诐，偏陂也。”孟子说自已能识别它所遮蔽的、所片面的、所不正确的地方。张居正有解说：“人之言语，皆本于心，其心明乎正理而无蔽，然后其言平正通达而无病。若是任其偏曲之见，说着一边，遗了一边的，叫做诐辞。必其心中见理不透，为私欲之所障蔽故也。我（孟子）则因其诐辞，而知其心之所蔽焉。”孟子精明，不仅听得出是诐辞，而且能进而知晓所由出的内心之弊病，即在于心里有所蒙蔽。这是已由外之“知言”而至于内之“知心”了！

2. 淫辞知其所陷

“淫辞”，“淫”是过头、过度、过分、过激的意思，说话言论如果是这样，那么就是“淫辞”了。“陷”，是陷溺、沉溺的意思。孟子说，从过分过激的言辞里，我能知晓他所陷溺在哪里。张居正解说：“又有高谈阔论，放荡而无所归宿的，叫做淫辞。此其心中蔽锢已深，为私欲之所迷陷故也。我则因其淫辞，而知其心之所陷焉。”这也是由“外知”之知其言，而至于“内知”之知其心了。

3. 邪辞知其所离

“邪辞”，是指邪僻的言辞。孟子于“邪辞”能知道其所偏离、背离、叛离正道、正义、正理的地方。如张居正解说：“又有好为异说，新奇诡怪，与正论相背的，叫做邪辞。此必其心中惑于他歧，与正理判然离异故也。我（孟子）则因其邪辞，而知其心之所离焉。”

4. 遁辞知其所穷

“遁辞”，是逃避、逃离、逃躲的言辞，如果是这样的言辞，孟子必定知道其理屈辞穷的地方。张居正也有解说：“又有说得不当，却支吾躲避，屡变以求胜的，叫做遁辞。此必其心屈于正理，自觉其穷极而难通故也。我则因其遁辞，而知其心之所穷焉。”焦循正义：“遁，即诈也；离，谓离于道义；穷，谓穷于道义。心中本无义无道，惟恃此诡诈隐藏以为钩致，此遁辞所以由于穷也。战国时张仪、苏秦等之言，大多如是也。”

5. “四辞”之危害

孟子紧接着便揭示此“四辞”所带来的危害：“生于其心，害于其政；发于其政，害于其事。圣人复起，必从吾言矣。”（《公孙丑上》3.2）这弊病不仅仅是有害于人心而已，而且若由这已被危害的心出发去治政，则必定会危害政治，因为其心其术已经不正，那么举动、措施、办事都会造成危害了。孟子给人们以有益的启示，处事处世必须有这样的“知言”之学与“知言”之智：

听其言—察其辞—辨其类—求其故—析其理—观其心

当然要做到这种境界，能由听得其言，而审察“四辞”，辨别所属类型，深究内里缘故，详析此中道理，终达洞悉其心，亦并非一朝一夕就能练就的。如焦循正义：“此四者，非通于大道，明于六经，贯乎伏羲、神农、黄帝、尧舜、文王、周公、孔子之学，鲜（xiǎn，很少）克（能够）知之。孟子闻而能知其趋，则好古穷经之学深矣。”虽然话说得似乎有些过头，但给我们的有益启示是，孟子“知言”的本领是经过长期历练而成就的。当然彼人也，我人也，每一个人也都是可以经过长期的历练，而有志者最终必定也会有所成就的。

二、以意逆之：不以文害辞·不以辞害志

关于“知言”，孟子还揭示这样的途径。《万章上》（9.4）有这样的话：

咸丘蒙（孟子弟子）曰："舜之不臣尧（没有把尧作为臣子），则吾既得闻命矣（这个道理我已经听到了教诲）。《诗》（《诗经·小雅·北山》）云：'普天之下，莫非王土；率（循）土之滨（至于海滨），莫非王臣。'而舜既为天子矣，敢问瞽瞍之非臣（瞽瞍不称臣），如何（是何原因）？"

（孟子）曰："是（此）诗也，非是之谓也（不是说的这一意思）；劳（勤劳）于王事，而不得养父母也。曰：'此莫非王事，我独贤（劳的意思）劳也（为什么我一个人在劳累）。'故说诗者，不以文害辞，不以辞害志；以意逆志，是为得之。如以辞而已矣，《云汉》之诗曰：'周余黎民，靡有孑遗。'信斯言也，是周无遗民也。"

孟子这里的名言流传千古，影响至巨。孟子说："故说诗者，不以文害辞，不以辞害志；以意逆志，是为得之。""文"，本指一字。"辞"，本指一句。"逆"，指逆料、探取、揣度的意思。这意思是，解说《诗》，不要因文字的拘泥，而损害了词句的意思，不要因辞意的拘泥而损害了诗的大义。再说得详细一些，即理解、说解诗要注意：不要局限于表面文字，不要断章取义，不要望文生义，不要曲解其义，不要以文害义；而要从整体上把握，并由表层进入深层地解析，应该用自己的意思去探取作诗者的心志，才能得到作者的真实的本来旨意。

在回答咸丘蒙时，孟子就指出，这里不是说舜作了天子之后，他的父亲瞽瞍不称臣，而是讲有大夫在外面为王事奔忙，因为独自在劳苦，于是发牢骚。朱东润《中国文学批评史大纲》有评："孟子以意逆志，推定此诗为劳于王事而不得养父母之作，自为巨识，今毛诗序本此。"然而"以意逆志"也要小心，否则也带来错误。又如朱东润说："孔子论诗，好言体会，所称述者往往言喻而意得。孟子始言以意逆志，始挟数百年后之意，求数百年前之志，其运用更进一步，然其不能尽合，亦可想见。"

孟子还举过一个典型例子，《诗·大雅·云汉》："周余黎民，靡有孑遗。"周代剩余下的百姓，没有一个留下来的。孟子说："信斯言也，是周无遗民也。"（《万章上》9.4）如果就字面上相信此言，这就成了周朝没有一个人遗留下来了。这可能吗？其实此句的真实意思是，忧虑旱灾严酷，就好像上天要断绝百姓性命一样，而并非真的无遗民。此例典型，足资借鉴，若能举一反三，由知辞而知心，由知言而知心，则更能获智多多。

三、知人论世：读书知人·论世尚友

关于“知言”，孟子又指出了这样的途径，诚如孟子名言：“颂其诗，读其书，不知其人可乎？是以论其世也，是尚友也。”（《万章下》10.8）

欲知《诗》、《书》之言，孟子指出四个要点：其一，必须先诵读，这是入手进门的必要条件，若不颂不读，则焉知所云？联想古人有云：“书读百遍，其义自见。”说的就是这个道理。其二，若要真知，除诵读外还不可“不知其人”。这就是要深入地了解文字后面的，隐没在《诗》、《书》深里的那些人。譬如对他的出身、家庭、心志、学问、师友、功业、经历等等，要尽量地有所了解。确实如此，不知道其人就不能真知他为什么这样做、这样说，也不能真知在他的做与说的内里到底深蕴了哪些内涵。其三，若要真“知其人”，又不可不“论其世”。因为不知其所处之历史、时代、人世之背景与环境，就不能深知他的行为、成长、历程为什么会出现这样的轨迹，不能更深入了解彼人的行为逻辑与内心世界。其四，要真知、深知其人，就要“零距离”地相处，要“尚友”。朱熹集注：“尚，上，同。言进而上也。”要向上与千载之上的圣贤交友，而不仅与今世之士结交。要与那些人交上朋友，且就像知心朋友一样，推心置腹般地相交相处。若能如此知人论世，当然就能深知、确知、真知其言了。其知《诗》、《书》之言是这样，颂其他经典、读其他典籍，不也是这样吗？

总之，“知言”不能停留在表层上，譬如只在言辞、文辞层面上扫描，而是不仅要扩大范围至于对其人、其世的了解，还要渐入深层，且潜入核深层，了解其人之其情、其意、其思、其心，然后才能豁然开朗，洞见真相，解读出其中的真意来。

孟子的这些理念与智慧，尽管他自己在诠释经典与论辩之中也或不能完全贯彻到底，也留下了一些为后人诟病的把柄，但是整体上开拓了世人的智慧，对后世影响十分深远。譬如在中国文学思想史、文艺批评史、美学史上，乃至于更大范围的中国文化，孟子所倡导的“知言”、“知人论世”、“以意逆志”等理念深入人心，不断被宣扬、实践，并再加以丰富、完善与发展。譬如清代王昶说：“以诗证史，有裨于知人论世。”（《〈湖海诗传〉序》）鲁迅《〈且介亭杂文〉序言》：“分类有益于揣摩文章，编年有利于明白形势，倘要知人论世，是非看编年的文集不可的。”今天学者还将孟子的这种理念从诠释学的角度，与西方的诠释学进行比较研究。譬如与德国哲学家施莱尔马赫和狄尔泰为代表的传统诠释学、海德格尔和伽达默为代表的本体诠释学等，进行广泛又深入的比较研究，从而再在冲突中观其会通，在融合里弘扬精义。

论辩：思想与智慧的交锋

孟子所处的时代，正是社会激变，百家争鸣，诸子蜂起，学派并竞，持续论辩的局面，此中儒家、道家、墨家、名家、法家、阴阳家、纵横家、农家、杂家等学派，争鸣不已，而孟子的“好辩”是在当时出了名的。孟子自称是圣人之徒，因而勇往直前地拨乱反正，端正人心，扛起了捍卫儒家学说的大旗。

一、百家争鸣：卓越辩士与斗士

关于孟子的“好辩”，其弟子公都子就曾当面问其师，曰：“外人皆称夫子好辩，敢问何也？”孟子曰：“予岂好辩哉？予不得已也。”（《滕文公下》6.9）此可见孟子之“好辩”已是外人皆知的、公认的事实了。

我们知道，孔子是最反对强辩巧辩，曾贬斥多嘴多舌者，批评喋喋不休者。孔子说：“巧言令色，鲜矣仁。”（《论语·学而》）《公孙丑上》（3.2）载，孔子曰：“我于辞命（言语、言辞），则不能（不太擅长）也。”这一方面是孔子的谦虚，一方面也是他对于言辞的审美取向，是反对巧言、善辩。再如孔子又说：“不有祝鮀之佞，而有宋朝之美，难乎免于今之世矣。”（《论语·雍也》）如今没有祝鮀的口才，只有宋朝之貌美，也难免在今世不被他人厌恶。可见当时春秋时期的风气也崇尚佞口、佞才、言辞的便佞，当然到了孟子的时代这种风气更盛行了。

按理孟子本当循孔子的教导而行，但是当下又不得不“好辩”，到底是什么原因呢？

孟子曾描述了当时的情势：“圣王不作，诸侯放恣，处士横议，杨朱、墨翟之言盈天下。天下之言，不归杨，则归墨。”（《滕文公下》6.9）当时的百家争鸣，都在争一席之地，儒家学说、孔子之道面临严峻的挑战，特别是来自杨朱、墨子之说的威胁。

孟子曾历数其时代之特征有五端：一是没有圣王出现；二是诸侯放纵恣肆；三是隐居的处士横发议论；四是杨朱、墨翟之言论盈满天下，且天下的言论不归向杨朱，就归趋墨翟；五是孔子之道则渐趋衰微。在孟子看来，自己面对的是何等严峻、危急的挑战时势！孟子则不仅清晰地看到这样的时局，且以舍我其谁的气概，自觉担当起振兴儒家学说、孔子之道的历史重担。原来是这样的历史、社会、学术的环境，逼迫自任历史重任的孟子不得不起而迎战，不得不起而论辩。

孟子的好辩，是要重振儒家的地位与权威而不得不为之。同时，孟子也清楚看到，虽然面对的是儒家衰微的时代，但是挑战与机会还是并存的，这又是其深层动力之所出的地方。

二、矛头直指：杨朱·墨翟

我们有时或会有疑问：为什么孟子特别抓住诸子百家里的杨、墨两家进行竭力的攻击？其一，这是因为孟子看到当时的事实是，杨朱、墨翟之言论的声势与影响已经成为阻碍儒家学说传扬的最大的障碍。其二，当时的纵横家、名家、法家等学，危害儒家学说的固然很多，但是在孟子看来，其他百家之言，其危害大抵还在显而易见的、表层的政治问题上，然而杨、墨两家之学说，其危害却在不易察觉的、深层的内心世界，即已在心灵、心术上危害人们。一旦心灵污染、心术不正，那么其危害更加，祸害更烈，所以他将杨、墨作为自己攻击的主要目标。其三，形势危急，情势紧迫，邪说的横行会摧毁人们的灵魂，其祸害甚于洪水猛兽之灾难，然而杨、墨之言已经是“盈满天下”泛滥横流了。因此必须首先将矛头直指他们，且要不遗余力地攻伐批判之。

1. 为我·无君：孟子驳杨朱之说

杨朱（约前395—前335），姓杨名朱，又称阳生、杨子或阳子居。魏国人，为战国初期哲学家，善辩。他主张“为我”、“重己”、“贵己”、“贵生”、“全性葆真，不以物累形”，重视保存自己个人的生命，反对别人侵夺自己，也反对侵夺别人。其学说的继承者有子华子、詹何，然而无著作流传。言论散见于《孟子》、《庄子》、《韩非子》、《管子》、《吕氏春秋》、《淮南子》等书，《列子》里的《杨朱篇》并不可信，一般认为是魏晋人所作。

力辟杨墨

孟子批判楊朱的“为我”，曰：“杨子取为我，拔一毛而利天下，不为也。”（《尽心上》13.26）杨子的主张是极端地“为我”，即使拔一毛而有利于天下，他都不肯去做。一毛是如此之微小，而能够利济天下却是如此广大，但还是“不为”，这是多么自私的偏执！这种“为我”虽或符合他自己的“义”，却伤害了“仁”。孟子批评杨朱做法上的极端偏执，更批评他心志上的极其偏执。

孟子又着重揭出杨朱的危害之甚，曰：“杨氏为我，是无君也。”（《滕文公下》6.9）既然杨朱宣扬的一切只是“为我”一人，那么于一己之外的人与事都漠然不顾，他的心目中自然已经没有了君王。如果让这样的主张任其蔓延开去，那么天下国家，将与谁来治理？这是与儒家之道绝对背道而驰的，是水火不相容的。儒家是讲究尊重君王的，并由此形成君君、臣臣、父父、子子的国家、政治、社会的正常秩序。既然杨朱之说危害如此，因此孟子“必闲（护卫、保卫）先圣之道，距（拒绝）杨（杨朱）”，“放淫辞，邪说者不得作”。（《滕文公下》6.9）

2. 兼爱·无父：孟子驳墨家之说

墨子（约前468—约前376），姓墨名翟，为春秋战国时鲁国人，或说宋国人。他曾“学儒者之业”，但后来却另创新说，聚徒讲学，弟子满天下，成为了“显学”。其学说里有主张“兼相爱，交相利”，认为“天下兼相爱则治”等等。

孟子批判墨子，曰：“墨子兼爱，摩顶放踵利天下，为之。”（《尽心上》13.26）其主张采取“兼爱”，因此即使摩秃了头顶，走破了脚跟，只要有利于天下的事，他都去干。这种“兼爱”虽符合“仁”，却伤害了“义”。（《尽心上》13.26）

孟子又着重驳斥墨子的危害之甚，曰：“墨氏兼爱，是无父也。”（《滕文公下》6.9）墨子的“兼爱”就是一视同仁地爱，爱得一视同仁。这样一来也与儒家之说是背道而驰、水火不相容的。因为儒家所主张的爱是有差等的，是有远近亲疏之间不同等次的。如果墨子的“兼爱”横行，那么就没有了父子、兄弟等等亲情相爱之区分了，至亲之父母也与陌路人一样相待了，这不就“是无父也”？既然墨子之说危害如此大，因此孟子“必闲先圣之道”，距（拒绝）墨，“放淫辞，邪说者不得作”。（《滕文公下》6.9）

这里再说《滕文公上》（5.5）的一则小品，孟子曾对墨子之徒夷之进行驳斥并教育。夷（姓）之（名）通过孟子弟子徐辟想求见孟子。孟子拒绝了，说本愿意会见他，但自己有病，等到病愈，会前去看夷子，叫他不必前来。他日，夷之又求见孟子，又遭拒绝，孟子并通过徐辟转达给他这样一番话，并产生了有趣的效应。《滕文公上》(5.5) 载：

孟子曰："吾今则可以见（接见他）矣。不直（如果话不直说），则道不见（道就不会显明）；我且直之（我就直说了吧）。吾闻夷子墨者（是墨家之徒），墨之治丧也，以薄（薄葬）为其道也。夷子思以易天下（想用此来改变天下的习俗），岂以为非是而不贵也（岂不是认为非如此做就不贵重吗）？然而夷子葬其亲厚（丧葬自己的亲人却很丰厚），则是以所贱事亲也（这却又是用卑贱来对待自己的亲人了）。"徐子以告夷子。

夷子曰："儒者之道，古之人'若保赤子'（爱护民众就像保护赤子婴儿那样），此言何谓也？之（我夷之）则以为爱无差等（不分别等级），施由亲始（然而施行要从亲人开始）。"徐子以告孟子。

孟子曰："夫夷子，信（真的）以为人之亲（亲爱）其兄之子为若亲（好像亲爱）其邻之赤子乎？彼有取尔也（他仅是有取于这一点，而不知其他的真意）。赤子匍匐将入井（爬行将坠入井里），非赤子之罪也。且天之生物也，使之一本（一个本源，即是父母），而夷子二本（二个本源）故也。盖（大概）上世（远古）尝有不葬（埋葬）其亲者。其亲死，则举而委（抛弃）之于壑（沟壑）。他日过之，狐狸食之，蝇（苍蝇）蚋（ruì，蚊虫类）姑（或说'蚋姑'为蝼蛄；或说'姑'为蛊 gǔ，咬食）嘬（chuài，叮、咬）之。其颡（sāng，额头）有泚（cǐ，汗出），睨（nì，斜看）而不视（不忍心正视）。夫泚也，非为人泚（不是做给别人看而汗出），中心（心中的羞愧）达于面目。盖归反（归家再返回来）蘽（léi，土筐、畚箕）梩（lí，如锹、锸）而掩之（掩埋尸体）。掩之诚是也（确实是做对的），则孝子仁人之掩其亲，亦必有道矣。"徐子以告夷子。夷子怃然（茫然自失的样子）为间（顷刻）曰："命（指教）之矣（我领受到教诲了）。"

读此则会有不少启发。孟子特别敏感对方的矛盾：一是夷之既信墨子薄葬之说，又行厚葬之事，是因为内在还有爱亲之良心，这是一种矛盾。二是夷之还援儒入墨，比如用儒家主张"若保赤子"(《周书·康诰篇》) 来说明是与墨子一样提倡兼爱的；又推墨附儒，譬如说，"爱无差等，施由亲始"，虽讲兼爱，但施行起来要从亲人开始，其实这是一种遁辞。三是知道了要厚葬，但是不知道"二本"(只有亲人之本源，是"一本"；亲人加路人就是"二本") 的错误，这又是矛盾。孟子层层批驳、开导，用形象的故事来使之感悟，让这位墨家之徒最后"怃然为间，曰：命之矣。"这可见孟子既对异端作出有力的反击，也看到他对人的教诲与诱掖之殷切！

总之，孟子批判杨朱、墨子，虽然一是“无君”，一是“无父”，但是又指出他们有其共同点。其一，杨、墨都是偏执；虽然偏执之所“执”有所不同，但均相同地偏离了“中”，不得“中道”而行。其二，孟子还极其尖锐地揭出其另一共同点，即是杨、墨均在灭绝人道，而等同禽兽。他们倡导的是禽兽之教，在毁坏人心。因此孟子辛辣地说：“无父无君，是禽兽也。”（《滕文公下》6.9）孟子又宣言：“杨、墨之道不息（止息、平息），孔子之道不著（彰显、弘扬），是邪说诬（诬惑、欺骗）民，充塞仁义也（邪说充满，而仁义被堵塞）。仁义充塞，则率兽食人（那么就像率领野兽来吃人），人将相食（人与人将相互残食残杀）。”（《滕文公下》6.9）孟子对杨、墨两家的批判是够犀利的，当然也缺少两分法的做法，这也引发后人的不少评议。

3. 逃墨必归杨·逃杨必归儒

孟子又曰：“逃墨必归于杨，逃杨必归于儒。归，斯受之而已。今之与杨、墨辩者，如追放猪，既入其苙（lì，猪圈），又从而招（指用绳子捆绑）之。”（《尽心下》14.26）读此章甚有意味。

这里孟子再揭明，墨家之学者一旦最后知道“兼爱”的不正确，而欲逃离的话，必定会寻找最方便的去处，那就必定会先归趋到杨氏之学说。杨氏之学者一旦最后知道“为我”的不正确，也欲逃离的话，必定会寻找不偏不倚的中正之道，那么必定就会归趋到儒家之学说。如果前来归往，则就应该接受他们，既往不咎，视他们为同徒。然而，今天那些与杨、墨辩论的人，却不是这样，而是对他们好像追逐已经走失的猪一样，已经抓回了猪圈里的，却还要用绳子捆着四蹄。这是拒人以门外，当然也不能很好地壮大儒家的门户，儒家学者应该有兼容并包之胸怀，从而更能弘扬广大儒家学说。这说明孟子既严厉地批判杨、墨，又以积极开放的心态、海纳百川的气度去迎接那些来归者。

二、驳难：农家兵家等诸家

1. 驳难农家之说

农家，是战国时期反映农业生产和农民思想的学术派别，主张劝耕桑，以足衣食。《汉书·艺文志》列为“九流”之一。

《滕文公上》（5.4）记载了战国时期信奉神农之言的农家者许行，自楚国来到滕国，其徒弟数十人，都穿着粗麻编织的衣服，以打草鞋、编席子谋生。作为儒者的陈良也尽弃所学，成为了许行的弟子。于是孟子与陈良有了一段对话，而其中孟子滔滔不绝地批判了农家学说，譬如人人都要亲自耕种，还有“贤者与民并耕而食，饔（做早饭）飧（做晚饭）而治”等等。孟子不仅批驳了人人都要“躬耕”之观点，还明确提出社会分工的合理性、必要性。不过孟子有曰：“或劳心，或劳力。劳心者治人，劳力者治于人；治于人者食人，治人者食于人。天下之通义也。”虽然强调了脑力劳动与体力劳动之间的差异，但也长期造成了许多负面的不良影响，这是应该明辨且再批判的。

2. 驳难好战之兵家

兵家是先秦、汉初研究军事理论、从事军事活动的学派。春秋末的主要代表人物，如孙武、司马穰（ráng）苴（jū），战国则有孙膑、吴起、尉缭、公孙鞅等人。孟子曰：“求（冉求，孔子弟子）也为季氏宰（做季氏家的家臣总管），无能改于其德（季氏的德行），而赋粟倍（征收的数量倍增）他日（指以往）。孔子曰：‘求（冉求）非我徒（门徒、学生）也，小子鸣鼓而攻之可也。’由此观之，君不行仁政而富之，皆弃于孔子者也。况于为之强战？争地以战，杀人盈野；争城以战，杀人盈城。此所谓率土地而食人肉，罪不容于死。故善战者服上刑。”（《离娄上》7.14）

孟子于此深刻揭露，并彻底否定：其一，君主不推行仁政而富之，都是被孔子鄙弃的人。其二，由此推论，那么为了富裕而“强战”的，更是等而下之的了。其三，挑明战争的罪恶，宣告罪不容诛，且善战者应该服上刑，即是最重的刑罚。

3. 驳难纵横家

纵横家是战国时期专门以纵横捭阖（bǎi hé，或开或合）之策游说诸侯，从事政治外交活动的谋士，被列为先秦至于汉初的“九流十家”之一，主要代表人物，如苏秦、张仪等。孟子也彻底否定之，指出策划合纵连横的人，其罪行仅次于“善战者服上刑”。因为这些纵横游说而连结诸侯的人，虽然没有直接去杀人盈野盈城，但是挟用智术，往往促成了兵连祸结，遭殃百姓，也当服刑，因此说“连诸侯者次之”（《离娄上》7.14）。

当然，孟子还驳难那些强令开垦荒地，竭尽地力而耕种的人，在贪婪地聚财敛财，而不顾及民众。这也有罪，其罪行就排列在“连诸侯者次之”之后，因此孟子说：“辟（开垦）草莱（指荒地）、任土地（竭尽地力）者次之。”（《离娄上》7.14）

其实，孟子不仅驳斥以上诸家，孟子还与白圭、淳于髡等等智者、辩者进行了激烈的辩驳交锋。《孟子》一书，虽隔千百年之远，但是今人照样可以聆听到从页面上升腾而起的嚣嚣论辩之声。在论辩里，孟子往往表现出析理精微，气势咄咄，文辞雄健的雄辩之气，给一代代来者留下深刻的印象。当然他也不免有强词夺理的地方，或也留下了话柄、破绽而不能自圆其说。这也引来后人的不少质疑与批评。

六、卓越之智：在批判中充分吸纳

这是孟子极其擅长的地方，人们一般只看到孟子对他人，特别是对杨、墨的否定、批判、拒斥，但是不能察觉他对批判对象的智慧的吸纳。这里又有孟子的大智慧。

胡适在《中国哲学史大纲》里曾说："孟子生在孔子之后一百多年，受了杨墨两家的影响（凡攻击某派最力的人，便是受那派影响最大的人。孟子攻杨墨最力，其实他受杨墨影响最大。荀子攻击辩者，其实他得辩者的影响很大。宋儒攻击佛家，其实若没有佛家，又哪有宋儒），故不但尊重个人，尊重百姓过于君主（这是老子、杨朱一派的影响。有这种无形的影响，故孟子的性善论遂趋于极端，遂成'万物皆备于我'的个人主义）；还要使百姓享受乐利（这是墨家的影响，孟子自不觉得）。孟子论政治不用孔子的'正'字，却用墨子的'利'字。但他又不肯公然用'利'字，故用'仁政'两字。"这些方面，胡适抓得很准，看得很清楚。

再比如在中国的逻辑史上，是墨子学派明确提出了"类"概念，孟子批判杨、墨，但是他吸纳了墨子学派"类"的概念与智慧。晋代鲁胜《墨辩注序》曾指出："孟子非墨子，其辩言正辞则与墨同。"虽然思想内容针锋相对，孟子所用的思维形式、所依据的逻辑规则却与对手基本相同，但是一般认为孟子运用逻辑推理不如墨家严密。再如孙中原《逻辑哲学讲演录》里说：孟子与墨子学术观点不同，但在辩论方式上，孟子熟练运用墨子首创的归谬法。另外孟子有"不知类"之说，然而这本是墨子应用归谬法的代名词、惯用语，曾用来说服鲁班止楚攻宋，此法也被孟子继承，发扬光大。虽然"逻辑本来并不是某个学派的私有财产，而是超越学派的人类普遍思维工具"，但是可以看到孟子极其善于吸纳他人、甚至对立面的智慧，这也是其异常杰出的地方。

末了，记得《庄子·天下篇》有这样的描述："天下大乱，贤圣不明（贤圣的学术不能彰显），道德不一，天下多得一察（指一孔之见）焉以自好"；"天下之人，各为其所欲焉以自为方"。孟子之所以成为儒家的"亚圣"，也就是在当时"为其所欲焉以自为方（方术）"，为其振兴儒家之"欲"，而努力寻求并坚毅地践行着自我之"方"，从而在当时以及后来，为儒家争得了重要的历史地位。这或许就与他当时的纷纷激辩之功分不开吧。

论辩名例：闪烁着辩证法异辉

毛泽东曾在他的《致友人信》里记有："孟轲好辩，不得谓之佞。"这里就再来剖析孟子的一则论辩名例，深入体味其论辩的"好辩"、"善辩"，以及"不得谓之佞"的辩证法的智慧之光。

《梁惠王上》(1.7) 记载了孟子与齐宣王之间的一次著名的论辩记录，此中可以深窥孟子的风采与智慧。

孟子曾评价齐宣王能"保民而王"，即是可以爱抚民众而称王天下。这使得齐宣王既颇感高兴，同时也深表意外，问孟子凭什么作出这样的判断。

孟子说，您齐宣王曾见用牛去"衅钟"（古代新钟铸成后要祀钟，即杀取牺牲之血来涂抹其缝隙），因见牛恐惧而发抖的模样，好像无罪而走向死地，从而用羊来替换牛。这说明有"不忍"之心，若由此"不忍心"之仁推广出去，便可以行仁政，然后可以"王天下"。

孟子再用比喻开导，有人说"力足以举百钧（三千斤，一钧为三十斤），而不足以举一羽（羽毛）；明（眼力之明）足以察秋毫之末，而不见舆薪（一车柴禾），则王许之（同意、相信）乎？"齐宣王曰："否。"

孟子由此切入主题，您齐王之"王之不王（称王），不为也，非不能也"。齐宣王曰："不为者与不能者之形（表现）何以异？"

孟子曰："挟太山（泰山）以超（跨越）北海"，这是真的"我不能"做到；但是"为长者折枝"（弯腰行礼，或说按摩肢体、折取树枝等），说"我不能"，这"是不为也，非不能也"。"故王之不王，非挟太山以超北海之类也；王之不王，是折枝之类也。老吾老，以及人之老；幼吾幼，以及人之幼。天下可运于掌。"

孟子又引导，"故推恩足以保四海"，"古之人所以大过人者，无他焉，善推其所为而已矣"。"今恩足以及禽兽，而功不至于百姓者，独何与"？孟子还启发齐王，应该"权，然后知轻重；度，然后知长短。物皆然，心为甚。王请度之"!

孟子再辨析，您齐王之"所大欲"是"王天下"，但是却在"缘木而求鱼"，甚至不止于此，还会有灾害，"以若所为，求若所欲，尽心力而为之，后必有灾"。

孟子曰："然则小固不可以敌大，寡固不可以敌众，弱固不可以敌强。海内之地方千里者九，齐集有其一。以一服八，何以异于邹敌楚哉？盍（hé，何不）

亦反其本矣。今王发政施仁，使天下仕者皆欲立于王之朝，耕者皆欲耕于王之野，商贾皆欲藏于王之市，行旅皆欲出于王之涂（途），天下之欲疾其君者皆欲赴愬于王。其若是，孰能御之？”

孟子于是又说出了仁政的许多措施：如“明君制民之产”；看重“五亩之宅”的经营，而“无失其时”，使民无衣着之忧；注重“百亩之田”的生产，而“不夺其时”，使民无饥饿之困；然后“谨庠序之教，申之以孝悌之义”。“然而不王者，未之有也”。

这是一篇颇长的谈话录，然而很精彩，孟子的论辩智慧在这里纷呈展现。孟子不断地运用比较、比喻、例析、说理等方法，从各方面揭示出齐宣王的种种矛盾处，并以其矛来攻其盾。如：(1) 衅钟，则用“羊”与用“牛”是矛盾。(2) 举东西，则“足以举百钧”与“不足以举一羽”是矛盾。(3) 视力，则“明足以察秋毫之末”与“不见舆薪”是矛盾。(4) 施恩，则“恩足以及禽兽”与“功不至于百姓”是矛盾。(5) 称王，则“不为”与“不能”是矛盾。(6) 不能与不为，则“挟太山以超北海”与“为长者折枝”是矛盾。(7) 所为与所欲，则“缘木”与“求鱼”是矛盾。(8) 所为与所求，则“尽心力而为之”与“后必有灾”的矛盾。(9) 王天下，则有“小”与“大”、“弱”与“强”、“本”与“末”等矛盾。

孟子在不断揭露矛盾的过程中，将锐利的矛头直刺其盾，最后逼得齐宣王陷入僵局。当然齐宣王被感动的不仅是孟子之论的锐利与深邃，而且也有孟子谆谆之教的诚意、真情与耐心。因此齐宣王终于坦白地承认，自己昏庸，不够聪敏，而不能进入孟子所说的治国境界，因此希望得到孟子的辅佐，并有更为明晰的教导。于是孟子滔滔不绝地又对他讲述了一番大道理与实际操作的路线图。

我想，如果将孟子这里的思辨、辩证法与西方的苏格拉底、柏拉图等相比较则更有丰富的内涵可解读。贺麟就在这方面作出了很好的诠释，此简略说之。

1. 孟子这里的辩证法，鲜明地表现出一种原始的以子之矛攻子之盾的辩难法。譬如孟子不断地抓住齐宣王自相矛盾的地方，从而犀利地进行追问、盘诘与驳难。

这也正如贺麟所说：“辩证法最原始的意义，即是以子之矛攻子之盾的辩难法。是在双方辩论的时候，盘诘对方，使对方陷于自相矛盾因而推翻对方的论据的辩论方法。”“这个辩论法的特点，是要借对方的理论，反而赞成自己的说法”，经过“无穷的诘问，使对方陷于矛盾不通之境，自批其颊，自毁其立场而后已。故这种辩难法有时又叫做穷诘至不通或穷诘至不可能之法。这个方法是辩论的利器，而常为哲学家所采用。”譬如希腊的芝诺就是用以矛攻盾的方法来与人辩难，驳倒对方。柏拉图在他的《共和国》一书里也常发挥这种辩证法的妙用，用以矛攻盾的方法来破除有限事物的对立、片面思想之偏执。

2. 孟子这里的辩证法，又鲜明地表现出一种教训道德的方法。孟子辩证法的教训道德方法，是那样充满希望之真诚，不断地对齐宣王进行一层一层的引导，作出语重心长的教训道德，企盼其能认识与施行“仁政”和“王道”。这又与苏格拉底教训道德的辩证法相似。

如贺麟说：“辩证法乃是教训道德的方法。这个意义的辩证法乃单指苏格拉底的辩证法而言。苏格拉底是一个教训青年的道德的大师，而他的妙处乃在于采用辩证法以教训青年的道德。”他“必很耐心地层层追问，使得对方将他自己的生活和思想的过去与现在，毫无隐蔽，全盘托出。然后苏氏进而根据对反自己说的话，揭穿其知识上的矛盾和态度上的虚伪与不诚”。这是“徐徐诘问对方，使其自己陷于前后矛盾，自己推翻或修正他自己的谬见”，“在于唤醒对方之自知”；“乃欲使人自己去寻求的德性之知，而且昭示人此种德性之知是可用辩证法的启发而寻得到的”。

贺麟还专门将孟子与苏格拉底在这一维度进行了比较。他说：“中国正宗哲学家中，最善于用辩证法以盘诘人，而且用得最平实的人，莫过于孟子。而孟子的辩证法，本质上毫无疑义的，即是教训道德的方法。”

贺麟就举出最显著的事例，如孟子见齐宣王的一长篇对话，这一对话最足以见出孟子用种种方法反复诘问，以教训齐宣王的道德，以唤醒齐宣王潜伏着的仁心，而促其推行仁政。此与苏格拉底启发式的辩证法，根本上实并无二致。孟子首先从齐宣王过去生活中以羊易牛的轶事，加以诘问，促其反省。使齐宣王自己莫名其妙，自觉陷于矛盾，说：“是诚何心哉？我非爱其牛，而易之以羊！”等到孟子提醒了齐宣王这种不忍之心，就是可以王天下的仁心后，又进而指出以“兴甲兵，劳士民”的方法，而欲王天下，实无异于“缘木求鱼”。揭穿了齐宣王“所欲”与“所为”间的矛盾，亦即目的与手段间的矛盾，而促其体察反省，改弦更张。这就是孟子教训道德的最妙的、典型的辩证法。这种辩证法，骨子里虽仍包含着以子之矛攻子之盾的意思，但此法既基于对于对方生活性格的亲切体验，复加以教训道德的热忱，寻求真理的诚意，便与只求以口舌取胜的矛盾辩难根本不同，故孟子不承认他‘好辩’。贺麟还接着说：“在我们看来，孟子与苏格拉底皆不能说是好辩，他们所用的辩证法与芝诺式的和诡辩家的辩证法均根本不同。他们不是‘好辩’，他们乃是应用辩证法作明道显真、教训道德等不能自已的神圣工作。”（见《贺麟选集》吉林人民出版社）

关于孟子的论辩技巧与智慧，有学者还归纳为这样数端：(1) 辩论中善于向对方提出问题，然后从对方的回答中引出对方不能不接受的结论。(2) 善于从对方的论点出发而充其类，使得对方陷于矛盾或荒谬。(3) 善于运用二难论式。(4) 尤其善于运用设譬引喻的类比方法。(见《哲学大辞典·逻辑学卷》) 确实在《孟子》一书里经常可以看到孟子这些方面的例证。如果再往深层说，孟子之所以运用得如此妙，关键还在于其一心之慧，源于内在的深造自得的功力！若再回顾孟子在这里以及在他处的记载里，其思想、辩难、析理时往往闪烁出辩证法的灼灼光辉，可以窥测其智慧的深湛、识度的广袤。

经与权：孟子的辩证思辨之智

孟子哲学的、思辨的智慧之一，又表现在经与权的睿识上。在古代哲学、伦理学里，"经"与"权"、"常"与"权"，每见其相对、对立、对举，这里便有着辩证法的智慧。

一、经：诠释与智慧

"经"，涵义不少，这里说的是古代哲学、伦理学里的范畴之一，指根本的原则、不易的常道、经常的正道。孟子曰："君子反（返）经而已矣。经正，则庶民兴；庶民兴，斯无邪慝矣。"(《尽心下》14.37) 这里出现了"反经"之说，杨伯峻《孟子译注》说："这种结构犹如《论语·颜渊篇》的'复礼'，'归于礼法'便叫'复礼'，'归于经常'便叫'反经'，'反'同'返'。"

孟子这里是说，君子只是要返回到"经"，即是使得一切回归于经常的正道而已；一旦"经"正了，那么民众就会感奋兴起，那么就没有邪恶了！因此"反经"，还有一个重大的任务，是要使得"经"不被他人歪曲，这就是要"经正"，而这后面便是要汲汲于去"正经"，去批判异端邪说。

二、权：诠释与智慧

"权"是与上面所说的"经"相对的范畴。"权"，指为了解决现实的问题、事件、局面等状况，从而权衡不同情况采用变通常规的对策、方法与措施等，此体现了事物发展过程里的变动性。

"权"原本是什么意思？《说文》："權（权），黄华木。从木，雚声。一曰，反常。"权，是树木里的黄华木，又称为黄英木。另一个意思是，权变反常。徐灏《段注笺》引《公羊传》说："权者，反于经。"权的一个意思就是秤锤、秤砣，用来称物的重量。俞正燮说："万类俱反归一是，故称锤亦取权名。"（《癸巳存稿·论语权》）"权"又指一种变化，因为随着物体轻重的变化，而要称量分辨出来，就不得不变换、变化那"权"，于是有了"权变"之说。

由秤锤随着称物重量的变化，而作出相应的变动，又引申至于人处世处事也一样要随时应变，而不胶滞于一定，这便又有了"通权达变"、"通变达权"、"通时达变"、"通时达务"、"通时合变"等成语，均指适应客观情况的变化，因时制宜，不拘常规。

宋代的陈淳（1153—1217）是朱熹晚年的高足弟子，其《北溪字义》有曰："权字乃就秤锤上取义。秤锤之为物，能权轻重以取平，故名之曰权。权者，变也。在衡（秤杆）星两（秤杆上标记斤、两、钱的小点）之不齐，权便移来移去，随物以取平。亦犹人之用权度揆度事物以取其中相似。"权要度，因此有"权度"；权要变，因此有"权变"；权有衡，因此有"权衡"之用语。

古人从秤上琢磨出一番道理，还进而具有了哲学的智慧。秤上标记了那些星，使得轻重悉辨，铢两各别，但是固定在那儿不变的，这就是"常"与"经"；然而不定体的、且能在变化里使得轻重适平的，这就是"权"。秤与权的二者交互为用，这也就"常"与"权"、"经"与"权"之间关系的绝妙比喻。

三、经与权：活的辩证法

1. 执中："经"之智慧

孟子曰："汤执中，立贤无方。"（《离娄下》8.20）商汤王坚持中正之道，然而推举贤人没有固执于一定的常规。

孟子这里所欣赏的汤的"执中"，其实便是执行中庸之道。"执中"，语本出自《尚书·大禹谟》："惟精惟一，允执厥中。"孔子继承弘扬殷周以来"尚中"的理念，发展为"中庸"之道，而中庸哲学的本质和方法后来又称为"执两用中"，便简括为"执中"。如《中庸》载，孔子曰："舜好问而好察迩言，隐恶而扬善，执其两端，用中于民。"此便有了"执两用中"之说，也成了"执中"的来源。

2. 针砭：执中无权

然而，孟子既欣赏表彰汤王的"执中"，却又批评了另一种"执中"，这是怎么回事呢？子莫是鲁国的一位贤者，然而他的"执中"，却成为了"不偏执"的"偏执"，是一种"执中无权"，即虽持中间态度，但没有能变通。这也就成为了"执一"的做法。孟子曾批评子莫的这种"执中"。

若从表面来观察比较，那么相对于杨子的自私、墨子的兼爱诸类的"偏执"，子莫似乎是“执中为近之”。子莫的“执中”接近正确了，但这还不就等同于正确。不仅如此，而且隐蔽着很大的危害性；因为这种“执中”其实就是“执一”，即是抓着一，却“贼道”，“举一废百”。此为损害了道。

如孟子说：“执中无权，犹执一也。所恶（厌恶）执一者，为其贼（损害）道也，举一而废百也。”（《尽心上》13.26）世上之“偏执”者，显然是不正确的，但是世上还有似乎不偏执的“执中”者，却在“贼道”啊！

此显见，在孟子那里的“执中”可区分为两种情况：其一“执中无权”，虽“执中”但不能权变，那么就等似“执一”，这是不正确的。因为“执一”就是或执著于一点上不能时常变动，或执著于一种原理、原则而不能灵活地运用，这有害于正确的中庸之道，是举其一端却废损了百端。其二，与“执中无权”相对的，是“执中”且能“权”，由此权变，便能得其“时中”，依据时势之变，而时时得其正确的“中”。这才是正确的。譬如汤王的“执中”就是这样的典范。

当然值得注意的是，“执一”用语也有不同的含义。孟子此处用法指固执一义，不知变通。如赵岐注：“执中而不知权，犹执一介（耿介）之人，不知时变也。”《老子》帛书本也用“执一”语，指执道。如“圣人执一，以为天下牧。”（通行本作“圣人抱一为天下式”）再如《荀子·尧问》：“执一无失，行微无怠。”此“执一”指专心一意。此当随文而辨析之。

3. 权：然后知轻重

孟子曰：“权，然后知轻重；度，然后知长短。物皆然，心为甚。”（《梁惠王上》1.7）这是孟子对齐宣王说的话，但是也可以作为普遍适用的智慧。人最怕不知轻重，而又必有待于“权”然后才知轻重；有权度称量，才知道孰重孰轻。当然，这里也有两种情况：一是具体之物的权度，得其轻重的实际之数；一是无形之物的权度，得其轻重的心中之数。后者比前者更难，要能做到心中有数，谈何容易！比如治道的斟酌、政策的制定、人才的鉴别等等轻重权衡，均要权度得心中有数，若非心之极明，岂能了之？

因此于“权然后知轻重”，戴震《孟子字义疏证》有这样解释：“权，所以别轻重；谓心之明，至于辨察事物而准，故曰权。”这里“权”也被看做一种标准了。当然更富有启示的是，只有心之聪明，明察，才能把握这标准，并进而准确、精准地辨察事物之孰轻孰重，以至于铢铢较量，精细衡量。

4. 权变需要心志

孟子还指出这样的理念，并不是一般人都能辩证地处理经权关系的，因此权变者必待高明之人。

弟子公孙丑曾问孟子，曰："伊尹曰：'予不狎（不亲近）于不顺（不遵顺道义的人）。'放（放逐）太甲（商朝国王，成汤嫡长孙）于桐，民大悦。太甲贤（变好了），又反之（将太甲迎接回来），民大悦。贤者之为人臣也，其君不贤，则固可放（放逐）与？"孟子曰："有伊尹之志，则可；无伊尹之志，则篡（篡夺、篡位）也。"（《尽心上》13.31）

这是孟子再评伊尹之志、心志，这是他论权变的例证。我想，伊尹有此心志，故能返回于"经"，又能施行"权"；惟此心志，无论于"经"于"权"都能做到位，都能适宜，而适宜就是合乎"义"了。至于伊尹之评论，还可参见本书"篇九"的内容。这又使我记起陈淳《北溪字义》："文中子说：'权义举而皇极立。'说得亦未尽。权固义精者然后用得不差，然经亦无义不得。盖合当用经时须用经，当用权时须用权，度此得宜便是义，便是二者都不可无义。"此或许可移用来解释伊尹之经权之智吧？至于朱熹认为只有"三纲五常"为"经"，只有圣人，才可以用"权"，一看就觉得很迂阔了。

古人关于"经权"关系之智慧，此再略举例如：(1)《春秋公羊传·桓公十一年》："权（权变）者何（是怎样的）？权者反于经，然后有善者（好结果）也。权（权变）之所设（设立），舍死亡（如果舍弃死亡，即指置生死于度外）无所设（就没有必要设立了）。行权（权变）有道：自贬损（贬损自己）以行权，不害人以行权。杀人（杀了他人）以自生（以求得自己活下去），亡人（灭亡他人）以自存（以求得自己生存），君子不为也。"(2) 汉董仲舒曰："夫权虽反经，也必在可以然之域。"（《春秋繁露》）(3) 唐柳宗元曰："权者，所以达经也。"(4) 宋李觏曰："权者，反常者也"；"道不以权，弗能济"。（《李直讲先生文集》）(5) 宋朱熹曰："经者，道之常也；权者，道之变也"。"虽是权，依旧不离那经，权只是经之变"。（《朱子语类》）(6) 宋陈淳《北溪字义》有几点可以体悟："经所不及，须用权以通之。""权虽经之所不及，实与经不相悖，经穷则须用权以通之。""经到那里行不去，非用权不可济。"

其实智者不独是儒家，无不讲究"权"的智慧。如《文子·道德》："圣人者应时权变，见形施宜。"《庄子·秋水》："知道者，必达于理；达于理者，必明于权；明于权者，不以物害己。"

最后，如果把孟子的智慧转化为今人的借鉴，要用最简洁的话来概括，那么就是既能守常则，又能知权变；既能反（返回）经，又能行权；既有原则性，又具灵活性，让"经"与"权"达到辩证的统一。

孟子：通权达变的例证与典范

孟子心中储存有不少有关辩证“经权”的卓越典范，除了上文已阐述的例证外，还有许多发人深省的事例，读来启人心智。

一、孟子：尧与舜权变之智解读

舜的婚姻权变解读，就可以看到先圣尧、舜通权达变的大智慧。《诗经·齐风·南山》：“娶妻如之何？必告父母。”古人娶妻必定要禀告父母。这是“经”，是规矩，是准则。但是为什么舜不这样做？弟子万章就逼问其师孟子。

于是孟子进行释疑，曰：“（舜如果）告（告诉父母）则不得娶。男女居室（成婚），人之大伦（重大的伦理）也；如告（假如禀告父母，而娶妻不成），则废人之大伦，以怼（duì，怨恨）父母，是以不告也。”（《万章上》9.2）——因为当时舜之父与后母都待舜不善，因此按此“经”办事则必不成；采取不告诉“父母”而娶，是一种“权变”，既娶妻能成，又遵守了更重大的“经”，即是没有“废人之大伦”。这在舜是何等明智的做法，而在孟子这是何等智慧的解读！

万章又追问，曰：“舜之不告而娶，则吾既得闻命（聆听了教诲）矣。帝之妻舜而不告，何也？”那么身为帝尧将女儿嫁给舜作妻，而不告诉舜的父母，这又是什么道理？孟子曰：“帝亦知告焉则不得妻也。”这也是权变，若按照“经”办事，则尧嫁女必定要告诉舜之父母，但是只有“不告”这样权变，才能成就此桩美好的婚姻大事！

万章再追问，孟子又诠释了舜的另一种权变的智慧。万章曰：“（舜的）父母使舜完廪（登高修缮粮仓），捐阶（却又撤掉了爬上粮仓的梯子），瞽瞍（舜之父是瞎子）焚廪（焚烧粮仓，这些做法的目的都是要整死舜）。使浚井（其父又使舜淘井），出（舜知道不妙，便逃了出来），从而掩之（瞽瞍不知已经逃出，还在往井里填土掩埋，目的还是要害死舜）。象（舜的异母之弟）曰：‘谟盖都君（谋害舜，舜所居三年成都，因此称为都君）咸我绩（全是我的功劳）。牛羊（归于）父母，仓廪（归于）父母，干戈朕（兵器归于我），琴朕（琴归于我），弤朕（雕弓归于我），二嫂使治朕栖（二位嫂子娥皇、女英替我整理床席）。’象往入舜宫（住房），舜在床琴（舜已逃出危险，在床上弹琴）。象曰：‘郁陶（忧思郁结）思君尔（因思念而前来看你）。’忸怩（显露出羞愧之色）。舜曰：‘惟兹臣庶（我思念着这些臣子与百姓），汝其于予治（你就来帮助我治理吧）。’不识舜不知象之将杀己与？”

我们从这一段事迹里又可以看到舜是一位把握“经”与“权”的卓越者：一方面是父母兄弟合伙来谋害舜，且想尽办法要置之死地，但舜大智先知，且懂得通权达变，一次次巧妙地脱逃出来；一方面舜还要维护好父子兄弟之间的伦理之“经”，甚至面对妄想夺他妻子的弟弟，舜还希望他来辅助自己。

然而万章却搞不明白，因此追问：“舜到底知道不知道象要杀害自己呢？”孟子回答，曰：“奚而不知也（怎么不知道呢）？象忧（舜）亦忧，象喜（舜）亦喜。”万章曰：“然则舜伪喜者与（既然这样，那么舜是伪装的喜）？”孟子曰：“否。”——这不是伪装的，而是回归于“经”，回归于伦理之“经”。舜还是真诚爱其弟的，且兄弟之间还是休戚相关；所以见象忧戚，而自己也忧戚；见象欢乐，而自己也欢乐。

最后，孟子举出一个极其生动的例子来开导万章，曰：“昔者有馈生鱼（活鱼）于郑子产（郑国宰相子产），子产使校人（管理园池的小吏）畜（畜养）之池。校人烹之（烹吃了鱼），反命（回来报告）曰：‘始舍之（开始放了它时），圉（yǔ）圉焉（困顿未有舒展的样子），少则洋洋焉（一会儿就摇头摆尾地游动了），攸然而逝（接着便悠然自得地远逝了）。’子产曰‘得其所哉！得其所哉！’校人出，曰：‘孰谓子产智？予既烹而食之，曰：得其所哉？得其所哉。’故君子可欺以其方（可用合乎情理的方法来欺骗君子），难罔以非其道（却难以用不合道理的事情来欺骗他）。彼以爱兄之道来，故诚信而喜之，奚伪焉？”（《万章上》9.2）——这里孟子又揭示一个有趣的事理：君子虽明察，但有时也会被他人欺瞒，之所以会如此，是因为对方使用了一种合情合理的逻辑。这就似校人诓骗子产，也似象欺骗舜那样，但是君子心里明察，而不为之计较，且舜还是真诚无伪地对待象。

《孟子》的这一章，让人们看到面对父母兄弟与自己之间的变故，舜也应顺着变化，且能通达权变，而不是白白地等死；但是他又牢牢地坚守着那“经”，便是对父母尽孝道之常经、对兄弟不失去悌道之常经。

二、孟子：权变之智的千古名例

孟子与齐国有名的辩士淳于髡之间曾有一段著名的对话，《离娄上》（7.17）有载：

淳于髡曰：“男女授受不亲（男女有别，或取或予，不能亲手或交或接那东西)，礼与（合理吗）？”

孟子曰：“礼也。”

（淳于髡）曰：“嫂溺（溺水）则援之以手乎（伸手救助吗）？”

（孟子）曰：“嫂溺不援，是豺狼也。男女授受不亲，礼也；嫂溺援之以手者，权也。”

（淳于髡）曰：“今溺天下矣，夫子之不援，何也？”

（孟子）曰：“天下溺，援之以道；嫂溺，援之以手。子欲手援天下乎？”

这是孟子说“权变”的一个广为流传的例子。按男女之礼的“常经”，是不能去救溺水的嫂子的，因为礼规定“男女授受不亲”。但是不救人，则为见死不救，那就是伤天害理，哪里还有一点人心、人情、人味呢？岂不如豺狼一般了！眼前事势危急，顾不得嫌疑，必须识时变通，必待“通权达变”，救人才是第一位的，即便或遭受非议指责，然而是所成者大，所失者小，甚至无所失。

其实这内里还套着深一层的“权变”智慧，即是面对救助溺水之嫂子要“权变”，这是对伦理的“常经”的权变；然而当“天下溺矣”时，又要另一种对政治的“权变”，是救助溺水之嫂子之“权变”的“权变”了。这启示人们，面对同一救“溺”的主题，因对象变了、情况变了，使用的方法也要识时通变；“溺水”可以用手来救援，但是天下之“沉溺”必须要由道来救援！这是“权变”之“权变”了，否则又是“执一”了。这是何等深刻的道理与智慧！

三、孟子：“可以”与“可以无”权变之智

人生如何面对获利、施惠、生死的选择？这里就有权衡、权变的智慧。孟子曰：“可以取，可以无取，取伤廉；可以与，可以无与，与伤惠；可以死，可以无死，死伤勇。”（《离娄下》8.23）面对选择固然有一定的道理可遵守，然而时常会处于“两可”、“两难”的处境，孟子这里指点了三条智慧。

一是，面对“利”，而要在“可以取，可以无取”两端作出权衡选择的话，那么符合道义的“可以取”，反之则无取。若不符合道义的还取，那么伤害了廉洁。“廉”就是据道义而不苟且贪取，苟且贪取者就是见利忘义了。

二是，面对“惠”，而要在“可以与（施予财物），可以无与（施予财物）”两端作出权衡选择的话，那么若是出于自己内心真诚的施予“可以与”，反之若为了沽名钓誉、另有图谋等不可告人的目的则“无与”。“惠”的意思是把财物分给他人，因此有恩惠、施惠、实惠等说。

三是，面对“死”，而要在“可以死，可以无死”两端作出权衡选择的话，那么能成仁就义的可以死，反之则“无死”。若不能成仁就义的还去死，那么伤害了勇敢。

张居正有评：“此可见天下之事，自取与之间，以至死生之际，大小难易，皆有中道，固不当徇欲害理，以流于不及，亦不必立异好名，以涉于太过。然其可否之几，间不容发，则在乎能择而已。孟子此章正中庸择善固执之功，学者不可不审也。”此评论揭示了其中的智慧，启示人们当慎重审察与权衡世事人事，且权之而能通，衡之而能变。

四、孟子：论辩中的权变之智

这里再从孟子的论辩来体味其中权变的巧妙之智。《公孙丑下》(4.9) 记载：

齐国占领燕国后，燕人起来反抗。因为先前孟子曾向齐宣王提出过建议，可以为燕国设立一个国君，然后就撤兵。此事发展到这一地步，齐宣王很有感触地说：“吾对于孟子感到很惭愧！”齐国大夫陈贾说：“王不要愧疚。王自以为与周公相比，谁是仁且智者？”王曰：“呀！这是什么话啊？”陈贾说：“周公派遣管叔监督殷国的遗民，管叔率领殷国的遗民叛乱。如果是明知有此结果而派遣他去，这是不仁；如果是不察知而派遣他去，则是不智也。仁与智，连周公都没能尽有，而何况您大王呢？请让我去见孟子来解释这事。”

陈贾见到孟子后，穷诘逼问，气势特盛，就像真理掌握在他手里一样。先问周公是怎样的人？孟子说是古代圣人。陈贾再追问，周公使管叔监督殷国的遗民，管叔率领殷国的遗民叛乱，有这事情吗？孟子说，有。陈贾再逼问，周公是知道他将要叛乱而派遣他去的吗？孟子说，没有察觉到。陈贾认为终于达到预期的效果了，这不就是不仁不智吗？既然如此，那么就连圣人都会有过失，况且不是圣人犯错误呢？

且看孟子是怎样从容反驳与反击的。其一，管叔与周公的关系是兄弟关系，正因为有此种关系，周公有点过失，不是也可以理解的吗？其二，君子有过失，有两种不同的态度与做法：古之君子，有过失则改正之；今之君子，有过错则任其发展。古之君子，犯了过错，就像日食月食一样，民众都能见到；等到他更正了，民众都敬仰他。今之君子，岂只是任其发展，又竟然为过错来辩解。孟子后面的话狠狠刺到了陈贾的要害处，从深层揭露出陈贾的出发点与用心。

这场辩论，最后看来是孟子胜出，陈贾本以为稳操胜券，因为不管怎样辩驳，圣人周公都逃不了犯了不仁不智的过错，然而孟子承认圣人也可以犯错误的，并巧妙地转化为另一个问题，即周公的犯错是在情理之内的。另外犯错误是否能改正，是否文过饰非甚至于强辩，这才是关键的所在。这是“经”与“权”

辩证关系的又一次活用！孟子真堪称一位卓越的智者！

我还要说的是，“经与权”之间的辩证法是活泼泼的。其实所谓的“经”随着时代的演进也没有永远不变的，再说所谓的“权”也有“变”与“不变”的辩证法，“权变”也绝不是没有原则的乱变胡变，因此能明经权变，通权达变，始终是一个关键。

类：孟子的逻辑智慧

张君劢在《儒家哲学之复兴》曾说：“孟子认为学问必基于类或万物的观念。‘类’这个词语是《孟子》全书的基本概念。”确实，不仅是孟子关于“类”概念的运用，还有他运用“类”的逻辑智慧，均可以深入研究，并充分吸纳之。

一、类：孟子的逻辑智慧

孟子极其重视“类”的智慧：类——同类——同类之类比——出类拔萃——异类类比——类推；这一序列，内涵丰足。

1. 同类：物从其类·物各有类

《公孙丑上》(3.2) 孟子曾引用有若之说来赞扬孔子：“麒麟之于走兽，凤凰之于飞鸟，太山（泰山）之于丘垤（dié，蚂蚁做窝时，堆在穴口的小土堆，也称为蚁封、蚁冢），河海之于行潦（道路上的无源之水；潦 lǎo，积水），类也；圣人之于民，亦类也。出于其类，拔乎其萃。自生民以来，未有盛于孔子也。”

麒麟对于走兽，同是兽类；凤凰对于飞鸟，同是鸟类；太山之于土丘，同为山类；河海之于水沟，同为水类；圣人对于民众，同为人类。张君劢有说：“孟子表明类的概念对各种不同的学问是非常重要的。孟子在这里为我们指出四类，动物中的走兽、飞鸟，山岳的地理名称以及沟地。孟子看得很清楚，分类的方法是做学问的第一步。”“在孟子类的概念中，‘人’是理性的动物，他之分出这一类，其目的在把人提高到自觉的程度，并使人能运用他的道德反省能力。这就是说，就人而言，思想的合理性是主要的特征。”（《儒家哲学之复兴》）

2. 类比：同类之比·出类拔萃

每类是由同类之物构成，此为物以类聚，人以群分，但是同类中也必有异，且其中必有“出类拔萃”者。什么叫“出类拔萃”？出，是高出、特出。类，是同类。拔，是特起、超出；萃，本指草木丛生，此指同类聚集。此后来为成语，就指从同类里不同一般，特出超拔，卓越不凡。

麒麟，是毛虫之长；凤凰，是羽虫之长；太山，是山丘之长；江河是沟渠之长；圣人，就是众民之长。麒麟、凤凰、太山、圣人，便是同类中的“出类拔萃”者。然而在走兽、飞鸟、丘垤、行潦、民人之中，出类拔萃的是人类；人类中“出类拔萃”的就是圣人。

3. 类比：异类虽异·异中有同

其实孟子所言，又蕴含着另一种智慧，同类固然可以在类中比较其优劣，那么因其每一类中都有佼佼者，也都有众多的平庸者。因此这又是异类之相同者了。比如“出类拔萃”者，在不同类里均有，这不就是异类之相同者了？这是孟子又一大智慧，之所以圣人被称为龙、凤，不就是这等道理？

4. 凡同类者，举相似也

孟子又说：“今夫麰（móu，大麦）麦，播种而耰（yōu，覆种，播种以后再覆盖）之，其地同，树（栽种）之时又同，浡（bó，兴起，旺盛）然而生，至于日至（夏至）之时，皆熟矣。虽有不同，则地有肥硗（qiā，瘠薄），雨露之养，人事之不齐（齐，同）也。故凡同类者，举（全）相似也，何独至于人而疑之？圣人与我同类者。故龙子（古代贤者）曰：‘不知足而为屦（jù，用麻、葛等制成的鞋），我知其不为蒉（kuì，草编的筐子）也。’屦之相似，天下之足同也。”（《告子上》11.7）

这是说，如今假如有种植大麦的，播种以后再覆盖起来，那些地相同，种植的时节又相同，旺盛生长，到夏至时候，都成熟了。虽然有不同的地方，那是因为土地肥瘦、雨露滋养、人事管理的不一样造成的。所以凡是同类的，全都是相似的。

5. 人类：心之同然·类同性同

孟子专门指出：“故凡同类者，举（全）相似也，何独至于人而疑之？圣人与我同类者。”（《告子上》11.7）为什么独独说到人而怀疑起来了呢？圣人与我们是同一类的。

孟子举出古代贤者龙子之言，意思是：“虽然不知道脚的大小尺寸而去做鞋，但是我知人们决不会做出像草筐样子的鞋来。”做出来的鞋子之所以是相似的，有一定的形制，是因为虽然人们的脚有大小的不同，但是脚的基本形状是相同的。确实，脚有一定的形状，草鞋有一定的形制，天下之所以编织出来的草鞋形制没有不同的，是因为天下的脚的形状没有什么不同。——这就是“类同”则“性同”。

二、比类而推·同形同性

孟子又比类而推，即是联缀排比同类的事物，加以类推，指出人类形体里的口、耳、目也是同类则同性的。

"口之于味也，有同耆（嗜好）焉"，孟子说人们的口对于饮食的甘美味道，是有相同的嗜好的。比如"易牙（春秋时期著名的烹饪家、美食家）先得（最先得知）我（我们、人们）口之所耆者也。如使（假使）口之于味也，其性（性质）与人殊（不同），若犬马之（口味）与我（人们）不同类也，则天下何（为何）耆皆从（都依从）易牙之于味也？至于味，天下期（期望）于易牙（所烹调的美味），是天下之口相似也"。（《告子上》11.7）易牙对于饮食的审美，人们都是与他相同的，因为是同类人，故具人之共性。而犬马之口味与人是不同的，此为非同类而性质也不同的缘故。

"耳之于声也，有同听焉"，孟子说人们的耳朵对于声音的审美感知也是相同的。"惟耳亦然（也是这样），至于声，天下期于师旷，是天下之耳相似也"。春秋时期的著名音乐家师旷审辨的美音美乐，也是天下人都期望的，这是因为人的耳朵是同类而同性的

"目之于色也，有同美焉"，孟子说人们的眼睛对于美色也是有共同的审美感知的。如"惟目亦然。至于子都，天下莫不知其姣也。不知子都之姣者，无目者也"。古代的美男子子都，天下的人没有不知道他的美的。如果不知道子都的美，那么大约就是瞎子视而不见者了。

三、人心：心之同然·理也义也

孟子又由上面的人之形体上的同形则同性，再深层揭示出"心之所同然"，即凡是人心都是同样的。他是怎样来作出逻辑类推的？

既然口有"同耆"、耳有"同听"、目有"同美"，那么作为一身主宰的"心"，独独无所同然吗？这就不得不让人觉得"心之所同然"。那么心之所同然者又是什么呢？孟子说："谓理也，义也。圣人先得我心之所同然耳。故理义之悦我心，犹刍豢之悦我口。"孟子认为"理"与"义"，道理与正义就在人们的心里。圣人心里有"理"与"义"，众人心里也有"理"与"义"，只不过圣人对此先知先觉到人心的相同爱好一样而已。"理"与"义"可以让我们的心灵喜悦，就像牛羊猪狗的肉食能使得人们口味美悦一样。这是圣人与众人的同然之美。

最后还要说的是，孟子"类"思辨艺术很高妙，譬如孟子常举一具体而浅显的事例，由此揭示某一抽象的理念，接着再以该事例作为此一理念的表征，进一步对比出与之同性质的论证主题。譬如，孟子说"挟太山以超北海"，这是真的

不能，但是“为长者折枝（有折取树枝、弯腰行礼、按摩肢体等说）”不是真的不能，而是不为罢了。因此说：“故王之不王，不为也，非不能也。”（《梁惠王上》1.7）此即为典型之一例。

有学者认为，孟子对“类”的本质有了进一步的认识：“凡同类者，举相似也”（《告子》），并提出了“知类”的逻辑要求。（《哲学大辞典·逻辑学卷》）黄俊杰还曾将《孟子》书中“类”的用法归纳为两端：其一，“类”在孟子的论述中常被用做对具有相同的种属性质上的归类。孟子对具体事物间的同质性，多用分类的方式加以甄别统属，如圣人、民众皆一类，属人类。其二，“类”在孟子的论述中也常被用做概念性的类比。（《中国孟学诠释史论》）这些解读也可供研究者参考之。

反思：孟子的“无类比附”逻辑

孟子的关于“类”、“类比”诸说，也曾遭遇到古往今来学者的不少评论、批评与反驳。这里也略为之说，可从另一个角度来观察、体会孟子思维的、逻辑的方法。

一、无类：荀子的严厉之斥

《荀子·非十二子》里就这样激烈地批判过子思与孟子：“略法（粗略效法）先王，而不知其统（纲领），犹然（似乎）而材剧（巨）志大，闻见杂博。案往旧（按照以往的旧制）造说（臆造新说），谓之‘五行’（指五常，仁义礼智信），甚僻违而无类，幽隐而无说（说不出内涵），闭约（指学说晦涩）而无解，案（助词）饰其辞，而祗（zhī）敬（恭恭敬敬）之曰：‘此真先君子（指孔子）之言也。’子思唱（通‘倡’，倡导）之，孟轲和之，世俗之沟犹瞀（mào）儒（指愚昧无知的读书人）嚾（huān）嚾然（吵吵嚷嚷的样子）不知其所非（错误）也，遂受（接受）而传之，以为仲尼、子游为兹（因为这些）厚于后世（而被后世尊重）。是则子思、孟轲之罪也。”

这里特别指出了子思与孟子的“僻违而无类”，这对后人影响很大。“僻违而无类”，意思是邪僻违理，不伦不类；而“无类”后来也成为批评孟子逻辑上一种弊病而被定格下来了。

二、无类比附：现代学者的批判

侯外庐等著《中国思想通史》第一卷（1957年版，下文简称《通史》），专门对"思孟学派的'无类'逻辑"进行讨论与批判。此亦略为之介绍。

1．"无类"是思孟学派逻辑思想的特征

《通史》:"在逻辑思想方面，思、孟则纯以曾子自我省察的内省论方法为依皈，由曾子的'以己形物'出发，导出了主观主义的比附方法。在这种方法里，虽然貌似'类比'(尤其孟子特别显著)，而实则全然为一种'无故'、'乱类'的恣意推论。荀子说思、孟的思想'僻违而无类'，此'无类'二字，确足以概括思、孟学派逻辑思想的特征。"——这里指出孟子的"类比"，仅仅是表面上的"貌似"，而实质上是"无类"的、"无故"的、"乱类"的、"比附"的"恣意推论"，且成为孟子的逻辑思想的特征。

2．《孟子》全书充满比附的逻辑方法

《通史》说，孟子是以"好辩"知名的哲人。但是他辩论的方法，他折服论敌的武器是什么呢？这正是曾子所发端、子思所继承并发展了的无类比附逻辑。并且，孟子广泛地运用着比附的方法，以此为解决一切问题的钥匙。

《通史》统计:《孟子》全书261章，共34685字，其运用比附方法以论述问题，竟达61次之多;此外，以古例今，如像借文王、汤、武等等而启示当时，尚不在内。所以说比附逻辑是孟子所最普遍使用的方法。

3．孟子无类比附逻辑的一些特征

《通史》还具体揭示了孟子无类比附逻辑的几个特征，可以一读。

其一，孟子"袭用了墨子学派所发现的类概念，以为比附的依据"。举例如《孟子》"挟太山以超北海"等等例子，"都可以证明孟子蹈袭墨子的'类'概念以从事比附。由于'类'的概念的误用，孔子的'推己及人'的'推'的方法遂得到了放大"。

其二，"墨家主张'异类不比'，孟子坦率地像学舌一般运用这一简单的真理，并且他也常用这一简单的真理为武器来驳击他的论敌"。

其三，孟子"不但运用了'类'的概念，而且又以'类'的存在为根据，发挥了'推'的方法=比附逻辑的德治主义"。

其四，"正由于孟子在认识论及伦理学上是先验主义者，所以孔子学派的比附逻辑，到了孟子阶段，也就成了反经验的唯理论的方法"。

此《通史》还认为:"孟子的'类'概念的混乱，其根源更在于他的先验主义的知识论。因为'类'的正确的发现，以事物之'质'的把握为前提，而'质'的正确的把握，其最初步的工夫，则是通过感性的资料的大量观察与广泛而系统的比较与实验。但是，孟子既已肯定了先验观念的存在，既已排除了感性的认识，而片面地强调理性的认识；既已判定了所谓认识在于寻回我之所固有，自然就不得不放松了对于客观事物的把握；更严密地说来，就是不得不抹煞把握客观事物的可能性乃至必要性。这样，孟子之陷于类的概念的混乱，陷于‘僻违而无类’，正是其先验主义的不可避免的必然的归结。”《通史》又说：“我们可以看出孟子和子思的相同处。但先验观念（理也、义也）的提出，是子思所未有的，而使比附逻辑与先验主义相结合，正是孟子阶段的特点。此外，‘类’概念的强调、比附方法的普遍应用，也是孟子阶段上特有的现象。”

总之《通史》的批判可以让我们看到孟子逻辑思维另一方面的缺陷或过错，这是很有必要、很有意义的研究。当然，孟子是否全犯了这样的错误，这在学术界里或许还是可以继续再作讨论的。

再说，就有学者们反对认为孟子没有逻辑理论可言，反对怀疑孟子是“无类逻辑”、“僻违无类”。这些学者认为孟子重视逻辑范畴的考察，已触及到了一般、特殊、个别的关系、类范畴中种与属的关系，提出了知类逻辑要求，比墨子推进了一步，是儒家正名逻辑理论的开拓者。学者们指出，荀子非难孟子僻违无类，不足以证明孟子的逻辑是无类逻辑。实际上，孟子对类的认识、应用是统一的，尤其他对类的差异性的认识十分深刻。在论辩过程中，他往往能迅速准确地抓住对方混淆类的差异性的逻辑错误给予有力的反驳，使得对手哑口无言，怎么能说这不是一种令人折服的逻辑力量？（《孟子家世》，中国文史出版社）其实我还想到另一个问题，当斤斤于形式逻辑辨析的时候，不要忘记把眼光再移注于孟子的辩证逻辑的关系，若此则可以开掘出孟子的另外的逻辑智慧来了，其实读读孟子具有的辩证思维智慧，就可醒悟于此了。

篇十一

境界智慧：成圣·深造·自得·资深

向慕：孟子成圣的审美境界

孟子凛然断定："人皆可以为尧舜。"（《告子下》12.2）孟子自己也终于成就为"亚圣"，这给人们一种启示，即是他具有那种对成圣的审美境界的向慕与追求。孟子对于历史人物的评论就具有非常鲜明的特点，不仅有独立的人格立场，且赋予强烈的爱憎情感，对远古圣王有一种历史的审美情结，而对春秋的诸霸则是一种蔑视的审丑，此中的智慧也值得体味一番。

一、推崇圣王：历史审美情结

先从孔子说起，他是极其推崇那些远古的圣王、先王的。《论语·泰伯》(8.19) 载，孔子曰："大哉，尧之为君也！巍巍乎！唯天为大，唯尧则之。荡荡乎，民无能名焉。巍巍乎，其有成功也，焕乎其有文章！"又如《论语·卫灵公》(15.5) 载，孔子曰："无为而治者，其舜也与？夫何为哉？恭己正南面而已矣。"再如《论语·泰伯》(8.18) 载，孔子曰："巍巍乎，舜禹之有天下也，而不与焉！"《论语》里有数十章出现对先王的赞评，这一频率也说明了远古的圣王、先王在孔子心目里具有何等崇高的地位！

孟子则继承了孔子这一传统而弘扬之，不仅极其尊崇，且尊崇备至，向慕不已。

1. 孟子论尧

尧，传为上古帝王，五帝之一。帝喾之子，祁姓，名放勋，一名伊祁。原封在唐，故称陶唐氏，史称唐尧。都平阳（今山西临汾西南)。尧曾设官分职，命羲仲、羲叔、和仲、和叔分居东南西北四方，观天象，定历法，授民时，名为"四岳"。

尧之时代，洪水大泛滥，治水成为一件重要的大事。《滕文公上》(5.4)："当尧之时，天下犹未平。洪水横流，泛滥于天下；草木畅茂，禽兽繁殖，五谷不登；禽兽逼人，野兽鸟迹之道，交于中国。尧独忧之，举舜而敷（普遍，布施）治焉。"尧赞同"四岳"之荐举，先命鲧治洪水，九年不成。晚年四岳荐举舜为继承者，经三年考核，命舜摄位行政。他去世后，即由舜即位，史称禅让。

孟子曰："尧以不得舜为已忧。"（《滕文公上》5.4）这是尧对舜的赏识，并揭明平治天下与人才选拔的重大关系。孟子又揭示出，尧对于舜的关爱，曰："尧之于（对于）舜也，使其子九男事之（派出自己的九个儿子去侍奉舜），二女女（嫁）焉（将两个女儿嫁给舜），百官（各种官吏）牛羊仓廪（粮食）备，以养舜于畎亩（田野）之中，后举（然后推举）而加诸上位（极高的职位），故曰，王公之尊贤者也。”（《万章下》10.6）这里揭示出尧的一种用人的大智慧，对于卓越的人才，欲尽尊贤之道，既要能优养，又要能推举。这种既尽尊贤之道，又尽养贤之道，更尽用贤之道，也许对于后人来说也不无启示意义吧。

2. 孟子论舜

舜，传为上古帝王，五帝之一。姚姓，一作妫姓，号有虞氏，名重华，史称虞舜。生于妫（guī）汭（今山西永济）。在尧晚年，舜代尧摄政，巡行四方，除鲧、共工、驩兜、三苗之“四凶”。尧死后，舜登帝位。以禹、后稷、契、皋陶、倕、益等分管政事。后禅让于禹。南巡狩，死于苍梧（今湖南宁远南）。

孟子赞扬舜之大孝至孝。他曾详细解说舜与父母之关系、不告而娶为无后也、与其弟关系等家庭、生活、婚姻之事（《万章上》9.1）。又解释舜做了天子之后，“舜见瞽瞍（舜之父瞽瞍），其容有蹙（舜神色不安）”的道理（《万章上》9.4），此都诠释舜赤诚之大孝。他还曾引孔子曰：“舜其至孝矣，五十而慕（舜五十岁时还眷念着父母）。”（《告子下》12.3）孟子还深层揭示这种大孝的意义与作用，“舜尽事亲之道而瞽瞍厎（zhí，致）豫（乐），瞽瞍厎豫而天下化，瞽瞍厎豫而天下之为父子者定。此之谓大孝。”（《离娄上》7.28）其中蕴含的是由家庭之化与治而至于天下之化与治的大逻辑。

孟子赞扬舜治天下的成功。他说：“舜视弃天下犹弃（抛弃）敝蹝（xǐ，破草鞋）也。”（《尽心上》13.35）“天下大悦而将归己，（舜）视天下大悦而归己，犹草芥也，惟舜为然。”（《离娄上》7.28）这是舜之胸襟与气魄。孟子又说：“舜明于庶物（明白众多事物的道理），察于人伦（明察人伦关系），由仁义行（遵由仁义去行事），非行仁义也（不是强行推行仁义）。”（《离娄下》8.19）孟子曰：“舜以不得禹、皋陶（yáo，为东夷族首领，后任舜的掌管刑法的官）为己忧。”（《滕文公上》5.4）舜像尧一样重视人才的选拔来平治天下。

孟子极力推崇大舜“乐取于人以为善”。孟子曰：“子路，人告之以有过，则喜。禹闻善言，则拜。大舜有大焉，善与人同，舍己从人，乐取于人以为善。自（他自从）耕稼、陶（制陶）、渔（捕鱼）以至为帝，无非取于人者（没有一善言一善行不是从他人那里获取的）。取诸人以为善，是与人为善（指与他人一起行善）者也。故君子莫大乎与人为善。”（《公孙丑上》3.8）子路是闻过则喜，大禹是闻善言则拜，大舜则超越了他们，是与人为善，为更大境界。舜行善没有自己与他人的不同，能舍去自己的不善而依从他人之善，乐意吸取他人的优长而来自己行善。人已两忘，形迹俱化，与人为善，这就是与他人一起行善的浑融气象了。

孟子又曰："舜之居深山之中，与木石居，与鹿豕游，其所以异于深山之野人者几希。及其闻一善言，见一善行，若决江河，沛然莫之能御也。"（《尽心上》13.16）这里揭示再揭示了舜成功之一个关键的地方，即从善如流。

孟子还曰："舜之饭糗（qiǔ，干粮）茹草（野菜）也，若将终身焉；及其为天子也，被（pī，披、穿）袗（zhěn）衣（彩妆锦绣之盛服），鼓琴，二女（尧的女儿娥皇、女英）果（通'婐'，wǒ，侍候），若固有之。"（《尽心下》14.6）孟子描述了舜发迹前后生活与心态的对照：为天子之前，吃干粮，咽野菜，虽贫贱至极，但处之泰然；既不向往未来的富贵，且忘记眼下的困窘，就好像打算一辈子就这样过了。等到做了天子，穿着盛服华衮，弹着琴，有尧的二位女儿陪伴，虽富贵至极，但安之若素；既不追思以往的贫贱，也不看重眼下的富贵，却就像本来就该这样的，没有觉得有什么外加的。这真是了不起的风范！张居正有评："穷达之遇不同，而圣心之天常泰，此正所谓大行不能加，穷居不能损者也。非有得于性分之理，恶能不移于外物之感哉！"顾炎武《日知录·饭糗茹草》有说："大舜之圣也，而饭糗茹草；禹之圣也，而手足胼胝，面目黧黑，此其所以道济天下，而为万世帝王之祖也。"——我再次想起了孟子说的"贫贱不能移，富贵不能淫，威武不能屈"这句话，又思及必定有许多这样的人物活在孟子的心里，然后才会结晶出如此感动百世的警句来，此中的尧、舜、禹等不就是如此的人物吗？

孟子还增补了不少有关舜的史料。如《万章上》记载，弟子万章、咸丘蒙向孟子提出了有关于舜的一系列问题，诸如："舜往于田，号泣于旻天，何为其号泣？"（9.1）；"舜之不告而娶，何也？"（9.2）；"象（舜之弟）日（每天）以杀舜为事，立为天子则放之，何也？"（9.3）；"舜既为天子，敢问瞽叟之非臣，如何？"（9.4）；"尧以天下与舜，有诸？"（9.5）（以上几处均出自《万章上》）孟子一一作出了仔细的回答，其中就有许多宝贵的史料。

再如《离娄下》（8.1）："舜生于诸冯（今山东菏泽南），迁于负夏（今山东兖州北），卒于鸣条（今河南封丘东），东夷之人也。"不过远古的"诸冯"、"负夏"、"鸣条"诸地，今天属于何地也有不同的看法，如"诸冯"或说山东诸城、"鸣条"为河南开封等。然而，东夷当属于东方，则或许没有异议吧。如此等等，丰富了舜的内容。

3. 尧舜合评

孟子"言必称尧舜"（《滕文公上》5.1），不仅增补了不少关于尧、舜的传说材料，还常将尧、舜并言共评同赞。如孟子曰：“尧舜之治天下，岂无所用其心哉？”（《滕文公上》5.4）孟子曰：“尧舜之道，不以仁政，不能平治天下。”（《离娄上》7.1）孟子曰：“尧舜与人同耳。”（《离娄下》8.32）又如孟子曰：“尧舜之道，孝弟而已矣。子服尧之服，诵尧之言，行尧之行，是尧而已矣。”（《告子下》12.2）再如孟子曰：“尧舜既没，圣人之道衰，暴君代作。”（《滕文公下》6.9）

尧与舜

孟子又说：“尧舜之知（智慧）而不遍物（不能遍知万物），急先务也（因为他们要急于去做先要完成的事任）；尧舜之仁（仁爱）不遍爱人（不能遍爱所有人），急亲贤也（因为他们要急于去亲近贤能的人）。”（《尽心上》13.46）尧舜之知之仁，也不是不分缓急、轻重、先后的，而是有所选择、突出、偏倚的，这就是他们的一种智慧！

关于孟子的尧舜之史料与评论，有人说，这些也影响到了后来的历史学家，他们在为尧舜作传时，或在“论”、“赞”、“评”、“曰”中评论尧舜，大体上没有超出孔、孟所划定的框框。（吴怀祺主编《中国史学思想通史》）

4. 孟子论禹

禹，也称为大禹、夏禹。姒姓，名文命。夏朝第一代王。原为夏后氏部族首领，奉舜之命治水，以疏导之法平水治土，疏通江河，兴修沟渠发展农业。治水十三年，三过家门而不入。后以治水有功，继承舜位。曾会诸侯于涂山，又东巡狩至会稽之山，会诸侯，死后葬于会籍。

孟子多次赞扬大禹。孟子曰：“禹恶（厌恶）旨酒（美酒），而好善言。”（《离娄下》8.20）孟子曰：“禹闻善言，则拜。”（《公孙丑上》3.8）孟子曰：“禹、稷（后稷）当平世，三过其门而不入，孔子贤之。”“禹、稷（后稷）、颜回同道。禹思天下有溺者，由己溺之也；稷思天下有饥者，由己饥之也，是以如是其急也。禹、稷、颜子易地则皆然。”(《离娄下》8.29)这里还将大禹、后稷、颜回进行了比较。

孟子对大禹治水多次歌颂。孟子曰:“禹之治水,水之道也(是顺应水性之道),是故禹以四海为壑(把四海作为蓄水之深壑)。”(《告子下》12.11)孟子又说:“如智者若禹之行水(疏通洪水)也,则无恶(厌恶)于智矣。禹之行水也,行其所无事也(依其水流的自然之势顺行疏通,因此就像无所事事那样)。”(《离娄下》8.26)这是对大禹治水智慧的明晰剖视与高度赞扬。

孟子又有具体的叙说,曰:“禹疏九河,瀹(yuè,疏通)济漯而注诸海,决汝汉,排淮泗而注之江,然后中国可得而食也。当是时也,禹八年于外,三过其门而不入。”(《滕文公上》5.4)孟子又曰:“当尧之时,水逆行,泛滥于中国,蛇龙居之,民无所定,下者为巢,上者为营窟。《书》曰:‘洚水警余。’洚水者,洪水也。使禹治之。禹掘地而注之海,驱蛇龙而放之菹,水由地中行,江、淮、河、汉是也。险阻既远,鸟兽之害人者消,然后人得平土而居之。”(《滕文公下》6.9)这是再为大禹歌功颂德!

当然,孟子还赞颂了后稷、商汤、周文王、周武王等,还有辅助圣王、先王的周公、伊尹等人物。举例如,孟子曰:“汤执中(执持中正),立贤(选拔贤人)无方(没有固定不变的方法)。文王视民如伤(看待民众就像慰抚伤者那样),望道而未之见(望见了道而还像没有见到道那样,不自满地求索)。武王不泄迩(不轻侮近臣),不忘远(不遗忘四方的诸侯)。周公思兼三王(想兼学夏、商、周三代君主),以施四事(施行禹、汤、周文王、周武王四人的事业);其有不合(不符合)者,仰而思之,夜以继日;幸而得之,坐以待旦(去立即执行)。”(《离娄下》8.20)

三、糠秕五霸诸侯气派

孟子对于圣王是审美的,而对于春秋五霸、战国诸侯却是审丑的,且是诋毁至深。

孟子说:“五霸者,三王之罪人也。今之诸侯,五霸之罪人也。”(《告子下》12.7)赵岐注:“三王,夏禹、商汤、周文王,是也。”“五霸”,或说齐桓公、晋文公、秦穆公、宋襄公、楚庄王,或认为当为齐桓公、晋文公、秦穆公、楚庄王、吴王阖闾。

孟子排比的历史轨迹:三王——五霸——今之诸侯,依次而下。在孟子看来变成为了王业——霸略——战国,世道衰退如此,真是一代不如一代。孟子的眼里是一种每况愈下的历史发展轨迹,而且不仅如此,后一代成为了前一代的“罪人”,因为后代不断破坏前代的有道、纲纪、法度、禁令,相反奸诈、淫威、妄念、祸乱方面则后代不断逾越前代，得罪了前代，沦为了一代代的“罪人”，成为历史的“罪人”！

孟子有一种气派，“说大人则藐之，无视其巍巍然”（《尽心下》14.34）。后人也可以从这里看到孟子对历史人物的评论的那种别出的手眼与气派。当然，话也得说回来，即使像管仲这样的优秀人物，孔子对他虽有严厉的批评，但也辩证地指出他的历史功绩，但是孟子则是犀利地对管仲全盘否定了。因此孟子带着强烈的感情去评论历史人物，也免不了那种不到位的失误。

三、永世价值：孟子人物评论的智慧

读孟子对历史人物的评论，其实透视内里，便可以深窥孟子显现出来的历史的永世价值。一方面将那些否定的历史人物，永远作为反面教员，警醒人们！更重要的方面，则确实如孟子说的，那些圣人似乎很遥远，很虚无飘渺，且高不可攀，但是孟子又机智地拉近圣人与任何一个时代的当下人距离，甚至使人读了之后，于圣人似乎触手可及。

譬如孟子一方面说舜是那样的伟大，但是一下子又与普通人缩短距离。孟子指出舜不仅是伟大，而是人人都可以做到的。孟子说：“是故君子有终身之忧，无一朝之患也。乃若所忧则有之：舜，人也；我，亦人也。舜为法于天下，可传于后世。我由未免为乡人也，是则可忧也。忧之如何？如舜而已矣。若夫君子所患则亡（无）矣。非仁无为也，非礼无行也。如有一朝之患，则君子不患矣。”（《离娄下》8.28）这段话写得真有境界！舜是人，我亦然是人；舜为天下树立了榜样，可传于后世。我却仍然不免为一个普通人，这个才是可以忧愁的事，忧愁了又怎样呢？那就像舜那样去做就行了！孟子还说：“鸡鸣而起，孳孳为善者，舜之徒也。”（《尽心上》13.25）这是鼓励人们皆可为舜，是的，人人皆可为尧舜！其实孟子也就是这样的榜样，他效法尧舜、追随圣人孔子，亦步亦趋，终于成为一位亚圣式的人物了！

孟子论圣：圣人之论·圣人比较论

孟子对历史人物“知人论世”的智慧，还可以从他对历史上圣人的评论里鲜明地凸现出来。他既对所推崇的各个圣人进行评说，又将他们进行了深刻的比较。孟子认为伊尹、伯夷、柳下惠、孔子等均是圣者，是“百世之师”。孟子又进层辨析，圣虽同一，特点有异。伯夷是“圣之清者”，伊尹是“圣之任者”，柳下惠是“圣之和者”，孔子是“圣之时者”。这种深刻的剖析，让人不得不佩服孟子那种独具的慧眼，以及内里的对历史人物知人论世的睿智。

一、圣人赞：百世之师

1. 先圣后圣·其揆一也

孟子曾比较舜、文王，曰：“地之相去也，千有余里；世之相后也，千有余岁。得志行乎中国，若合符节，先圣后圣，其揆（法度、准则）一也。”（《离娄下》8.1）此两圣王，时空差异如此迥异，然而一旦得志行道于中国，那么彼此就像合起来的符节那样吻合。无论先圣，还是后圣，揆度他们的心志、圣道，则是一致的。这里说了圣人均有其相同的、同道的地方。张居正还指出：“盖战国之时，正学不明，异说纷起，如杨、墨、许行之徒，皆托于圣人之道，以自为一家之言，是以师异道，人异学，而圣道为天下裂矣。孟子称圣人之同道，盖所以深辟当时之异说也。”（《张居正讲评〈孟子〉》）此说也可供参考。

2. 圣人：人伦之至·百世之师

圣人到底是怎样的人？孟子曰：“规矩，方员（圆）之至也；圣人，人伦之至也。”（《离娄上》7.2）圣人，是人伦之极致。孟子又曰：“圣人，百世之师也，伯夷、柳下惠是也。故闻伯夷之风者，顽夫廉，懦夫有立志；闻柳下惠之风者，薄夫敦，鄙夫宽。奋乎百世之上，百世之下闻者莫不兴起也。非圣人而能若是乎？而况于亲炙之者乎？”（《尽心上》14.15）这些圣人奋发于百世之前，然而在百世之后，听闻他们的事迹与精神，莫有不感动振兴起来的，不是圣人能有这样的感召力吗？更何况那些有幸亲身受到圣人熏陶教化的人了！

孟子赞颂圣人是人伦之至、百世之师，是品行臻于极致的人物，不但影响其当时，且流芳百世，为绵延传递至于百世人的师表。孟子常常举出并论说尧、舜、禹，还有伯夷、柳下惠、伊尹、孔子等，这些就是孟子推崇的圣人。

二、论伊尹之圣：圣之任者

孟子记述赞扬了伊尹的历史功业，辅助商汤而王天下，且又教诲太甲，终于得守成汤之业。孟子赞：“伊尹，圣之任者也。”（《万章下》10.1）伊尹视宇宙内事皆在自己的责任内，毅然担当，无一念之推托，真堪称“圣之任者”了。

孟子曰：“伊尹曰：‘何事非君（哪个君子不可以侍奉）？何使非民（哪样的民众不可以使唤）？’治（天下太平）亦进（指做官），乱亦进。曰：‘天之生斯民也，使先知觉后知，使先觉觉后觉。予，天民之先觉者也；予将以此道觉此民也。’思天下之民匹夫匹妇有不与被（享受）尧舜之泽（恩泽）者，若己推而内（纳）之沟中（就好像是自己把人家推到了沟中去的一样），其自任（承担）以天下之重（重任）也。”（《万章下》10.1）这是孟子对伊尹的又一赞评。

孟子又说：伯夷、伊尹，“不同道。非其君不事，非其民不使。治则进，乱则退，伯夷也。何事非君，何使非民，治亦进，乱亦进，伊尹也。”（《公孙丑上》3.2）这是两位圣人的不同道的地方。

三、论伯夷之圣：圣之清者

伯夷，是商代末孤竹君的长子，墨胎氏。孤竹在今河北卢龙东南。孤竹君以其弟叔齐为继承人，孤竹君去世，叔齐让位给伯夷，伯夷逃避。后来两人闻周文王善养老而入周。武王伐纣，两人劝谏，以为不仁。武王灭商，两人隐居首阳山不食周粟而死。孟子赞扬，伯夷其人清操风范，已至清造极，故为“圣之清者”。

孟子对于伯夷多次赞赏。孟子曰：“伯夷，目不视恶（不善）色，耳不听恶（不善）声。非其君（不理想之君）不事，非其民（不理想之民）不使。治（世治）则进，乱（世乱）则退。横政（暴政）之所出，横民（暴民）之所止，不忍居也。思与乡人处，如以朝衣朝冠坐于涂炭也。当纣之时，居北海之滨，以待天下之清也。故闻伯夷之风者，顽夫廉，懦夫有立志。”（《万章下》10.1）——此评论伯夷具有圣人德行，孤介严正，志操高卓。如生活则洁身自好，从政则严择君与民，处世则进退有据有度，交际则不与流俗。他的影响很大，听闻伯夷之风节的，不仅能使有志者振奋，且能使得顽钝无知者具有廉洁的操守，使得懦弱的庸夫有自立之志。

孟子又有曰：“伯夷，非其君不事（侍奉），非其友不友。不立（不做官）于恶人之朝，不与恶人言。立于恶人之朝，与恶人言，如以朝衣朝冠（就像穿上朝服）坐于涂炭（肮脏的泥土灰堆上）。推（推广开去）恶（厌恶）恶（恶人）之心，思与乡人立（设想与乡下人立在一起），其冠不正，望望然去之（生气地离开他），若将浼焉（就像会被她玷污的样子）。是故诸侯虽有善其辞命而至者（即使有动听的言辞来召唤他去），不受（他不接受）也。不受也者，是亦不屑就（不屑去接受）已。”（《公孙丑》3.9）——这虽是伯夷优秀的地方，但是孟子也批评：“伯夷隘”，“君子不由也”。伯夷狭隘了，这一点是君子不能效仿的。

我前段时间去过河南洛阳的偃师，可惜行程匆匆未能登上首阳山去观览一番。据说此地的阳光最先照射到这山上，因取名为首阳山。虽说伯夷隐居的首阳山，有多处说法，况且我也只是远远地仰望，然而心中还是不免充满对伯夷的遐想与敬重，触发出一番为什么他能永垂青史的思考。

三、论柳下惠之圣：圣之和者

柳下惠，是春秋时鲁国大夫。展氏，名获，字季禽，食邑在柳下，私谥惠，故称柳下惠，是无骇之孙。曾任士师，即掌刑狱之官。一次，有海鸟叫爰居，停留于鲁东门之外，臧文仲使国人祭祀，他认为不合祀典。(《国语·鲁语上》)鲁僖公二十六年（前634）齐国攻打鲁国，他派人进说齐孝公，使退兵。相传他“妪（yù，指抚养）不逮门（无住宿的地方）之女，国人不称其乱”。《诗·小雅·巷伯》、《孔子家语·好生》都有他的记载。孟子赞扬柳下惠虽殁，但纯和之德长存，且使闻柳下惠之风者，刻薄刁钻的人会变得敦厚，心胸粗鄙的人会变得宽容。

孟子评论：柳下惠是“圣之和者也”。(《万章下》10.1）柳下惠是和光同俗至极，进退随和绰然，这便是圣之和者。当然孟子又揭示：“柳下惠，不以三公易其介。”(《尽心上》13.28）柳下惠虽是极随和，但又绝不混同污俗，不会因为身居爵位最高的三公而改变他的操守。

孟子曰：“柳下惠，不羞污君，不辞小官（不推辞小官职）。进（在朝做官）不隐贤（自己的贤能），必以其道（办事）。遗佚而不怨，阨穷（处于困窘）而不悯（悲悯）。与乡人处，由由然不忍去（离开）也。‘尔为尔（你为你），我为我，虽袒裼裸裎于我侧，尔焉能浼我哉？’故闻柳下惠之风者，鄙夫宽（浅陋的变得宽宏），薄夫敦（刻薄的变得敦厚）。”(《万章下》10.1)

《公孙丑上》(3.9）又有类似的记载，孟子曰：“柳下惠，不羞污君（不以侍奉昏污之君为羞），不卑小官。进不隐贤，必以其道。遗佚（没被任用）而不怨，阨穷而不悯。故曰：‘尔为尔，我为我，虽袒裼（朱熹注：露臂也。裼，xī）裸裎（朱熹注：露身也。裎，chéng）于我侧，尔焉能浼（měi，污染）我哉？’故由由然（自得的样子）与之偕而不自失焉，援（留，挽留）而止之而止。援而止之而止者，是亦不屑去已（不屑于切切离去，因为他不以离去为洁净）。”(《公孙丑上》3.9)——这虽也是柳下惠优秀的地方，但是孟子接着就批评：“柳下惠不恭”，“君子不由也”。柳下惠不严肃，这一点是君子不能效仿的。

五、论孔子之圣：圣之时者

孟子论孔子内容甚多，散见于本书各处，可观其会通。这里再说一则，孟子曰：“孔子之去齐（离开齐国），接淅（捞起淘着的米）而行；去鲁（离开鲁国），曰：‘迟迟（慢慢地）吾行也。去父母国之道也。’可以速而速，可以久而久，可以处而处，可以仕而仕，孔子也。”(《万章下》10.1）这里比较了孔子“去齐”与“去鲁”的心理内涵是不一样的：“去齐”是如此果断与迅速，捞起还在淘洗的米，不等到烧饭进餐就走路，因为知道齐景公不会用他了。“去鲁”则虽知道鲁定公不足与有为，但还是不忍心马上离开，要再看看情况而决定，因为鲁是生他养他的

"父母国"。此一刻，我也想起了雨果的两句诗："人们不能没有面包而生活，人们也不能没有祖国而生活。"这也许可以反观孔子对"父母国"的那份眷恋的深情！

孟子又曾说："可以仕则仕，可以止则止，可以久则久，可以速则速，孔子也。"（《公孙丑上》3.2）这里连起来看，那么孔子对人生处世处事，仕、止、处、久、速，都采取灵活的方法，在"可"与"不可"之间机智地斟酌、权衡、选择、变化、遵行、放弃。这就是孔子经与权的智慧，也就是一种活的辩证法的施行。因此孟子赞誉："孔子，圣之时者也。"（《万章下》10.1）

六、四圣人比较论

孟子又曾将诸圣进行比较。孟子曰："居下位，不以贤（自己的贤能）事不肖（去侍奉不贤）者，伯夷也；五就（五次就职于）汤，五就（五次就职于）桀者，伊尹也；不恶（不厌恶）污君（污浊的君主），不辞小官者，柳下惠也。三子者不同道，其趋（归趋的方向）一也。一者何也？曰：仁也。君子亦仁而已矣，何必同？"（《告子下》12.6）三圣人的立世处事的方式不同，但是均是遵循仁的原则。

孟子又将此三圣与孔子之圣作出比较，凸现孔子之圣。孟子曰："伯夷，圣之清者也；伊尹，圣之任者也；柳下惠，圣之和者也；孔子，圣之时者也。孔子之谓集大成。集大成也者，金声而玉振之也。金声也者，始条理也；玉振之也者，终条理也。始条理者，智之事也；终条理者，圣之事也。智，譬则巧也；圣，譬则力也。由射于百步之外也，其至，尔力也；其中，非尔力也。"（《万章下》10.1）

孟子推崇圣人，更推崇孔子，因为他是圣人之中最重视时势者，而重时势者是审时度势的一种智慧。具圣德再兼有这种智慧，便是一种集大成的人物。集大成，就像奏乐那样先由镈（bó，大钟）钟奏乐开始，后奏玉磬来结束。镈钟之金声，是肇始节奏旋律之条理；玉磬之玉振，是终结节奏旋律的条理。条理的肇始，是智慧之事；终结条理的，是圣人之事。智慧，譬喻为巧；圣德，譬喻为力量。这就像在百步之外射箭一样，能射到目标，是靠你的力量；能射中目标，就不仅仅靠力量了。

公孙丑曾问孟子："伯夷、伊尹于孔子，若是班乎？"（《公孙丑上》3.2）"班"，同等。孟子曰："否。自有生民以来，未有孔子也。"

当公孙丑曾追问孟子：这几位圣人是否有相同之处吗？孟子回答，曰："有。得（如果得到）百里之地而君之（做君主），皆能以朝诸侯（使得诸侯来朝），有（而拥有）天下。行一不义、杀一不辜而得天下，皆不为也。是则同。"

当公孙丑再追问，曰："敢问其所以异？"孟子再回答，曰："宰我、子贡、有若（孔子的三位高足）智足以知圣人。汙（卑下）不至阿（阿谀、偏袒）其所好（意思是即使他们卑下，也不至于偏袒所喜好之人）。宰我曰：'以予（宰我之名）观于夫子，贤于尧舜远矣。'子贡曰：'见其（一国之）礼（礼制）而知其政，闻其乐（一国之音乐）而知其德。由百世之后（即使由今而往的百代之后），等（差等）百世之王（去评价百代以来的君王），莫之能违也（没有谁能违背孔子之道）。自生民以来，未有夫子也。'有若曰：'岂惟民哉？麒麟之于走兽，凤凰之于飞鸟，太山之于丘垤（dié，蚂蚁穴上的土堆），河海之于行潦（láo，流潦、小溪流），类也。圣人之于民，亦类也。出于其类，拔乎其萃，自生民以来，未有盛于孔子也。'"这里又引用孔子三位弟子对其师的高度评价，衬托出孔子是人类里的出类拔萃的圣人！这也是孟子心目中的孔子辉煌形象与人生典范！孟子说：伯夷、伊尹，"皆古圣人也，吾未能有行焉；乃所愿，则学孔子也。"（《公孙丑上》3.2）孟子学圣、尊圣，尤其心慕孔子之圣，立志之高，思而勉之，终入圣域。

确实如此，孟子之所以最后也成为圣人，且被历史定格为"亚圣"，难道不就是因为他始终以圣人为榜样一路前行吗？难道他不就是特别心仪孔子出类拔萃的圣人典范，而成其为"亚圣"的吗？孟子感叹、羡慕那些能得到圣人"亲炙"者的幸运，且溢于言表，然而又坚定不移地把自己定格为孔圣人的"私淑"者。此真能见其人生"立其大者，得其大"的深刻智慧与成功的要诀了！

境界之审美：美·大·圣·神

孟子于人生、事业等境界之审美，其中"美—大—圣—神"的思辨智慧，是一份极其珍贵的遗产。

《尽心下》（14.25）记载，齐国有个叫浩生不害（姓浩生，名不害）的曾问孟子：乐正子是怎样的一个人？孟子曰："善人也，信人也。"并解释"可欲之谓善，有诸己之谓信，充实之谓美，充实而有光辉之谓大，大而化之之谓圣，圣而不可知之之谓神。"这里蕴含着的美学思辨给后人极大的启示，影响深远。

一、孟子说：善·信

1. 可欲之谓善

孟子的意思是，能被人喜欢的，就称为善；能被人喜欢的人，就称之为善人。“欲”，要；此引申为喜欢、喜爱，与厌恶、可恶相对。如朱熹集注：“天下之理，其善者必可欲，其恶者必可恶。其为人也，可欲而不可恶，则可谓善人矣。”

2. 有诸己之谓信

孟子的意思是，自身确实具有善，这就称为信。“诸”，之于。如朱熹集注：“凡所谓善，皆实有之，如恶恶臭，如好好色，是则可谓信人矣。张子曰：‘志仁无恶之谓善，诚善于身之谓信’。”这里的“如恶（wù，厌恶）恶（è）臭（难闻的气味），如好（hào，喜好）好（hǎo）色（美色）”出自《大学》。

二、孟子说：美·大·圣·神

1. 充实之谓美

孟子的意思是，善充实了就称为美。朱熹集注：“力行其善，至于充满而积实，则美在其中，而无待于外矣。”张居正有详说：“盖善虽实有，而蓄积未充，未足为美也。惟是真积日久，而悉有众善，那方寸之中，充满快足，无少间杂，则章美内含，不徒一善成名而已，这叫做美。”（《张居正讲评〈孟子〉》，下同）

2. 充实而有光辉之谓大

孟子的意思是，不仅充实，而且有光辉，就称为大。朱熹集注：“和顺积中，而英华发外；美在其中，而畅于四支（肢）；发于事业，则德业至盛，而不可加矣。”张居正也有说：“然内虽充积而外无可观，未足为大也。惟是积久而著，蓄极而通畅于四肢，发于事业而不可遏，则诚中形外，已至于广大高明之域矣，这叫大。”

3. 大而化之之谓圣

孟子的意思是，既已大了，而且能感化万物，这就称为圣。

朱熹集注：“大而能化，使其大者泯然无复可见之迹，则不思不勉，从容中道，而非人力之所能为矣。张子曰：‘大可为也，化不可为也，在熟之而已矣’。”张居正也有说：“然大而未能浑化，犹有迹也。惟由大而化之，有日新之至德，而无矜持之劳，有富有之大业，而无作为之迹，则是不思不勉，而能从容中道矣，这叫做圣。”

明代孟子刻像

4. 圣而不可知之之谓神

孟子的意思是，既已圣了，再妙至于不可知，这就称为神了。

朱熹集注："程子曰：'圣不可知，谓圣之至妙，人所不能测。非圣人之上又有一等神人也。'"张居正也有说："夫大而未至于圣，犹可知也。惟圣则不可得而知，至德纯于不显，而意象之俱忘，大业溥于无外，而声色之尽泯，是乃无方无体，神妙不可窥测者矣，这个叫神。"

有意思的是，孟子把自己的弟子乐正子等级定格在"二之中，四之下也"。孟子认为乐正子出于"善"与"信"此"二（等）之中"，为什么呢？因为孟子看来，乐正子目前的造诣，还只在"有可欲"之"善"、"有诸已"之"信"的二者之中，限于资质、学力、修炼、功夫、时间、过程、开悟，还没有能再往上位升级，因此在"四之下"，即是处于"美、大、圣、神"四等之下。当然孟子并不是说乐正子只能停止于此，其实只要不以已有的"善"与"信"为满足，而能精进不止，日新不已，奋斗不息，最后前程照样不可限量，未必不能至于"美、大、圣、神"此四等境界。《告子下》(12.2) 记载，曹交曾问曰："人皆可以为尧舜，有诸？"孟子明确回答："然。"此应当不是虚设的敷衍之"然"吧！

三、湛思：孟子境界审美的思辨内涵

1. 逻辑链：孟子的思辨

孟子的这一思辨内涵深广，真值得广掘之湛思之。我们现在一般都开口讲，真、善、美。然而，孟子讲究的似乎更为深广，乃是：

善——信——美——大——圣——神。

孟子说的是，仅有值得喜欢之"善"、真实具有之"信"，还不等于就是"美"。"美"包含"善"与"信"，但不等同于"善"与"信"，而是在"善"、"信"基础上的再充实、再提升、再发展；这里既有量变，也在质变，是由量变而至于的质变。"充实之谓美"，真是美言美思！

尤其深邃的是，孟子的境界美学思辨之逻辑链还在向前延伸："美"，在不断充实积累里，而终至于光辉迸射之时，那又臻于大美之境地的"大"了。若不是大美之"大"，则像油盏豆灯之微光细辉，怎能光辉四溢？惟其大美之"大"，则如华灯齐放，璀璨辉煌。焦循《孟子正义》："充则畅于四体，光则照于四方。"此亦可供体会。

孟子的境界美学思辨之逻辑链再作延伸：美既已至大，而要能"大而化之"。

一是自己的“大而化之”，即是化去固执己见、拘泥不化、僵硬不变，而化成能审时度势、融化贯通、通权达变、与时俱进。二是，由自我的“大而化之”而至于对他人的化育。如赵岐注：“大行其道，天下化之，是谓圣人。”由此两个“大而化之”，难道还不能至于“圣”的境地吗？

孟子的境界美学思辨之逻辑链最后结环：由“圣”至于“神”。“圣”再提升、再进级，那么到达“不可知之”的“神”的境界。这是神秘莫名、神奇莫知、神妙莫测的神乎其神的至境了。这就像人们常说的就像神龙见首不见尾了，那还不称为“神”吗？

2. 践形：境界审美思辨之联想延伸

由孟子的这一境界审美思辨之逻辑链，我又联想延伸至孟子的“践形”美学说，若再思考之，则又可再深知其内蕴。

孟子曰：“形色，天性也；惟圣人然后可以践形。”(《尽心上》13.38）朱熹集注：“人之有形有色，无不各有自然之理，所谓无性也。”“盖众人有是形，而不能尽其理，故无以践其形。惟圣人有是形，而又能尽其理，然后可以践其形而无歉也。”他认为“性即理”。《孟子正义》焦循注：“形色即是天性。禽兽之形色不同乎人，故禽兽之性不同乎人。惟其为人之形、人之色，所以为人之性。圣人尽人之性，正所以践人之形。苟拂乎人性之善，则以人之形而入于禽兽矣，不践形矣。孟子此章言性至精至明。”他又说：“形而言践履，故以居之明之。”杨树达译文：人的身体容貌是天生的，(这种外表的美要靠内在的美来充实它)，只有圣人才能做到，(不愧于这一天赋)。(《孟子译注》）当然再从深层说，这里又涉及了作为人的外表之美与内在美、美的形式与美的本质的关系等内涵。

“形”，指人的形体，如耳目手足之类。“色”，指容貌，也指形体所动所用者，如耳听、目视、手持、足行、心思、感觉、欲望等。作为人，由于他内在的天性，而有人的“形色”；其实这也就像其他动物一样，虎、狮、狼、狗、猴，各因其内在的“天性”，而有了不同的“形色”。然而，为什么有人长得很貌美，人家还是觉得其不美？为什么服饰特华美，人家也还是觉得其不美？为什么身居美滋滋的要职高位，人家还觉得其很丑恶？这就因为他虽是人，但是他没有按照做人的规矩、准则去践行那条“人”该走的道路，即没有去“践”那该“践”的“形”；如此当然也就“生色”不出美来。“践”，就是践履、履行，跟着道理行的意思。

孟子有曰：“西子蒙不洁，人皆掩鼻而过之；虽有恶人，齐（斋）戒沐浴，则可以祀上帝。”(《离娄下》8.25）春秋时的越国美女西施，如果身上沾染了污秽之物，那么人人都捂住鼻子而躲过去，纵然有倾国倾城之美貌，也审不出其美了。相反，即使一个相貌丑陋的人，若能斋戒沐浴，洗濯自新，内外洁净，那么就可以改恶为善，也可以祭祀上帝了。孟子的这个例子很警动，今天我们依然可以在自己身边寻找到许多这样的例证！

若再作比较，又能进一步明其理：人与禽兽是不一样的，人作为万物之灵，其天性是美的，“形”美“色”美，但是人一旦沦落为禽兽，那就像禽兽一般丑恶了；即使再有着漂亮的容貌，穿着最华美的衣裳，也只不过是衣冠禽兽罢了。这就“践”不了人之“形”，“形”也“生”不出人之“色”来了。因此只有践行人性的美好的东西，比如照孟子看来遵循儒家的那些处世、处事、相交、相待、言行、举动等的规矩与准则，才能“践”其“形”、“形”其“色”，这才真正具有了人之“美”。

关于“形色”、“生色”，这里可以重温孟子之说：“君子所性（本性），仁义礼智根于心（根植于内心）。其生色也，睟（suì）然（脸色清和温润的样子）见于面，盎（盈溢）于背，施（延伸）于四体（四肢），四体不言而喻。”（《尽心上》13.21）孟子再极言之，只有君子、圣人能尽其纯粹之天性，气禀清明，不惑物欲，视听聪明，遵理而行，这才是“践形”！

由此再悟，孟子说的“践形”，“践”就是履，履行、实践，遵循着这些人性的正确道理去身体力行的意思。“践形”就是实现、体现出人所天赋的品质与美质。这在历史上也影响深远，后来也成为中国哲学里的一个专门的用语与理念。唐韩愈曰：“圣人践形之说，孟子详于其书。”（《答侯生问〈论语〉书》）明清之际王夫之重视“践形”，以“践形”论证理欲统一：“形之所成斯有性，情之所显惟其形。故曰：‘形色，天性也；惟圣人然后可以践形’。”（《周易外传》卷一）他还以“践形”作为人生准则：“人之体惟性，人之用惟才。”“形者性之凝，色者才之撰也。故曰汤武身之也。谓即身而道在也。”“性焉安焉者，践其形而已矣。”（《尚书引义》）清代颜元亦讲“践形”，与王夫之颇接近。再看，清曾国藩也有说：“使夫一身得职，而天地万物，各安其分。以位以育，以效吾之官司，所谓践形者也。”试想，其实“践形”从美学角度来看，说的就是一个人美之关键还在于内在、内心的精神世界，要涵养之，丰富之，充实之，最高境界就是像“圣人”那样，这不也就又与孟子的“充实之谓美”相吻合了吗？

结束此篇时，我还想说的是，孟子所主张的境界美学理念似乎主要是针对人格美，是从道德属性来说的，然而照样也含有纯粹的形而上的美学思辨。另外孟子的美学思想与智慧在后世影响很大，并被广泛地借鉴、运用。譬如“充实之谓美”，宗白华在《美学散步》里评论：周济（止庵）《宋四家词选》里论作词云：“初学词求空，空则灵气往来！既成格调，求实，实则精力弥满。”孟子曰：“充实之谓美。”从这两段话里可以建立一个文艺理论。宗白华又说：周济论词空灵以后主张：“求实，实则精力弥满。精力弥满则能赋情独深，冥发妄中，虽铺叙平淡，摹绘浅近，而万感横集，五中无主，读其篇者，临渊窥鱼，意为魴鲤，中宵惊电，罔识东西，赤子随母啼笑，乡人缘剧喜怒。”这话真能形容一个内容充实的创作给我们的感动。司空图形容这壮硕的艺术精神说：“天风朗朗，海山苍苍。真力弥满，万象在旁。”“返虚入浑，积健为雄。”“生气远出，不著死灰。妙造自然，伊谁与裁。”“是有真宰，与之沉浮。”“吞吐大荒，由道反气。”“与道适往，著手成春。”“行神如空，行气如虹！”艺术家精力充实，气象万千，艺术的创造追随真宰的创造。(《论文的空灵与创造》）这又是孟子对现代美学家的一种深刻的启迪，也是现代美学家传递给人们的一种再启迪。孟子美学不仅表现在具体的论点论述上，还在他所表现的美学倾向，即一种自由人格的力量上，这对后来的思想家、艺术家都有很大的影响。

当然，孟子还有不少的美学理念与智慧也常为学者提及。譬如孟子曰：“口之于味也，有同耆（同‘嗜’，嗜好）焉，耳之于声也，有同听焉；目之于色也，有同美言。”(《告子上》11.7）这是说美感具有普遍性、共同性、客观性。在音乐上，孟子的“独乐乐”与“与少乐乐”不如“与众乐乐”、“与民同乐”理念(《梁惠王下》2.1），则又反映审美活动的社会性与历史的真理。(李泽厚等《中国美学史》第一卷）总之，孟子这些内容同样也为人们的美学思考提供了有益的借鉴与启迪。

境界与学问之道：求其放心而已矣

人生境界与学问之道，孟子曾将其聚焦在一个焦点上，那就是把那颗放失的心寻求回来，就可以了。这又是何种理念与智慧呢？

一、求其放心：为道之一“最”

孟子说：“仁，人心也。义，人路也。舍其路而弗由，放其心而不知求，哀哉！人有鸡犬放，则知求之；有放心而不知求。学问之道无他，求其放心而已矣。”(《告子上》11.11）“放”，放逸、丢失。

这里的意思是，仁是人的本心，义是人走的正路。舍弃那样的正路不走，放失那样的本心不知道寻求，悲哀啊！人家有鸡犬丢失了，那么还知道寻求；但有的人放失了本心却不知道寻求。学问之道没有其他途径，只是寻求放失的心回归罢了！

其实，“学问之道”并“非无他”，孟子还讲述了许多学问之道，这在下文就有阐述；但是若与其他种种相比较而言，那么确实“求其放心”为之“最”，为之最紧要、最首要、最为关键的。

人的心思如果攀缘外境，追逐物欲，流荡散乱，浮躁不安，心似猿，意如马，这就是放失其心了。如此“有放心而不知求”的话，那么不要说做学问了，试想哪桩子事情会办好？请看佛教也都说要制约此种放失之心。《法苑珠林》：“岂可放纵心马，不加辔勒；驰骋情猴，都无制锁。”《维摩经·香积佛品》：“以难化之人，心如猿猴，故以若干种法，制御其心，乃可调服。”孟子那里，则就讲究“求其放心而已矣”！

再往学问上看，如张居正说：“今夫学问之道，如讲习讨论，省察克治，其事非止一端，然其切要工夫，非有他术，只是求此放心而已矣。盖天下之理，皆管于心，吾惟收敛放逸之心，使常在腔子里面，则精神有所检摄，志气自然清明，虚灵之内，万理昭著，心存仁存，而义亦无不在矣。学问之功，外此岂复有他务哉！大抵人心，易于放失，如六马在御一般，御勒稍疏，必致奔溃，故须时常摄伏，然后操纵在我，无泛驾之虞，存心之功，亦犹是也。而欲存心者，又不可不从事于学问。学问废，则义理无所讲明，而智虑日昏，心日放而不自知矣，况知求乎！故存心之外，无学问，而学问之外，亦更无存心之功也。”此中所说的道理虽然有不科学不正确的地方，但是也可以给人们启示：心能收敛，减少向外追逐的放失，那么心才会灵动，由此心专神凝、灵性焕发，那么做学问，岂不精进不已，不可限量了？

曾国藩曾说：“圣祖有言曰：学贵初有决定不移之志，中有勇猛精进之心，末有坚贞永固之力。”（《〈国朝先正事略〉序》）试想，此为学的三层次都是关于“心”、“用心”、“存心”、“求其放心”的道理：初始要有决定不移之“志”，此是用心之志的决心；中途要有勇猛精进之“心”，这是进取之心；末尾要有坚贞永固之“力”，这是恒心之坚毅定力。

朱自清《经典常谈·四书》：“会读书的，细加玩赏，自然能心领神悟，终身受用不尽。”心领之，神悟之，意会之，则冥然心中有感，默然心有自得，当然渐进渐深，一生受用。

饶有意趣的是，宋代儒家为宣传道统，借指圣人以心性之精义相传，声称

"人心惟危，道心惟微，惟精惟一，允执厥中"(《古文尚书·大禹谟》)，此十六字为尧、舜、禹递相传授之心法，称为"十六字心传"。而"心传"本来又是佛教语，禅宗谓不立文字，不依经卷，唯以师徒心心相印，悟解契合，递相传授，此可见唐希运《传心法要》。这更可知晓，学问里"求其心而已矣"的必要与分量了。

二、求放心：一暴十寒·专心致志

孟子是创编与讲述寓言故事的高手，常以此进行生动而深刻的说理与明道。这里两则，可以说明其"求放心"的道理与智慧。

1. 一暴十寒

"求放心"与恒心间的关系，"一暴十寒"当为之戒律。《告子上》(11.9)载，孟子曰："无或（迷惑）乎王之不智也。虽有天下易生（最容易生长）之物也，一日暴（pù，晒）之，十日寒（冻）之。未有能生者也。吾见（见君王）亦罕（少）矣，吾退（退离）而寒（冻）之者至矣。吾如有萌（善心的萌芽）焉何哉？"

后来有了"一暴十寒"，或作"一曝十寒"的成语，意思是晒一天，却冻十天，那么最容易生长的也长不了。此用来比喻做事没有恒心。宋吴镒曾说："一齐众楚，薛居州不能善其君；一暴十寒，虽孟子不能智其主。"后者就是说的这一事。至于前者，是说战国时宋国良臣薛居州不能使得国君向善。这是因为"一齐众楚"，即是像有一个楚国大夫希望他的儿子学齐国话，如果"一齐人傅之，众楚人咻之，虽日挞而求齐也，不可得矣"。(《滕文公下》6.6)一个齐国人辅导他，却有众多的楚国人对其高声喧哗，即是每天鞭挞他学习齐国话，也不可能。这又说明所处环境的重要性了。

2. 弈秋教徒

"求放心"，才能进而专心致志。《告子上》(11.9)载，孟子又有曰："今夫弈（下棋）之为数（技艺），小数（小技艺）也；不专心致志，则不得也。弈秋，通国（全国）之善弈者也。使弈秋诲二人弈，其一人专心致志，惟弈秋之为听。一人虽听之，一心以为有鸿鹄（天鹅）将至，思援（拿）弓缴（zhuó，箭上的丝绳，此指箭）而射之，虽与之俱学，弗若之（比不上）矣。为（因为）是其智弗若与？曰：非然也。"

那种"专心致志"者才可教诲，方能学成。"专心"是心的定力，有此定力，坚忍不拔；"致志"是心志的定向，有此定向，不会迷途。弈只是游戏之事，尚且如此，学习高深的学问、大道，那就可想而知了。

三、启示：朱熹的一段问答录

《朱子语类》曾记载朱熹与陈植的一段值得体味的对话。

器之（陈植，字器之）问："尝读《孟子》'求放心章'，今觉心中有三病：笼统不专一，看义理每觉有一重似帘幕遮蔽，又多有苦心不舒快意。"

（朱熹）曰："若论求此心放失，有千般万样病，何止于三？然亦别无道理医治，只在专一。果能专一，则静；静则明；明则自无遮蔽；既无遮蔽，须自有舒泰宽展处。这也未曾如此，且收敛此心专一，渐渐自会熟，熟了自有此意。看来百事只在熟。且如百工技艺，也只要熟，熟则精，精则巧。"——朱熹指出只要"专一"，就能求得放失之心，真堪一针见血地揭示要诀。

器之又问："先生往时初学，亦觉心有不专一否？"

（朱熹）曰："某（朱熹自指）初为学，全无见成（即现成的）规模（规制、格局），这边也去理会寻讨，那边也去理会寻讨。向时诸前辈每人各是一般（各有一种不同）说话。后来见李先生（李侗，著名理学家），李先生较说得有下落（着落），说得较缜密。若看如今，自是有见成下工夫处。看来须是先理会个安著处，譬如人治身，也须先理会个屋子，安著身己，方始如何经营，如何积累，渐渐须做成家计（家事的计划打算）。若先未有安著身己处，虽然经营，毕竟不济事。为学者不先存此心，虽说要去理会，东东西西，都自无安著处。孟子所以云'收放心'，亦不是说只'收放心'便了。'收放心'，且收敛得个根基，方可以做工夫。若但知'收放心'，不做工夫，则如近日江西（指陆九渊，因其江西人，故有此称）所说，则是守个死物事。故《大学》之书，须教人格物、致知，以至于诚意、正心、修身、齐家、治国、平天下，节节有工夫。"

《朱子语类》还有这样的记载，有一次朱熹举出《遗书》，乃是北宋程颢、程颐兄弟著作的合编，说："根本须先培壅，然后可立趋向。"又云："学者须敬守此心，不可急迫，当栽培深厚，涵泳于其间，然后可以自得。今且要收敛此心，常提撕（提醒振作）省察。"确实如此，人欲立世或为学均必须先要培植养护根本，此后可以确立志趣意向。"壅（yōng）"字可再体味之，那就是把土或肥料培在那植物的根上。学者则须敬肃戒慎地守着此心，不可急迫，当栽培深厚，涵泳（指深入体会）于其间，也就是能深潜其内体会体味，此后才有真正的自我心得。如今就要收敛此心，常要提醒振作与检查反省。

《朱子语类》卷 115 还曾有说："为学须是裂破藩篱，痛底做去，所谓一杖一条痕，一掴（guó）一掌血，使之历历落落，分明开去，莫要含糊。"学问要做到这般田地，不"求其放心"可以吗？否也！

末了，我回想起清代胡林翼在家书里曾语重心长地叮嘱："学业才识，不日进，则日退，须随时随事，留心著力为要。事无大小，均有一定当然之理，即事穷理，何处非学？昔人云：'此心多水，不流即腐。'张乘崖亦云：'人当随时用智。'此为无所用心一辈人说法，果能日日留心，则一日有一日之长进；事事留心，则一事有一事之长进。由此而日积月累，何患学业才识之不能及人也！"（张明仁《古今名人读书法》）这里频频说："留心著力为要"、"日日留心"、"事事留心"。"留心"即是留住那颗心，也就是要时时事事去"求其放心"，把心留住，不要放纵了甚至收不回来了。这不也就是孟子所说的人生与学问的进境之道吗？

深造自得：人生·学问·法门·气象

孟子人生境界的整体气象，如泰山岩岩一般，其学问也一似岩岩泰山。程颢曾将孔子、颜子、孟子三人作比较，说："仲尼元气也，颜子春生也，孟子并秋杀尽见。仲尼天地也，颜子和风庆云也，孟子泰山岩岩之气象也。"（《二程全书·明道语录》）他又说："孟子才高，学之无所依据。"这或许可以体会孟子那种深造自得的雄肆与渊邃，而之所以能达到这样的境地，也许解读他睿智的论说，可以省察并效法之。

一、深造自得：孟子之妙道

孟子曰："君子深造之以道，欲其自得之也。自得之，则居之安；居之安，则资之深；资之深，则取之左右逢其原，故君子欲其自得之也。"（《离娄下》8.14）孟子此章集中揭示出了抵达"左右逢其原"境界的路径：

深造—以道—自得—居安—资深—左右逢原（源）

孟子在这里指出要由"深造"而至于"自得"，此中欲不断深入地前进，从而达到精深的左右逢源的境界。"造"，是指往那里去的意思，如"登峰造极"即此用法。"深造"，赵岐注："造，致也。言君子学问之法，欲深致极竟之，以知道意。欲使己得其原本，如性自有之也。"朱熹集注："造，诣也。深造之者，进而不已之意。"深造也即是前进而不停止的意思。后来有"造诣"一词，指学业达到的程度。

“自得”，指自我的心得，自己真的具有心得体会。人生也罢、读书也罢、学问也罢、工作也罢，如此等等，若真能常有己心之得，便自然有所领悟、体验、贯通，便能进而心契、心裁、得心应手、声入心通、心有灵犀一点通。清代章学诚《文史通义·申郑》：郑樵“独取三千年来遗文故册，运以别识心裁，盖承通史家风，而自为经纬，成一家言者也”。这或许就是一例吧。

二、深造必自得·自得必深造

深造之必以“道”，朱熹集注：“道，则其进为（前进作为）之方（方向、方法等）也。”今天我们可以理解为正道、规律、途径、原则、方法等。不遵循“道”而自以为是的“深造”，则会误入邪路，陷入泥坑，不能自拔。

深造必以道，还必定要“自得之”；而只有“自得之”，也才表明是真正的深造。教育家陈青之有说：这是“自动”学习之法。“被动的学习都是外铄的肤浅的知识，心中必无所得，等于未学。知识若是由自己苦心研究出来的，才能彻底明了，能够活用到实际上面。”“即或有时非教师当面教授不可，只能教授一种简单的学习法子，至于巧妙处还在学者自己体验出来，所谓‘大匠能与人规矩，不能使人巧’。”（陈青之《中国教育史》上）

“自得之道”，譬如自己能好学、好问、好思、好求师访友、好观摩切磋等等，都是一种自得之道。举例如好问，即是一种自得之道。如《尚书·汤诰》：“好问则裕，自用则小。”自用者，若至于刚愎自用，则最终必将遭遇败毁。

再如自我的“好思”，也是自得之一法。《论语·子罕》载，孔子曰：“巽（xùn，恭顺、谦虚）与（赞许，恭维）之言，能无说（悦）乎？绎之为贵。”这是说面对人家对自己说恭维的赞许话，能不喜悦吗？但是要以能分析而为贵。

什么是“绎”？这就是抽丝，抽引而出。“抽绎”就是抽取出头绪出来，“寻绎”寻理出事物的头绪出来。学习工作中能够反复“绎思”，必能在往复的推究思考里得其精湛；能够“绎味”，必能在反复寻绎体味里获得真髓。又“紬（chōu）”，抽引，理出丝缕的头绪来，故又有“绎紬”之说，即是寻绎义理，理其端绪。好学，乃至于学了很多的东西，但是没有一个头绪、系统，就像一团乱丝、乱麻，必须进行梳理，具有系统性，一旦如此，当然必能自得。清代王夫之《读四书大全·中庸》：“说若庞杂，此《中庸》之所以不易读也。唯熟绎本文，以求其条理，则自得之。”学习其他经典，不也是如此？关于这一话题，笔者所著《读孔子》（上海辞书出版社，2010年）有详细解读，可参见。

三、自得：居安·资深·左右逢源

孟子再曰：“自得之，则居之安；居之安，则资之深。”治学如果不能“自得”，那么就不能通彻融会，贯穿纵横，而学与行有阻，事与理有碍，心与道有隔，那么居之则如何能安顿下来？因此只有“自得之”，才能使得诸种阻之、碍之、隔之均消融，臻于无滞会通，无间合一，精神凝定。至此则身与心为一、心与理相契，那么身不为外物所侵夺，心不为外物所迷惑，当然能“居之安”矣！能“居之安”，则既具真，又获善，还得美，众妙荟萃，溥博渊泉，当然“资之深”。

“资之深”什么意思？朱熹集注：“资，犹藉也。”藉，有凭借的意思。“资之深”也就是指所能凭借的是湛深的，因此“资”也就解释为积蓄。后来有了“资深”一词，指积蓄深厚，也指阅历丰富、资格老。

孟子又曰：“资之深，则取之左右逢原，故君子欲其自得之也。”朱熹集注：“左右，身之两旁，言至近而非一处也。逢，犹值也。原，本也，水之来处也。”如果能积蓄深厚，可凭借者丰厚，这时候再欲去获取的话，那么必定左右逢源，唾手可得，易如反掌了。

四、深刻内涵的经典解读

关于此章，朱熹有经典解读，如其集注：“言君子务于深造而必以其道者，欲其有所持循，以俟（sì，等待）夫默识心通，自然而得之于己也。自得于己，则所以处之者安固而不摇。处之安固，则所藉者深远而无尽。所藉者深，则日用之间，取之至近，无所往而不值其所资之本也。程子曰：‘学不言而自得者，乃自得也。有安排布置者，皆非自得也。’然必潜心积虑，优游（从容致力求索）厌饫（指吃饱、吃腻；饫，yù，饱）于其间，然后可以有得。若急迫求之，则是私己而已，终不足以得之也。”此解读可以为后人好高骛远、欲求速成等冒进者下一针砭。

其实，世人、学人要得那“居安资深”之地，也绝非易事。王守仁《传习录》：“为学须有本原，须从本原上用力，渐渐盈科而进。”这里又想起明代王守仁《传习录》附有的《朱子晚年定论》，其中王氏门人袁庆麟有这样感慨的话：“麟无似，从事于朱子之训余三十年，非不专且笃，而竟亦未有居安资深之地，则犹以为知之未详，而览之未博也。”此人三十余年都在专心诚笃地钻研朱子（朱熹）之说，但是还未能达到博学、详知的地步，还没获那“居安资深之地”，此自我反思，很有警醒作用。他还诚挚地说：“敢以告夫同志，使无若麟之晚而后悔也。”

焦循《正义》也有经典的诠释值得一读一悟，曰：“按《易·系辞传》云：‘夫《易》所以极深而研几也。’唯深也，故能通天下之志；唯几也，故能成天下之务。‘深造’，即极深也；‘以道’，即研几也；‘自得’，则通天下之志，成天下之务也。一阴一阳之谓道；道者，反复变通者也。博学而不深造，则不能精；深造而不以道，则不能变。精且变，乃能自得；自得乃能不疾而速，不行而至，为至神也。非博学无以为深造之本，非深造无以为以道之路，非以道无以为自得之要，非自得无以为到用之权。读书好古而能自得之，乃不空疏，不拘滞，而示之以‘深造以道’，又申之以‘博说详说’，两章牵连互发，赵氏（岐）以问学之法标之，可谓知言矣。”这里揭示出：

博学—深造—以道—至精—权变—自得—至神。

其实，孟子此教诲与智慧对今人来说已经不仅仅是“读书好古”的问题了，而是可以运用到人生、学习、学问、学术、技术、科研、管理等各方面了。由于“深造”，才会有深思有熟虑，才会有真知有灼见，才能确然无疑，这便是“自得”了，当然运用之妙，则又在于存乎一心了。

我又记起梁启超说：“深造以自得，以至于左右逢源。（《离娄下》）‘义理之悦我心，犹刍豢之悦我口。’（《告子上》）此学问兴味之说也。人能以学问为一种嗜欲，为一种兴味，则日进而不自知矣。故孔子曰‘学而时习之，不亦说乎’；又曰‘知之者不如好之者，好之者不如乐之者’。乃知宋贤之教，犹不免以学问为桎梏，非善教者也。”（梁启超《读〈孟子〉记》）试看，今日教育、教学不乏以“桎梏”来禁锢学生者，读孟子之言、梁启超之解能使人幡然醒悟乎？

孟子“深造自得”之说对后世影响深且巨，今天我们还常常使用“深造”一词，比如“出国深造”、“考研深造”、“拜师深造”等等，今天的意思也就是更进一层的深入学习和研究，其起源即出于孟子。写到这里，忽然脑海里又冒出一个成语“深刺腧髓”来。宋代叶适曾用此语来形容一种渗透的理解，就像深深刺入腧穴进入骨髓那样，其《〈覆瓿（bù，小瓮）集〉序言》：“使读者剖幽析微，深刺腧（shù，穴位）髓，渠不开智？”此可以与“深造自得”互观并察。人能深晓“道”之所藏，深知“学”之所准，精思不辍，终至神会心融，灼见深理，达到如此深邃且显明的境地，那真是取之左右逢其原（源）了！

智慧纷呈：博学·说约·渐进·启迪

人生境界里的学问智慧是精彩纷呈的，此可以再观孟子是怎样教导人们博学、详说、反约的，是如何教诲人们循序渐进的。这里逐一解读，愈加可识孟子的睿智卓越。

一、博学·详说·说约

孟子在学问上还授予人们一条重要的“规矩”。孟子曰：“博学而详说之，将以反说约也。”（《离娄下》8.15）这是教诲人们，要广博地学习，并详细地阐说，并且要由此再返回到能说出其要点的地步。

1. 学与说：博学·详说

孟子曰：“博学而详说之。”此揭示出二要点：一是学必须博，要广博、渊博。二是学必须详细、详尽地解说、阐说。

关于此章解读，赵岐注：“博，广。详，悉也。广学悉其微言而说之者，将以约说其要。意不尽知，则不能要言之也。”这句话说得很辨证。“章旨，言广寻道意，详说其事，要约至义，还反于朴，说之美者也。”

再看焦循《正义》：“微有二义，一幽隐，一纤细。言幽隐，则轻浅者不易解；言纤细，则高简者不屑解。悉其微言而说之，则尽其幽隐、纤细之言而解释之，要即根原也。不博学而徒凭空悟者，非圣贤之学，无论也；博学而不能解说，文士之浮华也。但知其一端，则诐而非要；但知其大略，则浅而非要。故必无所不解，而后能知其要博。”

2. 再“说”：将以反说约也

孟子在“博学而详说之”的基础上，又提出一种再“说”，即是“将以反说约也”，那就是要反过来再进一步抽绎出、概括出、提炼出精当、明晰、简约的要旨。这种再“说”，必不可缺，否则学问就没有圆成。

戴震曰：“约，谓得其至当。”（《孟子字义疏证》）焦循《正义》：“详与约相反，惟博且详，反能解得其约；舍博且详而言约，何以能解？”崔述《考信录提要》：“孟子曰：‘博学而详说之，将以反说约也。’然而欲多闻者，非以逞博也，欲参互考订而归于一是耳。若徒逞其博而不知所择，则尽读五车，遍阅四库，反不如孤陋寡闻者之尚无大失也。”（转见《古今名人读书法》）此说也用孟子的智慧警示人们，多闻当铭记非炫耀逞博，必须知其所择，要以反说约，归于一是。

关于孟子的这种“规矩”。朱熹集注：“言所以博学于文而详说其理者，非欲以夸多（夸耀自己学识渊博）而斗靡也；欲其融会贯通，有以反而说到至约之地耳。盖承上章（指《离娄下》8.14）之意而言，学非欲其徒博，而亦不可以径约也。”朱熹还揭出了一种很重要的智慧，学问并非只是想要博，也不可以径直至约，这里得经历一个完整的过程。王夫之说：“约者博之约，而博者约之博。故将以反说夫约，于是乎博学而详说之，凡其为博而详者，皆为约致其功也。若不以说约故博学而详说之，则其博其详，假道谬途而深劳反复，果何为哉？”（《读四书大全论》）然而孟子又有深论：“言近而指远者，善言也；守约而博施者，善道也。”（《尽心下》14.32）如此再上升至“守约博施”，守持把握的虽极简约，而施行效用却极广博，这是善道。我这里如果将这过程抽绎出来，那便是：

学——博学——说——详说——反说约——守约施博

若再细分析此种智慧，又有数端可解读：

其一，学习首先要广博，若不能广博则识见浅陋，识见浅陋则不能贯串旁通，井中之蛙如何能一览云天？博学则要旁搜远览，遍观尽识，此为由少而至于多。

其二，由此广博，进而要说，且又能详细解说。此即是在博学的基础上，再作深入究析，穷其变化，不仅需要独学苦学，还要问师访友，辩驳反复，经由详析、详辨、详核、详审，然后才能臻于详尽解说之“详说”。这又是一种由少至于多、至于深的进境。

其三，既已博学，且又能详说之，虽一学一说，已抵达一博一详之地，但是还嫌不够，此后必须要反过去返回到“说约”的境界。“说约”，换言之，就是阐说其简约、精要的核心道理、根本指归。核心的道理是“约”的，然而外化外现时则散见于万殊之中，由万殊里简约出“一”来，这是“点地升天”的功夫！因为这不是表面上的简单的由“详说”返回“说约”，而其实是一种是由多变少，由粗变精的质的升华，由此也更能驾驭纷杂的表象！

“详说”与“说约”，虽均是“说”，但由“详”而至“约”，是一种质的变化，前“说”与后一再“说”也有了质变的不同。一旦能解说到简明精切之“约”、融会贯通之“要”，而终至明要害、知要领、得要则、抵精要的地步，那么这才是真正有所学成，修炼到了学问的上乘工夫与境界！这些内涵也充分显示出孟子高超的辩证法智慧！

其四，终至“守约施博”，便是由学至于用的最高层面。如张居正说：“人之为道，固不可失之狭小，然使其好大喜功，只顾外面粉饰，而其中漫无所守，未得为善道也。惟所守者，简要省约，若不足以致用，而施之则功用溥博，愈推而愈不匮。这等的道理，才是有体有用，可以经世而宰物者也，非善道而何？”孟子揭示的完整过程及其进阶，令人心为之明、眼为之亮！

二、学问：循序渐进的智慧

1. 盈科而进·不已至极

孟子曰："原泉混混，不舍昼夜，盈科而后进，放乎四海。"（《离娄下》8.18）这里说，有源头的泉水，昼夜不停地流淌，填满了坑洼而后再前进，最后终于奔流至四海。朱熹集注："原泉，有原之水也。混混，涌出之貌。不舍昼夜，言常出不竭也。盈，满也。科，坎也，言其进以渐也。放，至也。言水有原本，不已（不停止）而渐进以至于海，如人有实行，则亦不已而渐进以至于极也。"

孟子又曰："流水之为物也，不盈科（坑洼）不行；君子之志于道也，不成章（指文章，也即文采）不达。"（《尽心上》13.24）孟子的意思与智慧是：流水这种东西，不填满前行路途中的坑洼，就不会再向前流行。水流就是这样循序渐进地盈满一个又一个的坑洼，最后才流到大海。朱熹集注："成章，所积者厚，而文章外见也。达者，足于此而通于彼也。""圣人之道大而有本，学之者必以其渐乃能至。"

这里可以抽绎出几个最重要的智慧：一是，水流之志向远大，不奔流到大海，决不回头；人之为学也当有此大志。二是，虽有大志，还必须要循序渐进，盈科而行，否则也到不了大海。三是，要盈科而行地流至于大海，这又必恃源头的充沛，必恃积储深厚的力量，否则同样到不了大海。四是，君子有志于道，学之者有志学，就要一似奔流到海的那种循序渐进，渐进不已的图景与智慧。再说，君子的文采之所以不能显露在外，这是表明其造诣还未到，不能通达于高深之境地，因此那种英华、光辉还不能焕发出来。这也就像还没有到达大海，何来那种海纳百川、波涛翻卷、气象万千的气象？

总之，孟子让人们开悟：人生的境界、事业、学问等都有一个循序渐进、积渐而行、由渐而至的智慧。这是不能一蹴而就、一步到位的。正如朱熹说："不已而渐进以至于极也。"混混水流以大海为最后归宿，不仅心志远大，且积蓄丰厚，浩然沛然，又坚毅不拔地不断盈科而进，从而终于滔滔不绝地奔流到大海。

关于循序渐进还有其他的意象思维也饶有意趣，如王夫之曾说："乃不知决一疑，又入一疑也。解圣贤文字，须知剥笋相似，去一层，又有一层在，不可便休，须到纯净无壳处，笋肉方见。"（《读四书大全说》下册）这是一种"剥笋"式的循序渐进的路径，另有视角，别有旨趣，然而相比较而言，孟子的源泉混混之水的盈科而渐至于大海的意象更具魅力。

2. 进锐则退速

孟子说：“其进锐者，其退速。”（《尽心章上》13.44）这是说，前进太猛锐的，那么其结果是后退也快速。这又是一种辩证法，惟其主观上贪图“进锐”，而不顾及各方面的客观条件，虽表面上“进锐”了，然而事实上遭遇的是“退速”。这种情况在历史上、现实里常常听到见到，这在为学上是一条戒律，而在从政、管理等方面其实也无不如此，当警戒之。

朱熹集注：“进锐者，用心太过，其气易衰，故速退。”从教育、教学方面解读，则可再看张居正之说：“以为学言之，功固有所当进，序亦在所当循。若志意太高，工夫太骤，其始非不勇猛锋锐，而气过激则易衰，力已竭而难继，奋发未几，而怠惰随之，其退必速矣，岂能望其成功于终乎？”其实仅从心气、工夫角度来解读，也仅是窄小的方面，说解得还不够到位，人们还可以从更多方面，比如目标宏大、任务的繁重、规律认识的艰难等等，去认识孟子这一条大智慧。

行文至此，不禁又想起孟子的“揠苗助长”，即“拔苗助长”的寓言故事。这也是欲其禾苗速长，即“其进锐者”，然而却导致立刻枯槁，即“其退速”。孟子生动描绘：“宋人有闵（悯，担忧、担心）其苗之不长而揠（yà，拔）之者，芒芒然（疲倦的样子）归（回家），谓其人曰：‘今日病矣（累坏了），予助苗长矣。’其子趋而往视之，苗则槁（枯槁）矣。天下之不助苗长者寡矣。以为无益而舍之者，不耘苗（不给禾苗除草；耘，除草）者也；助之长者，揠苗者也。非徒无益，而又害之。”（《公孙丑上》3.2）不耘苗者，虽无益，但无害；拔苗助长者，不仅无益，还有害；然而“天下之不助苗长者寡矣”。孟子的断言，真是犀利！试看在现代人的四周，在社会上的方方面面，还不依然是“天下之不助苗长者寡矣”？天下就爱干这“拔苗助长”蠢事的人，真是太多了！

三、再联想：深造自得之智

这里又联想到孟子“深造自得”之论，犹可再作一点申述。明代李贽说：“此事虽大，而路径万千，有顿入者，有渐入者。渐者虽迂远费力，犹可望深造。”（《复京中友朋书》）“顿入”是一种顿然的领悟，此可与“顿悟”沟通。佛教语有“顿悟”之说，指不需要时间与阶次，而直接悟入真理。如《宋书·夷蛮传·天竺迦黎国》记载：晋宋间名僧有道生，“幼而聪悟，年十五，便能讲经。及长有异解，立顿悟义，时人推服之”。后来成为“直指人心，顿悟成佛”之旨，禅宗南宗更主其说。

然而，渐入渐进应是深造之必须路径。好高骛远、贪恋快捷方式，终究不能成就大器。学习、学问，必须由卑至高，由近至远，由浅至深，由粗至精。此须要优游涵泳，从容求索，深入体会，触类旁通。学者若厌卑近而骛高远，贪快捷方式而恋坦途，卒至无成焉。如《宋史·程颢》曰："病学者厌卑近而骛高远，卒无成焉。"

"渐入"，是与"顿入"相对的，就像"渐悟"、"渐修"与"顿悟"相对一样。佛教"渐悟"，指渐次修行，心明累尽，方能达到无我正觉的境界。我们不去说佛教史上的"顿悟"与"渐悟"之争了。但是其实，我想最聪明的人如果不达到一定的知识、智能的积累，恐怕要顿悟也是悟不出来的。比如一个只会初等数学的人，要他再去顿悟高等数学如何可能？一个连中学物理也没学过人，如何能悟出爱因斯坦的相对论呢？

我想学问高远，积学才能至，功深才会成，渐行渐修，才能渐入佳境。既然序在有循，功在不舍，故不可进锐，而要以盈科而进至于海、铁杵磨成绣花针的那种心态与做法，才能达到炉火纯青、深造自得的境界！

羿射日（汉代画像石刻）

四、启发：必志于彀·引而不发

1. 导师与弟子：必志于彀

人生、学问的道路上，导师与弟子的关系当怎样？孟子就曾用羿的智慧来启发人们，羿是传说里的远古时代的善射高手，在教导上很有方法。

孟子曰："羿之教人射，必志于彀；学者亦必志于彀。"（《告子上》11.20）"志"，期望，要求。朱熹集注："志，犹期也。""彀（gòu）"，把弓拉满。这是说，羿之教人射箭，必定要求把弓拉满；学射箭的人也必定要求自己把弓拉满。孟子用此来教诲人，也是一种启发，即启迪教者与学者首先必须先从达到要求、标准、规矩下手。

2. 引而不发，跃如也

孟子又曰："羿不为拙射变其彀率。君子引而不发，跃如也。中道而立，能者从之。”（《尽心上》13.41）羿不因为是拙劣的射手，而改变其把弓拉满的标准。君子仅是把弓拉满，而不射发出箭，只是跃跃欲试地做出示范。君子确立在道的中间，有能力的便会随从他学习。这也是孟子的启发式之教：“引而不发，跃如也”，是启迪学生自己去琢磨怎样去射发、射中、射准等，此中的道道必须由射手自己去实践、体会、总结、贯通的。君子确立在中道，也是以不过不及、不高不低、不偏不倚的榜样在引导、在启迪学生。

张居正有个较详细的解读，很有意蕴，说：“是以君子立教，但告以务学的方法，不告以得道的妙处。如教人以致知，使知此道而已，而知之精细的去处，则待其自悟，未尝轻示之也。教人以力行，使体此道而已，而行之纯熟的去处，则待其自化，未尝强聒（guō）之也。就如射者引弓至满而不发矢的一般，虽其至道之妙，不容以轻传，而上达之机，固已指示于言意之表，其所不发者，殆踊跃著见于吾前矣。夫引而不发，则斯道若隐而难知，而跃如之妙存焉，则其理固显而易见。非难非易，无过不及，昭昭然揭中正之矩以示人，特（只是）人不知所从耳。惟善学者，由其所引之端，究其不发之蕴，为能因言见道，灼然明向往之途，体道成身，确然敦践履之实。高不失之太过也，卑不失之不及也，而道中立者，始于是乎有从入之地矣，岂不可几及为患哉。夫道一而已矣，自阻则苦其登天之难，自勉则契其跃如之妙，是在学之者，有力有不力耳。”这里有好几层意思，若能咀嚼一番，是颇有滋味的。可与篇八有关内容互观。

写到这里，笔者感触良多。孟子因其自我的“深造自得”，因此侃侃而谈道理，一似左右逢源之泉流汩汩不已，一如满树繁花灼灼灿烂绽放！

文章境界：著述立说·焕乎雄文

孔子是圣人，孟子亦然；孔子是大教育家，孟子亦然；孔子是万世师表，孟子亦然如此。孔子遗教留下一部《论语》，光焰万丈；孟子流传一本《孟子》，百世不废。曹丕《典论·论文》：“盖文章，经国之大业，不朽之盛事。年寿有时而尽，荣乐止乎其身。二者必至之常期，未若文章之无穷。”《论语》如此，《孟子》亦然如许，《孟子》之七篇，对后世产生了深刻而强烈的影响，引起了一代代来者对孟子的注重与推崇；其中还就因其焕乎文章，雄文辉映！

一、哲文：文以明道，必如孟子而可

《孟子》一书析大道，讲哲理，精辟警醒，深入人心。清代吴敏树有读《孟子》的体会与评论："余读孟子之书，窃窥其所学，大要以性善践形为本，以集义养气为功。其推而出之为先王不忍人之政，本末终始，条列秩然。其于当时纵横形势之说，坚白破碎之辩，皆未暇诘难，独辟杨、墨以正人心，黜言利好战之徒而崇王道。其言皆关万世之患，愈久远而益信。然使以孟子之道，而他人为之书，将不胜其迂苦拘阂（hé，阻碍、隔阂），深眇（耳旁），而天下后世卒莫知其所指也。今而读孟子之书，如家人常语然，岂不以其文之善乎？然则所谓文以明道者，必如孟子而可焉。不然，吾恐道之未足以明而或且幽之也。其不然乎？自孟子外，荀卿之书最善，然文繁而理寡，去孟子固远矣，微独其道之多疵也。余喜学古文，古文之道由韩子。韩子之推原孟子，故余于孟子之文尽心焉。然自宋以来儒者益尊孟子，而近代用以课文造士，学者讲而熟之，且急于诸经，以是愈不知读孟子。余惧乎是，故别抄为书而时省诵焉。"陈柱在其《中国散文史》里评述："吴氏之说，诚有卓识。"

我想，吴敏树真是确有见地，其中条分缕析，内容颇富：既说孟学内涵之要，又述孟子行文之妙；妙在像平常家里人说话一般，用"如家人常语然"来"明道"，且是明白那千古均能受用的要道大道；妙在他人写不到这样的境界，而孟子似乎轻而易举地做到了；妙在荀子之文不及孟文，妙在唐代古文家韩愈极其推崇孟子。

二、雄文：孟文辩论风采

孟子之雄文及其辩论风采最为人们称道。他的文章气势浩然，声势沛然，若不可阻挡，启人心志。这里再看《万章上》（9.9）孟子论辩风采一例——

万章问曰："或曰：'百里奚自鬻（自己卖身）于秦养牲者，五羊之皮，食牛，以要秦穆公。'信乎？"——这里万章询问一位历史人物百里奚事迹的真伪。百里奚曾是虞国的大夫，据说将自己卖身给秦国养牲口之牧场主，只换来五张羊皮的价钱，且去饲养牛，以此来求得秦穆公的任用。最后终于在秦国任相，辅助秦穆公建立霸业。这是真的吗？且听孟子之辨析。

孟子先是断然否定，并指出这是一种好事者伪造的结果。孟子曰："否，不然。好事者为之也。"

其次，孟子说："百里奚，虞（国）人也。晋人以垂棘之璧（垂棘之地所产的玉璧）与屈产之乘（屈产之地所出的马），假道于虞（向虞国借路）以伐虢。

宫之奇谏（进谏不能借路给晋人），百里奚不谏。”——这里一谏，一不谏，说明百里奚的“不谏”，是因为知道进谏了也没用，此可见是位智者，深具睿智。

孟子接下来说：“知虞公之不可谏而去（离开）之（至于）秦，年已七十矣，曾（竟然）不知以食（喂养）牛干（求取任用）秦穆公之为污（污浊）也，可谓智乎？（姚按，此一层孟子用反问，揭出百里奚做法的‘不智’；如此则与先前他不进谏的‘智’，构成矛盾。）不可谏而不谏，可谓不智乎？（姚按，再作反问，百里奚先前的做法可谓‘不智’吗）知虞公之将亡而先去之，不可谓不智也（孟子又自答）。时举于秦，知穆公之可与有行（可以与他共同干一番事业）也而相（辅助）之，可谓不智乎（第三次反问，百里奚的做法可谓‘不智’吗？孟子这里连用三次反问，用意在揭示百里奚前前后后做法在“智”与“不智”上面构成了矛盾）？相秦而显其君于天下，可传于后世，不贤而能之乎？（姚按，由‘智’转入‘贤能’的辨析，反问百里奚的做法是不贤能吗）自鬻（卖）以成（成全）其君，乡党自好者不为（乡里自爱的人也不去做的），而谓贤者为之乎（姚按，既然下位层次的人都不愿意干的事，那么贤者百里奚会去干吗）？”

此段很短的文字里，表现出孟子的反诘犀利，辨析分明，雄辩不已。孟子紧紧抓住传说的百里奚的前后行为逻辑在或“智”与或“不智”、或“贤能”与或“不贤能”之间，存在着不可调和的矛盾。这些矛盾可以否定百里奚“自鬻于秦养牲者，五羊之皮，食牛，以要秦穆公”之传说。孟子的雄辩里，就常见这样的对答反驳，其辩捷锐利，权变锋出，随机而化，锋芒毕露，纵横无碍。

清代牛运震著《孟子论文》，专门评论孟子之文章，于此章则有曰：“一意翻成数层，曲折矫变。六段五‘乎’字一‘也’字，轻重顿挫，抑扬起落，清脱如活，而神情飞动，真有笔舌相生，意到机随之妙。段段提起说，又段段落下，笔势真有兔起鹘（hú，鹰类猛禽）落（成语指兔子刚出来，鹘就降落捕捉，比喻迅捷）之妙。此及前数篇皆辨驳文字，而此篇忽化为明灭闪烁之笔，笔态起伏离奇，烟云万状，尤为耸观。”评论得很到位。

三、美文：琳琅满目

《孟子》一书在行文、论说、剖析、辩论的技巧方面令人每每赞叹不绝。譬如清代包世臣《艺舟双楫·文谱》里曾用“垫拽”之法来评析孟子行文之美。如包氏说：“垫拽者，为其立说之不足耸听也，故垫之使高；为其抒议之未能折服也，故拽之使满。高则其落也峻，满则其发也疾。”

“垫”法，“垫之使高”，如包氏举例《公孙丑上》（3.6）来读析：所以谓人皆有不忍人之心者，今人乍见孺子将入于井，皆有怵惕恻隐之心。非所以内交于孺子之父母也，非所以要誉于乡党朋友也，非恶其声而然也。这里说出了“皆有怵惕恻隐之心”，本已经揭明主旨，行文可以结束。但是尤恐不足以耸人听闻，故像将水位垫高令水下泻得更有力量，更据冲击力一样，在下文又连用三个以“非”字引领的排比句来“垫之使高”，果然如此泻下，则气势充沛，更具警醒力量。“拽”法，“拽之使满”。这就像把弓拉拽得满满的，然后射出的箭就更具穿透力。

我这里再略析《公孙丑下》(4.1)“天时不如地利”章，仅165字，却玲珑剔透，真堪美誉为短篇论说的极品。从论述来说，立论鲜明，论辩生色，既丝丝入扣，又波澜起伏，一似神龙变幻莫测，一如江河九派归海。首先提出总论点“天时不如地利，地利不如人和”，此后则将其中的两个分论点，作出由并提而至于分承的论说。此先由总而至于分，然后再由分而至于总，即是下文归结的“故曰”云云，且再深化了先前的论点。顺此再作波浪翻滚，庄严地推出了“故君子有不战，战必胜矣”的结论。其次，此章中的修辞方法也是美不胜收：或有蝉联者，如“天时不如地利，地利不如人和”等；或排比者，如“城非不高也，池非不深也，兵革非不坚利也，米粟非不多也”等；有对偶者，如“得道者多助，失道者寡助”等。且该文警句迭出，如“天时不如地利，地利不如人和”等，不一而足。这些元素被巧妙地建构在这篇短文里，使其文所载之道与载道之文臻于瑰丽隽永，光辉熠熠！

三、钱氏父子评论《孟子》雄文

钱钟书曾赞扬《孟子》文章风神，有这样的分析解读：“《孟子·梁惠王》章孟子对曰：‘王何必曰利？亦有仁义而已矣。……王亦曰仁义而已矣，何必曰利’；回环而颠倒之，顺下而逆接焉，兼圆与义（见《毛诗》卷论《关雎》五），章法句法，尤为致密。试拈《楚策》三陈轸（zhěn）曰：‘舍之，王勿据也；以韩侈之智，于此困矣。……舍之，王勿据也；以韩侈之智，于此困矣’；顺次呼应，与《孟子》相形，风神大减。”“陈善《扪虱（shī）新语》卷二亦云：桓温见八阵图，曰：‘此常山蛇势也。击其首则尾应；击其尾则首应，击其中则首尾俱应。’予谓此非特兵法，亦文章法也。文章亦应宛转回复，首尾俱应，乃为尽善。’《左传》、《孟子》、《中庸》、《谷梁传》诸节，殆如腾蛇之欲化龙者矣。”（《管锥篇》第一册）这是钱钟书对《孟子》文章的高度评价。

钱钟书之父钱基博《中国文学史》也有赞论，说：“作《孟子》七篇，包罗天地，揆叙万类，以浩然之气，发仁义之言，无心于文，而开辟抑扬，高谈雄辩，曲尽其妙；终而又曰：‘予岂好辩哉；予不得已也。’一纵一横，论者莫当。”

钱基博还指出了孟子之文与孔子之文的不同及其特色和地位，并将孟子与庄子之学之文，进行比较，析同别异，说：“儒者之文，至《孟子》而极跌宕顿挫之妙。道家之文，至于《庄子》而尽荡逸飞扬之致。盖庄子之学，出于老子，而解散辞体，出于疏纵；犹孟子之学，出于孔子，而解散辞体，发为雄肆；其揆（准则、道理）一也。辞气激宕，消息世运；文章之变，盖至此极。孔老之文，雍容浑穆，如天闲良骥，鱼鱼雅雅（‘雅’，通‘鸦’；指鱼行成贯，鸦飞成阵，喻指威仪整肃的样子），自中节度。而孟庄则神锋四出，如千金骏足，飞腾飘瞥，蓦涧跃波；虽皆极天下之选，而以德以力，则略有间矣。然孟与庄又自不同。盖孟文开阖变化，庄更益以缥缈；孟文光辉发越，庄又出于诙诡。庄生玄而入幻，孟子正而不谲。其大较也。”（同上）这里钱基博给予了孟子之文极大的赞美，且梳理了孔子与孟子之间、老子与庄子之间、孟子与庄子之间的传承、发展、异同之关系。有意思的是，钱氏父子相继激赏孟子之文，均高度赞美不已。

三、赞叹：古今络绎不绝的赞美

诚然，孟子的文章具有丰富的美学含蕴，不仅给后人不尽的美学享受，而且成为了一种杰出的典范。文学史上有所谓“韩潮苏海”之说，明代方孝孺有评：“退之（韩愈）俊杰善辩说，故其文开阳阖阴，奇绝变化，震动如雷霆，淡泊如韶濩，卓矣为一家言。”（《张彦辉文集序》）苏轼说：“吾文如万斛泉源，不择地而出，在平地滔滔汩汩，虽一日千里无难。”（《文说》）然而无论韩愈之文潮，还是苏轼之文海，其中均与孟子雄文之气势气派有一定的关联。韩愈、苏轼都推崇孟子，此外王安石等等，其文章也深得孟子的影响。

再如明代李贽在《四书评·孟子卷》也有不少用“妙”与“奇”、甚至用“神”与“圣”来赞论的。在《士之不托诸侯章》（《万章下》10.6）李贽评语：“此篇与后篇，收起关应，都非思议所及，真生龙活虎文字也。《孟子》全部，固文之圣矣；兹二篇者，真尤圣之圣乎？”就在此篇的后篇《敢问不见诸侯章》（《万章下》10.7）李贽依次评语：“起得奇”、“跌宕”、“入此一段更奇妙”、“跌宕”、“收得妙”；“有波澜，有起伏，有翻腾，绝妙文字。熟读之而不能文者，吾不信也。起结都奇。”——孟子是圣人，而李贽认为孟子之文也是圣者，而此两篇文则是“圣之圣”，可见其推崇如许！

再如《牛山之木尝美矣章》（《告子上》11.8）李贽连续有批语：“正意尽见于客，做到主处，不费一毫气力，而道理跃然。文字至此，神哉！”“无限叮咛，无限嘱咐，看他是恁么心肠。”“此篇文字，大奇处在劈头一节，大妙处在临了两节。而其描写放心处，亦咄咄如画。神品。此等文章，真足可唤回醉梦。”

再如《庄暴见孟子章》（《梁惠王下》2.1）李贽批语：(1) 眉批“绝妙文字，的真神品”。(2) 又旁批“妙”。(3) 又旁批“更奇”。(4) 又旁批“动火了”。(5) 又旁批“善开导”。(6) 眉批“画”。(7) 又眉批“画”。李贽的总批：“如此机锋，如此描画，千古无两。”再如《交邻国有道章》（《梁惠王下》2.3）里李贽批语：“看他文字关应处，似开实合，妙绝，妙绝！”

我又记起鲁迅说：“孟子生当周季，渐有繁辞，而叙述则特精妙。”（《汉文学史纲要》）“特精妙”就是对《孟子》文章境界的高度赞美！

四、言辞文章：智慧瑰丽结晶

《孟子》一书结晶出一大批言辞工整、涵意深邃的名言、警句、美言、成语、典故，且络绎而至，琳琅满目。此为《孟子》的又一文章境界，是智慧的瑰丽结晶。此极大地丰富了汉语的宝库，千百年来流播世间，美不胜收。这里列出部分成语、典故（含引用的名言名句）及其在后世的衍生词语，一窥其美富，而其他的名句美言已经在本书各处有不少解读，可参见。

1. 采撷《孟子·梁惠王篇》上、下——

不远千里·不远万里·与民偕乐·弃甲曳兵·五十步笑百步·不违农时·养生丧死·始作俑者·率兽食人·野有饿殍·深耕易耨·坚甲利兵·妻离子散·仁者无敌·油然作云·沛然下雨·浡然兴之·引领而望·仁心仁术·君子远庖厨·心有戚戚·明察秋毫·挟山超海·权知轻重·度知长短·缘木求鱼·尽力而为·尽心而为·小不敌大·寡不敌众·弱不敌强·放辟邪侈·制民之产·仰事俯畜·无失其时·勿夺其时·疾首蹙頞（额）·妻离子散·刍荛雉兔·以大事小·以小事大·匹夫之勇·衡行天下·睊睊胥谗·饮食若流·流连荒亡·流连忘返·流连之乐·荒亡之行·罪人不孥·鳏寡孤独·怨女旷夫·内无怨女，外无旷夫·就事论事·顾左右而言他·为民父母·幼学壮行·箪食壶浆·水深火热·大旱云霓·大旱望云霓·吊民伐罪·诛君吊民·视死不救·见死不救·凶年饥岁·上慢残下·出乎尔者，反乎尔者·出尔反尔·创业垂统·从者如归·效死勿去·棺椁衣衾·臧仓沮君，等等。

2. 采撷《孟子·公孙丑篇》上、下——

艴然不悦·由反手·易如反手·易如反掌·易于反掌·故家遗俗·流风善政·乘势待时·鸡鸣狗吠·莫之能御·饥者易为食·渴者易为饮·犹解倒悬·倒

悬之急·事半功倍·浩然之气·至大至刚·揠苗助长·拔苗助长·具体而微·仕止久速·阿其所好·出乎其类，拔乎其萃·出类拔萃·以力服人·以德服人·心悦诚服·般乐怠敖·无敌天下·运之掌上·恻隐之心·怵惕恻隐·扩而充之·火然泉达·火之始然，泉之始达·反求诸己·闻过则喜·舍己从人·与人为善·袒裼裸裎·天时地利·地利人和·得道多助，失道寡助·采薪之忧·采薪之疾·采薪之患·大有作为·地丑德齐·绰绰有余·绰绰有裕·绰有余裕·有所矜式·以有易无·不豫色然·怨天尤人·彼一时，此一时·平治天下·舍我其谁，等等。

3. 采撷《孟子·滕文公篇》上、下——

言必称尧舜·绝长补短·取长补短·于心不忘·齐疏之服·饣粥之食·未尝学问·驰马试剑·上有好者，下必有甚焉者·民事不可缓·有恒产者有恒心·无恒产者无恒心·取民有制·天下通义·为富不仁·为仁不富·粒米狼戾·出入相友·守望相助·因时制宜·若保赤子·爱无差等·三过其门而不入·饱食暖衣·逸居无教·用夏变夷·南蛮鴃舌·枉尺直寻·不忘沟壑·枉己直人·独行其道·富贵不淫·贫贱不移·威武不屈·父母之命，媒妁之言·钻穴逾墙·钻隙逾墙·钻穴逾垣·逾墙钻穴·通功易事·毁瓦画墁·一傅众咻·胁肩谄笑·洪水猛兽·乱臣贼子，等等。

4. 采撷《孟子·离娄篇》上、下——

离娄之明·不以规矩，不成方员（圆）·不以六律，不正五音·仁心仁闻·规矩准绳·率由旧章·播恶于众·道揆法守·泄泄沓沓·陈善闭邪·身弑国亡·身危国削·孝子慈孙·殷鉴不远·恶醉强酒·天下国家·顺天者存，逆天者亡·执热不濯·濯缨沧浪·濯缨洗耳·濯缨濯足·自侮人侮·自毁人毁·自伐人伐·天作孽，犹可违；自作孽，不可活·水之就下·兽之走圹·为渊驱鱼，为丛驱雀·三年之艾·自暴自弃·安宅正路·在迩求远·在易求难·舍近求远·舍易求难·杀人盈野·杀人盈城·罪不容诛·听言观眸·声音笑貌·男女授受不亲·授受不亲·易子而教·不虞之誉·求全之毁·好为人师·不孝有三，无后为大·手舞足蹈·若合符节·视如土芥·视如寇仇·不为已甚·赤子之心·深造自得·居安资深·左右逢原（源）·由博返约·言无实不祥·不舍昼夜·盈科后进·声闻过情·执中立贤·立贤无方·视民如伤·泄迩忘远·夜以继日·坐而待旦·私淑诸人·掩鼻而过·逢蒙学射·苟求其故·仁者爱人·过门不入·己饥己溺·被发缨冠·易地而处·垄断乞墦·富贵利达，等等。

5. 采撷《孟子·万章篇》上、下——

劳而不怨·恝然无愁·忸怩作态·得其所哉·欺以其方·难罔非道·藏怒宿怨·源源而来·岌岌可危·齐东野语·如丧考妣·遏密八音·天无二日·民无二王·以文害辞·以辞害志·以意逆志·永言孝思·孝思维则·行事示之·天视自我民视·天听自我民听·不肖子孙·自怨自艾·割烹要汤·一介不与·一介不取·幡然而改·先知觉后知·先觉觉后觉·匹夫匹妇·枉己正人·归洁其身·顽廉懦立·先知先觉·先觉先知·父母国·速久处仕·集大成·金声玉振·玉振金声·始终条理·贵贵尊贤·却之不恭·杀人越货·于今为烈·充类至尽·辞尊居卑·辞富居贫·抱关击柝·位卑言高·志士不忘在沟壑·勇士不忘伤其元·茁壮成长·义路礼门·知人论世，等等。

6. 采撷《孟子·告子篇》上、下——

生之谓性·食色性也·物必有则·民之秉夷·好是懿德·舍生取义·取义成仁·平旦之气·一暴十寒·专心致志·鸿鹄将至·舍生取义·取义成仁·嘑尔与之·蹴而与之·失其本心·求其放心·心之岌则思·天爵人爵·岂有他哉·乐善不倦·人同此心·令闻广誉·杯水车薪·射必志彀·大匠诲人，必以规矩·寸木岑楼·钧金舆羽·五十而慕·无问其详·愿闻其指·敬老慈幼·言归于好·独夫民贼·大貉小貉·大桀小桀·以邻为壑·喜而不寐·拒人千里之外·谗谄面谀·畎亩之中·动心忍性·困心衡虑·征色发声·生于忧患而死于安乐·不屑教诲，等等。

7. 采撷《孟子·尽心篇》上、下——

尽心知性·知性知天·存心养性·夭寿不贰·顺受其正·求得舍失·万物皆备于我·反身而诚·强恕而行·机变之巧·无所用耻·行之不著·习而不察·好善忘势·穷不失义·达不离道·致敬尽礼·独善其身·兼善天下·自视欿然·良知良能·过化存神·孩提之童·沛然莫御·德慧术知·孤臣孽子·正己物正·君子三乐·仰不愧天·俯不怍人·俯仰无愧·不愧不怍·广土众民·不言而喻·睟面盎

背·不言而喻·观于海者难为水·游于圣人之门难为言·曾经沧海·曾经沧海难为水·鸡鸣而起·一毛不拔·摩顶放踵·执中无权，犹执一也·举一废百·久假不归·安富尊荣·居仁由义·弃若敝屣·视如敝蹝（屣）·移气养体·形色天性·圣人践形·时雨化之·春风化雨·成德达财·成德达才·私淑艾·私淑弟子·引而不发·以道殉身·以身殉道·进锐退速·仁民爱物·当务之急·放饭流歠·尽信书，则不如无书·春秋无义战·天下无敌·若崩厥角·饭糗茹草·随遇而安·箪食豆羹·箪豆见色·百世之师·陈蔡之厄（厄）·不理（顺）于口·憎兹多口·以其昭昭使人昭昭·以其昏昏使人昭昭·茅塞顿开·冯妇搏虎·再作冯妇·负嵎（隅）顽抗·大而化之·以言餂之·不言餂之·言近指（旨）远·守约施博·舍己芸人·堂高数仞·榱题数尺·食前方丈·食味方丈·方丈盈前·养心莫善于寡欲·其志嘐嘐·夷考其行·言不顾行·行不顾言·踽踽凉凉·阉然媚世·同乎流俗·合乎污世·同流合污·自以为是·君子反经，等等。

有论者还这样评价：《孟子》的语言明白晓畅，平实浅近，同时又精练准确。和古奥难懂的《尚书》及铜器铭文显然不同。它继承发展《论语》、《左传》、《国语》等开创的新的书面语言形式，形成了一种精练简约、深入浅出的语言风格。可以说，后来统治了我国两千多年的标准书面语，在《孟子》那里已经成熟了。（袁行霈主编《中国文学史》第一卷）我还想要说的是，《孟子》一书形成的许多成语、典故、警句也成为文学语言、书面语言与民族智慧的宝藏。这不就是孟子的又一种言辞行文深造自得、左右逢源的卓越境界吗？

篇十二

孟子的千古之谜

谜与故事：孟父·孟母·孟妻

孟子的家庭有很多的谜。若追溯他的先祖，那么可以寻至于鲁国公族孟孙，但是世系怎样，就不清楚了。焦循《孟子正义》说："孟子既以孟为氏，宜为孟孙之后，但世系不可详，故赵氏（指赵岐）以'或曰'疑之耳。"

再说孟子之父，或说名激，字公宜。他是怎样一个人，是个谜，据说在孟子幼年时就去世了。《三迁志》："孟子三岁而父孟激卒，母仉（zhǎng）氏有贤德。"孟子之母仉氏，生平事迹也不可详考，然而她对孟子成长的教育流传着动人的传说与故事。

1. 孟母三迁

赵岐《孟子题辞》：孟子"生有淑质，夙丧其父，幼被（受到）慈母三迁之教。"

刘向《列女传》有较详的记载："邹孟轲之母也，号孟母，其舍近墓。孟子之少也，嬉游为墓间之事，踊跃筑埋。孟母曰：'此非吾所以居处子。'乃去，舍市傍。其嬉戏为贾人炫卖之事。孟母又曰：'此非吾所以居处子也。'复徙舍学宫之傍。其嬉游乃设俎豆，揖让进退。孟母曰：'真可以居吾子矣。'遂居。及孟子长，学六艺，卒成大儒之名，君子谓孟母善以渐化。"

三迁成名

这个故事很温馨，流传得既广又远，给人诸多教育与启示。一个优秀人才的成长往往与家庭的教育有着极其密切的关系，而其中母教的作用很重要，尤其是在童年、少年阶段。"孟母三迁"故事还具有哲理性，那便是生存环境对人的影响非常重要，特别在启蒙之时。开始时，孟家靠近墓地，因此孟子做游戏也就模仿丧葬之事。于是孟母搬家于市场旁，孟子做游戏也就变为模仿商贾吆喝买卖之事。孟母再搬家于"学宫"旁边，孟子做游戏也就变为模仿摆设礼器、演习礼仪。孟母最后就选定此处居住。

孟子幼年时，或许并不了解其母的用心，但是最终醒悟了此中的道理。《滕文公下》(6.6) 孟子就讲述了“楚人学齐语”的故事，解释语言环境对学习语言的重要性，推而广之，人的成长环境不也是如此吗？

据学者考证研究，孟子出生地就在现在邹县城北25华里邹兴乡的凫（fú）村，也称傅村、富村，古称孟儒里、邹儒里。据说今村内还立有“孟子故里”坊一座，存有孟母故居、孟母泉、孟母井等古迹。(《孟子家世》，中国文史出版社) 这里离开曲阜仅有20余里地，如此接近，也让孟子与孔子的心理距离变得如许接近，大约也是他自称为孔子的“私淑弟子”的一个元素吧？

后来孟母毅然由凫村迁移至庙户营，现位于邹县城西北部，本是繁华集镇地，商贩熙熙，闹市攘攘。据说村里有孟子故居三间，墙壁上镶嵌有孟子七十代孙孟广均的一块碑。房内原来供奉着孟母、孟父像，院外大门傍立有“孟母三迁祠”的石碑。最后孟母又决然由庙户营迁居学宫傍，此位于邹县城南门崇教门外路东。据说子思，即孔伋在这里设置学宫讲学，后来称为子思书院。孟子故居在子思书院之右，此有一台高一丈，为孟子曝书台。元代于台西修筑断机堂。此处原来建有子思祠、孟母祠（亦称三迁祠、断机堂），并刻有“子思作中庸处”、“孟母断机处”、“亚圣孟子洗砚池”等碑刻。前两块现存放在孟庙内，后一块碑和这两座祠院及曝书台等建筑，现均已无存。

2. 断织劝学

“断织劝学”，也称为“断机喻学”等。《列女传》记载：孟轲“稍长就学而归，母方绩，问曰：‘学何所至矣。’对曰：‘自若也。’母以刀断织。轲惧，问其故。母曰：‘子之废学，若我断其织矣。君子学以立名，问以广其知，是以居以安宁，动则远害。今而废之，是不免于厮役而无以离于祸患也。何以异于织绩而食，中道废而不为，宁能衣其夫子而长不乏食哉？’轲惧，旦夕勤学不息”。此《韩诗外传》也有记载，文字略有不同。

断机喻学

孟母见儿子不用功读书，便割断自己织成的布匹，教育他学习就像织布的道理一样，不能中道而废；织布中断了就没有生活来源，学问中断了就不能抵达成功。孟子从此之后日夜用功勤读不止。清代雍正元年邹县知事在《三迁志·序》："向非宣献三迁教，虽为天下所生以传道之人，纵有出类拔萃之资，而混然中处于邪说横行之天下，欲不为所惑，岂不难哉！""宣献"就是指孟母，元代仁宗时，朝廷曾追封亚圣邹国公父为邾国公、母仉氏为邾国宣献夫人，更塑像为一品冠服。（《孟子家世》）

3. 杀豚不欺子

西汉韩婴《韩诗外传》卷九："孟子少时，东家杀豚，孟子问其母曰：'东家杀豚何为？'母曰：'欲啖（dàn，给吃）汝。'其母自悔失言。曰：'吾怀妊是子，席不正不坐，割不正不食，胎教之也。今适有知而欺之，是教之不信也。'乃买东家豚肉以食之，明不欺也。《诗》曰：'宜尔子孙，承承兮（小心谨慎的样子）。'言贤母使子贤也。"父母在子女面前的榜样太重要了，读此知道孟母自律甚严。

写到这里又不禁想起古人对胎教的重视，也早有胎教论。譬如刘向《列女传·周室三母》论胎教曰："古者妇人妊子，寝不侧，坐不边，立不跸（bì，站立不正），不食邪味，割不正不食，席不正不坐，目不视于邪色，耳不听于淫声，夜则令瞽诵诗，道正事。如此则生子形容端正，才德必过人矣。故妊子之时，必慎所感，感于善则善，感于恶则恶。人生而肖父母者，皆其母感于物，故形意肖之。"当然不能尽信其说，然而母亲重视自己的修养，那么必定对子女大有益，不仅是对胎儿，乃至于他们的一生均如此。

4. 诲人无礼

《韩诗外传》卷九："孟子妻独居，踞（蹲坐）。孟子入户视之，白（告白）其母曰：'妇无礼，请去之！'母曰：'何也？'曰：'踞。'母曰：'何知之？'曰：'我亲见之。'母曰：'乃汝无礼也，非妇无礼。《礼》不云乎：将入门，问孰存；将上堂，声必扬；将入户，视必下。不掩人不备（乘人不备）也。今汝往燕私（在寝室安息）之处，入户不有声，令人踞而视之，是汝之无礼也，非妇无礼也。'于是孟子自责，不敢去妇。"这里看到孟母在处理问题上的明智，问明真相，通达事例，不偏袒儿子，确为良母

据传，孟母或在孟子17岁时求婚于田氏，或19岁时孟子娶妻田氏。孟子夫人田氏之卒，或说在孟子83岁时，卜葬于邹城东北30华里的四基山麓。（参见《孟子家世》）孟子之妻与子的情况到底怎样，是否如《荀子》说到的"出妻"，不得详考。这里也有不少的谜。

5. 拥楹而叹

《列女传》："孟子处齐，而有忧色。孟母见之曰：'子若有忧色，何也？'孟子曰：'不敏。'异日闲居，拥楹而叹。孟母见之曰：'乡见子有忧色，曰不敏。今拥楹而叹，何也？'孟子对曰：'轲闻之，君子称身就位，不为苟得而受赏，不贪荣禄。诸侯不听，则不达其上。听而不用，则不践其朝。今道不用于齐，愿行而母老，是以忧也。'孟母曰：'夫妇人之礼，精五饭，幂酒浆，养舅姑，缝衣裳而已矣。故有闺内之修，而无境外之志。《易》曰：'在中馈，无攸遂。'《诗》曰：'无非无仪，惟酒食是议。'以言妇人无擅制之义，而有三从之道也。故年少则从乎父母，出嫁则从乎夫，夫死则从乎子，礼也。今子成人也，而我老矣。子行乎子义，吾行乎吾礼。'君子谓孟母知妇道。"

这些虽然不可都看做是实录，而是民间流布的传说与故事，但是也许不无事实的影子在。我早先读时曾被感动过，然而当过了这么许多年，今天再用电脑录进本书时，竟然又被深深打动了，且感慨不已！一个伟大母亲的那种母教，一个中国女性的那种智慧，穿越千百年时空，照样光辉闪烁，且经久不息地广为流播着！

《孟子》一书的诸多谜团

《孟子》这部经典也像先秦的其他经典一样，留下种种谜团，难以破译。这里略说两端。

一、《孟子》作者之谜

《孟子》的作者到底是谁？大体有几种说法：

1. 司马迁之观点

司马迁曰：孟子"退而与万章之徒序《诗》、《书》，述仲尼之意，作《孟子》七篇"。又如《孟子》赵岐注："此书孟子之所作也，故总谓之《孟子》。"相对而言，司马迁与孟子的时间距离较近，他的看法也为后来不少学者认可。我们也觉得这一说法比较合情合理。

当然，这里再细辨又可以解读出两种信息：一是完全是孟子自己撰著《孟子》七篇；一是孟子与其弟子一起完成著作，譬如孟子为主而由一些弟子为助。我想这两种情况都有可能。

孟子自己所作之说，见诸赵岐《孟子题辞》、应劭《风俗通·穷通》、《文选》

李善注引晋《傅子》等。再如，朱熹赞同司马迁的观点，而认为是孟子自著。朱熹曰："熟读七篇，观其笔势，如熔铸而成，非缀缉所就也。"这是说就《孟子》全书行文运笔的形势、气势、笔势来看，矫健凌厉，混融贯串，陶冶成章，不像那种杂凑拼接、若连却断的样子，因此证明此书为自著。

清代阎若璩曰："七篇为孟子自作，止韩昌黎故乱其说，亦莫妙于朱子曰：观七篇笔势，如熔铸而成，非缀缉可就也。余有一证，《论语》成于门人之手，故记圣人容貌甚悉；七篇成于已手，故但记言语或出处耳。"（《孟子生卒年月考》）

2. 孟子的弟子所作说

此见《太平御览》引吴（三国）姚信《士纬》、唐韩愈《答张籍书》、宋代晁公武《郡斋读书志》引晁说之语。如韩愈曰："孟轲之书，非轲自著。轲既殁，其徒万章、公孙丑相与记轲所言耳。"（《答张籍书》）

3. 孟子的门弟子所作，且杂有再传的门弟子的记录。

此见宋林之奇《孟子讲义序》、清周光业《孟子四考》等。

二、《孟子》外篇之谜

司马迁说《孟子》为七篇，今本《孟子》就是这七篇，但是汉代又有人说《孟子》十一篇，除了七篇之外，还有四篇即被称为《孟子外书》。

西汉刘歆《七略》说《孟子》有十一篇。班固《汉书·艺文志》也载"《孟子》十一篇"。东汉应劭《风俗通义·穷通》有说：孟子"退（退返）与万章之徒（众弟子们）序（叙述）《诗》、《书》、仲尼之意，作书中外（内外篇）十一篇"。应劭当属于当时最为渊博的学者之一，如其著《中汉辑叙》、《汉官仪》、《礼仪故事》、《汉书集解》等，已是卓然有名。范晔在《后汉书》本传里还谓"凡朝廷制度，百官典式，多劭（应劭）所立"，此更不同凡响。这里他记载了《孟子》有十一篇，大约也是目验过的、有证据的；当然其中的真伪问题他没有下结论。

东汉赵岐为《孟子》作注释的时候，也看到过《孟子外书》，但是没有为之作注，因为他认为与七篇有不一致的地方。赵岐具有一定的权威性，经他这么一说，且他又只给七篇作注，而不给另外的四篇作注，因此后来人也渐渐不重视《孟子外书》了，此中四篇最终也便亡佚了。

有意思的是，直至于宋代有个刘诗昌，其《芦浦笔记》又提出《孟子外书》，说新喻谢氏有藏本，只有《性善辩》，而《文说》、《孝经》、《为政》皆缺。焦循在《孟子正义》上辩驳，说："刘氏以所见之《性善辩》，遂以'辩'字上属，而谓

《文说》一篇、《孝经》一篇。据《论衡·本性》，但云孟子作《性善》之篇，不缀‘辩’字，疑新喻谢氏有藏《性善辩》，又属后人依仿而作，非《外书》本真也。”

再说，顾炎武《日知录·孟子外篇》说：司马迁《史记》、扬雄《法言》、桑弘羊《盐铁论》以及南北朝时期的《颜氏家训》等引用的孟子之言，在今本《孟子》里看不到，是不是“所谓《外篇》者也”？另外他还提出一个问题，《孟子外书》是否可能是《孟仲子书》？孟仲子是孟子的从昆弟。这虽是猜测，但也可供人思考。

如此说来，从历史来看《孟子》曾有十一篇，这是见诸记载的，其余《外书》四篇，终究没有流传下来，这也是有原因的。如何辩证地看待《孟子外书》与《孟子》七篇以外的“逸文”？陈克明《群经要义》里有说：《孟子外书》延至隋唐逐渐消亡。但《外书》和《孟子逸文》在汉魏六朝仍多流传、引用。故宋明以后，某些好古好奇之士，又复缀拾成书，命名为《孟子外书》，时间相去愈远，作伪越来越难。不论是方生方死，或是方死又生，大多昙花一现，随即湮没。清代出现几种“考异”，提供了不少线索和资料，尚有助于对《孟子》的研究。正如顾炎武在《日知录》里有“孟子引用论语”一条，所谓：“《孟子》书引孔子之言凡二十有九，其载于《论语》者八，又多大同小异，然则夫子之言，其不传于后者多矣！故曰：‘仲尼殁而微言绝。’”（卷七）既然孟子引孔子之言不少未载于《论语》，或者是大同而小异；推知秦汉某些著作引用孟子之言，其中出现未载于《孟子》，或者同中有异，也不足为奇。因此《史记》、《盐铁论》、《韩诗外传》等有关孟子的言论和资料，也可作为分析、研究的旁证。——我觉得这一看法比较辩证，人们可以用一种更为宽容的心态去看待这些问题。

孟子与儒家派系之谜

孔子是儒家学派的创始人，孔子逝世后，战国时期出现了“儒分为八”，这是怎样的情况？孟子在其中又是何等地位？《韩非子·显学》：“自孔子之死也，有子张之儒，有子思之儒，有颜氏之儒，有孟氏之儒，有漆雕氏之儒，有仲良氏之儒，有孙氏之儒，有乐正氏之儒。”这里将孔子之后儒家分化而成的八派，略为之评说。

一、子张之儒

孔子晚年弟子子张（前503—？），即颛孙氏，居于陈国，收徒讲学。其后学形成“子张之儒”，为儒家八派之首。《论语》、《荀子·非十二子》、《史记·仲尼列传》都记载了他的言行。笔者《论语智慧》对子张有较详细的评论，可参见。

郭沫若说：子张之儒，“这一派是特别把民众看得很重要的。仁爱的范围很广，无论对于多数的人也好，少数的人也好，小事也好，大事也好，都不敢怠慢。严于己而宽于人，敏于事而惠于费。这在表面上看来和墨家有点相似。大约就因为有这相似的原故，子张氏的后学们似乎更和墨家接近了”。但是，郭沫若又指出：“墨翟应该比子张迟，他在初本来是学过儒术的人，照时代上看来，倒应该说墨翟受了子张的影响。不过他们尽管有些相似，在精神上必然有绝对不能混同的地方，不然他们应该早就合流了。”（郭沫若《儒家八派的批判》）这些见解也可供大家参考，并进一步探索。

二、子思之儒

子思（前491—前431，或说前483—前402）是孔子的孙子，或认为《中庸》是子思所作。他被尊为“述圣”，关于子思以及《中庸》，可详见笔者的《中庸智慧》所论。

子思子作中庸处碑

郭沫若说：“‘子思之儒’和‘孟氏之儒’、‘乐正氏之儒’，应该只是一系。孟氏自然就是孟轲，他是子思的私淑弟子。乐正氏当即孟子弟子的乐正克。但这系，事实上也就是子游氏之儒。”另外，思、孟之学出于子游，康有为也已经明白说过，康有为《孟子微序》：“子游受孔子大同之道，传之子思，而孟子受业于子思之门。”然而学者一般认为，子思、孟子之学出自曾子。

三、颜氏之儒

这也是一个谜，根据《史记·仲尼弟子列传》，孔子弟子中姓颜的有八人，如颜无繇、颜回、颜幸、颜高、颜祖、颜之仆、颜哙、颜何，究竟是哪一个呢？这不太好确定，但是一般认为指颜回一派，因为孔门其他颜姓弟子尚无形成学派的才学，影响也不能与之相提并论。此派没有典籍传世，但影响深远，颜回被尊为“复圣”，又有“孔颜”之称，其道德精神被宋明理学奉为“孔颜乐处”。

郭沫若则认为是“颜回的一派”。“颜回是孔门的第一人，他虽然早死，但在他生前已经是有‘门人’的。这一派的典籍和活动情形，可惜已经失传了”。《论语》中记述颜回的材料不少，在《庄子》里面也有十处之多，郭沫若说：“这些应该都是‘颜氏之儒’的传习录而在庄子是作为‘重言’把它们采用了的。孔、颜当时不一定便真正说过这样的话，但有过这样的倾向，而被颜氏之儒把它夸大了，这不能说是不可能。凡是形成了一个宗派的学说，对于本派的祖师总是要加以夸大化的，古今中外都是如此。”此中所谓的“重言”就是受人尊敬者所发表的言论，如年高德劭者之言多为人所尊重。《庄子·寓言》：“重言十七。”成玄英疏：“重言，长老乡闾尊重者也。老人之言，犹十信其七也。”

四、孟氏之儒

这派无疑义，就是孟子一派。此派充分显示出“孟氏之儒”的显著地位。

五、漆雕氏之儒

漆雕氏指谁？这也是一个谜，因为孔门有漆雕开、漆雕哆、漆雕徒父（即漆雕从）。不过一般认为是漆雕开，其之所以能成为“八儒”之一，大概也是有深层原因的。

《韩非子·显学》、《墨子·非儒》、《孔丛子·诘墨》、《孔子家语》、《论衡·本性》等，均有漆雕开的材料。传说漆雕开具有刚正不阿的品性，且在社会上享有很高的声誉；也或说受过刑而形残，或解释为漆雕开的刑杀很残暴；还有说他不乐仕，言性有善有恶等。

关于儒家这一派，郭沫若这样评说：“‘漆雕氏之儒’是孔门的任侠一派。”所谓“任侠”就是凭借权威、勇力或财力等手段辅助弱小，帮助他人，也指见义勇为的人。郭沫若还分析道：孔门弟子中有三漆雕，“但从能构成为一个独立的学派来看，当以漆雕开为合格”。郭沫若还认为，宓子贱、漆雕开、公孙尼子，“这几位儒者大约都是一派吧”。

六、仲良氏之儒

仲良氏，古本或作“仲梁氏”。一说即是《礼记·檀弓上》所载仲梁子一派。又《毛诗传》引有仲梁子语，认为仲梁子亦传《诗》，而《毛诗》源自子夏，所以这一学派乃兼有曾子、子夏二家之学。（陈奇猷《韩非子集释·显学》校注）

另一说认为就是陈良，即《滕文公上》（5.4）所说的陈良。郭沫若说：“‘仲良氏之儒’无可考，或许就是陈良的一派。”陈良，“他是有门徒的，陈相与其弟辛，‘事之数十年’，足见他在南方讲学甚久，门徒一定不少的。以年代言，屈原就应该出于他的门下。屈原的思想纯是儒家思想，他在南方必得有所承受。唯仲良而氏之，与陈良复有不同。或许‘陈’是误字，因有陈相、陈辛而抄书者联想致误的吧”。不过儒家这一派到底真相如何也还是一个谜。

七、孙氏之儒

此即是荀子之儒，是孔子之后儒家影响深远的著名一派。荀子（约前313—前238），姓荀，名况，字子卿。他是战国末期的杰出的思想家与教育家，有弟子如韩非、李斯等人。《荀子》还影响到了王充、刘禹锡、王夫之等古人，甚至还给近代的革命家无数的启迪与营养。

八、乐正氏之儒

乐正氏之儒，后人也有不同看法。一是指乐正子春这一派。（陈奇猷《韩非子集释·显学》校注）乐正子春，战国初期鲁国人，是曾参的弟子。他与其师曾子均以孝著称。或说乐正子春也参与了《孝经》的编写，相传他还传授过《左传》。

另外一说，郭沫若认为乐正氏是孟子弟子乐正克，属于思孟学派。郭沫若甚至还认为《大学》、《学记》是“乐正氏所作”。但学者一般认为“乐正氏之儒”是指乐正子春这一派。

关于“儒家八派”的谜，还有待于进一步研究，出土的大量考古资料，或许可为探索这一问题提供新的材料。然而展示这儒家八派，也有助于再从这一坐标系统里来认识孟子一派“显学”的历史状况。

《孟子》学的功臣之谜

东汉赵岐（约108—201），是开创“孟学”的大功臣，为《孟子》作出了经典的注释，流传千年而不废。赵岐撰作的《孟子章句》，在历代《孟子》注疏里为存世最古者，为后来研究《孟子》者的一本必读书，后收入十三经的《孟子注疏》，便有赵岐的《孟子章句》。

一、赵岐的人生传奇

赵岐，字邠（bīn）卿，东汉京兆长陵（今陕西咸阳东北）人，原名嘉，字台卿。传记见诸《后汉书·赵岐传》，他的一生颇有传奇色彩。

赵岐，少小之时就懂经书，有才艺。他娶马融兄长之女为妻，但因为鄙视马融的外戚是豪富之家，所以不肯与马融见面。赵岐在州郡做过官吏，因廉洁正直而使人畏惧。

他三十岁时患了重病，卧床长达七年，自认为快死了，还让人准备立碑，要写上“有志无时，命也奈何”，后来居然痊愈了。汉桓帝时担任过司空掾（属官），又在大将军梁冀手下为官，等等。

赵岐在患病期间还曾经“先自为寿藏，图（图画）季札（吴国贤人）、子产（郑国贤臣）、晏婴（齐国贤臣）、叔向（晋国贤臣）四像居宾位，又自画其像居主位，皆为赞颂”。据说这是中国历史上营造生圹之最早者，而其自画像亦被看做存世史料里所见中国美术史上最早的自画像。这些做法，也颇能窥见赵岐的独特个性。赵岐当时对中常侍唐衡之兄唐玹的做法很不满，经常与其从兄赵袭贬议唐玹。唐玹深衔毒恨，并在担任了京兆尹后便进行报复，搜捕赵岐的家族宗亲，又施加重刑，最终杀光，赵岐则亏得及早出逃而幸免。

赵岐出逃流浪，着实艰辛，隐匿姓名，流浪于江、淮、海、岱等地。一次，赵岐在北海的市场上卖饼，被北海的望族孙嵩相救，住进孙嵩家的“复壁数年”，在夹墙里藏了好多年，更名为岐，字邠卿。此间他写下了《厄屯歌》二十三章，也完成了《孟子章句》一书。后来赵岐发迹后，也回报了孙嵩的相救之恩，利用自己的声望与高位推荐孙嵩为官。

唐衡、唐玹终于被灭，赵岐因赦免而出任并州刺史。汉灵帝时，又遭遇了党锢之祸害，十余年不得志。中平元年，征拜议郎，为敦煌太守，然而在赴任途中，被反叛者边章捉拿。赵岐用假话蒙骗边章，经过许多艰辛，终于回到长安。汉献帝时，曾迁太仆。曹操当政后，拜赵岐为太常，卒于建安六年（公元201年），活了九十多岁。他著作有《孟子章句》、《三辅决录》等。

二、略说赵岐与《孟子章句》

赵岐著有《孟子章句》，以剖章析句来解说经义，简言之也就是注释，因此也称为《孟子注》。赵岐的《孟子题辞》，其实就相当于为《孟子章句》写的序言，值得一读——

《孟子题辞》者，所以题号孟子之书，本末指义，文辞之表也。孟，姓也；子者，男子之通称也。此书孟子之所作也，故总谓之孟子。其篇目则各自有名。

孟子，邹人也。名轲，字则未闻也。邹本春秋邾（zhū）子之国，至孟子时，改曰邹矣。国近鲁，后为鲁所并。又言邾为楚所并，非鲁也，今邹县是也。或曰：孟子，鲁公族孟孙之后，故孟子仕于齐，丧母而归葬于鲁也。三桓子孙，既以衰微，分适他国。

孟子生有淑质，夙丧其父，幼被慈母三迁之教。长师孔子之孙子思，治儒术之道。通《五经》，尤长于《诗》、《书》。周衰之末，战国纵横，用兵争强，以相侵夺。当世取士，务先权谋以为上贤。先王大道，陵迟堕废，异端并起。若杨朱、墨翟放荡之言，以干时惑众者非一。孟子闵悼尧、舜、汤、文、周、孔之业将遂湮微，正涂壅底，仁义荒怠，佞伪驰骋，红紫乱朱。于是则慕仲尼，周流忧世，遂以儒道游于诸侯，思济斯民。由不肯枉尺直寻，时君咸谓之迂阔于事，终莫能听纳其说。

孟子亦自知遭苍姬（指姬姓之周，因以木德王，故号为苍姬）之讫録（指天命已终），值炎刘（指刘姓之汉，因以火德王，故号为炎刘）之未备（兴起）。进不得佐兴唐虞雍熙之和，退不能信（伸张）三代（夏商周）之余风，耻没世而无闻焉，是故垂宪言以诒（yí，遗留）后人。仲尼有云："我欲讬之空言，不如载之行事之深切著明也。"于是退而论集所与高弟弟子公孙丑、万章之徒难疑答问。又自撰其法度之言，著书七篇，二百六十一章，三万四千六百八十五字。包罗天地，揆叙万类，仁义道德，性命祸福，粲然靡所不载。帝王公侯遵之，则可以致隆平，颂清庙；卿大夫士蹈之，则可以尊君父，主忠信；守志厉操者仪之，则可以崇高节，抗浮云。有风人之讬物，《二雅》之正言，可谓直而不倨，曲而不屈，命世亚圣之大才者也。

孔子自卫反鲁，然后乐正，《雅》、《颂》各得其所，乃删《诗》定《书》，系《周易》，作《春秋》。孟子退自齐、梁，述尧、舜之道而著作焉，此大贤拟圣而作者也。七十子之畴，会集夫子所言，以为《论语》。《论语》者，五经之錧鎋（guǎn xiá，控制车毂的零件，此指关键），六艺之喉衿（喉咙衣襟，比喻纲领、要领）也。《孟子》之书，则而象之。卫灵公问陈于孔子，孔子答以俎豆；梁惠王问利国，孟子对以仁义。宋桓魋欲害孔子，孔子称：'天生德于予。'鲁臧仓毁鬲（指毁谤离间）孟子，孟子曰："臧氏之子，焉能使予不遇哉？"旨意合同，若此者众。

又有《外书》四篇：《性善辩》、《文说》、《孝经》、《为政》。其文不能宏深，不与内篇相似，似非孟子本真，后世依放而讬也。

孟子既没之后，大道遂绌，逮至亡秦，焚灭经术，坑戮儒生，孟子徒党尽矣！其书号为诸子，故篇籍得不泯绝。汉兴，除秦虐禁，开延道德，孝文皇帝欲广游学之路，《论语》、《孝经》、《孟子》、《尔雅》皆置博士。后罢传记博士，独立《五经》而已。讫今诸经通义，得引《孟子》以明事，谓之博文。

孟子长于譬喻，辞不迫切，而意已独至，其言曰："说《诗》者不以文害辞，不以辞害志；以意逆志，为得之矣。”斯言殆欲使后人深求其意，以解其文，不但施于说《诗》也。今诸解者，往往摭（zhí，摘、拾）取而说之，其说又多乖异不同。孟子以来五百余载，传之者亦已众多。

余生西京，世寻丕祚，有自来矣。少蒙义方，训涉典文。知命之际，婴戚（缠遭忧愁）于天。遘（遭遇）屯（zhūn，艰难）离（罹，遭遇）蹇（jiǎn，困苦），诡姓遁身，经营八紘（hóng，维，此谓八方极远之地，即指天下）之内，十有余年，心剿（jiǎo，劳）形瘵（zhài，疾病），何勤加焉！尝息肩弛担于海岱之间，或有温故知新，雅德君子，矜（同情）我劬（qú，劳苦）瘁，睠（juàn，关心）我皓首，访论稽古，慰以大道。余困吝之中，精神遐漂，靡所济集，聊欲系志于翰墨，得以乱思遗老也。惟六籍之学，先觉之士，释之辨之者，既已详矣。儒家惟有《孟子》，闳远微妙，缊奥难见，宜在条理之科。于是乃述己所闻，证以经传，为之章句，具载本文，章别其指（旨意），分为上下，凡十四卷。究而言之，不敢以当达者；施于新学，可以寤疑辨惑；愚亦未能审于是非，后之明者，见其违阙，傥（tǎng，或许）改而正诸，不亦宜乎！

赵岐的《孟子题辞》，篇幅字数虽不多，但视角转换灵活，内涵丰富，有他人的材料，有自己的看法，留下一份了解与研究孟子的宝贵文献。赵岐从《孟子题辞》即是序言的涵义讲起，依次介绍了孟子的出身地、姓名、生平、受到的教育、学业成长、社会活动等。赵岐又指出孟子效法孔子撰作的情况，且孟子与孔子的许多相似之处。赵岐还特别评说了孟子《外书》的问题。他又指出孟子之后其著作在秦汉间流传与研究的大体线索。最后赵岐又介绍自己的撰作情况。

三、简说赵岐的《孟子章句》

《孟子章句》有三点值得重视：其一，《孟子章句》七篇，又分为上下，或称十四卷（或称十四篇），这是始于赵岐之所为。他的这种模式，使得以后的千百年里研读《孟子》者沿袭不辍。

其二，赵岐注《孟子》，与汉儒注经的一般方法有异，其侧重讲述《孟子》原文的字句义理。《四库全书总目》有说：“汉儒注经，多明训诂名物，惟此注笺释文句，乃似后世之口义，与古学稍殊。然孔安国、马融、郑元（玄）之注《论语》，今载于何晏《集解》者，体亦如是。盖《易》、《书》文皆最古，非通其训诂则不明；《诗》、《礼》语皆征实，非名其名物亦不解；《论语》、《孟子》词旨显明，惟阐其义理而止。所谓言各有当也。”另外赵岐注《孟子》，每章之末括其大旨，间作韵语，谓之章指。譬如《文选》注所引赵岐《孟子章指》，就是这样的。

再如朱熹作《孟子集注》时，却对“岐说不甚掊击”，即不作过多指责，分析其原因则是“盖其说虽不及后来之精密，而开辟荒芜，俾后来得循途而深造，其功要不可泯也”。意谓赵《注》虽不甚精密，但开辟草莱等首创之功，还应该适当加以肯定。

其三，据载，最早为《孟子》作注的是西汉的刘向，此后为《孟子》系统作出注解的还有东汉的程曾、高诱、郑玄、刘熙、赵岐，晋代的綦毋邃、唐代的陆善经、张镒、丁公著等，但是由汉至于唐代，除了赵岐一家外，其他都已经亡佚了，近人还可以在清代学者马国翰的《玉函山房辑佚书》里看到诸家的辑佚后的梗概。然而即从此信息也可以知晓赵岐《孟子注》那种不一般的价值了。

《孟子》与《四书》之《大学》

《四书》，是《大学》、《中庸》、《论语》、《孟子》，此中是否存在某种联系呢？此先说《孟子》与《大学》的联系。

一、《孟子》与《四书》

南宋朱熹取《礼记》里面的《大学》、《中庸》为之作“章句”，又为《论语》、《孟子》二书作“集注”，定为《四书》。在朱熹看来，《大学》为曾子所述，《中庸》为子思所作，因此发现将其联缀起来就能凸现许多有价值、意义的内涵。

1.《四书》分别为孔子、曾子、子思子、孟子的言行录，所以又称为《四子书》、《四子》。朱熹将此四子连贯起来，其价值与意义特别重大。

2. 朱熹凸现其中内在的逻辑：孔子传递至弟子曾子，曾子又传递给孔子的孙子子思，子思及其弟子传递至于孟子，于是这四子构成儒家正宗的一脉相传的道统。另外《四书》又是登上“六经”的阶梯，正如《朱子语录》：“四子，六经之阶梯；《近思录》，四子之阶梯。”《近思录》，朱熹与吕祖谦同撰，摘录周敦颐、程颢、程颐、张载的言论，分成14门，有622条。

3. 再深层看，寻觅出其中的再一线索，便是《大学》言“心”，《中庸》言“性”，《孟子》讲究心性之学、性善之学，正好体现出其中的渊源关系。这一切也与宋儒当下开辟心性之学相互联系在一起了，宋儒们从而可以凭借过去经典为时代的需要服务了。

二、《孟子》与《大学》

我在《大学智慧》里，于《大学》有较为详细的论说，可参考，这里不妨再撮其要旨。《大学》主题的基本向度，是着重去处理社会与政治的事务，探讨人心，重视方法与程序，其基调是理性的。

《孟子》全书与《大学》的关系很密切，也多有学者关注，并从多方揭示。我这里想起唐文治《大学大义》（《唐文治文选》，上海交通大学出版社）有一番话是从整体来比较的，可以参考。择其要点如下：

1.《孟子》阐明《大学》的大义颇多。唐文治说："《孟子》七篇，发明《大学》之义尤夥。"

2. 两书均说"本"，即相同者之一。唐文治说："（孟子）曰：'人有恒言，皆曰天下国家。天下之本在国，国之本在家，家之本在身。'（姚按，见《离娄上》7.5）所谓'一是皆以修身为本'也（《大学》之语），'于所厚者薄，无所不薄也'（《尽心上》13.44）。"——孟子之说"本"与《大学》之说"本"，最后完全吻合，都聚焦于人自身之"本"，有自身修养之根本，再扩充开去便是修身——齐家——治国——平天下的逻辑路径。

3. 两书均说格物、修身、絜矩之道。唐文治说："'万物皆备于我矣。反身而诚，乐莫大焉。强恕而行，求仁莫近焉。'（《尽心上》13.4）是数言，尤赅《大学》全书之旨。盖万物皆备于我，格物之本也。反身而诚，修身之以诚意为本也。强恕而行，所藏乎身者恕，絜矩之道也。"——此中的孟子之言，唐氏认为尤其概括了《大学》全书之要旨："格物之本"、"以诚意为本"、"絜矩之道"。

4. 两书均重视义利之辨。唐文治又说："是以学《大学》一书，以辨义利终。《孟子》一书，以辨义利始。《大学》曰：'未有上好仁而下不好义者也。未有好义其事不终者也。'《孟子》曰：'未有仁而遗其亲者也，未有义而后其君者也。'（《梁惠王上》1.1）遥遥相印证，盖学说如此，师法如此也。"——此两者或"以辨义利终"，或"以辨义利始"，均汲汲于是"义利之辨"，彼此遥相印证，师法也同有渊源。

5. 两者说世事与事理之有相同者。唐文治说："《孟子》用是兢兢于庠序之教，申之以孝悌之义。又曰：'设为庠序学校以教之。'（《孟子》语）盖是时学校公然废弃，欲闻方策之遗训，古圣贤之道学威仪，而老师宿儒云散久矣。于是世道日衰，利欲日炽，人皆失其本心，平旦之气，不足存其好恶之公（或当作'分'）。在上者拂人之性，其所令（政令）反（违背）其（民众）所好，而民不从。以身发财之说（《大学》语）盈天下，财聚民益散（《大学》语），府库空虚，而灾害并至。且夫争民施夺，不夺则不餍也（《孟子》语）。悖而入，亦悖而出（《大学》语），出乎尔者，反乎尔者也（《孟子》语）。孟子因季氏之聚敛，喟然叹曰：‘君不行仁政而富之，皆弃于孔子者也，况于为之强战？争地以战，杀人盈野，争城以战，杀人盈城。血肉暴于郊原，性命等于土芥。痛乎哉！（《孟子》语）一人贪戾，一国作乱（《大学》之语），其机乃如此哉！”——唐文治比较此两书，面对乱世都提出了要重视教育、修身、理财，而面对统治者的战争、聚敛、贪婪等，都进行了深刻的揭露与规正。

如若再从局部来对照，那么学者也多有阐发。如明代罗钦顺《困知记》里评论孟子的内容很多，比如他说：“《尽心》一章，实与《大学》相为表里。盖‘尽心知性’乃‘格物致知’之验也，‘存心养性’即‘诚意正心’之功也，‘修身以俟’则其义亦无不该矣。孟得圣学之传，实惟在此，始终条理甚是分明，自不容巧为异说。且学而至于‘立命’，地位煞高，非平生心事无少愧怍，其孰能与于此！”这里是就《孟子》的《尽心》一篇来说的，虽仅举一隅，但是执此或可反三隅矣！

如有兴趣将笔者此前的《大学智慧》，与这本《孟子智慧》对读的话，那么于两者之间的关系或许可以更加有所体味了。

《孟子》与《四书》之《中庸》

《孟子》与《四书》之《中庸》的关系又是怎样的呢？说来也是很有意趣。

一、《孟子》与《中庸》同者

若说两书之相同者，那么《孟子》与《中庸》不仅同为儒家经典文献，且都关注“性”的问题，都讨论“诚”的课题，都有蕴有某些神秘性的内涵，而且在段落文句上也有相同相似的话语出现。

王国维《孟子之学说》里曾比较《孟子》与《中庸》的几段文字：

孟子曰：“悦亲有道：反身不诚，不悦于亲矣。诚身有道：不明乎善，不诚其身矣。是故诚者，天之道也；思诚者，人之道也。至诚而不动者，未之有也；不诚，未有能动者也。”（《离娄上》7.12）

《中庸》20章：“顺乎亲有道：反诸身不诚，不顺乎亲矣。诚身有道：不明乎善，不诚其身矣。诚者，天之道也；诚之者，人之道也。”

此一组文字比较，王国维说：“此（孟子之言）与《中庸》之文正同。”

孟子曰："尽其心者，知其性也。知其性，则知天矣。存其心，养其性，所以事天也。"（《尽心上》13.1）孟子又曰："万物皆备于我矣，反身而诚，乐莫大焉。（《尽心上》13.4）"

《中庸》22 章："唯天下至诚，为能尽其性；能尽其性，则能尽人之性；能尽人之性，则能尽物之性；能尽物之性，则可以赞天地之化育；可以赞天地之化育，则可以与天地参矣。"

第二组文字比较，王国维说：孟子"皆谓人之性即天地之性也"。《中庸》"亦谓天之性与人之性一，即与孟子之言，其所归一也"。

孟子曰："动容周旋中礼者，盛德之至也。"（《尽心下》14.33）

《中庸》20 章："诚者不勉而中，不思而得，从容中道，圣人也。"

第三组文字比较，王国维说："其意正同。由是观之，则《史记》谓孟子'受业于子思的门人'，非无据之言也。即孟子与子思同以'诚'为人之性。然'诚'者何？毕竟谓伦理的法则之渊源耳。伦理的法则，社会之所谓善也，故孟子从师说而断人性为善。"（见笔者所编《王国维文集》下部）

如果再从某些段落与观点上看，相通处还真的不少：

《中庸》20章："仁者人也，亲亲为大。"孟子曰："仁也者，人也，合而言之，道也。"（《尽心下》14.16）

这两处说法也是这样地近同。

《中庸》14 章："故君子居易以俟命。"孟子曰："莫非命也，顺受其正（顺从天命是接受的正常命运）；是故知命者不立乎岩墙（将要倒塌之墙）之下。尽其道而死者，正命也；桎梏（拘禁罪犯的刑具）死者，非正命也。"（《尽心上》13.2）

此"俟命"之说与孟子讲"命"之言可以通观。

《中庸》20 章："天下之达道五，所以行之者三：曰：君臣也，父子也，夫妇也，昆弟也，朋友之交也，五者天下之达道也。知、仁、勇三者，天下之达德也，所以行之者一也。”孟子曰：“圣人有忧之，使契为司徒，教以人伦：父子有亲，君臣有义，夫妇有别，长幼有序，朋友有信。”（《滕文公上》5.4）

这些又是近似的言语与观念。

再如陈荣捷还曾说：《中庸》“与《孟子》书中所显示的神秘层次非常近似，这两本著作的某些段落几乎完全相同”。（《中国哲学文献选编》）此说也提供了比较两者之同的又一相同的视角。

二、《孟子》与《中庸》异者

再从其异处来看，《中庸》与《孟子》主题是有所不同的，其基本向度也是有差异的。《中庸》着重于研究心理学、世界观与宇宙观，重在形而上学问题的研讨，《孟子》则以伦理观与人生观为主题，虽然也有不少形而上学的思想，但是与《中庸》相差较远。

李石岑《中国哲学十讲》曾说：《中庸》着重在宇宙与人生的关系的说明，其中的形而上的思想，在《孟子》里面很少。《孟子》谈性，只谈“人之性”，既不是“犬之性”，也不是“牛之性”，若《中庸》谈性，则并犬马牛羊，人类物类一切赅括之，所以曰：“天命之谓性”。我们拿《中庸》和《孟子》相比较，处处可以见到《中庸》在《孟子》之后，而是以形而上学的建立为其主题的。（李石岑《中国哲学十讲》）

这里还提到《中庸》在《孟子》之后的说法，如早在崔东壁《洙泗考信录》里早就认为，从两书的内容、文体以及孟子称述的话来看，证明《中庸》在《孟子》之后，并认为“《中庸》之文，采之《孟子》”。他又说：“《中庸》袭《孟子》，非《孟子》袭《中庸》。”（《孟子事实录》）关于《孟子》与《中庸》孰先孰后，以及两书之关系等问题，我在《中庸智慧》一书里已有较详细的梳理，可参阅。

说《孟子》与《论语》、《孝经》

孟子作为亚圣，当然是精熟孔子史料的了，不仅研究孔子之言论，还精通孔子之行迹、理念与思想，且是亦步亦趋的。那么《孟子》与《论语》又有着怎样的联系呢？

据《史记》之说，曾参“作《孝经》”，或说子思所作，尽管作者是谁是个谜（此可见笔者的《孝经智慧》），然而相同的是，均将《孝经》看做儒家的一本经典。那么孟子与《孝经》又有怎样的联系呢？

一、《孟子》多次引用《论语》

这里记起顾炎武在《日知录》（卷七）里有一则是专论“孟子引《论语》”这一问题的，此内容亦然可以再说明两书关系的密切。

顾炎武说：“《孟子》书引孔子之言凡二十有九，其载于《论语》者八，又多大同而小异，然则夫子之言，其不传于后者多矣！故曰‘仲尼殁而微言绝。’”这里我也列出《孟子》引《论语》的条目，有的或是全引，有的或是部分引，有的或是已经加于某些取舍：

1. 孔子曰：“圣则吾不能，我学不厌而教不倦也。”（《公孙丑上》3.2）——此或可能对应今本《论语·述而》（7.2）：“子曰：默而识之，学而不厌，诲人不倦，何有于我哉？”文字相差较大。

2. 孔子曰：“里仁为美。择不处仁，焉得智？”（《公孙丑上》3.7）——此见《论语·里仁》（4.1）：“子曰：‘里仁为美。择不处仁，焉得知？’”

3. 孔子曰：“君薨，听于冢宰，歠（cuò，饮，喝）粥，面深墨。即位而哭，百官有司，莫敢不哀，先之也。”（《滕文公上》5.2）——《论语·宪问》（14.40）：“子曰：‘何必高宗，古之人皆然。君薨，百官总已以听于冢宰三年’。”文字相差较大。

4. 孔子曰：“君子之德，风也；小人之德，草也。草尚之风必偃。”（《滕文公上》5.2）——此见《论语·颜渊》（12.19）：“子曰：‘君子之德风，小人之德草。草上之风必偃’。”

5. 孔子曰：“大哉，尧之为君！惟天为大，惟尧则之，荡荡乎民无能名焉！君哉，舜也！巍巍乎有天下而不与焉！”（《滕文公上》5.4）——这里可能对应《论语》里紧接的两条：其一，《论语·泰伯》（8.19）：“子曰：‘大哉，尧之为君也！巍巍乎，唯天为大，唯尧则之。荡荡乎，民无能名焉！巍巍乎，其有功也，焕乎，其有文章！’”其二，《论语·泰伯》（8.18）：“子曰：‘巍巍乎，舜禹之有天下也而不与焉！’”

6. 孔子曰：“求非我徒也，小子鸣鼓而攻之可也。”（《离娄上》7.14）——此见《论语·先进》（11.17）：“子曰：‘非吾徒也，小子鸣鼓而攻之可也’。”

7. 孔子在陈曰：“盍归乎来！吾党之小子狂简，进取，不忘其初。”（《尽心下》14.37）——此见《论语·公冶长》（5.22）：“子在陈曰：‘归与，归与！吾党之小子狂简，斐然成章，不知所以裁之’。”

8. 孔子曰：“过我门而不入我室，我不憾焉者，其惟乡原乎！乡原，德之贼也。"（《尽心下》14.37）——此见《论语·阳货》（17.13）："子曰：'乡愿，德之贼也'。"

9. 孔子曰："恶似而非者：恶莠，恐其乱苗也；恶佞，恐其乱义也；恶利口，恐其乱信也；恶郑声，恐其乱乐也；恶紫，恐其乱朱也；恶乡原，恐其乱德也。"（《尽心下》14.37）——此见《论语·阳货》（17.18）："子曰：'恶紫之夺朱也，恶郑声之乱雅乐也，恶利口之覆邦家者'。"

虽然文字或有出入，此中有着复杂的原因，如历史的、各种流传本子、引用原文的方式与习惯等等多种情况，已经不能详细考证了。然而，这里又确实可以从这一维度说明孟子心仪孔子，熟读与运用《论语》的情况。孔子是孟子与心目中的至圣，孟子自述："乃所愿，则学孔子也。"（《公孙丑上》3.2）孟子说："当今之世，舍我其谁也。"（《公孙丑下》4.13）这里也含有继承复兴孔子之学的志愿在！

二、《孟子》与《孝经》的关系

《孟子》除了与《论语》、《大学》、《中庸》关系密切外，与《孝经》亦多有关涉。

孟子不仅自己是一个大孝子，同时对孝的作用、价值以及如何行孝都有许多具体的、精辟的论说，在《孟子》一书里常可读到。这方面的有关内容大都已写入笔者的《孝经智慧》一书内，可供参见。

然而，我们在这里再转换一个问题：《孟子》与《孝经》的关系如何呢？

先看汉代赵岐《孟子题辞》有说：《孟子》七篇之外，"又有外书四篇：《性善辩》、《文说》、《孝经》、《为政》，其文不能宏深，不与内篇相似，似非《孟子》本真，后世依仿而托之者也"。

赵岐认为孟子外篇里的《孝经》是伪书，然而也有人认为这里不是《孝经》，而当是《说孝经》。如清代翟灏说，"显属伪托"，但《外书》篇目，应为《性善》、《辩文》、《说孝经》、《为政》。（见《孟子正义》）这也就是说外篇里面有一篇是关于《孝经》的解说的。这或许能给人们一个信息，即《说孝经》虽或说是伪书，但是将其附会在孟子那里，如果不与《孝经》、孝行有关系，大约也是不可能的吧？

日本学者研究《孝经》的不少，其中武内义雄写有《曾子考》，并认为如果从《孝经》与《曾子》十篇互相表里推论："则《孝经》乃曾子后学演其师说，而示孔门之神髓者，由是可断其非孔子自作，亦非曾子自作，然而却可以为窥《曾子》学说之资料焉。"在《先秦经籍考》有说："孟子是继承曾子之学统者，七篇中绍述曾子之语者颇多，又与《孝经》深有关系。"《孟子》之书，七篇之外，所谓的《说孝经》，“恐是解说《孝经》之义”。他从而推测《孟子》与《孝经》关系十分密切，而且行义也比较近似，或许《孝经》是由孟子学派中传授曾子思想者完成。故同意《孝经》是“先秦之书”，而不同意姚际恒所谓“汉儒之作”。武内义雄还认为将《孝经》同《孟子》、《曾子》联在一起研究，分析其异同，亦有其可取之处。（参见陈克明《群经要义》）这种见解也对人们有一定的启发意义。

总之，《孟子》作为儒家的经典，与构成《四书》的《大学》、《中庸》、《论语》血肉关联，还与《孝经》这一儒家经典有着联系，比较之，从而既能观其贯通，又可察其异同。

《孟子》与《十三经》关系之谜

《孟子》是儒家的最重要的经典之一，在后人汇集儒家十三部经典而集成的《十三经》里，《孟子》就是其中的一经。《孟子》与《十三经》之间的关系是怎样的？这里也有许多的历史之谜，此简略说两则：为什么《孟子》居于《十三经》末位？《孟子注疏》或称《孟子正义》是孙奭撰写的吗？

一、居《十三经》末之谜

1. 从《十三经》说起

“经学”，是指解释与阐发儒家经典之学。汉武帝独尊儒术，设立今文“五经”博士，传授弟子，经学也就成为了封建王朝的学术正统。这“五经”，便是《诗》、《书》、《易》、《礼》、《春秋》。

唐代又把“三礼”、“三传”与《诗》、《书》、《易》一起称为“九经”。所谓“三礼”，即《周礼》、《仪礼》、《礼记》；“三传”即《公羊传》、《谷梁传》、《左传》。唐文宗开成二年（837）刻石经，又将《孝经》、《论语》、《尔雅》列入经部，于是开成石经为十二经。此石经典现在还存于西安碑林。

宋代又将《孟子》列入经部，因此有“十三经”之称。清代乾隆时，既刻十三经的经文于石，立于太学，而阮元又合刻《十三经注疏》，从此“十三经”之称盛行。

2. 《孟子》列为“经”的进程

(1)《孟子》在两汉的境况

两汉时期，《孟子》地位处于“经”与“子”之间，属于“传记”之列。汉文帝时，《孟子》与《论语》、《孝经》、《尔雅》都作为《传》来看待，并特置传记博士、后传记博士之罢是在武帝时，其在《汉书·艺文志》里被列入“子部”儒家类，此可看出《孟子》于汉代的地位还不很高，没有列入经部。

(2)《孟子》在隋唐的地位

《孟子》在《隋书·经籍志》里还是列在“子部”儒家类，此可见在当时以及此前，《孟子》尚处在冷漠状态。

隋唐之间，陆德明（约550—630），苏州吴县人，在隋炀帝时，擢秘书学士，迁国子助教。入唐，任国子博士。其撰作《经典释文》，因六朝时期重视老庄思想，明知《老子》、《庄子》属于子书，还是附在《论语》之后予以注音；但《孟子》却未纳入。此可见在唐初《孟子》还是没有凸出而起。

唐宪宗李纯（778—820），公元805—820在位，其时，韩愈表彰《孟子》，所著《原道》文内将《孟子》列入“道统”，但仍没被朝廷重视。

唐文宗李昂（809—840），公元827—840在位，刻开成石经，然而《孟子》未被列入其中。

(3)《孟子》在宋代进入经部

《孟子》至于宋代，才正式获得了列入经部的地位，又得以置身于《四书》。

北宋仁宗赵祯（1010—1063）时，开始正式将《孟子》列入经部，司马光、程颐等均曾为《孟子》作注。

南宋孝宗赵昚（1127—1192）之淳熙年间，朱子将《论语》、《孟子》与《大学》、《中庸》并列，为《四子书》，简称《四书》。

南宋光宗赵惇（1147—1200）之绍熙年间，已经有了合刊本《十三经注疏》，《孟子》终于列入了《十三经》。

三、《十三经注疏》里的《孟子注疏》

《十三经》是哪些？“注疏”、“正义”是什么意思？又是哪些人撰作的？

1.《周易正义》十卷，魏王弼、韩康伯注，唐孔颖达等正义。

2.《尚书正义》二十卷，旧题汉孔安国传，唐孔颖达等正义。

3.《毛诗正义》七十卷，汉毛亨传，汉郑玄笺，唐孔颖达等正义。

4.《周礼注疏》四十二卷，汉郑玄注，唐贾公彦疏。

5.《仪礼注疏》五十卷，汉郑玄注，唐贾公彦疏。

6.《礼记正义》六十三卷，汉郑玄注，唐孔颖达等正义。

7.《春秋左传正义》六十卷，晋杜预注，唐孔颖达等正义。

8.《春秋公羊传注疏》二十八卷，汉何休注，唐徐彦疏。

9.《春秋谷梁传注疏》二十卷，晋范宁注，唐杨士勋疏。

10.《论语注疏》二十卷，魏何晏集解，宋邢昺疏。

11.《孝经注疏》九卷，唐玄宗注，宋邢昺疏。

12.《尔雅注疏》十卷，晋郭璞注，宋邢昺疏。

13.《孟子注疏》十四卷，汉赵岐注，宋孙奭疏。

这《十三经注疏》416 卷大多数是汉魏人或魏晋人作的注，唐宋人作的疏，或称正义。这是因为到了唐代，与汉代相隔了六七百年了，要读明白汉代的注释已经有困难了，于是因需要而出现了新的注解，不仅解释经典的原文，而且还解释前人的注解。这就称为“疏”，也称为“正义”。从这里，我们或许也可以明白了，《孟子》排列在《十三经》的最后是有道理的，其中主因是由于历史上将《孟子》列入经籍的时间较晚。

孟子注疏解經卷第五下
滕文公章句上　趙氏注　孫奭疏
有爲神農之言者許行。自楚之滕。踵門而告文公曰。遠方之人。聞君行仁政。願受一廛而爲氓。神農三皇之君炎帝神農氏許姓行名也治爲神農之道者踵至也廛居也自稱遠方之人願爲氓氓野人也文公與之處。其徒數十人。皆衣褐。捆屨織席。以爲食。文公與之居處舍之宅也其徒學其業者也衣褐貧也捆猶叩椓也織屨欲使堅故叩之也賣屨席以供飲食也陳良之徒陳相。與其弟辛。負耒耜而自宋之滕。曰。聞君行聖人之政。是亦聖人也。願爲聖人氓。陳良儒者也陳相良之門徒也辛相弟聖人之政謂仁政也陳相見許行而大悅。盡棄其學而學焉。棄陳良之儒道更學許行神農之道也陳相見孟子。道許行之言曰。滕君則誠賢君也。雖然。未聞道也。陳相言許行以爲滕君未達至道也賢者與民並耕而食。饔飧而治。今也滕有倉廩府庫。則是厲民而以自養也。惡得賢。相言許子以爲古賢君當與民並耕而各自食其力饔飧熟食也朝曰饔夕曰飧當身自具其食兼治民事耳今滕賦稅有倉廩府庫之富是爲厲病其民以自奉養安得爲賢君乎三皇之時質樸無事故道若此者也孟子曰。許子必種粟而後食乎。問許子必自身種粟乃食之邪曰。然。相曰然許子自種之許子必織布然後衣乎。孟子曰許子自織布然後衣之乎曰。否。許子衣褐。相曰不自織布許子衣褐以毳織之若今馬衣也或曰褐枲衣也一曰相布衣也許子冠乎。孟子問相冠乎曰。冠。相曰冠也曰。奚冠。孟子問許子何冠也曰。冠素。相曰許子冠素曰。自織之與。曰。否。以粟易之。相言許子以粟易素曰。許子奚爲不自織。孟子曰許子何爲不自織素乎曰。害於耕。相曰織紡害於耕故不自織也曰。許子以釜甑爨。以鐵耕乎。爨炊也孟子曰許子寧以釜甑炊食以鐵爲犁用之耕否邪曰。然。相曰用之自爲之與。孟子曰許子寧自冶鐵陶瓦器邪曰。否。以粟易之。相曰不自作鐵瓦以粟易之也以粟易械器者。不爲厲陶冶。陶冶亦以械器易粟者。豈爲厲農夫哉。且許子何不爲陶冶。舍皆取諸其宮中而用之。何爲紛紛然與百工交易。何許子之
孟子注疏　卷五下

三、《孟子正义》孙奭疏之谜

再说《孟子正义》的孙奭疏，这是又一个谜。

孙奭（962—1033），字宗古，宋代博州博平（今山东聊城北）人。端拱进士。幼从王徹学，深解经义。徹卒，门人数百皆从之以终业，可见其学术不凡。他历任数朝：宋太宗时，九经及第，迁大理评事，为国子监直讲。宋真宗时，累迁工部郎中，擢龙图阁待制。真宗大中祥符间受命校勘《孟子》，并“请以孟轲书镂板”（司马光《涑水纪闻》），又撰作《孟子音义》二卷，以此来补充唐代陆德明《经典释文》缺少《孟子》的不足。宋仁宗时，又以经术名儒召为翰林侍讲学士，知审官院，判国子监。修《真宗实录》，后三迁兵部侍郎、龙图阁学士。年逾七十，三请致仕。优拜工部尚书，改礼部尚书，累次上表乞归，以太子少傅

致仕。

依照孙奭的学术与地位，以及前面提及的他与《孟子》的诸多关系，完全可以完成《孟子正义》之疏，但是事实又是怎样的呢？

《四库全书总目》："今考《宋史·邢昺传》，称昺于咸平二年，受诏与杜镐、舒雅、孙奭、李慕清、崔偓佺等校定《周礼》、《仪礼》、《公羊》、《谷梁春秋传》、《孝经》、《论语》、《尔雅义疏》，不云有《孟子正义》。《涑水纪闻》载奭所定著有《论语》、《孝经》、《尔雅正义》，亦不闻有《孟子正义》。其不出奭手，确然可信。"

其实，朱熹早就怀疑《孟子正义》（即《孟子注疏》）作者为孙奭。《朱子语类》（卷19）曰："《孟子疏》，乃邵武士人假作。蔡季通（此人曾与朱熹交游熟识）识其人。当孔颖达时，未尚（崇尚、推崇）《孟子》，只尚《论语》、《孝经》尔。其书全不似疏样，不曾解出名物制度，只是绕缠赵岐之说耳。"这里很犀利地指出：其一，《孟子注疏》的作者是邵武之士人的"假作"，即假托孙奭之名的伪作。其二，朱熹确指自己熟识的友人蔡季通就知晓那一个"假作"者。其三，当孔颖达时，还没崇尚《孟子》，因此那时段里去为《孟子》作注疏，还不太可能。其四，"假作"的水准太差，以至于不像个作疏的样子。

清代钱大昕在《十驾斋养新录》里对孙奭的《孟子注疏》有进一步的评说，其要点：(1) 他赞同朱文公（即朱熹）之说，谓邵武士人所作，并非出自孙奭之手。(2) 钱大昕指出孙奭只是作了《孟子音义》，并没有作《孟子住疏》。(3) 宋人晁公武撰《读书志》，只是录下了孙奭的《孟子音义》，没有录《孟子正义》，不录的原因是当时《孟子正义》还未形成。(4) 然而到南宋陈振孙撰作《直斋书录解题》时，将《孟子音义》和已经出现的《孟子正义》两书同时收录了。这可能也是当时学人一般都已经这样认同了的。(5) 至于元代马端临撰作《文献通考·经籍考》，又进而将两书合成一书，命名为《孟子音义正义》，共十六卷，还引用晁公武、陈振孙之说来坐实，并加上"大中祥符（宋真宗年号）中书成，上（上献）于朝（朝廷）"。从此孙奭作《孟子注疏》也就进一步得到学坛的认可。钱大昕说："马氏（马端临）既不能辨《正义》之伪托，乃改窜晁（晁公武）语以实之，不知晁（晁公武）《志》本无《正义》也。"这里显示出讹误就是这样一波一波地荡漾开来了。

再说，当学者看清楚了这一作伪以后，就称十三经里的《孟子注疏》为"伪孙奭疏"，或称为"旧题宋孙奭疏"。当然这并不是孙奭本人的过错，所以不能错怪了孙奭！

唐代推崇《孟子》之呼声

《孟子》在汉以后至于隋唐的漫长岁月里，既没有全被人遗忘而湮没，但也没有被人升温而热衷。唐代出现了向朝廷与世人呼唤重视《孟子》的声音，呼声虽或微弱，但是为《孟子》命运在宋代的大转机发出了先声。

一、唐代杨绾的微弱呼声

杨绾（？—777），唐代宗时，为礼部侍郎，曾上疏请废进士科，未果；建议把《孟子》列入“兼经”，增为“明经”科目，与《论语》、《孝经》并列（见《新唐书·选举志上》），朝廷没有应允。此人颇有能力，威信也高，自奉简约，后来杨绾辅政为相，但仅三月便病卒，唐代宗震悼，谓天下不使其致太平。

杨绾的心志向度很明确，是要提升《孟子》的地位，要将《孟子》升级为“经”的地位，能与《论语》、《孝经》并列。然而，这一建议没有被采纳，杨绾的声音很微弱，说明当时《孟子》在人们心里的认可度只能如此，超拔不起来。

二、韩愈的激越呼声与倡导

韩愈（768—824），面对的是佛教对中国文化的挑战与如何应战的局势，佛教有“祖统”之说，韩愈便要以儒家“道统”去回敬之。韩愈《原道》说：“尧以是传之舜，舜以是传之禹，禹以是传之汤，汤以是传之文武周公，文武周公传之孔子，孔子传之孟轲，孟轲之死不得其传焉。荀（荀子）与扬（扬雄）也，择焉而不精，语焉而不详。由周公而上，上而为君，故其事行；由周公而下，下而为臣，故其说长。然则如之何而可也？曰不塞不流，不止不行。人其人，火其书，庐其居，明先王之道以道之，鳏寡孤独废疾者有所养也，其亦庶乎其可也。”这里明确揭示：尧—舜—禹—汤—文王、武王、周公—孔子——孟子。然而孟子一死就断掉了，而韩愈又自拟是孟子之后的道统传人。

周予同《中国经学史讲义》说：“韩愈在《原道》一文中，提出道统，强调孔子之后就是孟子。他抛开荀子，连儒家八派也不再讲了。韩愈是为了反对佛教，宗教斗争也是政治斗争，他是维护封建统治而捧出孔、孟的。”这话也值得体味。

韩愈《送王秀才序》又曰：“孟轲师子思，子思之学盖出曾子，自孔子没，群弟子莫不有书，独孟轲氏之传得其宗，故吾少而乐观焉。”“故学者必慎其所道，道于杨墨老庄佛之学，而欲之圣人之道，犹航断港绝潢，以望至于海也。

故求观圣人之道，必定自孟子始。”这里的要旨：一是细化地揭示了道统：孔子——曾子——子思——孟子，而孟子独得“其宗”。二是，必须由孟子开始，才能“求观圣人之道”。三是韩愈自道心得，自己就是“少而乐观焉”。

韩愈《与孟尚书书》再曰：“孟子虽贤圣，不得位，空言无施，虽切何补？然赖其言，而今学者尚知宗孔氏，崇仁义，贵王贱霸而已。其大经大法皆亡灭而不救，坏烂而不收，所谓存十一于千百，安在其能廓如（开扩、扩大的样子）也？然向（假使、如果）无孟氏，则皆服左衽（rèn，衣襟；左衽，夷狄之风俗，衣襟向左开）而言侏离（蛮人之言语）矣；故愈（韩愈）尝推尊孟氏，以为功不在禹下者，为此也。”“释老之害过于杨墨，韩愈之贤不及孟子，孟子不能救之于未亡之前，而韩愈乃欲全之于已坏之后。呜呼，其亦不量其力，且见其身之危，莫之救以死也！虽然，使其道由愈而粗传，虽灭死万万无恨！天地鬼神临之在上，质之在傍，又安得因一摧折，自毁其道以从于邪也！”——韩愈再次揭示出《孟子》一书于传道的重要价值，且极赞孟子“功不在禹下”，并令人感动地表示自己为了卫道、传道，“虽灭死万万无恨”！

我写到这里，千载之下也被韩愈的这种精神、气概感动了！记起曾涤生曰：“此为韩公第一等文字，当与《原道》并读。”又张廉卿曰：“浑灏变化，千转百折，而气愈劲。其雄肆之气、奇傑之词，并臻上乘。此北宋诸家，皆无能为役。”然而，文章毕竟是文章，现实总归是现实，唐代的现实也没有因为韩愈的这几篇文章，这么些话，而出现韩愈所希望看到的景象。

三、皮日休的又一微弱呼号声

皮日休（约834—约883），唐襄阳人，早年居鹿门山。唐懿宗咸通年间进士。历任著作郎、太常博士、毗陵副使。后来参加黄巢起义军，为翰林学士；兵败后，不知所终，或说被害。他与陆龟蒙齐名，人称“皮陆”。他善诗文等，有《皮子文薮（sǒu）》。他赞同韩愈之说，在咸通四年上书朝廷，建议“伏请命有司，去《庄》、《列》之书，以《孟子》书为主，有能精通其义者，其科选视明经。”（《皮子文薮·请孟子为学科书》）有意思的是《文献通考·选举考》：“懿宗咸通四年，进士皮日休上疏，请以《孟子》为学科，不报。”结果是根本就没有上报上去，但是他的声音却与此前的韩愈及再往前的杨绾一起留在历史上了。

由杨绾、至于韩愈、再至皮日休，其间相隔了一百几十年，他们的呼唤，确实都很微弱，得不到当时的巨大反馈。再如，据载唐代中后期也出现了一些研究《孟子》的撰作，如陆善经《孟子注》、张镒（yì）《孟子音义》、丁公著《孟子手音》、刘轲《翼孟》、林慎思《续孟子》，但是要扭转整个思想文化的时势、潮流，以及人们的心理向度，绝不是一蹴而就的。历史很有意思，唐代的微弱呼唤，虽在唐代没有唤醒世人，但到了宋代却反响极大。

宋代尊崇《孟子》之谜

《孟子》经由唐代韩愈等人的推崇，呼声已兴，然而此后又陷入了五代之梁唐晋汉周之沉寂，至宋代终于出现了一个新的历史景象，《孟子》由先前的地位向上“升格”了。如经学家周予同《中国经学史讲义》说：“所谓《孟子》‘升格’，是指由子部升到经部。《汉书·艺文志》把《孟子》列在‘诸子略’儒家中。《隋书·经籍志》把《孟子》置于‘子部’儒家类。经是甲部、子是丙部。从汉代到唐代，《孟子》一直在子部。但从唐朝开始，一直到南宋，《孟子》由子部上升到经部，成为十三经中最后一部经典。这是一个缓慢的发展过程，与政治上文化上 需要大有关系。”这里也简略说之。

一、管窥：宋代尊《孟》之一斑

1. 学者与官员尊《孟》

北宋初如柳开、孙奭等尊《孟》。此后随着宋仁宗政治上求变革的需要，如范仲淹、欧阳修、孙复、石介等著名人物均推崇《孟子》。后来如“三苏”，苏洵、苏轼、苏辙，大抵也是尊孟的；尽管苏轼有许多反对、驳斥孟子的言论，但大体上还是推尊孟子，还说过“使杨、墨得志于天下，其祸岂减于申、韩哉！由此言之，虽以孟子配禹可也”。（《苏轼文集》）这又与韩愈所说的“故愈（韩愈）尝推尊孟氏，以为功不在禹下者”相勾连了！

2. 濂洛关闽之学等均尊《孟》

北宋理学的四个主要学派，濂、洛、关、闽，都尊孟子。先说濂学。周敦颐（1017—1073），道州营道（今湖南道县）人，因其筑书堂于庐山莲花峰下的小溪旁，仿照营道故居濂溪以取名，后人又称濂溪先生，以他为代表的学派就称为“濂学”。周敦颐尊孔，也尊孟，建立了以孔、孟正统思想为主的哲学理论体系。他根据《易传》、《中庸》、韩愈的《原道》，接受道教、佛教的某些思想，把陈抟的《无极图》改变为《太极图》，并提出了太极、理、气、性、命等范畴，从而也形成了宋明理学的基本范畴。程颢、程颐早年曾受学于周敦颐，后人追溯二程之学的来源，便推崇周敦颐为理学的开创者。

洛学，指程颢、程颐兄弟俩为代表的学派，因为“二程”为洛阳人，故有此名。其中又细分为程颢的“明道学派”与程颐的“尹川学派”。程颢的号为“明道”，其学说就本于孟子，当然也吸收了道家庄子、佛教禅宗思想。程颐的号为“伊川”，此派被看做北宋理学的正宗，为朱熹所继承和发展。

关学，指北宋张载为代表的学派，因为其讲学关中，故有此名；所谓关中，古代称函谷关以西为关中。此派又称横渠学派，因其年幼曾侨寓凤翔、郿县的横渠镇，故有此名。关学也尊《孟子》。张载曾受到过范仲淹的直接指点，影响深刻，而范仲淹是推尊思孟之学的，其“先天下之忧而忧，后天下之乐而乐”与《孟子》亦然有关。

闽学，是朱熹为代表的学派。因其曾侨寓并讲学于福建的建阳，福建又称闽，故由此名。又称为“朱子之学”，还称为“考亭学派”，因为其曾侨寓福建建阳，讲学地址名考亭。朱熹与《四书》的关系是人皆知，故其推崇孟子无可疑议。

3. 王安石推崇《孟子》

王安石（1021—1086），平生喜欢孔子、孟子之言，亦喜爱老子之学。王安石曾撰有《孟子解》，可惜已散佚；著有《老子》，亦憾其不存。

王安石有诗《孟子》曰：“沉魄浮魂不可招，遗编一读想风标。何妨举世嫌迂阔，故有斯人慰寂寥。”此见他的心迹。再说他要推行变法，从《孟子》里面发现了许多可以沟通、借鉴的理念、智慧、精神、学问。在宋代《孟子》“升格”的过程中，或如学者说：“王安石实在堪称‘孟子升格运动’中的第一功臣。”（徐洪兴《唐宋间的孟子升格运动》）

王安石利用他的地位、学问与号召力，影响了周围乃至于整个社会对《孟子》的热衷。如其子王雱（páng）著《孟子解》14 卷、连襟王令著《孟子讲义》5 卷、门人龚原著《孟子解》10 卷、许允成著《孟子新义》14 卷、变法助手沈括著《孟子解》1 卷等。由这种影响再在政界、学界、教育界的扩大、延展与波及，就变得越广越深了。又有说，尽管元丰年间王安石退隐，但执政者均为新党，政和至宣和年间是蔡京当权，亦号称行“新法”，所以这些事实也均与王安石有关。（见杨泽波《孟子评传》）这也让我们看到王安石在宋代尊孟上的巨大推助作用。

4. 宋代皇帝尊《孟》之状况

再说孟子能在两宋间“升格”的一个很重要的，甚至从某种角度来说是很关键的因素，是由于皇帝的直接参与。他们的旨意、位势、权力、财力、物力、号召力、推动力等，都是别人不能替代的。

宋真宗是尊孟的，曾下诏校正《孟子》文字与前人注解的音义。仁宗曾诏刊定《孟子》，下国子监颁行，又诏刻《孟子》石经。神宗更加推崇孟子，在科举上将《孟子》列入“兼经”，立为官方教材；孟子受封爵号，入孔庙配祀等，获得了前所未有的殊荣。宋代帝王于孟子也是崇敬不废，有论者又细列为数端：(1) 保持《孟子》在科举上取士和官学中的地位。(2) 积极采取措施，鼓励士人学习《孟子》，加快加深了《孟子》在社会上的影响，使得由社会高层的推崇，普及为全民所崇尚。(3) 帝王亲笔御书《孟子》，如太宗、真宗、仁宗、哲宗、高宗等均为此事，以示其对《孟子》的推崇。(4) 皇帝亲自批驳“非孟”者。比如周密《癸辛杂识》有载：“晁说之（1059—1129）著论非（非难）孟子。建炎（南宋高宗年号）中，宰相进拟除官，高宗以孟子发挥王道，说之何人，乃敢非之，勒令致仕。”（见周淑萍《两宋孟学研究》）

二、宋代“升格”的历史事实

1071 年，宋神宗熙宁四年二月，《孟子》首次列入科举考试科目之中。或说宋仁宗二年，科举考试已用《孟子》内容取士。

1074 年，熙宁七年，判国子监常秩等请立孟轲像于朝廷。

1083 年，宋神宗元丰六年十月，孟子首次受封为“邹国公”。这是孟子首次被皇帝赐以“公”爵。

1084 年，元丰七年五月，孟子首次被允许配享孔庙。

1115 年，宋徽宗政和五年，承认兖州邹县孟庙，诏以乐正子配享，公孙丑以下 17 人从祀。

1119—1126 年，宋徽宗宣和、宋钦宗靖康间，《孟子》首次刻石，成为实际的十三经之一。

1174—1189 年，在此南宋淳熙年间，朱熹把《孟子》注与《论语》、《大学》、《中庸》之注合为《四书章句集注》，简称《四书集注》，《孟子》的地位也凸现出来了。

顺便再说一下后来历史的发展，官方“亚圣”之称，始于元文宗至顺元年（1330），孟子被加封为“亚圣公”，以后就称为“亚

亚圣公碑

圣”，地位仅次于孔子。最后定格于明代世宗嘉靖九年（1530），在孔庙里配享，此后孟子的“亚圣”称号深入人心。再说元代皇庆二年（1313）规定科举考试必须在《四书》内出题目，发挥题意以朱熹《集注》为根据，明清沿袭。孟子的尊位就这样定格下来了。

尽管两宋期间疑孟、非孟、反孟的也有不少的人，譬如宋代冯休作《删孟子》、李觏作《常语》、司马光作《疑孟》、晁说之作《诋孟》、郑厚叔作《艺圃折衷》等，均是这样的反对派。再如南宋的叶适，是永嘉学派的代表，也从反孟子来反对“朱学”与“陆学”，如此等等，不再烦说。然而孟子在宋代还是被高高地矗立起来，屹立在儒家的仅次于孔子的位子上了。

心学：孟子·陆九渊·王阳明

子思与孟子都谈心性，尤其是孟子之说对后人影响很大。南宋出现了陆九渊研究心性之说的“陆学”，至于明代王阳明则继承、阐扬、广大其说，形成“陆王学派”，也被称为了“心学”。《孟子》谈心性，是怎样影响了陆九渊，由此又再影响了王阳明的？其与陆王的心学有何关系呢？

一、陆九渊与心学

“陆学”，此也称“三陆子之学”，这是南宋期间陆九渊与其兄陆九韶、陆九龄倡导“心学”的学派。陆九渊（1139—1193），抚州金溪（今属江西）人，字子静，因在江西贵溪象山讲学，故又号象山居士，被称为象山先生。

陆九渊的弟子曾问：“先生之学，亦有所受乎？”陆九渊答曰：“因读《孟子》而自得之。”（《陆九渊集·语录》）他视已为孟子的继承者，曾说：“窃不自揆（kuí，度量）区区（自称的谦词）之学，自谓孟子之后，至是而始一明也。”陆九渊是以遥接孟子而传承道统自任的人。如后来王阳明甚至这样说：“陆氏之学，孟子之学也。”

陆九渊的“心学”，即是以心为本的“本心”、“明心”之说。陆九渊说：“心一心也，理一理也，至当归一，精义无二，此心此理，实不容有二。”他又说：“人皆有是心，心皆具是理，心即理也。”他还说：“四方上下曰宇，往古来今曰宙。宇宙便是吾心，吾心即是宇宙。”他又说：“人孰无心，道不外索，患在戕贼之耳，放失之耳。古人教人，不过存心、养心、求放心 。”他论修养说：“人心有病，须是剥落，剥落得一番即一番清明，后随起来，又剥落又清明，须是剥落得净尽方是。”（《象山全集》）他反对程朱学派的“即物而穷其理”，认为这样求理于事事物物，过于繁琐，陷溺于支离。

南宋孝宗淳熙二年（1175），朱熹与陆九渊相会与辩论，便是著名的“鹅湖之会”。当初“婺学”代表金华人吕祖谦访问朱熹后归家，朱熹送行至信州铅山鹅湖寺（州治在今江西上饶市），吕祖谦提出约请陆九渊、陆九龄前来相会讨论，意在调和朱陆之争。“鹅湖之会”上就治学方法之论辩来说，朱熹强调从“道问学”出发，提倡“即物而穷其理”，主张“泛观博览而后归之约”。陆九渊则强调从“尊德性”出发，认为“先发明人之本心，而后使之博览”。虽然在一些问题上朱陆也有一致的意见，但在治学方法论的辩论上未能统一，最后也是不欢而散。

陆九渊的“心学”后来被其门人后学进一步发展，特别是经南宋浙江慈溪人杨简（1141—1226）的推衍，在当时的思想学术界也占有一定的地位。至于明代王阳明继承发展，则“心学”又出现新的气象。

二、王阳明与心学

王守仁（1472—1528），余姚（今浙江余姚）人，字伯安，别称姚江。因曾筑室故乡阳明洞旁，世称阳明先生。曾任兵部主事，因触犯刘瑾，被贬谪为贵州龙场驿丞。刘瑾诛灭后，历任南京太仆寺少卿、都察院右佥（qiān）都御史、兵部尚书等职。他镇压过江西、福建一带的农民起义，后又平定宁王朱宸濠之乱，因功授南京兵部尚书，封新建伯。他又曾镇压过瑶壮等族起义军。卒谥文成。

其实王阳明起先是醉心于朱熹之学的，21岁中乡试后曾遍读朱熹著作，并依照朱熹“一草一木，皆涵至理”的格物之教，去学做圣贤。他曾让一位姓钱的友人对着亭前的竹子去穷格竹子的道理，结果“格”了三天“便致劳神成疾”。王阳明自己去“格”竹子，“七日亦以劳思致疾”。于是对朱熹之说产生怀疑，开始反省，终于在贵州龙场悟道，“乃知天下之物，本无可格者。其格物之功，只在身心上做”。此可参见笔者《大学智慧》一书之论。

王阳明终于由先前潜心程朱理学与佛学，转向了陆九渊的心学，并成为心学的集大成者。王守仁与陆九渊一样都把“心”看做宇宙万物的本源，提出“圣人之学，心学也，尧舜之相接受”。（王阳明《象山全集·叙》）王阳明认为：“心即是理”；“理也者，心之条理也”；“心外无理”、“心外无物”、“心外无事”等。他形成了“良知”、“致良知”的学说，“良知，是天理之昭明灵觉处，故良知即是天理”。“良知即是天植灵根”。“致良知”，即是内心的反省，反求于内心的求知，“致吾之良知者，致知也”。这又是修养的方法。王阳明又提出“知行合一”、“知行并进”之说，反对宋儒的“知先行后”。主张做人要“诚意”、“慎独”、“立志”、

“事上磨炼”。(《王文成公全书》) 他传承了“陆学”又发展成“王学”，并形成了“阳明学派”，或称“姚江学派”，最后共同定格为“陆王心学”。

此后“王学”在中国流行了百多年，康有为、梁启超，乃至熊十力等都非常推崇之。明代中叶后，“王学”还流传到“日本”，并成为了显学，后来又推动了日本的明治维新运动。这是很有意思的事情，在今人看来这些很唯心的主张与内容，当时与此后居然会产生如此巨大的影响，似乎不可理解。但是历史的事实就是如此，究其原因是在其中有许多理念与智慧，可供人们汲取吧。其实也很好理解，极言之，即使是“腐朽”的东西，中国古人也早就智慧地揭示过“化腐朽为神奇”，更何况“王学”、“陆王之学”、“朱熹之学”等里面确实有许多值得开掘的理念与智慧，这不就是一种内在的“逻辑”与“理路”吗?

三、漫游余姚感悟“王学”

我曾两次到过余姚，深感这真是一方人文荟萃、文献名帮的胜地。一种说法，如《风土记》、《元和郡县志》认为余姚是指“舜后支庶所封之地，舜姚姓，故曰余姚”。笔者姓姚，来到余姚，面对姚江蓦然有一种亲近感。我又参观了王阳明故居。文治武功的王阳明，在其 50 岁时，明武宗朱厚照封他为新建伯。然王阳明死后，一度遭到谗言，直至穆宗朱载垕又诏赠他为新建侯，谥文成，并在其故乡余姚兴建石牌坊。牌坊毁圮，现又重建。那天，在一个冬日正午温暖的太阳下，坐在牌坊下，端详着那镌刻在牌坊上额的“新建伯”、下额的“特进光禄大夫柱国新建伯兼兵部尚书都察院左都御史总督军务”、背后“柱国”这些头衔，觉得历史也罢、人生也罢，原来是如此物化的!

牌坊后面就是王阳明故居瑞云楼，当然原来的五百多年前的瑞云楼早已经灰飞烟灭了，这是后来按照原样重建的。此瑞云楼坐北朝南，是 5 间 2 弄重檐硬山楼房；楼前为小庭院。瑞云楼中轴线上还有砖雕门楼和大厅，有王阳明的半身像，内悬匾额“吾心光明”，这是用了王阳明的临终遗言：“吾心光明，亦复何言！”徘徊在此，想到临死他还在讲“心”，真不愧为是“心学”的倡导者与践行者!

王阳明故居与我下榻处相距很近，且都在闹市区，见到街头宣传栏里，赫然写着王阳明的庄严的“四句教”(《明儒学案》)：

无善无恶心之体，
有善有恶意之动，
知善知恶是良知，

为善去恶是格物。

这就是王阳明由“心学”结晶而出的警句，综括得多么高妙！余姚市固然在打“王学”的地方文化品牌，但是对现代人来说这“四句教”，不也有教育意义吗？我又想起后来刘宗周（蕺山）也说了“四句”：“有善有恶心之动，好善恶恶意之静，知善知恶是良知，至善无恶是物则。”这一演绎与补充也意趣盎然！

因为住地与龙泉山很近，故我又两次游览姚江之滨的这座名山。南山腰有中天阁，王阳明曾在此讲学，今人还据想象修饰得像个书院讲堂的样子。近边有一古井，称为“龙泉井”，很有典故。山上还有“二王亭”，即是纪念王华、王阳明父子而建的。龙泉山顶峰突兀而立着一块绝顶岩石，上面有王阳明手书的“祭忠台”三字。此台是明代一布衣成器遥祭被权宦王振所害的翰林侍讲刘球的地方。据说 1913 年前，山的西麓还矗立着王阳明题写的“第一山”碑。山南麓还有朱舜水所属系的宗族祠堂，现为朱舜水的纪念堂。站在山顶处俯瞰弯弯姚江流经城内，滋养着这座城市，又想到滋生绵远不绝的文脉，这里走出的严子陵、虞世南、王阳明、吕天成、朱舜水、黄宗羲、邵晋涵等等，都汇入了中华历史文化的滔滔大河里了！

朱元璋与《孟子》之谜

《孟子》的地位经由宋代的升格，而到了元代又从科举制度上确定了《孟子》的地位，至于明代《孟子》的地位总体上没变，但也有插曲传世。明代朱元璋（1328—1398），1368—1398 年在位，这位明太祖与《孟子》之间也有趣闻。若由此再联系到其他一些皇帝与《孟子》的关系，就可以从另外一个角度再来透视孟子与《孟子》。

一、从朱元璋的震怒说起

《离娄下》（8.3）：“君之视臣如手足，则臣视君如腹心；君之视臣如犬马，则臣视君如国人；君之视臣如土芥，则臣视君如寇雠。”明太祖曾读《孟子》，而至此“土（草）芥”、“寇雠”之语，则震怒，想要把孟子驱逐出孔庙。

张廷玉等《明史·钱唐等合传》（139 卷）有载：“（朱元璋）帝尝览《孟子》，至草芥、寇雠（仇）语，谓非臣子所宜言，议罢其（孟子）配享，诏有谏者以大不敬论。唐（钱唐）抗疏入谏曰：‘臣为孟轲死，死有余荣。’时廷臣无不为唐

（钱唐）危。帝鉴其诚恳，不之罪。孟子配享亦施复。”今天读来，亦然让现代人感动，我想也会让一代一代后来者动容的。面对有生杀大权的、不可一世的开国皇帝朱元璋，这位刑部尚书钱唐却敢于冒死进谏，呼号“臣为孟轲死，死有余荣”，真是掷地有声！他的内里就有像孟子那样的骨气与血气、一股浩然正气！

二、清代学者们的点滴

清代学者赵翼《廿二史札记·明初文字之祸》有这样的记载：

是时文字之祸，起于一言。时帝（朱元璋）意右（重视）文，诸勋臣不平。上语之曰：“世乱用武，世治宝文，非偏也。”诸臣曰：“但文人善讥讪，如张九四厚礼文儒，及请撰名，则曰‘士诚’。”上曰：“此名亦美。”（有臣）曰：“《孟子》有‘士诚小人也’之句。彼安知之。”上由此览天下章奏，动生疑忌，而文字之祸起云。

这段话很有意思，记得《史记·平津侯传》有言：“守成尚（崇尚）文，遭遇右（尊崇）武。”看来朱元璋也深懂此道。然而一个偶然的历史细节竟然招引来残酷的文字狱。张士诚（1321—1367），元末泰州人，小名九四，从贩盐出身起兵反元，一直至于自称吴王。后来朱元璋发兵破平江，他被俘虏至应天（今南京），自缢而死。朱元璋还认为姓张名士诚，这名字取得“美”，但是有臣子说这是用《孟子》的话讥讽他是“小人”的意思。因为《孟子·公孙丑下》（4.12）有载，尹士不理解孟子，最后听到孟子一番话，说：“士诚小人也。”这本是尹士批评自己的话。明代的臣子移用成（张）士诚小人也。从此朱元璋阅览天下的章奏，动不动就会产生“疑忌”，“而文字之祸起云”。虽或是传说，但是也许不无事实的影子在里边。朱元璋遇此一事，也许会对《孟子》另外怀有一种走了味的况味吧。

清代全祖望《鲒埼亭集》“辨钱尚书争孟子事”条，其中引用《典故辑遗》中云：“洪武二年，上读《孟子》，怪其对君不逊，怒曰：‘使此老在今日，宁得免耶！’时将丁祭，遂命罢配祀。明日，司天奏文星暗。上曰：‘殆孟子故耶？’命复之。”这段记载将朱元璋的独夫的心思心态，既是骄横跋扈不可一世，又是不得不有所顾忌的情景，虽仅作简单的白描，却刻画得入木三分，如在眼前。

再说，孟子说的不少贬帝王、重民主的话，终于使这位朱元璋恨从心起，怒从胸发。他先是不让孟子配享先圣，又下令删削《孟子》。洪武二十七年

(1394)，命82岁的翰林学士刘三吾删节《孟子》。大臣孙芝曾为删除《孟子》事据理力争，大骂刘三吾是佞臣。刘三吾将《孟子》删节的有85章，几乎占全书的1/3，此称为《孟子节文》。刘三吾还撰有《孟子节文题辞》，论《孟子》七篇，乃“圣贤扶持名教之书”，其中“抑扬太过者八十五条，其余一百七十余条，悉颁之中外校官，俾读是书者知所本旨，自八十五条之内，课士不以命题，科举不以取士，壹以中正之学为本。”（刘三吾《孟子节文》洪武刻本）以前的国立北平图书馆藏有洪武二十七年刊刻的《孟子节文》，今归于北京图书馆（新馆）收藏，今天已难以看到了。

当然这也是一个闹剧罢了，最后《孟子节文》也仅昙花一现，很快就被历史的洪流否定了，而《孟子》还是《孟子》！据说那位刘三吾在洪武三十年，礼部会试贡士担任考官因为考题出现了问题，85岁时也遭遇了文字狱，最后虽未加诛戮，却也判为了“戍边”。

话不过还得说回来，如清代邵懿辰《仪宋堂后记》：“明太祖既一海内，与其佐刘基，以《四子书》章义试士。行之五百年不改，以至于今。”朱元璋还是看到包括《孟子》在内的《四书》的必要与重要，最后还是没有把《孟子》彻底打倒、清除出去！这其中的原因也可以供人们再思考的！

四、日本类似的《孟子》事例

我读到这样的材料，日本德川时代，皇太子与天皇皆研读《论语》及《孟子》。但是《孟子》书中凡与皇帝专制不合者，讲官在进讲之际均加以删除不讲。京都大学清家语文库所藏《清原宣贤自笔自点本赵注孟子》就保留了永正十三年(1516) 10月17日至翌年10月21日，宣贤为知仁亲王主讲《孟子》时的注记。例如《公孙丑下》：“古者棺椁无度，中古棺七寸，椁称之。自天子达于庶人，非直为观美也，然后尽于人心。”在这句话中，“自天子”三字之旁，宣贤就注曰：“‘自天子’三字御读除之。”此类所谓“御读禁忌”与朱元璋时的《孟子节文》颇有异曲同工之妙。（黄俊杰《孟学思想史论》）黄俊杰又说：“我们看到孟子及其政治思想事实上并不是历史上的‘木乃伊’，孟子所高唱的不是封建体制的挽歌，而是人民的胜利进行曲，孟子的确是活在现实里与专制帝王抗争的思想家。孟子与专制政体之间恒处于一种紧张的状态。从专制帝王的立场看来，孟子民本位的政治思想犯了一种‘时代错置的谬误’——生乎今之世而志乎古之道——因此必须除之而后快。但从孟子的信从者看来，孟子的政治理念是绝对的真理，是中国知识分子永恒的乡愁，值得生死以之。”（黄俊杰《孟学思想史论》）

这些例子也很有启发意义，即是孟子的政治理念里有矛头直指君王的相当尖锐的针砭、泼辣的言辞，或让对方接受不了，甚至于震怒。孟子说："民为贵，社稷次之，君为轻。"这就是他的深刻性，也是他的道义所在，集此道义，当然也就洋溢出一股浩然之气来了！

戴震与《孟子字义疏证》

孟子之学，在清代出现了新气象与新成果。戴震《孟子字义疏证》，就是一个标志，对世人的影响很大。

一、戴震与《孟子字义疏证》

戴震（1723—1777），清代安徽休宁人，字慎修，又字东原，被誉为18世纪中国最大的学问家。少时曾从父为商贩，后拜江永为师，学礼经、制度、名物及推步、天象等，皆洞彻其原本。既而精习汉儒传注及《说文》等，由声韵文字以求训诂，由训诂以寻义理，成就卓然。戴震不仅是位考据家，也是哲学家，哲学著作主要有《论性》、《原善》、《孟子字义疏证》等。

《孟子字义疏证》三卷，乾隆四十二年（1777）成书。为什么要著作此书？戴震在给段玉裁的信中说："仆生平著述最大者，为《孟子字义疏证》一书，此正人心之要。今人无论正邪，尽以意见误名之曰理，而祸斯民，故《疏证》不得不作。"（《与段若膺（段玉裁）书》）这里说了三点，一是要正人心，即是对程朱理学对人心危害的拨乱反正。二是要将校正理之误名，不能就把"意见"，即一己的见解、个我的主意，当做真理之"理"。三是自认为此书是生平所有著作里"最大者"。

戴震

《孟子字义疏证》，此书并非对全书作出疏证，而是就《孟子》书中的重要哲学观念、范畴进行考证、疏解、阐发。全书共有三卷：(1) 卷上疏证"理"，15条。(2) 卷中疏证"天道"，4条。"性"，9条。(3) 卷下疏证"才"，3条。"道"，

4条。“仁义礼智”，2条。“诚”2条。“权”2条。

二、戴震之疏证的举隅

1.“理”之疏证——戴震说：“理者，察之而几微必区以别之名也，是故谓之分理；在物之质，曰肌理，曰腠理，曰文理。得其分，则有条而不紊，谓之条理。孟子称‘孔子之谓集大成’，曰：‘始条理者，智之事也；终条理者，圣之事也。’圣智至孔子而极其盛，不过举条理以言之而已矣。”此可见戴震认为“理”只是事物的“分理”、“肌理”、“文理”、“条理”，不能离开事物而独立存在，从而批判了程朱“理具于心”、陆王“心即理”。戴震还认为“事物之理，必就事物剖析至微而后理得”，强调从考察具体事物中认识规律的必要。

再说宋代理学家的“理”之论，带来的负面的影响越演越烈，朝政与民间甚至出现以“以理杀人”的情况。戴震说：“人死于法，犹有怜之者；死于理，其谁怜之！”戴震又说：“古之言理也，就人之情欲求之，使之无疵之为理；今之言理也，离人之情欲求之，使之忍而不顾之为理。此理欲之辨，适以穷天下之人尽转移为欺伪之人，为祸何可胜言也哉！”

2.“道”之疏证——戴震说：“道犹行也，气化流行，生生不息，是故谓之道。”他又说：“阴阳五行，道之实体也。”他还说：“曰性、曰道，指其实体实事之名。”他再说：“在天地，则气化流行，生生不息，是谓道。在人物，则凡生生所有事，亦如气化之不可已，是谓道。”此说要点有四：一是，“道”是物质性的实体。二是，道的实体就是阴阳五行，“五行”又是“气”，“气”又在变化，此为“化”。三是，道在运行，就像“五行”在运行，气化在流行。四是，这种“行”，是永不停止的，生生不息的。这种论说是对宋代理学的道是超乎阴阳五行之上之说的反拨。

3.“性”之疏证——戴震说：“《大戴礼记》曰：‘分于道谓之命，形于一谓之性。’言分于阴阳五行以有人物，而人物各限于所分，以成其性。”从施予者来看，分出来的那一部分就称为“命”，好像就是道发出命令而给予的；从接受者来看，此后各自成为一物一体的就称为性。“性”其实就是性质、本质与特点。戴震又说：“性者，飞潜动植之通名。性善者，论人之性也。”万物都有性。孟子所说的性善是说的人性，戴震赞同人性善的说法。

戴震又说：“性者，分于阴阳五行以为血气、心知、品物，区以别焉。”这是说性的实体就是“血气、心知”，然而程朱理学把“血气”说成气质，由气质所发生的“心知”说成气质之性，还有所谓的从理下来的本性，称为“天地之性”或“义理之性”。冯友兰说，程朱理学所说的“天地之性”或“义理之性”相当于道家和佛教所说的“神”。他们重视“天地之性”，轻视“气质”和“气质之性”，这正是“自贵其神而外其形体”。戴震指出，程朱理学的这种错误见解的历史根源是道家和佛教。（见《三松堂全集》第10卷）

然而戴震又指出，有“性”则必当有“欲”，也必应有“德”；此谓“性之欲”、“性之德”。戴震说：“性之欲，其自然之符（符合自然而然的）也。性之德，其归于必然（必须是这样的，应该是这样的）也。归于必然，适全其自然。此之谓自然之极致。”他不抹杀人性的各种欲望，但是又必须要回归于道德与理智，如此去成全人们的自然而然的欲望，这便是极致了。这就和宋儒排斥气质之性与欲望就根本不同了。

如此我们也可以再深入理解戴震为什么反对宋儒理学的“理欲之分”，反对“截然分理欲为二”。他说：“今既截然分理欲为二，治己以不出于欲为理，治人亦必以不出于欲为理。举凡民之饥寒愁怨、饮食男女、常情隐曲之感，咸视为人欲之甚轻者矣。轻其所轻，乃‘吾重天理也、公义也’。言虽美，而用之治人，则祸其人。”这是对宋儒理学的又一抨击。

戴震还说：“人生而后有欲、有情、有知，三者血气心知之自然也。”这是人性的自然表现。“欲”是关于声、色、臭、味的欲望；“情”是喜、怒、哀、乐等感情；“知”是分别美、丑、是、非的能力。戴震说：“理也者，情之不爽（不差错）失也。”他又说：“理者，存乎欲者也。”这是对理学将天理与人欲割裂的批判。

4.“才”之疏证——“才”即是才质的意思。戴震说：“才者，人与百物各如其性以为形质，而知能遂区以别焉，孟子所谓‘天之降才’是也。气化生人生物，据其限于所分而言，谓之命；据其为人物之本始而言，谓之性；据其体质而言，谓之才。由成性各殊，故才质亦殊。才质者，性之所呈也。舍才质，安睹所谓性哉？”程子曾说：“性无不善；而有不善者，才也。性即理。”“才禀于气，气有清浊，禀其清者为贤，禀其浊者为愚。”戴震是一元论，反对程朱的分性与才为二本的二元论。

5. 权——权之通权达变的理念与智慧，戴震也有说：“权，所以别轻重也。凡此重彼轻，千古不易者，常也。常则显然共见其千古不易之重轻。而重者于是乎轻，轻者于是乎重，变也；变则非智之尽，能辨察事情而准，不足以知之。”“古今不乏严气正性、疾恶如仇之人，是其所是，非其所非，执显然共见之重轻，实不知有时权之，而重者于是乎轻，轻者于是乎重。其是非轻重一误，天下受其祸而不可救。岂人欲蔽之也哉？自信之理非理也。然则孟子言‘执中无权’，至后儒又增一‘执理无权’者矣。”这是批判理学家只知“是其所是，非其所非”，因而“实不知有时权之，而重者于是乎轻，轻者于是乎重”，又增加“执理无权”，只是片面强调“天理”而不懂得因时制宜。

略说这几端，可以体会到此书的唯物主义观点以及与程朱理学斗争的精神，具有很大的进步意义。当然戴震之说，也有许多不足的地方，也有不少学者指出，此不多谈了。胡适曾写过长文《戴东原的哲学》（1925 年）说：“戴震在中国哲学史上虽有革命的大功和建设的成绩，不幸他的哲学只落得及身而绝，不曾有继续发达的机会。”一是赞扬了他的功绩，一面感叹他的不幸！我想，历史就是这样，翻过了一页又一页！

焦循与《孟子正义》的智慧

焦循（1763—1820），清代江苏甘泉（今扬州）人，字理堂，又字里堂。筑楼“雕菰（gū）楼”，读书著作其间，学问渊博，对经史、历算、声韵、训诂、戏曲等都有研究，著作甚多，收入《焦氏丛书》。阮元《通儒扬州焦君传》赞其为“通儒”，曰：“善读书，博闻强记，识力精卓。于学无所不通，著书数百卷，尤精邃于经。”

焦循为《孟子》作注疏，有其动机与内在的理路：一是因为自己于《孟子》的喜好，“传家教，弱冠即好《孟子》书”；二是他不满意十三经里的伪孙奭《孟子正义》；三是也不满意宋代理学家对《孟子》的解读；四是他看重赵岐的《孟子注》，但也发现了其中不少的弊病，当纠正；五是有志在乾嘉学派新的学术高度上，为《孟子》作出崭新的集大成式的注疏，自云：“立志为《正义》。”他还受到了戴震的很大影响，说自己“读东原戴氏之书，最心服其《孟子字义疏证》”，该书也给了他鞭策与启迪。

焦循

然而，虽已“立志”，但“以（因为）学他经，辍（停止）而不为”。“兹（此后）越三十许年，于丙子（1816 年）冬与子廷琥纂为《孟子长编》三十卷，越两岁乃完。戊寅（1818 年）十二月初七日，立定课程（指确定日程自限），次第为《正义》三十卷，至已卯（1819 年）秋七月草稿粗毕。间有鄙见，用‘谨按’字别之。廷琥有所见，亦本范氏《谷梁》之例，录而存之。”（《孟子正义·篇叙》注）这里记录了编纂的大体经过，可见其奋发践志的精神与有序的科学操作方法。据说就在此《孟子正义》即将全部成功之时，焦循去世了，该书是由其弟刊布的。

当然，为《孟子》作疏，后人或看似容易，当时完成却很难。焦循曾说，“为《孟子》作疏，其难有十”，有十大难处。譬如《孟子》内的引文、历史、事件等，不少已经不见于今存的书籍记载，考证颇难；还有文字训诂难，意蕴诠释难，等等。但是，焦循到底是通儒，学问精湛，又能巧妙地利用时代的惠予，充分利用清代乾嘉学派的成果去作疏。他说：“而当今集腋成裘，会鲭（zhēng，鱼与肉）为馔，为事半而功倍也”。比如利用清代学者的理学研究、文字学、算学、历数、水文绘测、音乐律吕、礼法制度、训诂学、版本学等，那么集成起来就可以事半功倍了。（《孟子正义·孟子篇叙》）他引用的学术成果就有 60 多家，如顾炎武、毛奇龄、阎若璩、梅文鼎、李光地、万斯大、万斯同、马骕、胡渭、张尔岐、江永、戴震、全祖望、王鸣盛、江声、程瑶田、孔广森、金榜、钱大昕、卢文弨（chāo）、邵晋涵、任大椿、汪中、刘台拱、毕沅、段玉裁、姚文田、王念孙、王引之、阮元，等等。这些人在今天已很陌生了，但他们曾是清代学术史上的“明星”，在各自的研究方向上，均造诣不凡，声望卓著。焦循是踏在这些大师级人物的肩头上再创辉煌的！这种智慧对后人也是启示深深，值得借鉴！

再略说《孟子正义》其他的特点：

1. 焦循的《孟子正义》，按《孟子》全文顺序逐一将字句进行解读，并偏重于考证，于训诂名物、典章制度的考据非常详尽且精审。

2. 焦循以东汉赵岐《注》为主，而为赵《注》作疏。然而，他又有明智的选择，譬如“赵氏章句，既详为分析，则为之疏者不必徒事敷衍文义，顺述口吻”。他注意到赵《注》里面有许多训诂需要疏通，故主攻方向是“推发赵氏之意指，明其句中训诂，自尔文从字顺，条鬯明显矣”。有学者说：焦循“疏通、阐发赵《注》”，对于“赵《注》中许多正确的解释，但由于时代和语言的变化或者由于语意表达不明而容易引起误解的，他也详加疏通和阐发，使读者能更明确地看到赵《注》的精妙之处”，对“深入理解原文和赵《注》极为有益”。（董洪利《孟子研究》）

3. 焦循的《孟子正义》又具灵活性。唐人的惯例是“疏不破注”，但是焦循的“疏”也“破注”。他说：“于赵氏之说或有所疑，不惜驳破以相规正。”他对赵《注》认为不正确的地方加以纠正。如学者指出：一是正赵《注》之误。或如赵《注》“痈疽”、“博弈”等字句之误等，或释典制、史实之误等。二是补赵《注》之缺，或补其简略，或补其遗漏。（同上）

4. 焦循也多阐发《孟子》本文的义理与思想。如有学者说，《告子上》“性犹杞柳也”章，焦循的《孟子正义》就提出一个重要的观点，“实乃发前人所未发”，即是用他在《易》学研究中的“变通”观点来解释“性善论”。人有知而物无知，人性能变通，所以能通过教化使人自知、自悟，达到仁义。然而物性不能变通，若使其改变，只能戕害其性。（同上）

5. 资料极丰富，还存有备录。此书是汇集清儒研读《孟子》之集大成者。焦循又说：“至诸家或申赵义，或与赵殊，或专翼孟，或杂他经，兼存备录，以待参考。”当然焦循站在乾嘉学派考据学的立场上，排斥宋明理学对《孟子》的诠释，虽不能包容之，但也可对其作同情的理解。

蒋伯潜曾评说：“焦循之《孟子正义》亦疏赵《注》，其渊博远出伪孙疏上。惟初学者或病其过于博，未能骤得其要领耳。盖《孟子》之有焦循《正义》，犹《论语》之有刘宝楠《正义》也。”（《十三经概论》）

钱穆曾评价焦循，“论学极多精卓之见，彼盖富具思想、文艺之天才，而溺于时代考据潮流，遂未能尽展其长者。然即其思想上之成就言之，亦至深湛，可与东原（按戴震）、实斋（按章学诚）鼎足矣。其立说之最明通者，为其发明孟子性善之旨。”（钱穆《中国近三百年学术史》）

自从有了焦循的《孟子正义》，此后清代学者无人再注疏《孟子》了。焦循的《孟子正义》与后来刘宝楠（1791—1855）的《论语正义》均被看做清人《十三经》新疏的佼佼者。当然，《孟子》的研究会不断随着时代的前进而前行，譬如此后康有为的《孟子微》影响不小，而此后孟子与《孟子》的研究也在不断刷新的时势下解读出新的意蕴来，这也就是不朽经典的魅力！

后 记

《孟子智慧》，经历了九个多月夜以继日的艰苦思考与撰作，终于置身于这一《国学智慧系列》里了，至此也就完成了系列里的《四书智慧》的全解读。

此书稿即将完成之时，爆竹声声，喜庆贺岁，癸巳蛇年春节的气氛弥漫在四周，此真是天增岁月，人添年寿。新的一年开始了，春天的勃勃生机又将随东风而至，四百年的银杏树也已萌露出满树的嫩绿之芽，赞叹这天道的无垠、万物的欣欣，又似为书稿即将付梓而增添些许生机、些许希望！

我忽然想起了以前过年时，人家常贴门联："万物静观皆自得，四时佳兴与人同。"其实这出自宋理学家程颢之《秋日偶成》，此中蕴含了无限的哲学意蕴。譬如能静观万物，必定要沉静下心来，如孟子说的"求放心"，如此才能凝神结思，默察深识，若烂熟于胸，必终至豁然开悟，岂不就是皆自得了？再说若能静心涵泳四时变化之妙，那种饶有意趣的雅兴也就可与他人达到同一了。转而想来，国学的智慧不也就是"万物"之一"物"，其中不也有类似"四时"之"佳兴"吗？倘使能静观默察，停蓄涵泳，也是必能得其智慧，必能达到与他人同一的那种"佳兴"的！

说到智慧，总让人浮想联翩。纵观世界，多有生命者，或就靠着动物本能存活着。虽然其本能的神妙可以进化发挥得让人类叹为观止，比如鸟巢结构的精巧、蜂窝营造的神奇等等，但是人类则大大超越了动物本能，而走向了智慧之路。因此，人类也远远超越了其他生命的存在，甚至于上可飞出地球而登月，下能潜入深海而遨游，宏观则求索太空，微观则逼察粒子，开辟出了其他万物不可得之辉煌境界。这不就是走智慧之路的胜利吗？当然，科技是智慧，人文科学也是智慧，而往往在科技智慧的深层便有人文智慧在起着重要的作用。

智慧需要"知"与"觉"，孟子曾说："天之生斯民也，使先知觉后知，使先觉觉后觉。"（《万章下》10.1）孙中山就称赞列宁是这样的先知先觉者，并捍卫之。他在《民族主义第四讲》说："列强之所以攻击列宁，是要消灭人类中的先知先觉者。"

再说到亚圣孟子，此前的至圣孔子，再此前的中国哲学之父老子等等，他们都是一些先觉者、先知者。清代魏源《默觚上·学篇五》说得好："大觉如日，明觉如月，独觉如星，偏觉如燎炬，小觉如灯烛。"有觉，便有光、亮；有觉有悟，便有光照、光明。此或者至小如烛、炬，或者至大似星、月、日。人生若能拥有星辰日月般的明觉大觉，该是何等的境界！老子、孔子、孟子其实不仅是先于他们同时代人的先知先觉者，亦是先于当代人的先知先觉者，他们都在以极其赤诚的热情与智慧一直"觉"着后知、后觉者。

柏拉图说："辩证法可以打开灵魂之眼，使向上望。"此话真是让人眼睛一亮！我转而再想，数千年的国学经典里那无数充满辩证法的智慧，不仅已经使得一代代来者打开了"灵魂之眼"，也将使得今天手拿苹果手机、坐着高铁宝马、围坐空调之房、面对电脑笔记、享受着现代高科技的今人睁开"灵魂之眼"，揭去心眼蔽障，驱迷存真，破执显慧，寻本探源，仰望万里星空，瞻瞩宏阔前程！

梁启超曾说："学问是生活，生活是学问。"这句话耐读有味，回味隽永。我又记起顾炎武曾说："昔日之得，不足以自矜；后日之成，不容以自限。"（《初刻日知录自序》）这也警醒一己之我，鞭之策之，不断反省前之作，更向未来耕耘新之作，以求新的进步与开拓。

最后，著者再一次感谢山东人民出版社的领导们，感谢编辑常纪栋，他们一直为本书的出版付出了辛勤的劳作。我还要感谢数十年来为我生活与写作付出种种辛劳、且不断助予灵感的朱瑞芬研究员。我在写作时参考了一些研究者的成果，基本上已标明，此一并致谢！

姚淦铭

2013年3月初春

江南千年银瑞樱斋